O GORILA NO ESCRITÓRIO

Richard Conniff

O GORILA NO ESCRITÓRIO

Tradução
Cláudia Pinho

CIP-BRASIL. CATALOGAÇÃO-NA-FONTE
SINDICATO NACIONAL DOS EDITORES DE LIVROS, RJ.

C762g Conniff, Richard, 1951-
O gorila no escritório / Richard Conniff; tradução Cláudia
Pinho. – Rio de Janeiro: Best*Seller*, 2007.

Tradução de: The Ape in the Corner Office
Inclui bibliografia
ISBN 978-85-7684-111-1

1. Política organizacional. 2. Relação trabalhista. 3. Empregados –
Supervisão. 4. Poder (Ciências sociais). 5. Cultura organizacional. I. Título.

07-2075   CDD: 650.13
                       CDU: 65.012.61

Título original norte-americano
THE APE IN THE CORNER OFFICE
Copyright © 2005 by Richard Conniff
Publicado mediante acordo com Crown Business,
uma divisão de Random House, Inc.

Agradecimentos a Paul Ekman pelos traços de expressão facial reproduzidos de seus CDs
de treinamento, disponíveis em www.paulekman.com (conteúdo em inglês).

Capa: Studio Creamcrackers
Diagramação: ô de casa

Todos os direitos reservados. Proibida a reprodução,
no todo ou em parte, sem autorização prévia por escrito da editora,
sejam quais forem os meios empregados.

Direitos exclusivos de publicação em língua portuguesa para o Brasil
adquiridos pela
EDITORA BEST SELLER LTDA.
Rua Argentina, 171, parte, São Cristóvão
Rio de Janeiro, RJ – 20921-380
que se reserva a propriedade literária desta tradução

Impresso no Brasil

ISBN 978-85-7684-111-1

Para todos os macacos que habitam cubículos,
na esperança de que este livro
os ajude a levantar a cabeça —
e se fazer ouvir.

SUMÁRIO

1   DE FATO, É UMA MALDITA SELVA LÁ FORA
Por que se torna tão fácil agir como um animal   9

2   O MACACO BONZINHO
Em busca do gene altruísta   24

3   SER NEGATIVO
Por que tudo parece pior do que provavelmente é   42

4   FERAS PRIMITIVAS
A Lei de Moore encontra a Lei do Macaco   65

5   A DOMINÂNCIA DA ROSQUINHA
Por que a hierarquia funciona   79

6   COM UNHAS E DENTES
Como disputamos a influência no trabalho   101

7   TENTANDO PARECER MENOR
Estratégias para subordinados   129

8   INTRIGAS NA CASA DO MACACO
Fofocas e o segredo maquiavélico do "Não acredito! Conta mais!"   155

9   FOGO CRUZADO E BANDEIRA BRANCA
A história natural do "Desculpe-me"   169

10   CARAS E BOCAS
Guia de campo para as expressões faciais   191

8   **O GORILA NO ESCRITÓRIO**

11   PREDESTINAÇÃO FACIAL
         Como sua expressão facial pode construir ou derrubar sua carreira   212

12   O MACACO OBSERVA
         O poder da imitação   226

13   COELHO PARA O ALMOÇO
         Sobre o predador corporativo   252

14   UM CENÁRIO DE MEDO
         Por que parece que os carrascos sempre se dão bem   269

15   UNINDO-SE À MULTIDÃO
         Por que os lobos solitários fracassam   293

         EPÍLOGO
         Lições de liderança de símios altamente eficazes   323

         Notas   333
         Agradecimentos   361

DE FATO, É UMA MALDITA SELVA LÁ FORA
Por que se torna tão fácil agir como um animal

Os animais, na selva, levam uma vida de compulsão e necessidade dentro de uma hierarquia social implacável, em um ambiente onde há muitas fontes para o medo e pouco alimento, o território tem de ser constantemente defendido e os parasitas resistem para sempre.

— YANN MARTEL, em *A vida de Pi* (Rocco, 2004)

Parece apenas mais um dia de trabalho, como todos os outros, não? Compulsão, necessidade, a implacável hierarquia social, os parasitas... e, logicamente, a fonte inesgotável de medo. Nesse dia, sentia como se algo remoesse meu estômago e como se as extremidades de meu sistema nervoso soltassem faíscas. Estava de pé, diante dos maiores distribuidores norte-americanos de um renomado fabricante europeu. Estávamos reunidos em um resort em Grand Tetons, região ainda habitada por ursos ferozes e lobos acinzentados, aos quais eu tinha a sensação de que logo seria atirado. Pediram-me que fizesse uma apresentação sobre como os executivos agem feito animais. Sentia certo nervosismo.

O poderoso babuíno da divisão norte-americana, um homem dissimulado e de grande porte, estava sentado na primeira fileira, com os braços cruzados, com a esposa (loura, espirituosa e sedutora) de um lado e o chefe do departamento de vendas (baixinho, corpulento e entusiasmado) do outro. Na noite anterior, durante o jantar, conhecera, pelo primeiro nome, muitas dessas pessoas. Lembrei-me do comentário sobre os executivos "não gostarem de ser comparados a macacos, que vivem por aí com o traseiro de fora". Respirei fundo.

Todos os presentes já haviam ouvido falar da estatística de que, do ponto de vista genético, os seres humanos são praticamente 99% idênticos aos chimpanzés. Segundo algumas estimativas, a diferença entre as duas espécies pode ser uma questão de menos de 50 genes, e é provável que compartilhem 2.500 genes idênticos. No entanto, parece que, até hoje, praticamente ninguém do mundo empresarial tinha analisado o possível significado disso no dia-a-dia profissional. Com freqüência, gerentes tentam minimizar muito mais o elemento humano do que o animal, e fazem com que as empresas soem como máquinas. Em sua própria vida, os trabalhadores também tendem a lidar com a natureza humana como algo que deve ser superado; depilam o peito, fazem implantes de cabelo, vestem-se para se mostrarem pessoas bem-sucedidas, buscam uma aparência de quem sabe controlar o estresse. (Será que foi isso que percebi na testa serena de Botox de uma mulher sentada na primeira fileira? Estava apenas começando minha apresentação, o que não justificava o fato de ela já estar tão entediada.)

Pedi às pessoas na platéia que pensassem, por um instante, em como seu comportamento diário no local de trabalho poderia ser influenciado por forças menos suscetíveis à mudança – pelas motivações e predisposições que nos foram legadas por nossa longa evolução, primeiramente como animais e, depois, como humanos tribais. Pelo medo. Pela raiva. Pela ânsia primordial de conquistarmos aliados sociais e status. Pensem a esse respeito – sugeri – como parte de uma hierarquia primária que segue, inconscientemente, regras de 30 milhões de anos que visam ao domínio e à submissão, ao desejo de luta e ao desejo de manter a paz. Pensem em como o alfa,* seja ele um chimpanzé ou o CEO de uma empresa, geralmente faz valer sua autoridade no momento em que tem de reprimir um subordinado indisciplinado com uma linguagem postural sempre idêntica, ou seja, passos largos, queixo empinado e olhar fixo, direto e agressivo.

O chefão, sentado na primeira fileira, começou a ficar animado com minhas palavras, principalmente quando, com o objetivo de entender melhor os confrontos que ocorrem nas salas de reunião, passei a descrever as manobras políticas utilizadas pelos chimpanzés. Então, ao final da palestra, levantou-se da cadeira e começou a discutir o que chamava de "a história natural das salas de reunião".

---

*O chimpanzé alfa é aquele que assume a posição de domínio no grupo. Não é, necessariamente, o mais forte do ponto de vista físico, mas aquele que estabelece as alianças mais poderosas. (*N. da R.*)

Nos escalões mais altos de uma empresa, comentou, as mesas são circulares, não retangulares, aparentemente para criar uma atmosfera de igualdade. "Babacas", disse. Na verdade, há uma nítida hierarquia, e todo mundo sabe onde deve ficar, seja de pé ou sentado. O formato circular apenas torna a batalha um pouco mais aberta. Contou ainda que, dentro de uma ou duas semanas, viajaria ao exterior para uma reunião de um comitê no qual o lugar do presidente estaria desocupado.

— Ninguém dirá nada. Mas todos ficarão olhando a cadeira e imaginando quem se sentará nela ou se alguém terá coragem de fazê-lo.

— Sente-se nela – arriscou o gerente de vendas.

— Não. Se eu sentar, serei como o idiota que está tentando subir três degraus na hierarquia da empresa e acabarão comigo – respondeu.

Ele estava sendo realista, apesar de ávido pela atmosfera de disputa que, inevitavelmente, viria à tona.

— *Adoro* isso – continuou. – Às vezes, quando uma matança está prestes a acontecer, há um momento de hesitação no qual as pessoas não têm certeza acerca da ocorrência ou não do evento.

Nesse ponto, comecei a arregalar os olhos.

— E, então, as pessoas percebem a situação e sabem que tudo acabará bem, sabem quem ocupará a liderança e quem será derrotado.

— É como no Serengeti – concordou o gerente de vendas. – A mesa redonda apenas permite que todos possam assistir à matança de um ângulo melhor.

— Deus do céu! – exclamei.

— Não se preocupe – interveio a esposa do chefão, conduzindo-o gentilmente pelo cotovelo. – Está tudo sob *meu* controle.

E todos riram.

ESTA EMPRESA É UM ZOOLÓGICO

Talvez eu não devesse me surpreender com o fato de alguns executivos estarem realmente preparados para serem comparados a macacos nus. Querem apenas ser macacos nus *dominantes* e *predadores*. Analogias com animais sempre estiveram entre meus clichês favoritos quando se trata do mundo corporativo, no qual símios de mais de 300 quilos correm junto a cães enormes, nadam com tubarões, vez ou outra se vêem comprometidos até o pescoço com os jacarés e, se não forem espertos como as raposas, acabam capturados como coelhinhos.

12 O GORILA NO ESCRITÓRIO

Quando Richard Kinder deixou a Enron para formar a própria empresa de combustíveis em 1996, disfarçou a mágoa que sentia com relação à liderança de Kenneth Lay valendo-se de um animalismo clássico: "Se você não for o cão-guia, o cenário nunca mudará." H. Ross Perot também recorreu a analogias com animais quando estava atormentando o infeliz e arrogante CEO da General Motors, Roger Smith: "Revitalizar a General Motors é como ensinar um elefante a sapatear. Basta encontrar os pontos sensíveis e começar a cutucá-los." (Será que, em vez de sapatear, ele quis dizer "rebolar"? De qualquer forma, Lou Gerstner, da IBM, viu uma boa chamada quando leu a declaração e roubou-a para o título de seu livro: *Who Says Elephants Can't Dance?* [Quem disse que os elefantes não podem dançar?].) Até mesmo o renomado e inteligente satírico Scott Adams acabou comparando quase todos os companheiros de trabalho de seu anti-herói Dilbert a uma doninha.

A verdade por trás dos clichês é que a vida dos animais não é, nem de longe, tão simples quanto costumávamos pensar; tampouco a vida dos trabalhadores é tão complexa quanto gostaríamos que fosse. Além do mais, ambas têm muito em comum, e não apenas no que parece óbvio. Por exemplo, profissionais agressivos geralmente empregam analogias com animais, pois as confundem com *A arte da guerra* por outros meios. A idéia de bandos de animais liderados por "machos demoníacos" servindo "à natureza com unhas e dentes" é atraente de um determinado ponto de vista da vida corporativa: *de fato, é uma maldita selva.* E não me entenda mal. Trata-se de um ponto de vista divertido no qual pretendo mergulhar de cabeça ao longo deste livro. Tal como o chefe da divisão norte-americana, todos adoramos uma boa briga, nem que seja a uma certa distância.

No entanto, essa visão também é estreita e enganosa. Aqui está algo surpreendente que podemos aprender ao analisarmos, com mais cuidado, o mundo animal: até mesmo os chimpanzés gastam apenas cerca de 5% do dia em encontros agressivos. Por outro lado, dedicam 20% de seu dia de trabalho a cuidar da família, dos amigos e até mesmo dos subordinados. Quando brigam com rivais no bando, depois que a poeira assenta, procuram uns aos outros para fazer as pazes. E por que os trabalhadores devem se preocupar com a maneira como os chimpanzés resolvem seus conflitos? Porque nosso comportamento social e o deles evoluíram a partir dos mesmos ancestrais e continuam a seguir muitas regras em comum. Em um caso descrito mais adiante neste livro, um melhor entendimento sobre o valor da reconciliação fez com que uma empresa deixasse de desembolsar $75 milhões para arcar com processos e custos com seguros. Mesmo em nossa experiência como trabalhadores, os chefes humanos, assim como os chimpanzés alfa, às vezes ultrapassam todos os limites razoáveis. Poderiam agir de maneira melhor na vida (e nos negócios) se entendessem o que até mesmo um estúpido macaco é capaz de fazer, após um conflito, para reconquistar a harmonia.

ASSIMILE AS METÁFORAS

Com freqüência, os executivos lançam mão de analogias com animais que não fazem sentido algum. Apesar de sua reputação como pessoas realistas, frias e calculistas, parece que lhes falta discernimento para separar fatos de ficções ridículas. Não cometa o mesmo erro:

Os avestruzes não enterram a cabeça na areia. Na verdade, esses animais apenas posicionam a cabeça em direção ao chão com a finalidade de passar despercebidos, mas mantêm os olhos em posição que lhes permita ver se há perigo. Alguns biólogos sugerem que, com isso, estão tentando fazer com que seu tronco de quase 200 quilos pareça um amontoado de cupins. Na savana africana, onde vivem, enterrar realmente a cabeça no buraco seria uma boa maneira de levar uma mordida de um leão na traseira (trata-se do que os biólogos chamam de "comportamento da má adaptação").

Os lemingues não se atiram do precipício para cometer suicídio em massa. Quando um aumento exagerado no número de animais leva à superpopulação, esses roedores da região ártica tomam a sensata atitude de migrar em massa, em busca de um novo lar. À medida que caminham por territórios desconhecidos, alguns, às vezes, despencam de saliências. Mas tudo não passa de um acidente. De verdade. O mito do suicídio coletivo ganhou força na cultura popular moderna por causa dos produtores da Disney da década de 1950, que tiveram a infeliz idéia de usar lemingues atirando-se de precipícios para dar dramaticidade às tomadas dos filmes.

Doninhas* de verdade não usam sapatos enfeitados com borlas. Esses animais passam a maior parte do tempo caçando camundongos, ratos e outros roedores. Isso faz com que sejam heróis, não vilões, como afirma o mito do galinheiro. Assim, se não é correto chamar aquela executiva nojenta da indústria fonográfica de "doninha", como chamá-la então? Diga apenas algo como "mala sem alça" e deixe esses inocentes bichinhos fora disso.

Representantes de vendas por vezes dizem que "nadaram e morreram na praia". Imagine-se nadando o dia todo contra a corrente, como um salmão, para chegar ao coito e morrer.

---

*Doninha (em inglês, *weasel*) é um animal que mata outros menores e deles se alimenta. Nos Estados Unidos, o termo *weasel* também é usado como alcunha de pessoas deliberadamente dissimuladas. (*N. da T.*)

> O mais triste da história é que os salmões nem relações sexuais têm. Apenas colocam o sêmen e os ovos no leito do rio, deixando que os pequenos gametas se misturem sozinhos. Enquanto isso, o feliz casal deixa-se levar pela correnteza e desaparece de circulação para, mais tarde, vir a ser devorado por um urso.
>
> Repetindo, se você gosta de analogias com animais, essa é, provavelmente, a caracterização mais realista de um dia na vida de um vendedor comum.

ANIMAIS EMOCIONAIS

Lançar uma luz evolucionária sobre o local de trabalho não é apenas uma maneira inteligente de racionalizar o mau comportamento ou de encontrar justificativas simples para manter o *status quo*. Trata-se de uma perspectiva útil para a sobrevivência. Além disso, é um enfoque que se aplica a qualquer ambiente de trabalho, estejam os funcionários recebendo clientes em uma loja da rede Wal-Mart em Los Angeles, pendurando quadros em uma galeria de arte em Londres ou marcando as torradeiras com defeito em uma fábrica em Qingdao, na China. Entender as tendências evolucionárias pode nos ajudar a gerenciar os conflitos, estabelecer alianças vantajosas, evitar traições, sobreviver às tentativas de assassinato nas salas de reunião e entender as emoções que não são ditas, mas reveladas nas expressões faciais das pessoas que nos cercam.

Às vezes, isso pode ajudar as empresas a gerenciarem o local de trabalho, a fim de adaptá-lo de acordo com o que as pessoas fazem naturalmente. Por exemplo, a W.L. Gore & Co., fabricante de Gore-Tex®,* optou por manter em suas fábricas e escritórios algo próximo a uma escala humana confortável – 200 funcionários. Esse número aproxima-se do tamanho máximo dos clãs indígenas a partir dos quais a sociedade humana evoluiu – alguns biólogos, inclusive, dizem que nosso cérebro evoluiu, na verdade, para operar nessa escala social. Não é a isso que a maioria das empresas se refere quando fala de reestruturação. Os funcionários da Gore, no entanto, afirmam que esse número parece ser o ideal para que consigam trabalhar com eficiência.

Ignorar as tendências evolucionárias e biológicas, por outro lado, não raro mostra-se desastroso. Por exemplo, as forças militares americanas organizam-se, tradicionalmente, em grupos cujo tamanho se assemelha

---

*Tipo de tecido sintético de poliuretano. (*N. da T.*)

De fato, é uma maldita selva lá fora **15**

ao dos clãs tribais. Esses grupos subdividem-se em pelotões nos quais cerca de 30 soldados treinam em conjunto e desenvolvem o tipo de ligação forte e coesa necessária em combates que podem ser fatais. Nos anos 60, porém, gerentes com visão corporativa tentaram repensar essa estrutura tradicional e ignoraram a natureza humana. Tipos gerenciais sempre gostaram da idéia de encarar os negócios como uma guerra. O erro maior, no entanto, foi acreditarem que a guerra poderia ser encarada como um negócio.

Com a adoção das práticas características das linhas de montagem, os soldados revezavam-se na Guerra do Vietnã individualmente, em turnos de 20 meses, e não como parte de um grupo social intimamente ligado. Os oficiais eram trocados com mais rapidez ainda, tendo seus cartões de batalha carimbados, o que os ajudava a subir na carreira, em vez de sua vida estar ligada à sobrevivência e ao sucesso dos soldados que ocupavam posições inferiores. Uma das vítimas que passaram por esse modelo sugeriu, mais tarde, que o comando militar teria feito melhor se tivesse tratado suas tropas literalmente como cachorros: "Isso sim é estranho: o único motivo de eu ter ido ao Vietnã junto com a unidade com a qual fiz meu treinamento foi porque fazia parte da Corporação Canina. O Exército sabia que os cachorros ficariam deprimidos se fossem separados, razão pela qual foram mantidos juntos. Os treinadores tinham de acompanhá-los. A maioria das outras pessoas, no entanto, foi sozinha. Eram peças intercambiáveis, como as caixas de munição ou morteiros. O Exército achava que se você era um fuzileiro poderia realizar seu trabalho em qualquer unidade, ou seja, não importava em que unidade você estava ou se tinha ou não amigos lá. É hilário quando analisamos isso. Hilário e repugnante. O Exército sabia que seria ruim separar os cães, mas não via problema algum em mandar os soldados sozinhos para o inferno."

Esse é o equívoco característico de nosso tempo, talvez mesmo de nossa espécie: dizemos a nós mesmos que somos seres racionais, não animais, que controlamos nosso mundo pós-biológico. Certamente, não deixamos que a biologia ou as emoções nos controlem. "Não sou passional", declarou recentemente o CEO da Sun Microsystems, demonstrando contentamento. "Deixo isso para o Barry Manilow", acrescentou. De acordo com essa visão, o trabalho (e até mesmo o conflito armado) passa a ser um negócio puramente lógico em que os prós e os contras são balanceados a fim de maximizar o lucro e minimizar as perdas. A verdade, logicamente, é oposta: somos ani-

16 O GORILA NO ESCRITÓRIO

mais emocionais, e uma visão evolucionária e antropológica do ambiente de trabalho é vital para a sobrevivência em uma batalha competitiva que parece cada vez mais darwiniana.

O ambiente profissional suplantou a tribo, a comunidade e até mesmo a família como foco de nossa vida, e tornou-se a arena para todos os comportamentos que evoluíram, originalmente, nesses contextos. Compreender nossas tendências evolucionárias e antropológicas tem-se tornado ainda mais importante à medida que temos cada vez menos segurança no emprego. Essa percepção passou lentamente das linhas de montagem para os serviços ao cliente, atingindo engenheiros e até mesmo altos executivos, que sabem que a qualquer momento seus cargos podem ser terceirizados e passar a ser ocupados por alguém em Bangalore disposto a fazer o mesmo ganhando uma pequena fração do valor. (Hoje, a Lehman Brothers e a Bear Stearns contratam analistas financeiros com MBA na Índia com salário inicial de $800 por mês.) Os trabalhadores em Bangalore têm, por sua vez, clara consciência de que uma mudança nas taxas cambiais ou um período político conturbado pode, em um piscar de olhos, fazer com que seu emprego passe a ser ocupado por alguém em Kuala Lumpur ou Ciudad Juarez.

Mesmo que consigamos manter nossos empregos, participamos com freqüência, e por meio dos aparatos de alta tecnologia, de grupos de trabalho formados por pessoas de localidades distantes. Saber lidar com as diferenças culturais e encontrar meios de reproduzir os laços de confiança, conforto, colaboração e hierarquia existentes há apenas duas ou três gerações na família, no pelotão ou na vizinhança têm-se tornado uma exigência no ambiente profissional. E precisamos fazer com que esses laços dêem certo pelos meios virtuais e com pessoas que vivem do outro lado do mundo. Entender a natureza e a origem do comportamento humano é a única maneira de se obter êxito.

SÍMIOS CORPORATIVOS

Falar sobre a base biológica de nossos comportamentos deixa, provavelmente, algumas pessoas irritadas. Podemos fazer piada com macacos de mais de 350 quilos, mas também gostamos de acreditar que chegamos, com confiança, à era tecnológica e que deixamos nossas antigas restrições biológicas para trás. Passamos o dia na frente da tela do computador, realizando

De fato, é uma maldita selva lá fora 17

várias tarefas na zona eletrônica. "Nosso corpo foi há muito tempo abandonado, reduzido à fome, a poucas horas de sono e à devastação de ficar sentado horas e horas junto ao teclado e ao mouse", afirma Ellen Ullman, programadora de computadores do Vale do Silício, em seu livro lançado em 1997 *Perto da máquina* (Conrad, 2001). E acrescenta: "Nosso 'eu' físico foi derrotado. Hoje, conhecemos as pessoas de uma única maneira e conhecemos um único caminho: o código."

Em alguns empregos, ver os colegas em carne e osso tem-se tornado algo tão raro que há até uma expressão moderna para isso: *face time* (momento face a face). Nas reuniões, programamos os *bio-breaks* (intervalos biológicos), como se mastigar algo ou ir ao banheiro fossem as únicas coisas remotamente animalescas que fazemos. Em uma seguradora americana, atualmente em fase de enxugamento, quando o assunto é comer chega-se até a ver gente fazendo cara feia. Antigamente – um ex-executivo de lá relata –, o cara que saísse primeiro de uma reunião para ir ao banheiro passava a ser chamado de "B-dog". Hoje, a empresa agenda reuniões para o período noturno e recusa-se a pagar as refeições para quem trabalha até mais tarde. A cultura do "não-dito" também vê o fato de levar um lanche para uma reunião como um sinal de fraqueza, conta o executivo. "A necessidade de comer está ocupando o lugar da necessidade de ir ao banheiro." Nesse meio-tempo, nossos joelhos, estômago e coração animal tremem.

Tivemos, na melhor das hipóteses, um ou dois séculos no mundo dos negócios em que fomos funcionários. Até a Revolução Industrial da década de 1820, cerca de 80% da força de trabalho eram formados por profissionais liberais. Ou seja, viviam como os humanos sempre viveram, trabalhando com alguns poucos amigos ou parentes, em pequenas comunidades, seguindo as estações do ano, sempre de olho numa grande oportunidade. Até a época do surgimento de *The Organization Man* [A organização homem], de William H. Whyte Jr., em 1956, a parcela de profissionais liberais havia despencado para meros 18% da força de trabalho no mundo desenvolvido. Hoje, está em 10%, mesmo levando-se em conta os efeitos supostamente libertadores da Internet, dos telefones celulares e das possibilidades de se trabalhar em casa.

Passamos nossos dias úteis em um ambiente que nem mesmo nossos ancestrais humanos ou símios considerariam natural. Melhor dizendo, o tempo que passamos no ambiente de trabalho é tão natural quanto o de um chimpanzé no zoológico (em algumas empresas, é tão natural quanto galinhas em uma gaiola de bateria amontoadas para serem mortas por algum tirano). O único aspecto que não muda é o animal que existe em nós.

Ullman, a programadora de computadores, está apenas brincando quando se entrega ao agradável mito de que nossos "eus" trabalhadores são intelectos puros e desencarnados. Ela sabe que o animal por trás disso está presente por inteiro, como quando tira seu casaco ensopado pela chuva e senta-se para jantar com um colega programador em um restaurante japonês: "Sua cabeça estava caída para trás, os olhos quase fechados. Deu uma fungada – uma, duas, três fungadas. Aí bufou, de verdade. Embora tivesse certeza de que nunca vira nada igual em toda a minha vida, bastava ser primata para entender o significado: Brian queria me comer." Milhões de anos de evolução nos transformaram, primeiramente, em macacos, e, em segundo lugar, em caçadores de encontros – e, meu Deus, como carregamos esses padrões comportamentais antigos para o ambiente de trabalho.

Cidadãos corporativos modernos são, logicamente, muito superiores aos macacos. Temos o livre-arbítrio. A natureza, na verdade, não nos força a adotar um ou outro comportamento. Não nos tornamos, automaticamente, o que nossos genes parecem ditar. Mesmo em ratos criados especificamente para demonstrar altos níveis de ansiedade, o afeto dispensado por uma boa mãe à sua cria pode alterar significativamente a manifestação dos genes, tornando os filhotes mais adaptados e menos ansiosos na fase adulta. Se um ambiente saudável pode ajudar ratos ansiosos, certamente há esperanças para meros gerentes, não há?

Ao mesmo tempo, seria ingenuidade continuar a ignorar as inúmeras formas por meio das quais as propensões genéticas influenciam nosso comportamento. Para um determinado traço – tendência à agressividade ou à depressão –, os cientistas acreditam que a herança genética de um indivíduo pode responder por até 50% de seu comportamento. O comportamento no ambiente profissional, que consideramos nada mais do que um impulso de momento, quando analisado mais de perto geralmente mostra que está enraizado há milhões de anos em nossa biologia. Entender essas raízes pode ser revelador.

A EVOLUÇÃO DE UM SORRISO

Pense em algo tão simples quanto um sorriso.

Em uma empresa em Nova York, os empregados ficavam intrigados com um funcionário júnior, chamado Chip, que cumprimentava todos, segundo o comentário de um colega de trabalho, "com um sorriso aberto, acompanhado de um movimento dos ombros e da cabeça levantada para cima e curvada para a frente e um aceno de mão que lembrava o de alguém fazendo um juramento no tribunal". Oferecia sempre um sorriso largo e acenava "sempre que nos via. Todas as vezes que passava por nosso departamento e todas as vezes que passávamos pelo dele", sendo que o sétimo cumprimento do dia era tão caloroso quanto o primeiro. Era desconcertante – e acredito que realmente devia ser. Não há sinal biológico mais reconfortante do que o sorriso certo no lugar certo, e nada tão preocupante quanto o fato de ser interpretado equivocadamente pelos outros.

Sorrir é nossa expressão mais antiga e natural e, a exemplo de outras expressões faciais, evoluiu com uma função, como um modo de responder às pessoas que nos rodeiam e influenciar o comportamento delas. Primatólogos relacionam nosso sorriso ao "sorriso de medo" dos macacos e dizem que esse ato surgiu há pelo menos 30 milhões de anos. Em um grupo de símios, por exemplo, a postura de um alfa pode fazer com que um subordinado encolha-se e mova os cantos da boca nervosamente para os lados, expondo os dentes cerrados. Isso tem um significado: "Não sou uma ameaça."

Para os humanos, também – e não apenas para Chip –, esse tipo de sorriso é um meio de desarmar e tranquilizar os que nos rodeiam, principalmente nossos superiores. E parece que, quanto mais rápido, melhor: a redução da ameaça é tão importante para nossa sobrevivência que essa função está profundamente embutida em nossa fisiologia facial. Os músculos do sorriso são constituídos por 90% de fibras musculares de movimento rápido, que se formaram para dar respostas imediatas. Por outro lado, o músculo que faz nossa testa franzir – que Charles Darwin chama de "o músculo da dificuldade" – fica bem atrás, com apenas 50% de fibras musculares rápidas. Na savana africana, onde nossas espécies se desenvolveram, dizer "Não sou uma ameaça" significa claramente mais do que "Não estou entendendo". Isso continua a ser verdade em muitas empresas.

Estamos, logicamente, muito à frente dos macacos. Os humanos desenvolveram nada menos do que 50 tipos de sorrisos distintos, alguns dos quais com

20 O GORILA NO ESCRITÓRIO

funções altamente específicas, como, por exemplo, flertar. Essas expressões biologicamente programadas constituem um tipo de linguagem humana universal. A história completa, porém, vai além de nossa herança genética.

Para complicar um pouco mais a situação, culturas diferentes têm regras distintas na hora de empregar esse repertório biológico. Quando Hideki Matsui, jogador japonês de beisebol que ocupava a posição de jardineiro esquerdo, fez um *grand slam home run** em seu primeiro jogo como um New York Yankee, por exemplo, deu a volta nas bases com uma feição sóbria. No Japão, o ato de sorrir seria considerado falta de respeito em relação ao arremessador. Abriu, no entanto, um largo sorriso ao chegar a seu campo e abraçar os companheiros de time, cujos semblantes, transbordando alegria, expressavam: "Bem-vindo aos Estados Unidos. Você acabou de mostrar ao arremessador a que veio."

Como Matsui, a maioria das pessoas tem o controle de mesclar os sinais biológicos e as regras culturais em determinadas situações, e passam o dia no trabalho imunes. Voltemos, porém, ao caso de Chip, que deixava algumas pessoas paralisadas com seu sorriso exagerado, lábios abertos, cantos da boca puxados para trás, em uma manifestação nervosa. Sua posição curvada, demonstrando submissão, não desarmava tampouco tranqüilizava ninguém. Ao contrário, fazia com que todos percebessem que estava apavorado e inseguro. Chip fora contratado porque seu chefe, após conhecê-lo em uma academia, achou que seu tipo muscular e sua aparência engomadinha "seriam algo divertido de se ter no escritório". Ele era, porém, totalmente desqualificado para o cargo. Sua rotina cheia de sorrisos e acenos era uma tentativa de afastar qualquer um que tentasse atingi-lo por essa razão.

Vamos falar um pouco mais sobre o sorriso e complicar ainda mais a combinação da biologia e cultura com a questão do sexo: as mulheres são melhores em sorrir do que os homens. Embora os homens sejam, em média, 15% maiores, com músculos proporcionalmente maiores, as mulheres tendem a ter os zigomáticos maiores mais espessos – os músculos essenciais do sorriso, que vão da lateral dos olhos até os cantos da boca. Não se sabe se as mulheres são geneticamente preparadas para sorrir melhor. Não se sabe se esses músculos se formaram juntamente com as fibras rápidas ao longo de nossa evolução. É igualmente provável que esses músculos sejam apenas o

---

Home run com três jogadores nas bases. Vale quatro pontos. (*N. da T.*)

De fato, é uma maldita selva lá fora   21

derivado cultural de toda uma vida sorrindo para machos carrancudos, a fim de fazê-los deixar o espírito guerreiro de lado. Talvez seja uma combinação de natureza e afeto, como uma pessoa que nasce atleta e tem a chance de colocar isso em prática.

Independentemente desses aspectos, sorrir é algo que as mulheres tendem a fazer mais que os homens, em geral sem perceber que o tom subjacente de submissão ou apaziguamento – ou, colocando isso de modo mais positivo, de cooperação – pode afetar sua postura no trabalho. "É uma situação verdadeiramente complicada", afirma Marianne LaFrance, psicóloga formada pela Universidade de Yale. "Sorrir é, claramente, a opção padrão para as mulheres. Quando não sorriem, as pessoas querem saber se estão com algum problema. Quando sorriem, elas o fazem de modo totalmente feminino, e aí as pessoas não as levam a sério."

Não há respostas simples para tais situações – exceto ter mais consciência do material bruto com o qual trabalhamos. Até hoje, temos agido como se o componente biológico de nosso comportamento quase não existisse. "Marx escreveu sobre a importância de entendermos os últimos séculos de nossa história", comenta Deborah Waldron, professora de relações gerenciais e empregatícias da Universidade de Auckland, na Nova Zelândia. "E quanto aos milhares, na verdade milhões, de anos esquecidos de nossa história?" Precisamos estar atentos às predisposições formadas em nossos genes durante aquele longo período esquecido, a fim de que possamos conduzi-las em uma direção mais prudente, humana e até mesmo lucrativa. Podemos direcionar conscientemente essas predisposições ou permitir que nossas mentes símias inatas moldem cegamente nosso comportamento.

O que proponho neste livro é uma perspectiva completamente diferente da vida profissional, baseada em várias fontes não-convencionais:

- Baseia-se, em parte, em pesquisas realizadas sobre animais por behavioristas e antropólogos, que geralmente analisam esse assunto de maneira muito similar, observando por milhares de horas e gravando exatamente quem fez o que para quem, e com que freqüência. Biólogos começaram a considerar a linha que separa o zoológico do ambiente de trabalho menos nítida, como fica claro em alguns recentes trabalhos científicos intitulados "Payment for Labour in Monkeys" [Salários dos macacos] e "The Chimpanzee's Service Economy" [A Economia de serviço do chimpanzé]. Economistas também têm contribuído para isso, adaptando o comportamento dos animais, como, por exemplo, ao recorrer a um modelo de tomada de decisões no âmbito econômico.

Da mesma forma, antropólogos estão descobrindo que técnicas de estudo de campo aprimoradas em Bongo-Bongo são perfeitas para decifrar a etnografia das pontocom do Vale do Silício. "Talvez você já tenha ouvido falar de histórias de uma tribo chamada Arioi, no Taiti", sugere a antropóloga corporativa Karen Stephenson. "Os integrantes dessa tribo se dividem em sete classes ou níveis, segundo tabus que aumentam à medida que sobem na hierarquia. Quem quer entrar para a tribo tem de se vestir de maneira esquisita e comportar-se como se tivesse problemas mentais. Isso não remete a algo familiar nos rituais corporativos?"

■ Cientistas de laboratório tornam a história ainda mais profunda e complexa ao revelar o que ocorre por trás de estudos durante sua realização ou quando alguém está cooperando com eles. Por exemplo, economistas estão colaborando com biólogos usando um dispositivo de imagem por ressonância magnética (IRM) que tira fotos do cérebro durante experimentos da teoria do jogo. O que eles já descobriram? Um estudo recente relacionou o desejo pelo dia do pagamento ao *núcleo accumbens*, uma área do cérebro que também está ligada à necessidade de drogas e álcool. Outros estudos demonstram como o cérebro responde a recompensas e por que a antecipação de recompensas intermitentes e imprevisíveis pode motivar as pessoas de modo mais intenso do que um contracheque que nunca muda.

Outros tipos de experimentos têm demonstrado que um mau chefe pode levar os subordinados a apresentarem alto nível de cortisol, o chamado hormônio do estresse. Isso não é novidade, porém o mais intrigante é que elevados níveis crônicos de cortisol podem levar à morte células em uma área do cérebro chamada hipocampo, com efeitos devastadores para o bem-estar de uma pessoa. Se você é um subordinado que se sente cercado de inimigos e que não sabe se sorri ou aceita a situação, ou se é um chefe autoritário que não entende por que a maioria de seus subordinados parece ter a mente vazia, leia adiante.

De fato, é uma maldita selva lá fora 23

■ Por fim, a perspectiva que abordo neste livro utiliza o trabalho de evolucionistas para posicionar melhor "quem faz o que" na estrutura maior de como indivíduos, empresas e espécies sobrevivem e prosperam no longo prazo. Por exemplo, o medo é uma ferramenta perigosa no trabalho. Mesmo assim, parece funcionar, pelo menos por algum tempo. Os evolucionistas podem explicar quando, onde e como.

Tenho de reconhecer outro elemento importante nesta visão: comparamos nós mesmos, e especialmente nossos colegas de trabalho, a feras selvagens porque é engraçado, pitoresco e porque rir de si mesmo (ou do chefe) é a melhor maneira de fazer as pessoas engolirem as notícias intragáveis que as levam a agir como gorilas enormes. Com base nisso, este livro irá se estender o máximo possível pelo mundo animal, abordando desde os peixes-palhaços até os pássaros pretos de asas vermelhas, em vez de se limitar a nossos parentes mais próximos da família dos macacos. Acredito que os humanos se encaixam na ampla gama do comportamento animal (alguns de nossos colegas de trabalho mais do que outros) e que podemos fazer uma análise melhor de nossa vida profissional, aprendendo até mesmo como animais extremamente diferentes têm suas próprias disputas.

LAMPREIA

Qual é a espécie animal mais adequada para descrever o tipo de relacionamento que a nova vice-presidente sênior da área de recursos humanos (ou, como gostamos de dizer, VPS do RH) tem com seus funcionários? Um possível candidato: a lampreia, que vive nas profundezas e gosta de entrar no corpo da vítima por qualquer orifício que esteja disponível, fazer de lá seu lar e alimentar-se de seus órgãos internos até que não sobre nada, exceto um saco vazio de pele (talvez seja melhor falar baixo, pois ela pode gostar da idéia).

Doninhas, você diria? Elas não são nem de longe bizarras o suficiente para explicar a estranha natureza de nossa vida profissional.

2

O MACACO BONZINHO
Em busca do gene altruísta

Ser técnico é como segurar uma pomba na mão. Segure com muita força e você a matará; não segure com força suficiente e ela escapará.

— TOMMY LASORDA, técnico de beisebol

Algumas pesquisas sobre comportamento animal talvez devam desculpas a todas as pessoas que foram vitimadas por líderes que se acham o máximo. (Eu sei, desculpe. Por gentileza, pegue sua senha. A fila hoje não passa de 10 quilômetros.) Idéias provenientes da selva e da savana têm influenciado profundamente o comportamento das grandes corporações. E, dado que um ponto de vista histórico natural pode ser um enfoque útil para o comportamento no ambiente profissional, talvez isso seja um bom negócio, não?

Infelizmente, nem sempre.

Um grande problema é que os cientistas também são humanos e, em geral, encontram no mundo natural exatamente aquilo que suas teorias e predisposições se inclinam a encontrar. Além disso, mesmo as melhores idéias biológicas são muitas vezes fragmentárias e mal interpretadas, para não dizer eliminadas, quando passam pela sala de reuniões e pela sala do todo-poderoso.

Para muitos executivos, a única coisa relacionada a Darwin que realmente importa é uma expressão que nem dele é: "Sobrevivência dos mais aptos" geralmente dita quando os gerentes seniores estão pegando o elevador para ir para a cobertura, e os funcionários de cargos inferiores estão sendo atirados ao precipício. (Darwin usou a frase "Sobrevivência dos mais aptos" tomando-a emprestada ao filósofo Herbert Spencer. Nunca considerou, no entanto, o comportamento sociopático como uma marca de aptidão, e ridicularizava os que agiam assim. "Li em um jornal de Manchester uma afirmação ridícula", escreveu a um colega, "dizendo que provei que 'o poder faz o direito', ou seja, então Napoleão está certo, assim como todos os comerciantes trapaceiros.")

A idéia de que os executivos são predadores cruéis ganhou mais força no mundo científico em meados do século XX. Biólogos que haviam vivenciado os terrores da Segunda Guerra Mundial geralmente descreviam os ancestrais humanos como matadores cruéis e sanguinários. Todos os universitários liam *On Aggression* [Sobre agressão], em que Konrad Lorenz afirmava que os seres humanos são naturalmente violentos. Se não liam, viam a idéia do "macaco matador" abordada no livro *O senhor das moscas* (Nova Fronteira, 2006), em que estudantes náufragos se transformavam em selvagens tribais. Viam isso destilado na cena de abertura de *2001: Uma Odisséia no Espaço*, em que um ancestral peludo assassina seu inimigo e atira sua arma ensangüentada, um osso, para cima, e ela se transforma magicamente, ao longo dos milênios, em uma estação espacial; todas as conquistas humanas parecem, portanto, ter suas raízes em nossa natureza violenta. Essa crença subjacente sobrevive até hoje nas inúmeras imagens de executivos, gerentes de treinamento e até políticos que posam como gorilas assassinos, com os braços cruzados e os lábios apertados: *Tudo faz sentido. Mim alfa. Negócios maus.*

EGOS ENFURECIDOS

Nas últimas décadas, não houve idéia biológica que tenha sido mais mal interpretada ou que tenha exercido tanta influência destrutiva no comportamento corporativo do que a do "gene egoísta". Em seu livro de 1976, de título chamativo, o evolucionista de Oxford Richard Dawkins argumenta que somos pouco mais do que um produto de nossos genes, e que esses genes têm sobrevivido por serem tão implacavelmente competitivos quanto os gângsteres de Chicago.

O título era uma metáfora. Genes não são nem egoístas nem altruístas; não são racionais. Dawkins simplesmente quis dizer que a função básica de um gene é fazer o maior número de cópias possível de si mesmo, a fim de repassá-las à próxima geração, qualquer que seja a forma. Desde então, afirma que nunca quis passar a idéia de que o comportamento egoísta é a melhor forma de se conseguir isso. "Vamos tentar *ensinar* a generosidade e o altruísmo", escreveu em seu livro, "pois nascemos egoístas."

A idéia de nosso egoísmo inato, assim como a idéia da sobrevivência dos mais aptos, tinha uma lógica intuitiva, e algumas pessoas se agarraram a ela com afinco. Desde os tempos de Aristóteles, os críticos consideravam os comerciantes e outras pessoas do tipo como um bando de safados egoístas. Hoje, após 2 mil anos de negação, os executivos, repentinamente, resolveram indagar: "Tudo bem, então, e o que você quer dizer exatamente com isso?"

"Nos últimos vinte e poucos anos, algo muito estranho vem acontecendo", comentou John Kay, professor de gerenciamento em Oxford, em seu discurso em 1988. "Essa caracterização nada atraente dos negócios, anteriormente feita somente pelos que eram hostis à idéia, vem sendo adotada com entusiasmo pelos próprios executivos. Eles não se sentem mais obrigados a negar que suas razões são egoístas, seus interesses, estreitos, e seu comportamento, instrumental. Rotineiramente, afirmam que o lucro é o propósito que define uma atividade empresarial." Kay não responsabilizou seu colega de Oxford, Dawkins, por isso. Havia muitos outros a quem atribuir a culpa, principalmente o economista da Universidade de Chicago Milton Friedman, que em 1970 declarou: "A responsabilidade social da empresa é aumentar seus lucros." Friedman, no entanto, estava simplesmente dizendo o que todos esperam que um economista de mercado livre diga.

Dawkins, por outro lado, era biólogo, e sua intenção era exatamente contrária: queria dar aos executivos razões para que eles pensassem que o comportamento egoísta era mais do que uma questão de conveniência econômica. Era também *natural*. E, se era natural, por que se envergonhar dele?

Na verdade, por que então não pegar essa idéia e usá-la dos modos mais extremos e absurdos? Por que não se dedicar a uma empresa, como a Tyco, com o objetivo de oferecer à esposa de seu CEO, Dennis Kozlowski, uma festa de aniversário na Sardenha, com uma escultura em gelo de *David*, de Michelangelo, fazendo xixi de vodca Stolichnaya? Por que não transformar a WorldCom no repulsivo banco pessoal de Bernie Ebbers? Com esse espírito estreito e egomaníaco, um repórter americano, que se auto-intitula o "flagelo da mídia liberal", afirmou recentemente que a ganância egoísta de Michael Milken fez mais pela humanidade do que a generosidade altruísta de Madre Teresa.

Mas e se a idéia de nosso egoísmo inato estiver equivocada?

Talvez possamos abordar isso de modo um pouco mais otimista. E se nascemos com um pequeno ego enfurecido (qualquer pessoa que tenha tentado confortar um bebê aos berros às três da manhã reconhecerá rapidamente o que digo) que existe apenas para satisfazer às nossas necessidades egoístas por sermos seres sociais, colaboradores e até mesmo altruístas? Não é uma idéia fácil de se aceitar, principalmente para um executivo que acredita que ser "durão" ou "intransigente" é o preço que se paga para alcançar o sucesso ou até mesmo para sobreviver.

Sinceramente, até eu acho difícil aceitar essa idéia. Quando ocupei, pela última vez, a sala do todo-poderoso, como editor-chefe de uma revista cuja equipe editorial era formada por 30 pessoas, tinha de ser crítico e exigente, e, com freqüência, chegava a ser agressivo, como alguns antigos colegas costumam lembrar, sem a intenção de me provocar. Minha carreira subseqüente como escritor também me levou à usual predileção jornalística de buscar palavras ríspidas, notícias ruins e boas brigas. Quando escrevo sobre o mundo dos negócios, geralmente abordo a má conduta. Quando redijo sobre história natural, o subtexto trata freqüentemente de violência.

Como escritor da *National Geographic*, já acompanhei cães selvagens no cenário sangrento de uma matança em Botswana e, certa vez, no Serengeti, testemunhei panteras despedaçando seis gazelas em um único dia. E asseguro a você que foi sobre isso que escrevi, e não sobre as três semanas anteriores em que fiquei observando as panteras divertindo-se e descansando sob o Sol. "Natureza com unhas e dentes" pode não ser uma visão precisa ou representativa da vida animal, mas é isso que as pessoas querem ler. A exemplo da maioria dos escritores, também tenho um pequeno ego enfurecido e certa vez publiquei um livro com a dedicatória "Para o inferno, todos vocês". Desse modo, é seguro dizer que minhas predisposições não me levaram a buscar comportamentos participativos na selva ou no trabalho. Porém, ao fazer pesquisas e observar os seres humanos e os animais com este livro em mente, passei a questionar por que não temos percebido o fato central de nossa vida profissional: o de que a natureza nos criou para sermos bons.

FUMAÇA AZUL

A idéia de ser bom, ou até de ser bom estratégica ou manipuladoramente, pode ser de difícil digestão no contexto corporativo. A princípio, porém, não deve parecer algo totalmente surpreendente. Todos sabemos o valor do toque pessoal e do vínculo estabelecido com as pessoas que nos rodeiam no trabalho. Empresas inteligentes sempre incorporaram essa idéia à sua rotina, algumas vezes até mesmo de modo cruel.

Ken Wine, hoje comerciante em Lands' End, começou a trabalhar, ainda garoto, em uma empresa de chapas de metal em Rhode Island: "A primeira coisa que faziam era dar aos novos funcionários um balde de 20 litros no qual havia uma etiqueta dizendo 'Fumaça Azul'. Mandavam-nos, então, até a contabilidade para recolher a fumaça azul. Não havia a tal fumaça na contabilidade, então você era enviado à produção e, no caminho, todos perguntavam quem você era e o que fazia. Era um meio de ajudá-lo a conhecer as pessoas e, ao mesmo tempo, humilhá-lo. Se você não tivesse senso de humor, a empresa não era o lugar certo para você."

Do mesmo modo, quando Ellen Moore começou a trabalhar com publicidade na W.L. Gore, em Maryland, deram-lhe "uma lista com o nome de cerca de 50 pessoas e disseram: 'Você tem de sair por aí e conhecer essas pessoas'". Ela passou os primeiros seis meses batendo papo e observando o trabalho, "só passeando". Um especialista em tempo e eficiência certamente teria se irritado.

Uma das tarefas de Moore, no entanto, era lançar um novo produto de Gore-Tex, chamado Pac-Lite, cujo atrativo de vendas era o fato de poder ser facilmente colocado em uma mochila de viagem. Dois dias antes do lançamento, alguém veio com a idéia de colocar amostras de tecidos concorrentes em recipientes Pyrex e, então, adicionar peso a cada recipiente para mostrar como o Pac-Lite tinha maior poder de compressão. Você deve estar pensando que se Moore tivesse passado menos tempo batendo papo e mais tempo se dedicando a seu trabalho essa idéia lhe teria ocorrido muito antes do prazo. O que fazer, então?

"Havia um rapaz da manutenção que consertava máquinas na fábrica. Eu costumava conversar com ele. 'O que você fez neste fim de semana?' e coisas desse tipo. Precisava de alguns pesos e queria que fossem anodizados para que o visual, quando descessem no recipiente, chamassem a atenção. Disse-lhe que a feira aconteceria em dois dias. Ele arregalou os olhos, pois tinha outras tarefas a cumprir e para isso seria necessário algum planejamento. Tinha de ser algo cientificamente preciso. Respondeu: 'Para você, arrumarei um jeito', e realmente arrumou, e sei que foi graças a nosso relacionamento."

Na China, os vínculos profissionais e sociais dependem de um sistema apropriado de troca de presentes e favores chamado *guanxi* (literalmente, "relacionamentos"), que pode influenciar tudo, de conseguir a assinatura de um contrato multimilionário até comprar peixe fresco no mercado. E mesmo no interesseiro e acirrado ambiente dos bancos de investimentos nos Estados Unidos, algumas pessoas entendem que vale a pena ser bom, e não apenas com aqueles que ocupam uma posição hierárquica acima da sua.

"O bom colega reconhece, desde o primeiro dia, o valor de bons relacionamentos na sala de xerox", escrevem John Rolfe e Peter Troob em seu livro *Monkey Business*, sobre o período em que trabalharam em Wall Street, na Donaldson, Lufkin & Jenrette. "O bom colega lubrifica as rodas do progresso, mesmo quando não há uma grande necessidade de serviços de xerox. O bom colega pede cinco ou seis pizzas para o jantar a cada duas semanas e manda duas para o pessoal da xerox. O bom colega vai até a loja de conveniência uma vez por mês, pega uma caixa de cerveja e deixa na sala dos rapazes da xerox. O bom colega coloca uma nota de $20 no bolso do chefe da xerox no Natal e demonstra boa vontade, ou então coloca uma nota de $50 nesse mesmo bolso e demonstra boa vontade em dobro. E então, quando realmente surge a necessidade de serviços rápidos de xerox, o bom colega vê seu trabalho passando na frente de todos os outros enquanto aquele colega amargo e mal-educado fica se remoendo e recebe seu trabalho de volta três horas depois do prazo de entrega. Uma mão lava a outra."

RAZÕES EGOÍSTAS PARA SER GENEROSO

Ser gentil – até mesmo estrategicamente gentil – é um comportamento natural dos macacos, símios, banqueiros de investimentos e muitas outras criaturas que até pouco tempo atrás eram consideradas malvadas. Os macacos vivem, em geral, em grupos familiares, de amigos e de parasitas e dedicam grande parte do tempo em que estão acordados a cuidar uns dos outros. Um macaco fica sentado durante 20 minutos acariciando, alisando e tocando delicadamente o pêlo de seu parceiro, fingindo encontrar carrapichos e punhados de sujeira. O macaco que está recebendo toda essa atenção geralmente estica-se e fecha os olhos, em uma demonstração clara de contentamento. Relaxam como clientes sendo mimados em um spa – um ótimo spa. Você chega até a sentir um pouco de inveja deles.

Biólogos passaram grande parte das últimas quatro décadas tentando encontrar uma explicação plausível para o fato de os gorilas, ou executivos, estarem sempre dispostos a ser gentis, generosos e até mesmo altruístas uns com os outros. Naturalmente, eles tinham ciência disso. Só não conseguiam entender o porquê em termos darwinianos mais específicos. Prestar favores, compartilhar alimentos e ajudar a cuidar da cria dos outros, tudo isso significa doar seus recursos, enquanto o estereótipo darwiniano de "sugador" teoricamente fala sobre acumular recursos. Ou, como alguns idiotas dizem: "Vencedor é aquele que acumula muitos tesouros."

Alguns biólogos vêm tentando explicar o altruísmo em termos egoístas, o que pode parecer estranho. No entanto, ser generoso nunca vem em primeiro plano na natureza humana, exceto quando o indivíduo generoso é, de alguma forma, beneficiado. Ou seja, uma predisposição generosa deve ter ajudado nossos ancestrais a sobreviverem, e esses genes devem ter passado para as gerações seguintes. Caso contrário, o altruísmo teria, aos poucos, desaparecido do conjunto de genes humanos. Com base nisso, os biólogos têm proposto três explicações para o comportamento altruísta:

- O altruísmo recíproco leva os indivíduos a fazerem coisas boas uns para os outros, na esperança de um dia receberem o favor de volta. O comportamento que leva os primatas a cuidarem uns dos outros, por exemplo, é a forma como constroem sua rede social, o que funciona: em uma briga, é mais provável que os parceiros que dividem cuidados entre si tentem ajudar-se mutuamente do que aqueles que mal se conhecem. Para os seres humanos, no ambiente profissional, o altruísmo recíproco geralmente não ocorre como conseqüência de um acabar com os ecoparasitas do outro. Demonstramos que cuidamos uns dos outros por meio de conversas amigáveis e palavras educadas, como Ellen Moore fez na W.L. Gore ou como no caso das pizzas. Alguns biólogos defendem a idéia de que os seres humanos desenvolveram a linguagem como um substituto para esse comportamento dos primatas, uma maneira nova e aprimorada de ligação social. Assim, não é por acaso que nossa afirmação mais conhecida sobre o altruísmo recíproco seja "Coçarei suas costas se você coçar as minhas".

- A seleção de parentesco leva os indivíduos a prestarem favores para seus familiares como um meio básico de assegurar que parte de sua própria herança genética seja transmitida a gerações futuras. Uma conseqüência disso é que nossa disposição de ajudar está diretamente relacionada ao grau de parentesco ou, como diz um biólogo, "morreria feliz por dois irmãos, quatro primos e oito primos de segundo grau". Se você acha que, de algum modo, isso não é relevante no ambiente profissional, pense que entre 80% e 90% de todas as empresas são propriedades familiares ou controladas pela mesma família. Isso inclui cerca de 185 empresas listadas na Fortune 500* (entre as quais, Johnson & Johnson, Marriott, Nordstrom e Wal-Mart) e outras na Fortune Global 500,** como BMW, SAP, Suntory, Hutchison Whampoa e J Sainsbury.

A seleção de parentesco é o que ocorre quando uma macaca matriarca *vervet* passa sua posição para uma neta, ou quando o bisneto do fundador, William Clay Ford Jr., torna-se o CEO da Ford, ou, ainda, quando o veterano de 33 anos Jacques Nasser é escorraçado do topo (embora equipado com o melhor pára-quedas do mercado).

■ Das três explicações, o princípio da deficiência é o mais novo e o mais contra-intuitivo. Defende que os animais e os seres humanos adotam comportamentos arriscados, entre os quais o altruísmo, basicamente para mostrar que são capazes. Quanto maior e mais ousado o comportamento, mais alto o nível de *status* que gera. A cauda do pavão é o exemplo clássico de uma demonstração de deficiência. É tão difícil e sacrificante para o pavão mantê-la aberta que pode atrapalhá-lo na hora de fugir dos predadores. Mas, quando o macho abre a cauda e balança as penas, é como se Austin Powers estivesse dizendo: "Ei benzinho, continuo aqui."

É mais fácil ver o princípio da deficiência na busca por diversões arriscadas dos membros da alta gerência – a prática do heliski,*** a participação em corridas automobilísticas e em falsos combates aéreos. O heliski e a filantropia são, no entanto, parentes próximos. Uma demonstração de altruísmo foi vista quando Aaron Feuerstein, fabricante de Massachusetts, optou por manter seus empregados na folha de pagamento e reconstruir sua fábrica de tecelagem após um incêndio que

---

*Lista das 500 maiores empresas dos Estados Unidos. (*N. da T.*)
**Lista das 500 maiores empresas do mundo. (*N. da T.*)
***Esporte que consiste em subir de helicóptero até um dos pontos mais altos de uma montanha e descer esquiando pelas pistas de neve. (*N. da T.*)

32 O GORILA NO ESCRITÓRIO

destruiu tudo. Ganhou, com isso, a reputação de o "Homem de Malden Mills". O fundador da CNN, Ted Turner, também deu uma demonstração de abnegação e ganhou reputação semelhante quando anunciou sua intenção de doar $1 bilhão às Nações Unidas (infelizmente, Feuerstein logo faliu e Turner viu, posteriormente, seu patrimônio líquido despencar em bilhões de dólares, o que deixa claro como uma demonstração de altruísmo é algo arriscado).

O INSTINTO DA ASSOCIAÇÃO

Há, no entanto, outra explicação para o comportamento altruísta, que se aplica pelo menos a Feuerstein ou Turner, e que, nos últimos anos, biólogos, antropólogos e economistas têm estudado com afinco. A idéia é que não somos, na verdade, indivíduos tão fortes como imaginamos. Ao contrário, temos a tendência de ir desmoronando quando sozinhos. (Literalmente, isso quer dizer que, quando sofrem de doenças cardíacas, estresse crônico, HIV ou outros problemas, as pessoas vão deteriorando mais rapidamente se não contarem com apoio social. Podem até ter mais tesouros, mas morrem mais jovens.) Tornamo-nos inteiramente humanos apenas no contexto grupal e relacional.

Essa é uma descoberta que os empresários mais antigos geralmente fazem quando vendem a empresa que construíram ao longo da vida e, de uma hora para outra, percebem que deixaram de ser alfas e que estão isolados. A ansiedade da separação e o sentimento profundo e perturbador da perda também afligem aposentados e funcionários afastados do trabalho. Ocorre com os policiais, quando vêem um parceiro com o qual trabalharam durante mais de 14 anos ser transferido para outra área.

Como a maioria dos macacos e símios, somos animais intensamente sociais. Temos um *instinto de associação*. Quando nos associamos, apesar de nossas intenções obstinadas contrárias, temos a tendência de mudar um pouco, de mudar para nos adaptarmos, de abrandar nosso modo de pensar: nossas emoções contagiam as pessoas à nossa volta e as delas nos contagiam instantânea e inconscientemente. Passamos a nos vestir como nossos novos colegas, adotamos o discurso da empresa e damos nosso sangue por ela. Na Nike, alguns jovens representantes de vendas se autodenominam Ekins ("nike" de trás para a frente) e tatuam o emblema da Nike em seu corpo. Tal como o atendente de loja no filme *Alta Fidelidade* que é contratado para trabalhar dois dias por semana e começa a aparecer todos os dias. O trabalho se transforma em nosso bando e nossa tribo, e passamos a ver o mundo em termos de "nós e eles".

Seja boa ou ruim, essa ligação é visceral, até psicológica: as pessoas que nos cercam podem influenciar nossa pressão arterial, nossa produção de hormônios como a serotonina, a dopamina, o cortisol e a testosterona, nosso circuito neural e até mesmo nossa capacidade de reprodução. Nesse contexto, o que alguns biólogos chamam de a resposta *"tend-and-befriend"* (cuidado e intimidade) é, no mínimo, mais natural do que a conhecida resposta *"fight-or-flight"* (luta ou fuga). Ser gentil, cuidar das outras pessoas e receber o cuidado delas são atitudes tão necessárias para nós quanto respirar ar puro.

A prova dessa idéia contrária começou a emergir de nosso próprio cérebro.

ALEGRIA SILENCIOSA?

Se o ambiente profissional é um ninho de cobras, algo de que reclamamos com freqüência, nosso segredo mais secreto é que gostamos de nossos colegas escamosos. Temos a tendência de esquecer isso, ou talvez nunca percebamos logo de cara, por estarmos envolvidos demais com as disputas, frustrações e inacreditáveis agressões do dia-a-dia no trabalho. As pessoas, no entanto, passam 80% do tempo em que estão acordadas na companhia de outras pessoas, e fomos feitos para gostar disso. Formar alianças sociais e colaborar com nossos colegas de trabalho são atitudes que nos dão prazer. Tornam-nos mais saudáveis. Ajudam-nos a viver mais. E não é apenas porque, como crianças viciadas em desenhos animados, ficamos comovidos com o Mr. Rogers perguntando-nos, enquanto veste seu blusão, se queremos ser seu amigo.

Sabemos que a colaboração está profundamente enraizada em nossa história evolucionária em parte porque o prazer aparece em algumas das regiões emotivas mais primitivas do cérebro. Em um conhecido experimento com ratinhos indefesos, cientistas implantaram eletrodos no estriato, área rica em receptores de dopamina, um dos analgésicos naturais do cérebro. Os eletrodos permitiam que os ratos administrassem, por si mes-

34   O GORILA NO ESCRITÓRIO

mos, as sensações prazerosas ao pressionarem uma barra. Os bichinhos gostaram tanto que, em vez de deixarem de pressionar a tal barra, morreram literalmente de fome.

Burros esse ratinhos, não? Os seres humanos também têm um estriato e os contatos sociais amigáveis produzem sensações prazerosas nessa área. Em um experimento recente, realizado na Emory University, cientistas comportamentais utilizaram a tomada de imagens por ressonância magnética (IRM) para gravar a atividade cerebral de mulheres participando de interações sociais. As mulheres tinham a opção de colaborar de modo altruísta ou de blefar. O contexto era um clássico jogo de laboratório chamado "O Dilema do Prisioneiro": duas jogadoras conheciam-se rapidamente e, em seguida, sentavam-se em salas separadas e jogavam 20 rodadas pelo computador. Em cada rodada, uma jogadora podia escolher uma opção gananciosa ou participativa. Se ambas optassem pela primeira, cada uma ganhava $1. Se uma escolhesse a participativa e a outra, a gananciosa, a primeira jogadora não ganhava nada e a gananciosa ganhava $3. Quando ambas escolhiam a participativa, ganhavam $2 cada.

Quando as jogadoras colaboravam entre si, as IRM mostravam um aumento na atividade do estriato. As mulheres pareciam vivenciar as mesmas recompensas neurológicas resultantes do trabalho participativo que os ratos sentiam ao pressionar a barra. Os próprios testes mostraram que elas também se sentiam melhor quando se comportavam de forma generosa e participativa. A escritora e cientista Natalie Angier resumiu os resultados: "Por mais difícil que seja acreditar, vivendo hoje em um momento em que se vê tanta ganância e armas disfarçadas, os cientistas descobriram que o pequeno e bravo ato de colaborar com o outro, preferir a confiança ao cinismo, a generosidade ao egoísmo, faz o cérebro iluminar-se com uma alegria silenciosa."

Algumas pequenas advertências: os cientistas não sabem exatamente por que o cérebro sente-se bem. A dopamina pode ser liberada porque algo inesperado aconteceu, e não como conseqüência do comportamento participativo. Também é necessário descobrir os resultados nos homens, e é possível que o cérebro masculino aja de outra forma, com um enfoque mais obsessivo na dominância social do que na colaboração. Também não testaram os resultados em gerentes de nível médio. Pode ser que um estagiário executivo ambicioso já esteja planejando como usar o estudo da Emory para construir uma carreira na Ralph Lauren reduzindo os custos nas malharias do Terceiro Mundo: "O microchip da máquina costura a camisa, certo? Então, vamos conectá-lo, sem fio, a um eletrodo no estriato do operador e, assim, ele pode estimular os receptores de dopamina *sempre no mesmo horário*. Aqui diz que eles morreriam de fome, mas não parariam de trabalhar." Talvez seja uma boa idéia, apesar de o custo das cirurgias cerebrais ser, atualmente, proibitivo.

Há também, contudo, provas comportamentais que chegam a uma conclusão mais esperançosa: que tanto homens quanto mulheres foram criados para serem colaborativos. E justos. Para, até mesmo, terem moral. Essas tendências podem ser, no mínimo, tão naturais quanto a da ganância egoísta. "A moralidade não é algo superficial que se agregou ao ser humano há pouco tempo em nossa evolução", afirma o primatólogo Frans de Waal. "Está relacionada a tendências muito antigas de afeição e associação que temos como uma espécie, e que compartilhamos com todos os tipos de animais."

A QUÍMICA DA CONFIANÇA

O rato-calunga das pradarias, por exemplo, um pequeno animal vegetariano nativo das pradarias dos estados americanos do Meio-Oeste, é considerado pelos pesquisadores um instrumento vital para os estudos de neurofisiologia sobre laços sociais. Esses animais ajudam a explicar como estabelecemos laços sociais e sexuais, e talvez também o que ocorre quando sentimos uma satisfação profunda ao fazer parte de uma equipe esportiva ou trabalhar em um grupo em que as coisas, repentinamente, fazem sentido. Também oferecem pistas sobre como os recursos humanos perdem força quando Pessoas Ocupadas são desligadas de Trabalhos Importantes e sujeitas a exercícios de afeição e compartilhamento ("Fechem os olhos e deitem-se", implora o treinador da Alma do Time. "Os jogadores de seu time pegarão você..."). Até mesmo economistas têm analisado os ratos-calunga com mais seriedade, tendo em mente que o comportamento deles pode explicar o que ocorre quando os negócios vão bem. Pode, por exemplo, explicar o que motivou uma das conquistas mais decisivas da história das negociações de paz no Oriente Médio. Falaremos mais a esse respeito logo adiante.

Os ratos-calunga das pradarias são seres altamente sociais que dividem seu ninho com outros 10 ou 11 animais. Também são profundamente monogâmicos. Macho e fêmea formam um laço permanente e, apesar da ocasional indiscrição sexual, ficam juntos durante toda a vida. Ambos também participam da criação dos filhotes. Por outro lado, seus parentes mais próximos, os ratos-calunga das montanhas, são caubóis. Não estão muito acostumados a ter companhia, exceto na época do acasalamento, quando eles – oba! – fazem sexo com qualquer um, em qualquer lugar. Às vezes, também se alimentam da cria. ("Observação para o RH: aqui está uma promessa para a equipe gerencial.") Dado que ambas as espécies compartilham 99% de seu genoma, Tom Insel, atual diretor do National Institute of Mental Health, questionou o que faz com que o comportamento deles seja tão diferente. Chegou, então, a dois hormônios peptídeos, a oxitocina e a vasopressina, produzidos no cérebro.

Em geral, os médicos administram em grávidas uma forma farmacêutica de oxitocina, chamada pitocina, para induzi-las a ter contrações uterinas intensas que levam ao nascimento do bebê. A oxitocina também ajuda a mulher a produzir leite e amamentar seu bebê. Jovens pais também registram um aumento de oxitocina, juntamente com um nível maior de vasopressina. Os efeitos psicológicos produzidos por esses hormônios acabam traduzindo-se em efeitos emocionais e comportamentais. A oxitocina diminui os ritmos cardíaco e respiratório e a pressão arterial, levando a uma sensação de calma e maior prontidão para a afeição. Há indícios de que a vasopressina esteja ligada à vigilância e à necessidade de proteger e cuidar da nova família. Todas essas mudanças hormonais preparam os pais para formar uma ligação social com seu bebê que, se não fosse isso, representaria apenas um pequeno alienígena barulhento e que vaza por todos os lados.

O mesmo tipo de preparação hormonal ocorre durante a ligação sexual (outro caso de alienígena barulhento e que também vaza). No momento do cortejo, há a liberação de oxitocina, vasopressina e dopamina tanto no macho quanto na fêmea. Juntamente com as mudanças psicológicas, ambos sentem uma diminuição de ansiedade social e maior conforto em permitir que o outro se aproxime. Nos ratos-calunga das pradarias esses hormônios representam o fator decisivo para a formação de um vínculo duradouro. Quando pesquisadores injetam mais hormônios em seu cérebro, os ratos se apaixonam ainda mais. Nos ratos-calunga das montanhas, ao contrário, uma injeção de oxitocina ou vasopressina não muda em nada seu comportamento promíscuo, tampouco faz com que sua personalidade desprendida se torne mais tranqüila ou sociável. Ou seja, a resposta não está apenas nos hormônios.

Insel, no entanto, descobriu que as duas espécies têm estruturas cerebrais completamente diferentes. Nos ratos-calunga das pradarias, os receptores neurais de oxitocina e vasopressina estão mais concentrados em áreas cerebrais associadas às recompensas e ao fortalecimento. Quando um macho ou uma fêmea cruza e vivencia a carga resultante de hormônios, torna-se literalmente viciado no outro. Ao que tudo indica, a visão (ou, mais provavelmente, o cheiro) do amado produz uma interação arrebatadora entre a oxitocina e a dopamina, o neurotransmissor da sensação de bem-estar. Nos ratos-calunga das montanhas, os receptores neurais estão distribuídos em outras regiões do cérebro, razão pela qual eles não se ligam a este ou aquele parceiro. Todos são iguais e as ligações entre eles não existem.

E quanto aos seres humanos, espécie que, às vezes, também é considerada monogâmica? Até que ponto nosso cérebro assemelha-se ao do rato-calunga das pradarias? Ou somos ratos-calunga das montanhas disfarçados? Quando pesquisadores analisam estudantes que se dizem loucamente apaixonados, as imagens de ressonância magnética mostram que sua atividade neural também parece concentrar-se em áreas relacionadas aos vícios. Na verdade, o cérebro parece muito com o das pessoas que consomem cocaína.

BARGANHA EMOCIONAL

É bem provável, porém, que você não esteja apaixonado por seus colegas de trabalho. Por que, então, toda essa pesquisa hormonal é relevante para o ambiente profissional? Mesmo entre pessoas estranhas, pequenos atos de confiança produzem um aumento surpreendentemente rápido nos níveis de oxitocina no sangue. Em um experimento realizado na Califórnia, na Claremont Graduate University, pesquisadores formaram, aleatoriamente, pares de pessoas que não se conheciam em um laboratório de computadores. Os pesquisadores deram ao "tomador de decisão 1", ou o TD1, $10 e explicaram-lhe que ele poderia dividir qualquer valor, de $1 a $10, com o "tomador de decisão 2", ou o TD2, que na verdade receberia o triplo desse valor. O TD2 poderia, então, optar por devolver ou não o dinheiro, e assim acabava o experimento. As duas pessoas de cada grupo comunicavam-se apenas pelo computador, sem contato direto.

A teoria econômica padrão – o modelo do "homem econômico racional" – prevê que sob essas circunstâncias o grau de confiança é provavelmente zero. As teorias evolucionárias do altruísmo recíproco e da seleção de parentesco também não conseguem fornecer uma base que determine o porquê do comportamento generoso ou confiável. O TD2 nunca conhecerá o TD1, sabe que não será beneficiado por ter sido gentil e que, se for mesquinho, não corre risco de retaliação. Assim, um TD1 poderia simplesmente embolsar os \$10 e ir embora. Em centenas de experimentos, no entanto, segundo Paul J. Zak, diretor do Center for Neuroeconomics Studies, em Claremont, 75% dos TD1s dividiram o dinheiro. O mais surpreendente foi que 90% dos TD2s que receberam esse sinal de confiança agiram de forma recíproca.

Por que foram tão gentis? Apesar da idéia de que fazemos negócios apenas do ponto de vista racional, neuroeconomistas como Zak sugerem que nossas emoções geralmente têm mais importância do que os fatos. E as emoções sofrem, muito provavelmente, a influência da oxitocina. No estudo de Claremont, testes sangüíneos revelaram que quanto maior o valor que os TD2s receberam dos TD1s, maior era o aumento do nível de oxitocina e da reciprocidade. Zak conclui que há um aumento na oxitocina quando alguém confia em você, e *o ato de confiança, por si só, estimula a fidelidade*. Os ratos-calunga aumentaram a suspeita de que os seres humanos podem ter uma propensão evolucionária à confiança. Fidelidade, reciprocidade e benefício podem ser muito mais do que apenas palavras desejáveis dentro de uma empresa. Podem ser, na verdade, uma expressão da natureza humana, um produto de se viver por milhares e milhares de anos em grupos ou tribos em que a confiança entre os membros era uma questão de sobrevivência.

Mais uma vez, há algumas advertências. Em termos puramente técnicos, a questão de haver uma correspondência entre os níveis de oxitocina no sangue e no cérebro é complicada, devido à "barreira sangue-cérebro", um grupo de células que controla quais substâncias entrarão no cérebro. Para se medirem os níveis reais de oxitocina no cérebro seria necessário abrir buracos no crânio e enfiar agulhas, ou fazer perfurações na região lombar, e a maioria das pessoas que se sujeitam aos testes humanos não confiaria nisso. Estudos em animais, porém, indicam experimentalmente que os níveis de oxitocina no sangue e no cérebro são similares. Pesquisadores também descobriram tal similaridade ao medir diretamente o fluido cérebro-espinhal em humanos autistas, cuja incapacidade de formar laços sociais pode ser influenciada pela deficiência de oxitocina.

Uma advertência mais significativa é o fato de experimentos laboratoriais não corresponderem à vida real. O valor em dinheiro do estudo de

O *macaco bonzinho* **39**

Claremont era baixo, e não um contrato de construção civil de $50 milhões. E, mesmo assim, somente 75% dos TD1s tiveram um comportamento generoso.

O que aconteceu com os outros 25%? Os mesquinhos eram simplesmente tipos racionais destinados a se tornar gerentes de nível médio? Nem todos os TD2s agiram de modo confiável, e os níveis de oxitocina mostraram o contrário. Um TD2 que se tornou conhecido no laboratório como "Gordo Idiota" era tão obeso que o técnico teve de picá-lo quatro vezes até conseguir encontrar sua veia para o teste sangüíneo. O pesquisador que o entrevistou percebeu que ele estava "feliz demais". Ao ser questionado, o Gordo Idiota vangloriou-se de ter ficado com $30 de seu TD1 e não ter devolvido nem um centavo sequer. Seu teste sangüíneo apresentou um nível elevado de oxitocina, segundo Zak. "Mas ele suprimiu isso, desligou-se." Portanto, a oxitocina pode estimular a fidelidade, mas não ditá-la.

Quando o estudo de Claremont foi divulgado, correspondentes de um site da área econômica brincaram com ceticismo no sentido de que só se deve negociar com a pessoa do outro lado da mesa se ela estiver "bêbada" de oxitocina. Alguns especularam sobre o uso futuro da oxitocina farmacêutica ou até de "bebidas com altos níveis de oxitocina" como um meio de induzir o sentimento de companheirismo em um grupo (na verdade, a barreira sangue–cérebro dificultaria isso pelos métodos atuais). Um correspondente destacou, com certo cinismo, que não há razão alguma para esperar: "Há uma boa maneira, que não necessita de muita tecnologia, de implantar seu plano. Da próxima vez que você for fechar uma transação, atire um bebezinho na cara de seu adversário. Você, por outro lado, deve concentrar-se apenas na fralda fedorenta."

Logicamente, ele estava brincando. Mas na verdade um cenário equivalente serviu, certa vez, como um dispositivo eficaz para uma solução bemsucedida, voltada para as negociações de paz no Oriente Médio. Em 1978, depois de 13 dias de negociações em Camp David entre Anwar Sadat, presidente do Egito, e Menachem Begin, primeiro-ministro de Israel, Begin continuava a se recusar a assinar o tratado de paz. Todos estavam com as malas feitas, prontos para voltar para casa, desapontados. O presidente Jimmy Carter, que atuava como mediador, deu dois passos que posteriormente mostraram-se cruciais.

Primeiramente, elaborou uma nova versão de um documento-chave, excluindo alguns detalhes irritantes, sem alterar, no entanto, sua essência. Em seguida, sentou-se e autografou fotografias comemorativas com Sadat e Begin que este último havia pedido para seus netos. "Sabendo dos problemas que tínhamos com os israelenses", Carter escreveu mais tarde, "Susan [Clough, sua secretária] ofereceu-se para pegar os nomes dos netos para que eu pudesse personalizar cada foto." Carter, então, foi visitar Begin na varanda da casa dele.

O que se seguiu foi uma ligação clara induzida pela oxitocina: "Entreguei-lhe as fotografias. Ele as pegou e agradeceu. Aí viu o nome de sua neta em uma delas. Leu em voz alta, e então olhou cada fotografia, uma a uma, e repetiu o nome de cada um dos netos escrito nelas. Seus lábios tremeram e lágrimas surgiram em seus olhos. Contou-me um pouco a respeito de cada uma das crianças, em especial de uma, que parecia ser sua preferida. Estávamos ambos emocionados e conversamos calmamente, durante alguns minutos, sobre netos e sobre a guerra." Carter deixou de lado a nova versão que fizera do tratado. Voltou para dar as más notícias a Sadat. Enquanto conversavam, Begin telefonou para dizer que havia mudado de idéia e que estava preparado para dar continuidade ao processo de paz.

Logicamente, seria simplista sugerir que basta um pouco de oxitocina para aproximar as pessoas dessa forma. Estamos apenas começando a explorar a neurofisiologia da confiança e, com certeza, o assunto irá se mostrar muito mais sutil e complexo do que imaginamos. O importante, por enquanto, é saber que nossa biologia nos direciona para a colaboração pelo menos tanto quanto o faz em relação ao conflito. Nosso padrão como animais sociais não é o egoísmo, mas o altruísmo estratégico.

Tudo isso levanta a seguinte questão: se os grupos sociais são tão importantes para nossa identidade, nossa sensação de conforto, segurança e realização, e se o ambiente de trabalho tornou-se o canal principal para nossos comportamentos sociais, por que voltamos para casa irritados, insatisfeitos e até mesmo sentindo-nos miseráveis?

Era uma manhã como todas as outras na ilha empoeirada do sempre inundado delta do Okavango. Um bando de babuínos e os naturalistas que os estudam haviam passado toda a manhã andando vagamente em direção às costas das áreas alagadas, todos atentos aos perigos usuais da região: o búfalo africano, os elefantes e os leões. Se os babuínos decidissem cruzar a área alagada para chegar à próxima ilha, teríamos de atravessá-la também. Estávamos torcendo para que aquele não fosse como os dias terríveis em que um crocodilo surge repentinamente do fundo das águas, e também como seria bom não sermos surpreendidos por um hipopótamo que aparecesse para esmagar alguém.

Os babuínos reuniram-se, aos poucos, na beira da água, movimentando-se de forma confusa e murmurando "Hunh, hunh" como se analisando as mesmas terríveis possibilidades e tentando decidir se seguiriam adiante ou recuariam. Eles haviam visto um membro do grupo ser pego por um leão nessa travessia na última ou penúltima temporada, e o aviso continuava soando em alguma região mais obscura de seu cérebro. Alguns subiram nas árvores para pegar frutos e observar a possibilidade de perigo.

Isso seria o que um CEO babuíno chamaria de ponto de inflexão, um momento crítico na tomada de decisão diante de circunstâncias que mudam rapidamente. Seguimos adiante, em direção ao desconhecido? Arriscamo-nos e enfrentamos a possibilidade de dar de cara com predadores? Ou seria mais inteligente recuar?

Na verdade, o que estava acontecendo com os babuínos naquela manhã não era apenas um momento crucial na tomada de decisão. Tratava-se da Decisão Primordial. Um momento que havia ocorrido tantas vezes em nosso passado distante, em tantos poços d'água e travessias de rios tomados por muita ansiedade e vários derramamentos de sangue, que ficaram marcados em nosso cérebro. O modo como abordamos os poços d'água molda, hoje, a estratégia que adotamos para tomar todas as decisões. É o que gera um sistema intelectual (chamado tendência à negatividade) que nos dá dez boas razões para não seguir adiante, que busca constantemente pistas de um leopardo em posição de tocaia.

Na beira d'água, uma fêmea mais velha, com reputação de não temer ataques de leopardos, adentrou na água até a altura do tronco. Ouviram-se sons altos vindos de todo o bando, como o murmúrio contínuo dos ocupantes das últimas fileiras do Parlamento, em um "não" conjunto. Em seguida, um macho mais velho, também importante, andou na direção da fêmea, e todos os outros logo o seguiram. Todos hesitaram. Cada um deles pensou: "Meu Deus, posso ser comido vivo lá." Em seguida, adentraram, um a um, as águas calmas.

3

SER NEGATIVO
Por que tudo parece pior do que provavelmente é

Os homens são animais muito estranhos – uma mescla do nervosismo dos cavalos, da teimosia dos burros e da maldade dos camelos.

— T. H. HUXLEY

Certo dia, estava conversando com meu pai sobre comportamentos cooperativos no ambiente profissional e ele começou, prontamente, a contar várias piadas sobre Nova York na década de 1950, entre as quais uma a respeito de um grande executivo que, por motivos que talvez seja melhor não analisar, gostava de ter o estilo "mão-de-ferro".

— Isso acontecia quando ainda tomávamos umas três doses de martíni durante o almoço – meu pai recordou. – Ele adorava arremessar a bandeja metálica das bebidas e falar alto, em qualquer que fosse o bar em que estivéssemos almoçando e, independentemente da qualidade do serviço do barman, dizia: "Avisa àquele filho-da-mãe vesgo que é para ele encher esse copo de martíni até a boca ou, então, vou cortar o saco dele fora!"

Certa vez, ri educadamente, limpei a garganta e respondi:

— Mas eu estava perguntando sobre comportamentos cooperativos...

— Humm – meu pai respondeu, ficando em silêncio pela primeira vez durante a conversa. – Mas ele costumava dar boas gorjetas – arriscou, por fim. – Era o único motivo pelo qual deixavam o idiota voltar no dia seguinte.

A princípio, atribuí a resposta à psicopatologia individual e aos almoços regados a martíni. Quando converso, porém, sobre comportamentos cooperativos com outras pessoas, alguns funcionários de grandes empresas também ficam em silêncio, ou então começam a falar sobre trabalhar como uma equipe e acabam escorregando, inconscientemente, na linguagem do conflito.

Em uma empresa da lista Fortune 500, uma executiva descreveu sua experiência como chefe do departamento de segurança em uma companhia de pesquisas científicas. Ela agendara uma visita de familiarização com um responsável pela equipe de segurança para que pudessem realizar um trabalho conjunto quanto a questões de segurança contra fogo, radiação e com a equipe de emergência.

— O que você quer? – perguntou o rapaz responsável pela equipe quando ela apareceu para a visita.

— Apenas fazer parte da equipe – respondeu ela, em tom de brincadeira.

— Já vou logo lhe falando uma coisa. Ou você participa da equipe ou será atropelada por nós.

Ela deu um sorriso largo, ou talvez tenha feito uma careta, e continuou conversando durante algum tempo até conseguir sair rapidamente dali. De volta a seu escritório, fechou a porta atrás de si e tentou afastar da mente a imagem de ser esmagada. Seus colegas a haviam advertido sobre o responsável pela equipe da segurança, "um louco com verba orçamentária", ex-policial que guardava armas em casa, observações que não serviram de consolo.

Naquela noite, em casa, começou a traçar uma estratégia para superar as vibrações negativas. Sentia certa urgência em sua missão: entre outras idiossincrasias, a idéia paranóica do chefe de prevenir furtos era manter as saídas de incêndio trancadas com correntes pelo lado de fora. Mas vamos deixar esse infeliz impasse de lado por ora e retomar a estratégia da chefe do departamento de segurança mais adiante neste capítulo.

A PALIDEZ DO CONFORTO

Parece que fomos criados para pensar em termos de conflitos, e não de cooperação, o que, até certo ponto, faz sentido. A cooperação pode ser o conteúdo de nosso dia-a-dia, mas exatamente por isso também pode ser entediante. Pergunte a uma executiva contábil júnior o que aconteceu em seu dia de trabalho quando a empresa, após três trimestres de prejuízo, voltou a dar lucro e ela provavelmente responderá: "Nada demais." Mas quando Suky rouba um cliente de Kyle surge aí um assunto de grande interesse para as pessoas discutirem.

Paul Rozin, pesquisador da Universidade da Pensilvânia que estuda o porquê de as pessoas concentrarem-se nos aspectos negativos, cita a "fenomenológica palidez do conforto", o que significa que, "geralmente, as pessoas não sentem prazer porque o ar-condicionado está ligado, mas têm desconforto imediato quando ele pára de funcionar". Ou, como Schopenhauer afirmou certa vez: "Sentimos a dor, mas não a ausência dela."

Nossa natureza biológica acentua os aspectos negativos, percebe um ato que dá errado no lugar de cinco ou dez que deram certo. Diferenciamos os eventos negativos dos positivos em um décimo de segundo, e nossa atenção volta-se aos negativos.

Por exemplo, quando pesquisadores mostram a pessoas submetidas a testes um papel com uma série de rostos sorrindo e outra série com um rosto bravo, elas olham instantaneamente para o bravo. Inverta o padrão e elas levarão muito mais tempo para observar o sorriso solitário. Do mesmo modo, quando um chefe faz quatro comentários positivos e uma reclamação no relatório de um funcionário, o subordinado fixa-se, quase invariavelmente, na reclamação. Os neurologistas chamam isso de "tendência à negatividade" e a consideram um mecanismo de sobrevivência. Dispensar atenção especial ao que pode dar errado nos ajuda a lidar com o perigo. Um rosto bravo chama nossa atenção mais prontamente do que um sorriso, pois representa uma ameaça em potencial.

A tendência à negatividade foi-se formando em nossa mente durante os milhões de anos de evolução, isso porque os animais e os primeiros humanos que não tinham essa tendência aprenderam a lição rápida e sangrenta por meio da seleção natural. A pequena gazela Tommy pastando descuidadamente, com a cabeça baixa, perceberá, cedo ou tarde, que está no meio de vários leões: "E aí, pessoal? Nossa, como vocês têm dentes grandes."

O descuido excessivo foi sendo excluído e tornando-se cada vez menos comum nas gerações que se sucederam, pois, como afirma Rozin, com exatidão: "A ameaça de um predador é uma ameaça terminal." Continuar vivo significava manter olhos e ouvidos abertos e atentos, em busca constante dos fantasmas no matagal – o leopardo silencioso, o trio de chitas famintas, o investigador escondido da Comissão de Valores Mobiliários. A desconfiança, ou a tendência à negatividade, tornou-se uma característica marcante dos sobreviventes.

Na verdade, desenvolvemos pelo menos três sistemas neurais independentes quando se trata de fugir do perigo. No nível da coluna vertebral, retraímo-nos, de maneira reflexiva, quando sentimos dor. No nível do sistema límbico, empregamos um repertório animal de reações de fuga e defesa. E no nível do córtex analisamos as terríveis e ameaçadoras possibilidades que parecem nos perseguir continuamente.

Por outro lado, se nos mantivéssemos durante todo o tempo desconfiados, nem levantaríamos de manhã. Nunca abriríamos um novo negócio. Nunca iríamos trabalhar. Se fôssemos assim, fecharíamos a porta e ficaríamos escondidos embaixo da mesa para evitar todos os problemas, um comportamento conhecido entre novos gerentes. Neurologistas seguem a teoria de que a evolução também equipou nosso cérebro com a tendência oposta, um "equilíbrio de positividade", o qual nos estimula a assumir uma posição definida, em vez de recuarmos, e que, portanto, faz com que sejamos capazes de convidar alguém para sair, tentar um novo e ótimo emprego ou ir até um bar.

Tudo indica que esses sistemas opostos encontram-se tão separados quanto as partes do cérebro responsáveis pela visão e pela audição, segundo o pesquisador John T. Cacioppo, da Universidade de Chicago. Além disso, foram feitos para trabalhar simultaneamente. A "coativação" do equilíbrio entre a tendência à negatividade e a tendência à positividade é um derivado evolucionário da necessidade diária de lidar com o perigo constante. "Na savana, por exemplo, os animais têm de buscar água para beber, mesmo que haja predadores caçando", escreve Cacioppo.

Um indivíduo preparado para analisar as possibilidades boas e ruins ao mesmo tempo, em vez de pensar em uma e depois na outra, está muito mais apto a tomar decisões sutis sobre quando se aproximar silenciosamente ou quando fugir feito um louco. A gazela que sai vitoriosa é aquela com tendência à negatividade suficiente para reagir no momento em que um leão é uma ameaça real e com tendência à positividade suficiente para se aproximar e beber água quando percebe que o leão é só mais um animal satisfeito passeando próximo ao poço d'água. Dessa forma, progride em um território de medo.

POR QUE A NEGATIVIDADE É IMPORTANTE

A idéia da tendência à negatividade surgiu, a princípio, nos círculos acadêmicos nos anos 60, embora Rozin destaque que o poder desproporcional dos

46 O GORILA NO ESCRITÓRIO

aspectos negativos já havia aparecido como um fato em fontes que vão de Shakespeare ("O mal que os homens fazem sobrevive a eles, enquanto o bem é quase sempre enterrado com seus ossos) ao folclore russo ("Basta uma maçã podre para estragar todo o cesto"). A tendência à negatividade vem atraindo interesse à medida que neurologistas e economistas experimentais tentam descobrir as raízes de comportamentos humanos que parecem irracionais. As provas sugerem, cada vez mais, que a predisposição evolucionária continua a desempenhar enorme influência sobre o modo como levamos nossas vidas e nossos negócios no mundo moderno.

Por exemplo, a ruína dos executivos nas áreas de pesquisas de mercado e marketing com seus grupos de enfoque deve-se ao fato de as pessoas dizerem uma coisa e fazerem exatamente o contrário. Em uma pesquisa realizada pelo Instituto Gallup em 1993, 85% dos americanos aprovaram a idéia de se tornarem doadores de órgãos. Mas apenas 28% inscreveram-se realmente como doadores. Por que essa discrepância? Cacioppo diz que a culpa é da tendência à negatividade – nesse caso, o medo de morrer, aliado à suspeita irracional de que os doadores nos pronto-socorros correm o risco de ser prematuramente cortados para que seus órgãos sejam aproveitados. No nível primário, os médicos, nesse contexto, passaram a ser uma ameaça equivalente às hienas nos poços d'água.

Uma vez que temos consciência de nossa tendência à negatividade, Cacioppo sugere que podemos controlá-la explicando às pessoas que as equipes médicas não agem desse modo e que raramente sabem se um paciente vivo é ou não doador. Ou podemos transformar o estado de doador em padrão, o que significa que as pessoas podem optar por não serem doadoras, e não o contrário. Os Estados Unidos utilizam o método de optar por ser doador – tendência à negatividade em ação – e permitem que 6.500 pessoas por ano morram nas listas de espera por transplantes; no mundo todo, o número anual é de 20 mil pessoas. Uma dúzia de países europeus, entre os quais Espanha e França, adota o método contrário e há muito menos mortes devido à escassez de doadores.

A tendência à negatividade ajuda a explicar por que temos um medo exagerado de sofrer perdas econômicas, mas vivenciamos uma emoção relativamente discreta com os lucros. Lembramo-nos da Segunda-feira Negra de 1987 e até mesmo da Quinta-feira Negra de 1929.* Mas, sem pensar muito, onde estão as Quartas-feiras e as Sextas-feiras Brilhantes? Parece que desapa-

---

*Respectivamente, 19 de outubro de 1987, quando os mercados de ações mundiais registraram queda de 20%, e 24 de outubro de 1929, data da quebra da Bolsa de Nova York. (*N. do E.*)

receram em uma nuvem de alegres corretores de ações encobertos pela palidez fenomenológica.

O enfoque exagerado na perda ajuda a explicar por que uma queda na atividade econômica leva à perda de votos para o partido em exercício nas eleições presidenciais nos Estados Unidos, mas uma ativação na economia não tem efeito visível algum. Também esclarece por que os funcionários podem se sentir amargamente ressentidos quando lhes pedem que desistam de um benefício trabalhista, mesmo quando não o desejam tanto assim. Pesquisadores demonstraram que, quando algum valor é dado aleatoriamente a uma pessoa e, momentos mais tarde, alguém lhe pede para vendê-lo, o preço é cerca de duas vezes maior do que aquele que a pessoa pagaria se não fosse proprietária desse valor. Economistas experimentais sugerem que a aversão desproporcional à perda é uma tendência psicológica básica que leva, na maioria das vezes, as pessoas a tomarem decisões econômicas irracionais.

Apresentados com a mesma proposição econômica básica, por exemplo, fazemos opções bem distintas que dependem inteiramente do modo como é estruturada a pergunta em termos de ganhos ou perdas. Digamos que um pesquisador ofereça a você $1.000 ou uma chance de 50% de ganhar $2.500. Se você for como a maioria das pessoas, optará pelo mais seguro, pelos $1.000. Se o pesquisador, no entanto, oferecer $1.000 de prejuízo ou uma chance de 50% de perder $2.500, as pessoas escolhem a opção mais arriscada. Ou seja, há uma tendência para sermos conservadores quando se trata de aumentar nossos ganhos. Mas também ficamos tão assustados com as perdas que assumimos um risco considerável para evitá-las.

Entender essa tendência implícita pode fazer toda a diferença para uma empresa. Por exemplo, a disposição de um funcionário de assumir um risco extremo em uma tentativa inútil de anular uma perda levou o Barings Bank à ruína. Em 1995, o famoso *trader* de derivativos de Cingapura, Nick Leeson, perdeu $1,2 bilhão tentando recuperar $317 milhões perdidos em uma transação. O Barings desmoronou depois de 250 anos em atividade.

Os experimentos apontam, estranhamente, para o fato de que a tendência à negatividade *não* afeta nossa percepção de inteligência, o que pode explicar, em parte, a tendência de superiores julgarem mal alguém como Leeson. Também pode ajudar a explicar por que as organizações que se orgulham de sua inteligência às vezes cometem os erros mais banais. "Uma pessoa que age de modo bastante inteligente em uma situação e de maneira estúpida em outras três continua a ser vista como inteligente", diz Rozin. Ele esclarece esse fato em função da escassez de inteligência: alguém pode ter uma boa idéia por ano e cinco ruins, mas as boas idéias são raras e têm o potencial de trazer lucros, razão pela qual a pessoa é mantida. "Em termos de capacidade, julgamos os outros segundo seu melhor desempenho."

Quando se trata de moralidade, por outro lado, a tendência à negatividade vem em primeiro plano e julgamos as pessoas segundo seu pior desempenho. Para uma espécie social como a nossa, um sinal de que alguém não é confiável é quase tão significativo quanto a ameaça de um predador. Desse modo, a mancha das más ações se torna desproporcionalmente muito maior e prolonga-se por muito mais tempo. Entender essa tendência na mente do público é algo vital depois de um escândalo corporativo ou de um defeito significativo em um produto. Mesmo que o escândalo resulte do trabalho de um ou dois executivos, e mesmo que o defeito no produto tenha afetado apenas uma pequena parte das vendas totais, pode, ainda assim, fazer um grande estrago na reputação de uma empresa. "As pessoas vêem isso como acontecimentos muito fortes, como assassinatos", afirma Rozin.

A maneira como uma empresa lida com essa tendência coletiva instintiva de se fixar no aspecto negativo pode conduzir a resultados extremamente diferentes para a sua reputação, mesmo quando se trata do mesmo delito. Em 2000, por exemplo, a fabricante de software Oracle foi pega contratando uma empresa de investigações para recolher o lixo de grupos de defesa de sua arqui-rival Microsoft. A Oracle defendeu-se dizendo que havia contratado a empresa não para fazer "algo ilegal", e o CEO Larry Ellison declarou considerar seu "dever cívico" investigar o que a empresa chamou de "os grupos de frente da Microsoft". Com essa estratégia de negação e defesa, a Oracle acabou ganhando um editorial no *Wall Street Journal* por seu "comportamento bizarro".

Menos de um ano depois, o presidente do Conselho da Procter & Gamble, John Pepper, descobriu que sua empresa estava adotando a mesma estratégia. Além disso, diferentemente dos espiões da Oracle, os espiões da P&G pegaram realmente as mercadorias quando mexeram no lixo da divisão de cuidados com cabelos da rival anglo-holandesa Unilever. Pepper se adiantou em passar a mensagem inequívoca de que, na P&G, isso não era usual. Ele não apenas demitiu três executivos envolvidos, como também revelou o episódio à Unilever. A P&G acabou concordando em pagar $10 milhões à Unilever a título de indenização e comprometeu-se a não utilizar nenhuma das informações que haviam sido adquiridas ilegalmente. Isso ocorreu em um momento em que as ações da P&G estavam enfrentando uma grande baixa no mercado acionário e em que seu patrimônio líquido havia despencado dezenas de bilhões de dólares.

Apesar da tendência natural de os consumidores se lembrarem do mau comportamento, a P&G manteve sua imagem de correta entre as melhores empresas nos Estados Unidos. Também foi homenageada, graças à sua atitude, em um artigo da *Fortune* intitulado "O melhor e o pior de 2001". Enquanto o incidente com a P&G foi rapidamente esquecido, as palavras "espionagem corporativa" ainda levam à visão de Larry Ellison Dumpster, em seu terno Armani, afundando.

A tendência à negatividade também pode causar estragos quando estimula indivíduos ou empresas a se tornarem obcecados pela concorrência vendo-a apenas como rival. Ellison, por exemplo, declarou: "Escolhemos nossos inimigos com muita cautela. Isso nos ajuda a manter o foco. Não é possível explicar nossas ações se não as compararmos com as de alguém que faça de outra forma. Não sabemos se estamos perdendo ou ganhando se não nos compararmos, constantemente, com a concorrência." Sua fixação na Microsoft, porém, era algo pessoal. As duas empresas competiam em pouquíssimas áreas na época do incidente do lixo. No mundo real, os inimigos também são, vez ou outra, aliados, e uma empresa, como uma gazela bebendo água, alcançará resultados melhores se souber julgar quando deve se aproximar e quando tem de recuar.

Em seu influente livro de 1996 *Co-opetition* [Competição cooperativa] os professores de administração Adam Brandenburger e Barry Nalebuff destacam que as pessoas, em geral, se concentram tão apaixonadamente na concorrência acirrada que ficam cegas e não enxergam áreas de vantagens mútuas (nem mesmo quem está sendo levado à forca). O Citibank, por exemplo, foi pioneiro na adoção de caixas eletrônicos em 1978. "Quando outros bancos surgiram com seus próprios caixas eletrônicos, queriam que o Citibank ingressasse na rede deles", escrevem os dois autores. "Isso teria valorizado os cartões de caixa eletrônico de todos. Quando os bancos mantêm uma rede comum, as máquinas se complementam. Mas o Citibank não aceitou a proposta. Não queria fazer nada que pudesse ajudar seus concorrentes. Não desejava ajudar o dr. Jekyll se isso significasse também ajudar mr. Hyde." As outras redes bancárias logo passaram a liderar o mercado, e o Citibank acabou, por fim, sendo obrigado a se unir a elas em 1991, depois de vários inconvenientes causados a seus clientes.

50 O GORILA NO ESCRITÓRIO

Afinal, fazer negócios não é derrotar o inimigo. É lucrar, e isso significa descobrir o melhor caminho em um cenário mutável de cooperação e concorrência. Brandenburger e Nalebuff atribuem a obsessão pela concorrência como uma inimiga da "mentalidade negócios como guerra". As raízes da negatividade, no entanto, são muito mais profundas.

SEU INIMIGO TAMBÉM É UM ALIADO?

No deserto de Negev, em Israel, a quantidade das sementes comestíveis no solo pode variar em dezenas de vezes de um trecho para outro. Assim, um gerbo (espécie de roedor) inteligente tem de procurar no trecho com mais sementes, certo? Mas, se o trecho fica em uma área aberta, o gerbo pode acabar virando jantar de uma coruja que vive em um estábulo. Por outro lado, se o trecho se localiza em um abrigo no mato, uma víbora pode estar quieta, à espreita. O gerbo, nervoso, tem de escolher onde conseguir seu sustento com base nas informações incompletas de um mercado incrivelmente complexo e traiçoeiro, no qual a pena pela escolha incorreta é a morte instantânea. Isso soa familiar a você? O pesquisador Joel Brown, da Universidade de Illinois, chama isso de "ecologia do medo".

Olhe a situação do ponto de vista do predador: coruja e cobra, embora concorrentes, na verdade atuam como aliadas: "A cobra afugenta os gerbos e acaba mandando-os para as garras da coruja, e esta afugenta os bichinhos em direção às presas da cobra." É como Wal-Mart e Target brincando de cão e gato com um fabricante faminto.

Rivais também acabam se mostrando úteis no que os biólogos chamam de o efeito do "inimigo querido". Em muitas espécies, dos pássaros às raposas, os que habitam um território evitam entrar em confronto com seus vizinhos. Parecem entender que brigar e ultrapassar a linha divisória é uma distração a ser explorada pelos intrusos. Por outro lado, esses "inimigos queridos" podem, na verdade, unir-se para realizar "despejos coordenados" quando algum recém-chegado tenta xeretar na vizinhança. A Archer Daniels Midland, empresa conhecida como supermercado para o mundo, praticava uma forma ilegal de estratégia do "inimigo querido" em meados da década de 1990, conspirando com os rivais dos cinco continentes para aumentar os preços dos ingredientes essenciais em vários produtos de supermercado. Um dos lemas não-oficiais da empresa era: "Os concorrentes são nossos amigos e os clientes, nossos inimigos."

POR QUE NÃO CONSEGUIMOS, SIMPLESMENTE, CONVIVER?

Hoje, quando as pessoas emergem do poço d'água, mesmo nos corredores das melhores empresas, passam muitas vezes o tempo todo reclamando. Não importa muito o quanto a vida possa parecer agradável para quem observa de fora. Na *National Geographic*, redatores e fotógrafos que viajam por alguns dos cenários mais espetaculares da Terra passam as horas livres contando histórias sobre as tolices que acontecem na sede da revista na M Street, em Washington, D.C. Ou então ficam discutindo entre si. Enquanto isso, na M Street, a equipe faz fofocas sobre as bobagens que os redatores e fotógrafos egomaníacos fazem em campo. E também brigam entre si.

Em geral, embora as organizações queiram ser uma grande família feliz, só conseguem isso quando se trata de dedicar mais tempo à discussão de futilidades. Essa é a tendência à negatividade em seu nível mais básico e diário e o ponto que permeia todas as relações que temos com as outras pessoas, à exceção de nós mesmos. (E por que não incluirmos a nós mesmos? Afinal, todos nós já vivenciamos, alguma vez na vida, aquele momento sombrio quando, sozinhos no banheiro, olhamos para o espelho e pensamos "Eu não sou assim"; até os animais, às vezes, perseguem o próprio rabo.) O estresse afeta ainda mais nossas tendências irascíveis. Somos hostis com os outros mesmo quando não queremos ser, pois sempre parece que temos de ir a muitos lugares e cumprir muitas tarefas em pouquíssimo tempo. Ou, como disse certa vez um executivo da Pepsi de modo eloquente: "Passamos o tempo todo tão ocupados que parecemos um chiuaua tentando enterrar um osso em um piso de mármore."

O que fazer? Como se preocupar e discutir menos? Como viver de modo um pouco mais positivo? Para tanto, tenho uma notícia boa e uma ruim. A ruim, para os tipos gerenciais teimosos, é que o remédio para brigas e discussões parece, a princípio, muito com as canções dos musicais da Broadway, mais especificamente a música *Happy Talk* [Conversa alegre], de Rodgers e Hammerstein. A boa notícia é que se trata de algo *quantificável*. Estudiosos do assunto concordam quanto à proporção necessária entre as interações positivas e negativas para que se tenha um bom ambiente de trabalho. Quando atingem tal proporção mágica ou quando se aproximam dela, os grupos superam a tendência à negatividade e trabalham em conjunto de maneira produtiva. Abaixo de tal proporção, discutem, ficam melancólicos e fracassam.

O psicólogo organizacional Marcial Losada passou dez anos na Electronic Data Systems (EDS), de H. Ross Perot, observando de perto diferentes equipes gerenciais à medida que cada uma delas desenvolvia seus planos estratégicos anuais. A EDS desembolsou $20 milhões na aquisição de aparatos de alta tecnologia e na construção de salas de reuniões especiais com espelhos de reflexo unilateral, a fim de ajudar o pesquisador a trabalhar em suas observações. Losada fez o mesmo trabalho que qualquer primatólogo faria: ficou observando animais enormes e ferozes em atividades secundárias, resumindo suas complexas interações em um abrangente banco de dados comportamentais.

Observadores reviram as fitas de vídeo das reuniões e relataram os comportamentos positivos (como, por exemplo, quando diziam "É uma boa idéia") e os negativos (como, por exemplo, "Essa foi a maior idiotice que já ouvi na vida"). Outros pesquisadores separaram as equipes em categorias de alto, médio e baixo desempenhos, utilizando resultados concretos de lucratividade, satisfação do cliente e aprovação de seus pares. O grupo de Losada condensou, em seguida, esses dois conjuntos de resultados.

Descobriu-se que as 15 equipes com alto desempenho registraram uma média de 5,6 interações positivas para cada interação negativa. As 19 equipes na categoria de baixo desempenho chegaram a uma proporção entre interações positivas e negativas de apenas 0,363, ou seja, tiveram cerca de três interações negativas para cada interação positiva.

A conclusão óbvia é que, quando as pessoas se prendem a discussões vazias, vinganças, estigmas, gestos depreciativos, expressões faciais céticas e ameaças indiretas, demanda muito trabalho reconfortá-las e restabelecer confiança. Em uma empresa familiar, a vice-presidente e herdeira – uma mulher atraente com enormes olhos azuis, cabelos louros jogados para trás e colar de pérolas – mostrou-se maternalmente sensível a como uma palavra ríspida pode fazer com que os subordinados queiram se esconder dentro do casco feito tartarugas: "Se percebo isso por meio da linguagem corporal, tento fazer com que a tartaruga ponha sua cabeça de volta para fora. Elas se fecham fisicamente." E sussurra a trilha sonora para essa situação: "Tum! Com freqüência, abaixam a cabeça e encolhem os ombros, curvam-se em direção ao encosto da cadeira e passam a mensagem de que desistiram do jogo. É preciso reconhecer de imediato o que você fez e dizer: 'Suas idéias são muito boas, precisamos desenvolvê-las.' Além disso, deve-se proporcionar um ambiente seguro." Então, alterando a voz para um tom mais baixo e cômico, diz: "A cabeça da tartaruga vai... saindo... saindo. *Lentamente*."

Ouvir isso em um cenário corporativo estritamente racional é um pouco difícil de entender e, ainda assim, no nível emocional, torna-se difícil resistir a ele. Talvez sejam seus enormes olhos azuis.

"Quando se pertence à família proprietária da empresa", acrescenta, "todos ficam observando você. Não há nada de errado nisso; simplesmente é assim que as pessoas agem. Trata-se de uma grande oportunidade de criar um ambiente incrivelmente positivo. Essa é a parte boa da história. A mais divertida."

Não se trata apenas, contudo, de enfatizar os aspectos positivos. Na verdade, Losada descobriu que, quando as interações positivas vão muito além da proporção 5 para 1, as equipes passam novamente à ineficiência. As interações negativas são necessárias para manter um ambiente saudável. Funcionam como um cheque de verdade, embora dizer "Acho que não vai dar certo por isso" seja logicamente melhor do que dizer algo como "Parece que você tem titica de galinha na cabeça".

Assim, com certeza, é um erro considerar uma equipe fracassada simplesmente porque seus membros discutem entre si. O conflito e o desentendimento levam, em regra, ao progresso. Ou, como diz Orson Welles em *O Terceiro Homem*: "Na Itália, durante 30 anos sob o regime dos Borgias, houve guerras, terror, assassinatos e derramamentos de sangue. Mas produziram Michelangelo, Leonardo da Vinci e o Renascimento. Na Suíça, havia um amor fraternal; eles tiveram 500 anos de democracia e paz. E o que produziram? O relógio cuco!" Outros pesquisadores descobriram que o conflito é bom nos estágios iniciais da tomada de decisões, mas prejudicial quando as decisões estão sendo colocadas em prática; bom quando uma tarefa é nova e intelectualmente envolvente, ruim quando a tarefa torna-se rotineira.

Em qualquer caso, o contexto é o mais importante. O que faz com que um grupo de pessoas que trabalham em conjunto seja bem-sucedido, enfatiza Losada, é a *proporção* entre os aspectos positivos e os negativos, entre as vibrações boas e as estáveis.

Chegar à proporção certa é essencial não apenas em razão de nossa tendência à negatividade, mas também pelo fato de sermos animais extremamente sociais e emocionais. Independentemente de nossas crenças, não se trata apenas de realizar nosso trabalho e receber o salário. Outros pesquisadores, por exemplo, mostraram que o feedback, por si só, pode aumentar a produtividade em 10% dos casos. Tal fato pode parecer meramente lógico, já que o feedback traz esclarecimentos quanto ao que deve ser feito e quanto às expectativas. Ser *reconhecido* pelas conquistas pode melhorar o desempenho em 17%, ao que tudo indica pelo fato inteiramente emocional de que, com isso, a confiança e os laços entre o indivíduo e o grupo se fortalecem.

54 O GORILA NO ESCRITÓRIO

Ferramentas sociais tais como reconhecimento e aprovação são benéficas "mesmo para empresas com altos salários que enchem gerentes e funcionários com recompensas financeiras", diz o professor de administração Fred Luthans, da Universidade de Nebraska. Incentivos em dinheiro podem aumentar o desempenho em 23%. Quando, porém, há uma mistura de dinheiro, feedback e reconhecimento social, o aumento na produtividade pode saltar para 45%.

A idéia da proporção 5 para 1 pode, ainda assim, parecer um pouco intimidadora para o ambiente profissional comum. Trata-se de uma boa carga de positivismo. O que é ainda mais assustador é que a proporção 5 para 1 de Losada também parece ser essencial quando voltamos para casa e tentamos reunir forças para manter um casamento bem-sucedido.

Jonh Gottman, da Universidade de Washington, descobriu que casais com uma proporção abaixo de cinco interações positivas para cada interação negativa estão fadados ao divórcio. Curiosamente, o número mágico também parece estar próximo da proporção entre os comportamentos positivos (cuidar, compartilhar alimentos, reunir-se) e os comportamentos negativos (morder o escroto de seu rival) entre os macacos e símios. Assim, a proporção 5 para 1 acaba parecendo uma necessidade primata básica.

JAULAS MELHORES PARA ANIMAIS CORPORATIVOS

Desde a década de 1960, zoólogos do mundo todo vêm trabalhando para encontrar meios de fazer com que os animais presos sintam-se em casa. Isso significa, basicamente, retirá-los de jaulas minúsculas e colocá-los em um habitat com mais luz solar, plantas e outros elementos positivos encontrados em seu ecossistema nativo.

E quanto a nós? O cubículo comum no qual o macaco fica espremido, sob luzes fluorescentes e janelas que não abrem, isso quando há janelas, em um conjunto de escritórios nos arredores da cidade, onde a palavra *conjunto* parece referir-se muito mais a um monte de carros estacionados todos juntos. Isso tudo já é suficiente para que nossa fera interna encolha-se em um canto e chupe o dedo. Os animais corporativos, assim como os animais do zoológico, têm uma necessidade genética intrínseca de se conectar ao mundo natural. Talvez a esperança para isso esteja no chamado "movimento das construções sustentáveis".

As construções sustentáveis assemelham-se muito aos edifícios comuns, pelo menos superficialmente. Quando um visitante chega, por exemplo, à sede da Genzyme Corporation, em Cambridge, Massachusetts, não há placas avisando que o prédio é uma construção sustentável. Você pode fazer uma negociação de vendas lá, uma entrevista, assinar um contrato, tomar café num copo descartável, sair correndo para o seu próximo compromisso e não perceber nada de diferente. Trata-se apenas de uma caixa de vidro bonita com um átrio de 12 andares, muitas plantas e espaço para 900 funcionários.

Se você parar e analisar a construção durante algum tempo, perceberá que as venezianas de última geração se ajustam em poucos graus, a fim de protegê-la do reflexo do sol. Quando você entra no banheiro, as luzes se acendem e uma folha de papel-toalha é lançada prontamente. Helióstatos no telhado rastreiam o Sol e irradiam luz natural para quase todos os cantos do edifício por meio de um sistema de espelhos e telhas refletoras de superfície fosca. As luzes artificiais no teto ajustam-se automaticamente, diminuindo quando há mais luminosidade solar e aumentando quando esta diminui.

Mas você não precisa saber de tudo isso, tampouco importar-se com esses detalhes.

Esse fato sem muita importância é uma ótima notícia quanto ao fenômeno das construções sustentáveis. Deixada praticamente de lado ou tratada com escárnio alguns anos atrás, a idéia das edificações sintonizadas com o meio ambiente, em que a economia de energia e o conforto de seus habitantes são prioridades, passou, repentinamente, a ser de interesse geral. Na Filadélfia, a Comcast está construindo um arranha-céu sustentável de quase 30 metros de altura. Em Manhattan, o Bank of America está construindo um prédio com um sistema de filtragem que remove 95% das partículas de poeira do ar que entram no edifício. Em Washington, o governo estadual informou que não construirá mais nenhum edifício que não seja sustentável. Até as redes de supermercados Wal-Mart e Target estão construindo o que, segundo elas, serão grandes lojas sustentáveis.

O que significa, portanto, ser sustentável? É mais fácil passar, em média, 20 horas trabalhando em um local assim? Será mesmo possível que um prédio de 30 metros de altura seja sustentável? E quanto a um conjunto empresarial nos arredores da cidade? A expressão "construção sustentável" é, por si só, um paradoxo?

Essa nova onda de construções sustentáveis não segue uma característica estética desse tipo de construção, o que é bom, levando-se em conta as horríveis tendências da primeira geração de edifícios sustentáveis construídos nos anos 70 e início dos anos 80. As construções sustentáveis modernas tendem a evitar o uso ostensivo de estruturas de aço, que mais se parecem com enormes compartimentos de combustível, revestimentos solares visíveis ou outras técnicas ambientais. Livraram-se, também, da tendência de desconforto moralista da primeira geração, com base na teoria de que não é possível que um edifício seja verdadeiramente sustentável se as pessoas não se sentirem bem nele.

As construções sustentáveis modernas apenas cumprem seu papel de modo mais eficiente e inteligente, sendo que, atualmente, são consideradas sustentáveis pelos números. O Green Building Council (Conselho de Construções Sustentáveis) dos Estados Unidos, uma parceria de construtores e ambientalistas, determina os padrões por meio de seu programa Leadership in Energy and Environmental Design (Liderança em Projeto Energético e Ambientalista), ou LEED. Entre outras atribuições, o LEED concede pontos para as construções com melhor ventilação, melhor utilização de luz natural e vista, mais conforto e controle da temperatura, uso de tintas, selantes, carpetes e outros materiais que minimizem a emissão de substâncias tóxicas. O número total de pontos é somado para que um edifício possa receber a certificação do LEED, classificada em prata, ouro ou platina. Nos últimos quatro anos, o conselho concedeu *status* de sustentável a 188 edificações, sendo que há outras 1.800 aguardando avaliação. Estima-se que dentro de uma década existam 10 mil construções certificadas pelo LEED.

O que levou ao reaparecimento desse tipo de construção depois de a idéia já ter sido considerada ultrapassada?

"Essas construções têm um desempenho absolutamente incrível – economizam, em média, entre 30% e 70% de energia e 50% de água", aponta Rick Fedrizzi, presidente e fundador do Green Building Council. "Os proprietários alcançam resultados realmente bons. As pessoas que utilizam os prédios são tratadas com respeito. E, a propósito, é bom para o meio ambiente." A linguagem pragmática dos custos e vantagens tem-se mostrado mais persuasiva do que a retórica ambiental. "Construa algo sustentável", pede o Conselho. "Todos lucram com isso."

Nenhum fator isolado, no entanto, foi mais responsável pela retomada do movimento do que a idéia de que as construções sustentáveis ajudam as pessoas a viverem melhor e trabalharem de modo mais produtivo. Estudos sugerem que pacientes em hospitais sustentáveis se recuperam mais rapidamente, compradores em espaços varejistas sustentáveis gastam mais, estudantes em salas de aula sustentáveis têm melhores resultados nas provas, trabalhadores em fábricas sustentáveis sofrem menos acidentes e a produtividade geral aumenta de 6% a 16%, dependendo do estudo. A idéia de que as pessoas têm melhor desempenho nas construções sustentáveis faz sentido, diz Fedrizzi, pois não ficam mais trancafiadas o dia todo ou respirando gases tóxicos em caixas fechadas controladas climaticamente. Há um estudo que diz que os edifícios tradicionais que não levam as questões ambientais em conta custam para o país algo na "ordem de $60 bilhões" por ano em perdas de produtividade, isso levando-se em conta apenas a chamada "síndrome do edifício doente".

Alguns defensores do movimento pelas construções sustentáveis dizem que a maioria desses estudos não é confiável. "A rigor, não há nada que você possa falar para uma empresa como 'É por isso que você vai querer fazer assim'", comenta um engenheiro. O que seria realmente necessário – acrescenta um arquiteto especializado em construções sustentáveis – seria um estudo que perguntasse: "Viver ou trabalhar num edifício sustentável faz com que você use menos seu plano de saúde?" (Para analisar os estudos a esse respeito, visite a seção de pesquisas em www.usgbc.org.)* Ainda assim, a impressão é que as construções sustentáveis geram mais bem-estar.

"Este é o primeiro edifício em que já estive construído para pessoas", diz Rick Matilla, sentado em um terraço repleto de plantas no átrio do Genzyme, onde é diretor de assuntos ambientais. "Você não se sente como se estivesse dentro de um prédio. O ar parece mais puro, a luz é natural e há uma sensação de transparência e ligação com a natureza. Admira-me o fato de não termos adotado esse conceito há muito tempo – sair das cavernas e ficar ao ar livre."

A NEGATIVIDADE NO CÉREBRO

Em um laboratório da Universidade de Wisconsin, em Madison, um voluntário está deitado de costas com a cabeça na abertura, que mais se parece com o buraco de uma rosquinha, de uma máquina de tomada de imagens por ressonância magnética que faz ruídos metálicos e estridentes conforme a enorme moeda magnética gira e tira fotos do cérebro em 30 cortes. Causa certo nervosismo ver o paciente vivo de um lado da parede de vidro e a imagem de seu cérebro sem corpo do outro lado, girando em 360 graus ou inclinando-se para cima e para trás segundo o comando do operador.

A IRM registra a vida mental do paciente. Para ser mais preciso, grava o fluxo sangüíneo e outros dados metabólicos para medir a atividade em diferentes áreas de seu cérebro em um dado momento, áreas de maior atividade que, teoricamente, necessitam de mais sangue para a distribuição de oxigênio. Entre muitas outras possibilidades, as IRMs permitem que os neurocientistas localizem, no cérebro, a tendência à negatividade.

Quando as pessoas estão emocionalmente angustiadas – ansiosas, bravas, depressivas –, a maior parte da atividade cerebral acontece no córtex pré-frontal direito e na amígdala, uma área do cérebro que é praticamente o Centro do Medo. Por outro lado, quando estão de bom humor – alegres, entusiasmadas e cheias de energia –, esses locais ficam estáticos e o aumento de atividade concentra-se predominantemente no córtex pré-frontal esquerdo.

O neurocientista Richard Davidson, da Universidade de Wisconsin, relaciona a atividade do lado esquerdo do córtex pré-frontal a "um pacote inteiro de comportamentos", incluindo a maneira como apontamos e anda-

---

*Todo conteúdo de Internet citado pelo autor está disponível em inglês. (*N. do E.*)

mos em direção a um objeto e como o manuseamos ou nomeamos. O lado esquerdo especializou-se em comportamentos táticos durante a nossa evolução nas savanas, quando era crucial decidir se devíamos adentrar um poço d'água ou um novo território. O lado direito do córtex pré-frontal, em contrapartida, especializou-se em comportamentos de recuo, especificamente em detectar ameaças e fugir delas.

Cada indivíduo tem um "determinado ponto emocional", segundo Davidson, uma tendência individual de aproximar-se ou recuar, e a IRM é uma maneira de "catalogar" isso. Em um extremo, as pessoas com um nível de atividade significativamente mais alto no lado direito do córtex pré-frontal são mais propensas a desenvolver uma depressão clínica ou ter problemas de ansiedade no decorrer da vida. No outro extremo, as pessoas com um nível de atividade consideravelmente mais alto no lado esquerdo raramente têm problemas de humor e tendem a ter uma recuperação mais rápida. A maioria das pessoas fica no ponto intermediário, em uma mistura de bom e mau humor.

Estudos antigos asseguram que o cérebro adulto é, basicamente, inalterável, exceto quanto ao declínio da quantidade de neurônios à medida que as pessoas envelhecem. Davidson, porém, descobriu que o ponto emocional de uma pessoa não precisa ser constante. Só porque um chefe reage de modo exagerado aos problemas não quer dizer que tenha de passar o resto da vida descontando nos subordinados. Só porque um programador de computadores evita conflitos, ou até mesmo contato, não significa que esteja limitado a ter um bom relacionamento somente com seu monitor de tela plana Samsung. Recentemente, cientistas descobriram que até mesmo os idosos são capazes de produzir células novas no hipocampo, região do cérebro vital para o aprendizado e a memória. Davidson descreve que o cérebro está "mais apto para responder às experiências do que qualquer outro órgão do corpo". A lista de fatores sob nosso controle que podem produzir mudanças físicas no cérebro inclui exercícios, terapia cognitiva, medicamentos como o Prozac e a técnica favorita de Davidson voltada a alterações na mente – a meditação.

UM MANTRA PARA A MENTALIDADE SÍMIA?

A meditação pode parecer, a princípio, uma técnica inadequada em um mundo no qual todos querem ser gorilas enormes. Ou, como eu disse para Davidson, valendo-me de certa negatividade:

– Alguma empresa quer realmente que seus funcionários tomem como referência os monges budistas que não realizam nada?

– Você acha que Dalai Lama não realiza nada? – retrucou.

Ele tinha uma foto em seu escritório onde aparecia cumprimentando o Dalai Lama, ambos abaixando a cabeça, Davidson um pouco mais que o Dalai Lama. Com isso, decidi não sugerir que Sua Santidade poderia ser evoluído demais para um cargo na Honda, onde os funcionários geralmente entoam, unidos: "Esmagaremos, atropelaremos e acabaremos com a Yamaha!"

Davidson, porém, realizou testes quanto aos efeitos da meditação em um ambiente de trabalho altamente competitivo. Voluntários de uma grande empresa de reagentes químicos de Wisconsin chamada Promega praticaram, durante meio dia por semana, técnicas tradicionais de meditação: sentar-se em silêncio, colocar as mãos sobre as pernas e próximas do corpo, fazer respiração profunda e buscar a tranqüilidade. Também praticavam a meditação em casa, 45 minutos por dia.

"Nossa cultura é obcecada por certas práticas, como ir à academia para conseguir efeitos no corpo que possam ser exibidos", comenta Davidson, "mas há provas de que, se cuidarmos da mente do mesmo modo como cuidamos do corpo, é possível treinar emoções positivas como generosidade, felicidade e compaixão. São habilidades, não características fixas."

Oito semanas de experimentos na Promega e os testes de IRM mostraram que aqueles que haviam praticado meditação passaram a apresentar uma alteração de 10% a 15% na proporção da atividade cerebral, que diminuiu do lado direito e aumentou do lado esquerdo. Também se observou uma melhora na saúde física dos que passaram pelos testes. Indivíduos que apresentaram as maiores alterações na atividade cerebral também registraram as melhoras mais significativas no funcionamento do sistema imunológico, calculado pela produção de anticorpos. Davidson não tentou mensurar se a meditação melhorou a produtividade nos termos mais convencionais do ambiente profissional. No entanto, a experiência de executivos que fazem meditação é, no mínimo, sugestiva.

Um dos que se submeteram aos testes de Davidson, um cientista sênior da empresa chamado Michael Slater, comenta que o programa, a princípio, levou a um aumento no nível de estresse, isso porque as pessoas, ocupadas, tinham de dedicar 45 minutos diários à meditação. O processo de prestar mais atenção ao que se passava em sua mente também acabou levando algumas pessoas a deixarem a empresa. "Alguns poucos funcionários perceberam que estavam fora de sincronia, talvez vivendo a agenda de outra pessoa", afirma Slater.

Sua própria experiência, por outro lado, mostrou que a meditação gerou uma mudança saudável. Ele se autodescreve como uma personalidade Tipo A, uma pessoa preocupada, com características do Tipo T, ou seja, indivíduos que buscam emoções; gosta de praticar windsurfe e andar de moto em alta velocidade. Com a meditação, afirma, tornou-se mais fácil deixar os julgamentos de lado e praticar o ato de "escutar ativamente" o que as outras pessoas têm a dizer. "Não reajo, a não ser que estejam 'pisando no meu calo'. Ao contrário, pergunto a mim mesmo por que tal coisa me deixa incomodado, e decido que atitude tomar a esse respeito. Isso leva menos de um segundo. Não se trata de um longo diálogo interno." Descreve como "não deixar a mentalidade símia levá-lo a um estado de agitação que fica martelando na cabeça da maioria das pessoas".

Slater associa a sensação de mais calma ao aumento de confiança e afirma que, em termos de optar por se aproximar ou recuar, "acho que é sempre benéfico não fugir do conflito, não recuar, enxergar o fracasso como uma oportunidade de crescimento. Não entendo por que as pessoas não conseguem perceber esse ponto de vista como algo bom para uma empresa cuja intenção é crescer".

Talvez. Mas, quando Davidson fala de generosidade, felicidade e compaixão, qualquer cético iria questionar, naturalmente, que tipo de trabalho, nos dias de hoje, combina com essas palavras, exceto apenas como características, e não como requisitos. A meditação soa algo romântico demais.

Assim, vale a pena considerar cada estudo de caso dos ambientes profissionais. Quando Bill George entrou para a Medtronics em 1989, essa empresa de Minneapolis, fabricante de marca-passos, tinha um valor de mercado de $1 bilhão. Quando se aposentou como CEO, em 2001, a empresa tinha uma linha de produtos muito mais abrangente e era amplamente reconhecida. Nas palavras de *The Economist*, era "a empresa mais inovadora e mais competente do mercado", isso no setor de aparelhos médicos, cuja concorrência é acirradíssima. Seu valor de mercado havia atingido $63 bilhões, uma taxa de crescimento que pode ser comparada à da IBM. A *Business Week* incluiu George em sua lista dos 25 maiores executivos empresariais, e a Wharton School classificou-o entre os maiores líderes empresariais do último quarto de século.

George, que hoje ocupa alguns conselhos de empresas e de entidades sem fins lucrativos, tem, logicamente, muito o que fazer. Mas sempre encontra tempo para a meditação, geralmente duas vezes ao dia. Medita após o café-da-manhã, sentando-se com as costas retas e as mãos sobre os joelhos, às vezes em casa, às vezes em um avião, nos 20 minutos antes da decolagem. Repete o ritual no fim do dia e diz que assim tem energia para trabalhar até mais tarde e continuar atento até a meia-noite. Ele tem um mantra, embora o utilize apenas nos momentos de alta tensão.

George começou a meditar em 1975, quando era o jovem presidente de uma empresa com uma agenda lotada e com tendência a tratar os subordinados de maneira um tanto quanto agressiva. Era, segundo sua própria descrição, "impaciente e intimidador, e faltava-lhe tato", características que hoje, apressa-se em dizer, têm seu lado positivo e negativo dentro de uma empresa. A meditação apenas o ajudou a "controlar" esse enfoque intenso e "a moderá-lo". Deu a ele a capacidade de enxergar melhor o que é importante e concentrar-se nisso, o que lhe possibilita fazer o que tem de ser feito sem o estresse desnecessário.

Na Medtronics, alcançou o objetivo de conseguir que 70% das vendas da empresa englobassem os produtos lançados nos dois anos anteriores, e em apenas um ano, depois de um histórico sem negócios significativos, também supervisionou a aquisição de outras seis empresas ao custo de $9 bilhões.

Não parece estresse suficiente? Para manter a calma, George diz, também faz caminhadas quatro ou cinco vezes por semana e vai a sessões regulares de massagem. A meditação, porém, é a atividade mais relaxante. Enquanto as massagens eliminam os pontos de tensão no corpo, a meditação elimina os pontos de tensão no cérebro. "A mídia tem a tendência de mostrar a meditação como algo esquisito", diz. "Não sei por quê. Para mim, é extremamente natural. Se fosse um medicamento, considerariam imperícia não distribuí-lo."

CONCENTRAÇÃO NA POSITIVIDADE

Entre as muitas idéias tolas sobre o mundo natural defendidas pela cultura empresarial, há uma mais ou menos assim: "Todas as manhãs, na África, uma gazela acorda. Sabe que tem de correr mais rápido do que o leão ou será morta. Todas as manhãs, na África, um leão acorda. Sabe que tem de correr mais rápido do que a gazela ou passará fome. Não importa se você é uma gazela ou um leão. Quando o Sol nasce, é melhor já estar correndo."

O autor desse inspirado discurso é anônimo, provavelmente por vergonha. Com certeza, nunca foi à África, onde o predador e a presa vivem próximos e mantêm um diálogo contínuo com o objetivo aparente de evitar corridas desnecessárias.

Às vezes, os animais de uma manada ficam por perto, alternando-se entre pastar e vigiar, com o corpo ereto feito os ponteiros de uma bússola na direção do predador que descansa no mato. Se o predador se levanta, todos recuam para além da distância de ataque dele, a fim de evitar uma provável emboscada, e então voltam a pastar.

Às vezes, um grupo de animais grita para o predador, como se estivesse dizendo: "Estamos de olho em você, garotão. Não pense que dá para brincar de 'o palhaço que salta de surpresa de dentro da caixa' com a gente." Um ou dois animais podem até aproximar-se para inspecionar o inimigo, como se quisessem averiguar suas intenções. Quando uma perseguição começa, alguns antílopes pulam bem na frente do predador, um comportamento ostentador conhecido como *stotting*.* A mensagem para o predador é: "Nem se dê ao trabalho. Sou tão rápido quanto você." Os predadores geralmente entendem a mensagem e perseguem o animal que não tem a companhia dos antílopes.

A conclusão disso é que aquela pessoa na empresa que passa o dia fugindo é uma vítima eterna do medo e da tendência à negatividade. Cedo ou tarde, será comida viva por alguém mais esperto (pode até passar o tempo todo fazendo favores e, mesmo assim, acabará nas garras do inimigo). Sobreviver não significa viver com medo, mas analisar o cenário com calma, estar sempre atento e agir moderadamente. A maneira pela qual se alcança esse estado de alerta e calma pode envolver exercícios ou meditação, ou apenas dar uma saída do escritório para almoçar, parar de trabalhar em um horário sensato, ter uma vida que vai além do trabalho (o psicólogo Robert Sapolsky descobriu que os babuínos apresentam uma diminuição nos sinais de estresse ao brincar com seus filhotes). Dessa forma, quando há ameaças na volta ao trabalho, a pessoa consegue enfrentá-las.

OBSTINADO PELOS ORÇAMENTOS E DESARMADO

Com esse espírito, nossa chefe do departamento de segurança sentou-se à mesa no novo emprego e ficou pensando como desejava realmente fazer parte da equipe e como não queria de jeito algum ser esmagada pelos colegas. Como

---

*Pular alto várias vezes, com as pernas rígidas. (*N. da T.*)

em qualquer ambiente de trabalho, a tentação é recorrer à tendência à negatividade e ignorar o problema, na esperança de que ele desapareça. Ela não queria criar uma rivalidade desnecessária com o responsável pela equipe de segurança. Os prédios sob seus cuidados eram cheios de laboratórios nos quais pesquisadores realizavam experimentos voláteis. E ela não conseguia parar de pensar que, na ocorrência de um incêndio, as correntes nas saídas de emergência manteriam todos presos. As correntes pareciam até mesmo desnecessárias. Todos os prédios ficavam no mesmo terreno, protegidos por cercas fechadas com correntes, postos com guardas, alguns eventualmente armados.

Naquela noite, ela e seu marido fizeram um "teatrinho" em que ela fingia estar falando com o rapaz responsável pela equipe: "Achei que seria uma disputa chatíssima", admitiu. Mas também sabia que "conseguir algo é muito mais fácil quando entendemos a situação observando-a do ponto de vista da outra pessoa. É assim que conseguimos a colaboração até mesmo das pessoas que não costumam fazer nada para evitar os conflitos". Juntos, então, planejaram uma estratégia inicial.

No dia seguinte, sentou-se com o rapaz novamente e disse: "Você enxerga a segurança dos prédios pelo lado de fora e eu enxergo pelo lado de dentro."

A transformação que essa observação gerou foi tão completa e gratificante que, passados alguns anos, continua deixando nossa chefe feliz. "Aquilo mudou completamente o tom da reunião. Manipulei-o para que ele visse a situação do meu ponto de vista, pois já conhecia o dele. Ele respondeu: 'Existe uma tecnologia nova. Trata-se de uma saída de emergência que tranca a porta pelo lado de fora, mas que tem um pedal conectado a um alarme do lado de dentro. Podemos adotá-la.'"

Dessa forma, a chefe do departamento de segurança passou a fazer parte da equipe e não foi atropelada por ela. Não enfrentaram apenas o problema, mas o solucionaram. As correntes foram tiradas das saídas de emergência, o que representou a doce vitória do espírito de colaboração.

E todos continuaram vivos para brigar e discordar no dia seguinte.

A tendência à negatividade é uma das razões que levam a maioria das espécies a adotar o comportamento de formar rebanhos com um entusiasmo cego. Durante uma visita à Antártida, por exemplo, Peter Brueggeman, da Scripps Institution of Oceanography, sentou-se no meio de um congestionamento de pingüins Adelie e ficou observando esses pássaros hesitantes na beira da água. "O que era necessário para que eles mergulhassem?", questionou

Brueggeman em sua revista on-line. "Ficam observando as águas e, quando um grande grupo de pingüins chega para nadar em sua área, o grupo dos pingüins Adelie começa a fazer um estardalhaço." Empurram-se, fazem manobras para se posicionar melhor, armam disputas, bicam-se, dão fortes golpes uns nos outros com as asas e brigam de maneira barulhenta, iniciando-se, a seguir, "uma reação em cadeia imediata em que todos se apressam em pular prontamente na água ao mesmo tempo".

Qual é a razão para tanta confusão? Os pingüins têm motivos para ser negativos: focas e orcas famintas estão sempre à espreita nas bordas da água em busca deles para o jantar. Mas os pingüins também precisam se alimentar e, cedo ou tarde, quando encontram forças para achar o equilíbrio da positividade, lançam-se na água. Se há muitos pingüins na água, é possível que estejam livres dos predadores. A multidão hesitante tenta fazer tudo simultaneamente, pulando no mesmo exato momento. Alguns deles podem acabar sendo pegos. Mas essa é a recompensa do conformismo social: a chance é que isso aconteça com o outro.

4

FERAS PRIMITIVAS
A Lei de Moore encontra a Lei do Macaco

Andy latia muito e mordia pouco, eu latia pouco e mordia muito.

— CRAIG BARRETT, ex-CEO da Intel, sobre ANDY GROVE, seu antecessor

Quando Andy Grove chefiava a Intel, construiu a reputação de uma pessoa inteligente, articulada e disciplinada. Casey Powell, um ex-executivo da empresa e vítima de um erro gerencial estúpido de Grove, continua a descrever seu ex-chefe como "inacreditavelmente eficiente e absolutamente brilhante (...) uma pessoa que, frente a frente com qualquer um, conseguia entrar em seu âmago e conquistar seus sentimentos". Em um dia ruim, porém, Grove também conseguia pegar seus sentimentos e fazer migalha deles.

O próprio Grove orgulhava-se de ter construído a Intel adotando um regime de medo e paranóia, "medo de errar e medo de perder", medo no sentido "oposto da complacência". Dizia que sua intenção era concentrar esse combate nos concorrentes externos e, mais tarde, advertiu que se deve ter cuidado em não criar uma situação em que os gerentes de nível médio também tenham medo de dar más notícias. Mas a cultura da Intel de "confrontação construtiva" também poderia abrir feridas dentro da empresa. Em sua disputa para acabar com os concorrentes, Grove, às vezes, acabava tendo desavenças com seus subordinados.

66 O GORILA NO ESCRITÓRIO

No início da década de 1980, implantou um programa chamado Operation Crush [Operação esmagamento], destinado, como disse um funcionário, a "acabar com a Motorola". Quando a Motorola inexplicavelmente sobreviveu, Grove voltou, um ano depois, com o Project Checkmate [Projeto xequemate]. Casey Powell, que na época somava 8.100 horas como gerente-geral da área de microprocessadores, passou a ser também o responsável por tal projeto. Powell, no entanto, logo percebeu que o Checkmate não estava andando em um ritmo que seria considerado satisfatório por Grove. A operação anterior fora, para todos na empresa, uma luta pela sobrevivência, incluindo funcionários das áreas de aplicativos, marketing e engenharia agrupados em "equipes do tipo da SWAT", distribuídas no mundo todo para superar a meta de vendas. Mas, quando a Motorola conseguiu dar a volta por cima e ter um produto melhor que o lançamento mais recente da Intel, o chip para computadores 286, tornou-se difícil manter o mesmo nível e intensidade de medo.

Powell recorda-se de também ter sido ferido por um intermediário, Jack Carsten, que o desprezava e parecia persuadir Grove a fazer o mesmo. Powell continua a ter um sentimento amargo com relação a Carsten, mesmo depois de algumas décadas: "Ele simplesmente acabava com as pessoas que trabalhavam com ele. Humilhava-as publicamente. Se você fosse seu puxa-saco, ele o defendia. Mas continuava a ser bruto para que ninguém esquecesse como era." Carsten, por outro lado, diz que ele e Powell "continuam amigos" e nega as afirmações públicas de suas brigas como "algo totalmente fabricado".

Powell diz que Carsten solicitou que um membro da equipe executiva revisasse o Checkmate. Uma semana antes, outro executivo sênior advertiu Powell: "Grove vai acabar com você." Quando Powell entrou na sala do conselho, ficou claro que os outros executivos, todos sentados a uma mesa em formato de U, também sabiam de tudo. Powell, que ficou no meio, começou a descrever alguns dos problemas que o projeto vinha apresentando.

Em sua história não-autorizada sobre a Intel, o jornalista Tim Jackson relembra que a voz de Powell estava trêmula e que Carsten falou prontamente: "Será que o problema não é *você*?"

"Carsten – *bang!* – dá o primeiro tiro", relembra Powell. "Isso deixou Grove mais confuso, que se virou e disse: 'Fui eu quem deu este cargo a você, e também serei eu a tirá-lo...'

"Foi horrível... eu era formado pela Academia da Marinha Mercante americana e me senti como se estivesse no primeiro ano da academia novamente.

Fiquei simplesmente estático, paralisado, prestando atenção e ouvindo tudo aquilo. Estava louco da vida."

Grove transformou-se de imediato em um tirano, soltando acusações de incompetência, entre outras piores. Mesmo pelos padrões da cultura de combate da Intel (em que outro executivo costumava aparecer nas reuniões com um taco de beisebol "para direcionar a discussão de maneira produtiva"), a explosão surpreendeu, tamanha sua fúria vingativa. Um vice-presidente sênior acabou levantando-se e disse:

— Quanta bobagem... Andy, se você quer agir desse modo com o rapaz, leve-o para um canto qualquer e não faça isso aqui, na frente de todos.

Quando outro executivo atirou sua caneta e deixou a sala, Grove disse:

— Tudo bem, vou parar por aqui.

Voltou-se a Powell novamente e acrescentou:

— Diga-me o que você fará para corrigir o problema.

Powell se recompôs e seguiu com sua apresentação, incluindo as soluções que estavam sendo adotadas.

— Certo – disse Grove.

— Isso lhe deixa satisfeito? – perguntou Powell.

— Teremos de aguardar para ver – respondeu Grove.

— Tudo bem, vamos então falar agora sobre o *meu* problema – disse Powell, momento em que pôde sentir a tensão tomando conta da sala. – Está mais do que claro que "não me enquadro" como gerente. – Era uma frase comum para todos que não se adequavam aos padrões. – Certo, Jack? – perguntou, e lembra-se de Carsten concordando imediatamente.

— Sim.

Powell, então, acrescentou:

— Também está mais do que provado que "não me enquadro" como marido e como pai. Isso é um problema.

Powell havia passado a vida toda superando expectativas e devia haver algo de muito errado com a Intel para que parecesse o contrário.

— Como você irá, então, resolver meu problema?

— O que você acha que devo fazer? – Grove retrucou.

— Você quer que *eu* resolva o problema? Posso resolvê-lo assim – disse, estalando os dedos. Nesse momento, encarava Grove como se não houvesse mais ninguém na sala. Todos perceberam o clima tenso.

Alguém disse:

— Vamos encerrar esta reunião agora mesmo.

E Grove ordenou prontamente um recesso. Em seguida, alguns poucos executivos reuniram-se em torno de Grove e condenaram a maneira como ele havia conduzido a situação. Outros expressaram seu embaraço a Powell.

À medida que Powell contornava a mesa para deixar a sala, Grove posicionou-se na porta e os dois ficaram frente a frente.

— Desculpe-me — Grove disse. — Sinto muito por ter agido daquela maneira.

Powell olhou para ele e, sem saber se chorava ou batia nele, respondeu:

— Eu sabia há uma semana que sua atitude seria essa. Como você tem coragem de me pedir desculpas?

Saiu então do prédio, pegou uma de suas filhas e passou o restante do dia em um parque de diversões da cidade tentando não pensar no trabalho.

Seis meses depois, o Project Checkmate alcançou exatamente os resultados que Powell havia prometido. Grove enviou-lhe uma nota delicada de agradecimento.

Powell, então, deixou a Intel para sempre, levando consigo 17 funcionários para abrir sua própria empresa de computadores, a Sequent, que logo se tornou um negócio bilionário. A princípio, comprou os chips da National Semiconductor, e não da Intel.

"Andy achou que fiz isso para dar o troco", diz Powell hoje. "Fiz isso para *mostrar para ele.*" Pára para pensar sobre o assunto por um momento e então acrescenta: "Ainda assim, ele é o cara que mais admiro dentre aqueles com os quais trabalhei."

A POLÍTICA DOS CHIMPANZÉS

A Intel é, sem dúvida, a maior empresa de alta tecnologia da era dos computadores pessoais. E, ainda assim, todos os passos dados naquele dia e todas as nuances de confrontos seguiram as mesmas regras que se aplicam a chimpanzés machos rivais na floresta: qualquer chimpanzé teria percebido a rotina agressiva do alfa como uma ferramenta para intimidar os subordinados; as manobras políticas do macho beta como um meio de enfraquecer o rival; a demonstração de fraqueza dos subordinados como um convite ao ataque; o fato de se encararem, o discurso raivoso, as atitudes agressivas em vez de violência e até mesmo a tentativa fracassada de reconciliação de Grove, seguida da inevitável dispersão do subordinado para formar seu próprio grupo.

Feras primitivas 69

A Intel escreveu a regra da era da tecnologia: a Lei de Moore era a profecia da auto-realização de que as memórias dos chips de computadores dobrariam a cada 18 meses. Seus executivos, no entanto, estavam jogando segundo as regras do comportamento primata de 30 milhões de anos atrás.

Na verdade, todos jogamos segundo essas regras.

No mesmo ano da revolução Checkmate na Intel, um obscuro pesquisador holandês chamado Frans de Waal trouxe novos esclarecimentos sobre o ambiente de trabalho humano ao pesquisar o mundo social dos chimpanzés. A influência que Waal tem além da comunidade científica pode ser medida pelas visitas feitas, desde então, a seu laboratório na Emory University, em Atlanta, por um dos machos alfa mais ricos do mundo, o presidente do Conselho da Microsoft, Bill Gates. A *Business Week* apresentou o trabalho de Waal com a manchete "Gerente vê, gerente faz", com uma coluna lateral em que se lia "os segredos gerenciais dos chimpanzés". E o *New Yorker* e o *New York Times* destacaram o trabalho de Waal sobre a justiça existente entre os primatas para explicar a queda, em 2003, do presidente do Conselho da Bolsa de Valores de Nova York, Richard Grasso, cujo salário era escandalosamente alto.

Muito desse relatório tem um tom malicioso e irônico. Mas o trabalho de Waal também repercute em um nível bem mais profundo. O biólogo E. O. Wilson, da Universidade de Harvard, credita a Waal a tarefa de "ter colocado os grandes símios muito mais próximos do nível humano do que se poderia ter imaginado há apenas duas décadas". No processo, de Waal também mostrou, inadvertidamente, como nosso próprio comportamento evoluiu pouco, em comparação ao de nossos colegas macacos.

De Waal começou sua carreira ainda jovem, como biólogo no Arnhem Zoo, na Holanda, nos anos 70, quando pesquisadores ainda evitavam atribuir sentimentos, pensamentos e até mesmo individualidade a meros animais. A proibição de tal antropomorfismo tinha o objetivo ingênuo de desestimular que os estados mentais humanos fossem projetados em outras espécies. Mas, para de Waal, a idéia de uma separação total entre os comportamentos dos animais e os dos humanos era paralisante, um tipo de "antroponegação". Transformava os animais em robôs, "cegos em uma peça teatral" que somente nós entendíamos.

À medida que parou para observar e gravar, meticulosamente, os comportamentos dos chimpanzés durante milhares de horas, de Waal teve a impressão de que os animais não agiam daquela maneira na vida real. Um de seus chimpanzés preferidos, por exemplo, era um ex-alfa chamado Yeroen, cujas demonstrações agressivas de dominância não impressionavam mais, já que ele tinha de ficar sentado "com os olhos fechados, ofegando vigorosamente". Apesar de decrépito, Yeroen conseguia esquematizar um meio de manter os jovens machos distantes e dar prosseguimento ao seu reinado. Aliou-se a um macho jovem chamado Nikkie, o qual ajudou a transformar no alfa. Como recompensa, Nikkie ajudava a velha raposa em suas investidas sexuais com as fêmeas do grupo, privilégio que um alfa geralmente reservaria a si mesmo.

Yeroen devia ficar extremamente agradecido. Mas, para deixar o chefe nervoso, às vezes unia-se a Luit, rival de Nikkie. Não passava de um ator cego em uma peça dramática (torna-se praticamente desnecessário dizer que a estratégia de Yeroen é também comum no mundo dos negócios, incluindo-se a conivência sexual; a Boeing, por exemplo, resgatou Harry C. Stonecipher, que estava aposentado, a fim de reconquistar sua probidade após escândalos financeiros e sexuais envolvendo seu ex-CEO. "Ao trazer Harry novamente à ativa", comentou posteriormente o colunista Colin McEnroe, "o Conselho deve ter pensado: ele é velho; lembra muito o benquisto Honus Wagner,* de Cooperstown; não vai sair por aí abaixando as calças a torto e a direito." Infelizmente, Stonecipher, ao estilo de Yeroen, também não conseguiu controlar seus impulsos e deixou o cargo em virtude de um pequeno incidente sexual no início de 2005. Mas vamos continuar falando a respeito de macacos mais cabeludos).

No início, como a maioria dos biólogos do século XX, de Waal via a vida dos chimpanzés como um luta interminável pela conquista de poder e privilégios. Mas percebeu, rapidamente, que não eram apenas os mais fortes que saíam vitoriosos. Observar animais como Yeroen o ajudou a perceber que os chimpanzés esquematizavam a busca pelo poder cuidando uns dos outros, trocando favores, cultivando alianças úteis com a família e amigos e por meio de outros comportamentos sociais mais ou menos saudáveis. Quando brigavam, geralmente reconciliavam-se logo em seguida para manter a paz. O que tornava um animal uma espécie alfa não era apenas o tamanho e a força, mas a habilidade social. "Trechos inteiros de Maquiavel parecem diretamente aplicáveis aos chimpanzés", descreveu de Waal em *Chimpanzee Politics* [Ações políticas dos chimpanzés], que se baseia nos anos em que passou em Arnhem.

---

*Jogador de beisebol que figurou no Hall da Fama e tornou-se uma lenda do esporte nos Estados Unidos. (*N. da T.*)

Feras primitivas 71

O título desse trabalho foi originalmente sugerido pelo autor de *O maca-co nu* (Record, 2004), Desmond Morris, seu amigo e mentor. Morris relembra que, naquela época, o termo *política* era heterodoxo em estudos sobre animais e que de Waal não gostou muito dele a princípio, mas "acabou concordando, pois era exatamente isso que estava estudando". Se *O príncipe*, de Maquiavel, foi o primeiro livro a descrever, com franqueza, as razões e manipulações de poder nas hierarquias humanas, *Chimpanzee Politics* foi o primeiro a mostrar que esses comportamentos estavam profundamente enraizados em nossa evolução animal.

Entre as "inúmeras e intermináveis" manobras sociais observadas por de Waal, estão:

- Os chimpanzés que ocupam níveis hierárquicos mais altos às vezes formavam alianças (como Nikkie e Yeroen) para fazer com que um possível rival caísse em descrédito. Também recrutavam, com freqüência, outros macacos para formar coalizões (como um funcionário de um escritório que chama um possível aliado de lado após uma reunião). Cultivavam essas coalizões para conquistar o poder e mantê-lo em situações em que se sentissem ameaçados. Os subordinados também lançavam mão de coalizões para abrandar o comportamento dos que ocupavam o poder. Se um macho alfa mostrava-se cruel demais, as coalizões de fêmeas reuniam-se e formavam uma aliança com um rival rebelde para tirá-lo do poder.

- Às vezes, os chimpanzés exibiam-se de modo exagerado para manipular o comportamento alheio. Depois que Nikkie machucou Yeroen em uma briga, por exemplo, Yeroen passou a mancar – mas somente quando Nikkie estava por perto, como forma de apaziguamento ou talvez para fazer com que Nikkie sentisse remorso. Em outro momento, Nikkie ameaçou seu rival Luit pelas costas, e de Waal percebeu um sorriso nervoso de medo no rosto de Luit. Luit colocou a mão na boca, pressionou os lábios e só depois se virou para encarar o rival – como um executivo fazendo um joguinho de caras e bocas antes de enfrentar uma reunião difícil.

- Ocasionalmente, os chimpanzés enfrentavam-se em lutas violentas dentro do bando. Mas (muito parecido com a reunião da Intel sobre o Checkmate), outros indivíduos logo interferiam para evitar uma perigosa perda de controle. Na Intel, no início da década de 1980, os altos executivos eram quase todos homens. Nesse aspecto, os chimpanzés são, de alguma forma, menos primitivos: as fêmeas geralmente ocupam um papel de destaque como apaziguadoras e membros de coalizões poderosas.

Em suma, muitos dos comportamentos que costumávamos classificar como "políticas de escritório" eram, na verdade, políticas primitivas. A idéia da política dos chimpanzés atraiu amplo interesse, principalmente entre repórteres, que faziam perguntas tais como: "Quem você considera o maior chimpanzé do atual governo?"

De Waal negou-se a fazer comparações desse tipo. "As pessoas adoram cutucar os políticos", aponta hoje, "mas acabam insultando meus macaquinhos."

Por outro lado, os próprios políticos às vezes reconhecem a semelhança. Quando se tornou presidente da Câmara de Deputados Federais americana, em 1995, Newt Gingrich colocou o *Chimpanzee Politics* na lista de leituras recomendadas para os novos republicanos. O próprio Gingrich mostrou-se adepto ao negócio macaco alfa nas acirradas lutas internas na Câmara. Mas parece que não prestou muita atenção a trechos do livro de de Waal sobre lançar mão da reconciliação e de outros comportamentos sociais para manter o grupo unido em meio aos conflitos e manobras.

Ao contrário, seu comitê de ação política elaborou um famoso memorando aconselhando os republicanos a descreverem os democratas, independentemente das circunstâncias, como "doentios", "patéticos", "bizarros", "desorientados" e "traiçoeiros". Parece que ele aprendeu a lição dos chimpanzés como sendo possível agir sem civilidade, quando, na verdade, o que de Waal havia descoberto era como o comportamento civilizado pode ser algo crucial mesmo entre macacos brutos.

Gingrich acabou deposto em virtude exatamente do tipo de coalizão e rebelião que de Waal havia descrito haver entre os chimpanzés (posteriormente, Gingrich tornou-se um importante conselheiro de bastidores – foi o Yeroen para o Nikkie da Secretaria de Defesa de Donald Rumsfeld, no governo de George W. Bush).

De Waal e Richard Wrangham, biólogo de Harvard, são, hoje, as maiores autoridades para dois pontos de vista completamente opostos quanto ao comportamento primata que surgiu nos últimos anos a partir dos estudos com chimpanzés. Em seu livro de 1996, *O macho demoníaco: as origens da agressividade humana* (Objetiva, 1998), Wrangham e o co-autor Dale

Peterson dizem que os chimpanzés e os humanos são espécies dominadas pelos machos, que são territoriais e têm propensão a agir de modo semelhante às batidas de policiais em grupos de gangues violentas, geralmente fatais nas comunidades vizinhas (tudo indica que esse era o livro que Gingrich pensou estar lendo).

Após o *Chimpanzee Politics*, de Waal continuou enfatizando o comportamento de apaziguamento nos primatas e sua tendência inata de reconciliação após uma briga com outros membros do grupo. A ordem social de Wrangham é mais rigidamente autoritária, baseada na brutalidade sistemática com os subordinados. A ordem social de de Waal, embora, vez ou outra, também brutal, é mais igualitária. As coalizões femininas desempenham um papel fundamental e há um enfoque na colaboração e nos valores compartilhados que mantêm a comunidade unida.

Curiosamente, esses dois pontos de vista aproximam dois enfoques básicos que, às vezes, são expostos por teóricos da área gerencial sobre como as grandes corporações devem ser conduzidas. As empresas da "Teoria X" operam com base no medo e no conflito. As empresas da "Teoria Y" tendem a ser mais colaborativas, mais propensas ao envolvimento de todos os funcionários na formação do ambiente profissional. Ambas as visões têm, pelo menos, dois pontos em comum: sejam irritantemente agressivos ou generosos a ponto de dar enjôo, não há uma empresa nem um grupo de chimpanzés que não entrem em conflito. E, por mais igualitárias que tentem ser, todas também têm hierarquias de poder. Esses dois pontos estão intimamente ligados, mas não da forma "causa e efeito" simplista que geralmente pressupomos.

UM MEDO NÃO-NATURAL DE CONFLITOS

Exceto pelos grupos militares, a maioria das organizações humanas trata o comportamento agressivo como um tabu social. As equipes de Recursos Humanos geralmente querem que as críticas sejam positivas. Querem que todos sejam generosos. Querem que todos *simplesmente se dêem bem*. Quando surgem problemas, contratam consultores para "mediar" reuniões e anotar comentários em cada um de três *flip charts*. O primeiro é para comentários sobre *what worked well* (o que deu certo), ou WWW. O segundo, para *even better if* (teria dado mais certo ainda se), ou EBI. O terceiro *flip chart* é o "estacionamento", uma indefinição para o relutante reconhecimento dos comentários dos insatisfeitos, que insistem em afirmar que tudo não passou de um grande fiasco que custou $30 milhões ao caixa da empresa.

"C-e-r-t-o", retruca o consultor em tom de brincadeira, após uma pausa rápida e agonizante. "Como podemos, então, enxergar isso de forma construtiva?" Qualquer forma que nos leve de volta ao território sem julgamentos do EBI.

O problema é que ser generoso e dar-se bem, por si só, raramente trazem resultados. Ou, como escreveu o professor Nigel Nicholson, da London Business School, em uma edição recente da *Harvard Business Review*: "Na verdade, um sinal de que uma reunião foi um fracasso – nem que seja mais uma reunião do tipo 'Com certeza, Chefe' – é quando o funcionário só pensa como conseguirá sair da sala sem expressar seu ponto de vista contrário." Ou quando o subordinado acaba abordando um ponto de vista contrário, mas não a respeito das questões que realmente interessam. O chefe deixa os funcionários discutirem detalhes menores para que todos achem que estão expressando suas opiniões – sem, porém, correr o risco de mergulhar em um conflito de verdade.

Um funcionário frustrado descreve um chefe cuja estratégia "dolorosa mas bastante eficiente" é passar "a maior parte do tempo da reunião respondendo às perguntas das pessoas mais idiotas, para que aqueles que possam vir a fazer as perguntas mais duras queiram apenas sair dali e voltar ao trabalho".

A idéia de que as pessoas em relacionamentos saudáveis evitam religiosamente os conflitos e as agressões não é o que se vê no mundo real. A maioria de nós, em algum momento, já testemunhou casamentos, amizades, equipes esportivas e grupos de trabalho em que o esforço de ser artificialmente bonzinho era debilitante, e outras situações nas quais a atmosfera competitiva era saudável. Considere dois exemplos alternativos:

■ Em um comitê governamental, a presidente do conselho é agressivamente educada, principalmente quando se dirige a outra integrante da mesa cuja inteligência nem sempre é óbvia devido à sua cara de bebê e voz suave. Recentemente, em uma audiência pública, a Cara de Bebê anunciou que passaria algumas de suas tarefas para outro membro do comitê. A presidente inclinou-se para a frente e, vagarosamente, disse: "Você *tem certeza* de que está fazendo a coisa certa? Fico *preocupada* com você, querida. É isso *realmente* o que você quer?" A Cara de Bebê, acostumada com a condescendência crônica, está preparada para superar esse comentário.

Percebe, então, a expressão boquiaberta e aterrorizada no rosto de outra pessoa e, repentinamente, reconhece os próprios sentimentos contidos de raiva. Mesmo assim, é muito educada para ter alguma reação. Mas a integrante boquiaberta envia um e-mail bravo para a presidente do conselho, que então telefona para a Cara de Bebê pedindo desculpas, aos prantos. "Ela chorou porque sabia que funcionaria comigo", comenta a Cara de Bebê. "Eu teria ficado comovida se as lágrimas representassem uma mudança genuína de comportamento." Na reunião seguinte, a presidente está de volta, com toda a sua condescendência.

■ Em outro ambiente profisisonal, o chefe grita com freqüência nas reuniões e às vezes diz coisas que um gerente não deveria dizer. Ainda assim, a atmosfera nas reuniões é alegre, descontraída e saudável, segundo uma gerente de nível médio que trabalha com o déspota benevolente. Em ambos os lados, as pessoas se doam, mas também recebem. A gerente admite que, às vezes, não gosta nem um pouco de ter de agir feito uma bruxa na frente de seus próprios subordinados. "Viro então para ele, pois sei que passou um ano na França, e digo: '*Je t'encule*.'" Traduzido de forma livre, significa "Enfie no rabo", apesar de a expressão ser, em francês, de alguma forma, mais pessoal. "Rimos juntos, e tudo pára por aí."

Um facilitador de recursos humanos provavelmente teria problemas em encontrar uma abordagem construtiva. Essas situações estão muito além do EBI e, provavelmente, nem se encaixam no estacionamento. Construtivo, porém, é exatamente o efeito que essa observação tem nos níveis de cortisol de todos à mesa. E parece que, dessa forma, sem muitas regras, a equipe trabalha em conjunto com mais alegria, algo que o supereducado comitê governamental talvez jamais consiga. A diferença, logicamente, é que as pessoas gostam umas das outras, têm um relacionamento genuíno e, quando brigam, fazem as pazes. Pode parecer estranho, mas os humanos, como os chimpanzés, são criaturas briguentas, a quem uma obscenidade honesta pode às vezes funcionar como um meio de conexão em que lágrimas e emoções falsas certamente não funcionam.

Em geral, gerentes evitam o conflito em virtude de sua própria fraqueza ou insegurança. Têm medo de que, se estimularem um nível razoável de discussão, a situação ultrapasse facilmente a linha do perigo. Falar sem rodeios, assim como todas as outras formas de agressão, pode causar sentimentos profundos, como aconteceu quando Andy Grove soltou sua fúria contra Casey Powell. Podemos tentar concentrar a conversa em objetivos e problemas, e não em personalidades. Somos, porém, animais emocionais, e tais discussões tornam-se pessoais com muita facilidade. Os fracassados sentem seus altos níveis de cortisol ferverem. E a gritaria e confusão fazem com que um frisson de agitação percorra os corredores e impregne todo o escritório.

Evitar o conflito, no entanto, ou tentar evitar uma situação difícil, nada mais é do que a tendência à negatividade em ação. O melhor é abordar o conflito de um modo direto, com um mínimo de trocas emocionais. A Intel expandiu-se, em parte, porque a atmosfera dos desentendimentos era geralmente convincente. A empresa nunca tentou maquiar os desacordos internos, embora esperasse que, no final, todos se unissem em um esforço conjunto voltado ao plano de ação escolhido. A frase padrão na cultura da empresa era: "Discordo, mas me comprometo."

É mais ou menos isso que os chimpanzés em um bando dizem uns aos outros todos os dias de sua tempestuosa vida.

O CONFLITO É NORMAL

Há algum tempo, de Waal sentou-se e ficou observando os animais que estudava de uma torre amarela ao lado de uma área aberta que fazia parte do Yerkes National Primate Research Center, na Emory University, em Atlanta, onde era professor de psicologia. Era uma área empoeirada e cheia de mato do tamanho de uma quadra de basquete, fechada por paredes e cercas de aço. Os chimpanzés ficavam dando voltas em torno de tambores plásticos, pedaços de canos e pneus velhos. Havia paredes colocadas em posições angulares dividindo o espaço aberto, o que dava aos chimpanzés a possibilidade de fugir uns dos outros, bem semelhantes às divisórias dos escritórios. (As paredes, comentou de Waal, "deixam os subordinados copularem sem ser pegos pelo alfa".)

Era uma tarde sulina quente e preguiçosa. Lá embaixo, um chimpanzé passeando passou por outro e deu-lhe um sopapo que teria mandado um jogador de futebol americano direto para o pronto-socorro. Um segundo chimpanzé sentou-se, casualmente, em um subordinado. Outros atiravam entulhos, excitados, disfarçados e trocando de lugar entre si. Um chimpanzé soltou um retumbante e raivoso "Waaa!", e outros uniram-se a ele até que a gritaria alcançou uma cacofonia, seguida de uma calmaria, todos em estado de prostração, voltando à troca de cuidados entre si – como uma reunião corporativa em hora avançada do dia, em um trimestre catastrófico.

De Waal, com seu cabelo grisalho nas laterais, óculos redondos com armação de arame e vestindo uma camiseta onde se lê "Salve o Congo", riu do visível caos que tomava conta do bando de chimpanzés. "Por ter crescido em uma família com seis filhos homens, nunca achei a agressão e o conflito particularmente perturbadores", disse. "Talvez essa seja a diferença entre mim e as pessoas que sempre descrevem a agressão como algo horrível, negativo e ruim. Dou de ombros e digo: 'Tudo bem, é uma briguinha. Desde que não se matem...'"

De Waal aponta para o fato de que comportamentos agressivos ou conflitantes ocupam apenas 5% do dia de um chimpanzé. Não tenta, porém, minimizar a importância que esses comportamentos agressivos têm para as manobras que os chimpanzés adotam com o objetivo de liderar o grupo. Ao contrário, rende-se à agressividade deles. Enquanto outros biólogos e sociólogos rotineiramente descrevem a agressão como algo anti-social e destrutivo, uma expressão de psicopatologia individual, de Waal descreve-a como "uma parte integrada à vida social (...) algo que acontece nos melhores relacionamentos".

Na verdade, de Waal explica a briga pelo leite materno na época do desmame como "a primeira negociação na vida social de um jovem mamífero". O filhote, percebendo que não usufruirá mais do conforto do peito, pode fazer bico, reclamar ou gritar, todos comportamentos agressivos. A mãe empurra-o para longe do peito ou retruca dando broncas repetidas. Como em qualquer outro relacionamento que durará a vida toda, um conflito de interesses inevitavelmente surge, e a agressão nada mais é do que uma ferramenta usada na tentativa de solucioná-lo.

Mas mãe e filho têm muito mais interesses em comum do que conflitos. Assim, também fazem as pazes. Uma mãe chimpanzé deixa que o filhote chupe seus lábios ou a ponta das orelhas, o que é muito parecido com uma mãe humana, que dá uma chupeta ao bebê que desmamou. Conversam carinhosamente, acariciam-se e abraçam-se, e essas "interações que se alternam entre o positivo e o negativo" conduzem a acordos quanto aos termos do relacionamento. De Waal chama isso de o "modelo relacional" ou o "modelo de solução de conflito" do comportamento social, e a importância desse modelo para o ambiente de trabalho humano é óbvia: brigamos, mas encontramos um modo de seguir adiante; discordamos, mas nos comprometemos.

O GORILA NO ESCRITÓRIO

O trabalho de de Waal reconhece que evoluímos e utilizamos a agressão como uma "ferramenta de competição e negociação" normal. O que é mais importante: também sugere como podemos lidar com ela de maneira prudente e, ainda assim, trabalhar em grupo no dia seguinte. O que importa, descobriu, não é se os chimpanzés brigam ou não, mas "o reconhecido valor do relacionamento e o modo como lidam com o conflito". Ou seja, como se tratam antes e depois.

Entre os chimpanzés e tipos corporativos semelhantes, a situação pode ficar complicada, dependendo de quem ocupa a posição de liderança.

CARDÁPIO DO CAFÉ-DA-MANHÃ: OS IRMÃOS

Quando as intrigas entre seus colegas de trabalho tornam-se insuportáveis, console-se pensando que você está pelo menos agindo melhor que o cação-mangona, que pratica o canibalismo intra-uterino de irmãos: o primeiro caçãozinho que sai do ovo na barriga da mamãe vai devorando os outros ovos e filhotes — seus irmãos e irmãs. Isso dá ao cação a vantagem nutricional de comer seus companheiros no almoço, além de atenuar a disputa pelos recursos maternos. Se seus colegas de trabalho têm-se comportado de um modo apenas um pouco mais participativo do que esse, aqui vai uma dica: encontre um novo útero, arrume um novo emprego.

A DOMINÂNCIA DA ROSQUINHA
Por que a hierarquia funciona

Gatos nos olham com superioridade. Cachorros nos olham com docilidade. Só os porcos nos olham como iguais.

— WINSTON CHURCHILL

Em uma cidadezinha na costa da Nova Inglaterra um quiosque chamado Beach Donut Shop abre suas portas todos os verões para vender rosquinhas fritas ao público e dar emprego aos adolescentes locais. Uma loja sazonal de biscoitos oferece aos trabalhadores poucas oportunidades de disputar a posição de senhores do universo. Em vez disso, disputam como colocar geléia de framboesa em uma rosquinha e a melhor maneira de empilhar, na bandeja, os biscoitos de massa retorcida. É um prelúdio da vida profissional que terão pela frente.

"Tudo é desculpa para Jeff e Dylan mostrarem, um ao outro, quem tem o domínio", comenta um colega. "Outro dia, entrei na despensa e deparei com os dois olhando, fixamente, uma bandeja com pãezinhos de canela. Sabia que a situação ia se complicar. Nossos pãezinhos de canela são grandes, feitos de massa trançada, cobertos com glacê de baunilha. Nessa bandeja, porém, metade dos pãezinhos tinha uma camada fina de glacê na parte de cima, e a outra metade, uma camada grossa no meio. Jeff estava próximo aos pãezinhos com a camada fina, e Dylan, perto dos que tinham a camada grossa, como pugilistas nos cantos de um ringue.

80 O GORILA NO ESCRITÓRIO

– No que você está pensando? – perguntou Jeff, apontando na direção de Dylan.

– Em como se coloca a cobertura em um pãozinho de canela, amigo – respondeu Dylan.

– Nunca vi pãezinhos de canela com glacê desse jeito. E olha que trabalho aqui há muito mais tempo do que você.

– É óbvio que você não aprendeu muito nesse tempo todo – disse Dylan.

– Isso mais se parece com um monte de...

– Os clientes não estão nem aí para a *aparência* dos pãezinhos. Querem um monte de glacê.

– Não seja burro. Lógico que estão. Você não estava agora mesmo falando, todo convencido, sobre a aparência estética de suas rosquinhas de canela e como os clientes adoram?

Houve um estranho momento de silêncio. Então, Dylan deu um passo para trás, curvou-se cumprimentando o amigo de forma melodramática e disse:

– Certo, meu amigo, certo. Tenho de tomar nota de alguns pedidos.

O rapaz que testemunhou a cena comentou: "Jeff resmungou e depois soltou um sorriso largo. Para ele, os pãezinhos de canela mostraram sua dominância. Mas eu sabia que a batalha continuaria. Gostava de presenciar aquelas brigas inúteis, pois sabia que minha superioridade no mundo das rosquinhas era insuperável."

Garotos, garotos... A vida na loja de biscoitos não deveria ser assim (principalmente porque, apesar de todas as batalhas masculinas, a verdadeira responsável era uma das meninas). Mas, infelizmente, sabemos que é assim que as coisas funcionam, e sabemos que, passados 10 ou 20 anos, esses três garotos estarão enfrentando batalhas perigosas e parecidas nos corredores de alguma das maiores empresas do mundo, de um modo bem mais sofisticado, logicamente.

PREPAREM AS ARMAS

Por exemplo: quando um acordo de compartilhamento de poder estava sendo analisado após a fusão que deu origem ao Citigroup em 1998, um executivo sênior chamado Jamie Dimon fez a seguinte observação: "Preparem as armas. Os co-CEOs vão gerar uma obsessão sobre que se sai melhor, as facções vão desacreditar umas as outras e destruir carreiras."

A dominância da rosquinha **81**

Dimon estava inteiramente certo. Os co-CEOs Sandy Weill, da seguradora Travelers, e John Reed, da Citicorp, trombaram logo no início, e em menos de dois anos Weill levou Reed ao exílio, disputa descrita em *Tearing Down the Walls* [Derrubando paredes], biografia de Weill elaborada pela jornalista Monica Langley.

Nesse meio tempo, Dimon, que era protegido de Weill, fez a opção errada de promover a filha de Weill, Jessica Bibliowicz, ao cargo de executiva sênior da corretora de valores do Citigroup, a Smith Barney. Ele também a criticou na frente dos outros. Dimon era banqueiro, não psicólogo. Mesmo assim, é um erro muito elementar imaginar que, quando se trata da filha do chefe, o desempenho no cargo importa mais do que os laços familiares.

Bibliowicz logo deixou a empresa. Dimon viu-se, em seguida, totalmente envolvido na própria luta de compartilhamento de poder durante os primeiros meses do Citigroup. Weill, ainda ressentido com a saída da filha, cruzou a linha da facção para se aliar com o rival de Dimon na Citicorp, fazendo com que Dimon caísse em descrédito, quase destruindo sua carreira. Dimon partiu para o exílio, tornando-se chefe do Bank One de Chicago.

Essas brigas têm, geralmente, pouco a ver com quem fabrica o melhor produto – o pãozinho perfeito de canela – ou com quem é responsável pelos avanços em uma empresa. São pretextos para lutarmos por aquilo que interessa a nosso coração primata. Faz parte de nossa natureza querer trabalhar com outras pessoas e formar um espírito de afiliação com elas. Mas também desejamos as posições, a dominância, o *status* social e o poder. Podem dizer que isso é ridículo, mas uma das principais questões com as quais lutamos do nascimento à morte é a dicotomia do "Quem manda aqui sou eu" *versus* "E não você". Importamo-nos com isso mesmo quando somos mais experientes e recorremos à atitude final de, com superioridade, dar-nos por vencidos: "Tudo bem, amigo. Suas rosquinhas são melhores. Você venceu."

E isso importa muito mais quando os jogadores optam por continuar no jogo. Jamie Dimon, por exemplo, mostrou ser um líder dinâmico no Bank One. A revista *Fortune* o fotografou subindo, orgulhoso, no palco de uma assembléia de uma empresa com cara de "Nascido para Ser Selvagem". No palco, ele gritou: "O que você acha de nossos concorrentes? Eu os odeio. Quero que sangrem." Mais tarde, em 2004, o Bank One associou-se ao J.P. Morgan para criar uma empresa que seria rival do Citigroup como a maior instituição financeira do mundo. Essa negociação trouxe Dimon de volta a Nova York para ocupar, mais uma vez, o cargo de CEO. E ficou imediata-

82   O GORILA NO ESCRITÓRIO

mente claro quem era o concorrente que Dimon queria ver sangrando: Sandy Weill e o Citigroup. "Se ele não entendeu", Dimon disse ao *New York Times* soltando uma risada predatória, "vai entender."

O consultor gerencial W. Edwards Deming costumava lamentar os eternos rounds das lutas entre as facções e a superioridade exibida dentro das empresas. Orador histórico e dramático e com um tom de voz bombástico, Deming gostava de contar uma história triste sobre uma garotinha de 5 anos que foi a uma festa de Halloween, um evento alegre até que (rufo sinistro de tambores) "premiaram a melhor fantasia". Segundo a jornalista Art Kleiner, que seguia Deming em suas palestras, sua voz ia diminuindo até sussurrar, à medida que contava como a garotinha e todas as outras crianças que não haviam ganho o prêmio voltavam para casa aos prantos. "Deming finalizava a história, semana após semana, gritando em tom rouco e angustiado: '*Por que alguém sempre tem de vencer?*'"

Pelo jeito, nunca ninguém se levantou para responder à pergunta de Deming:

Porque somos primatas.

ALCANÇANDO O NÍVEL C

É quase certo que Samuel Johnson, aquele macaco grande e experiente, subestimou o instinto humano de formar hierarquias quando disse: "Dois homens não podem ficar juntos durante meia hora sem que um adquira evidente superioridade sobre o outro." Não leva meia hora. Em um estudo da Universidade de Stanford, grupos de calouros homens foram colocados em uma sala e apresentados com um problema que deveria ser solucionado; em menos de 15 minutos, haviam se dividido em hierarquias sociais. As crianças, a partir dos 5 anos, também formam hierarquias sociais espontaneamente, com ou sem premiação para a melhor fantasia, e apesar de os critérios parecerem vagos – quem é mais forte, mais legal ou mais popular –, concordam prontamente com a colocação de cada um. Essas hierarquias mantêm-se significativamente estáveis à medida que elas crescem.

Como adultos, brigamos por uma posição melhor na hierarquia do trabalho, logicamente. Mas, até o surgimento de uma posição melhor, parece ser gratificante para alguns famintos que não se satisfazem com pouco. Em uma pesquisa britânica, 70% dos funcionários de escritórios declararam que trocariam um aumento de salário por um cargo melhor – "especialista em armaze-

A *dominância da rosquinha* **83**

namento de dados", em vez de "arquivista", "supervisora da área de alimentação", em vez de "copeira". Durante a euforia das pontocom, nos anos 90, algumas empresas novas tinham um CEO, dezenas de vice-presidentes e uma "diretora de primeiras impressões", outrora conhecida como "recepcionista". Uma rede varejista americana, aproveitando-se desse desejo embutido de *status*, tinha o cargo de "gerente em treinamento", a fim de fazer com que vendedores orgulhosos fizessem horas extras nos caixas sem receber nada por isso.

Estavam todos loucos? Em caso positivo, era e continua sendo uma epidemia. Você pode achar que está acima dessa fome de *status*. Eu também achava quando era um jovem repórter e desenvolvia essa enfadonha atitude em Elizabeth, New Jersey. Dizia que era o diretor do escritório de Union County, embora só eu constasse na folha de pagamento de meu jornal do escritório de Union County, que alcançava $12 mil anuais. Tal demonstração dúbia de *status* deveria, presumivelmente, tornar-se muito menos importante à medida que envelhecemos e subimos os degraus da escada corporativa. Nosso apetite por ela parece, no entanto, crescer sempre mais.

No topo da maioria das empresas americanas – que os consultores chamam de nível C –, todos querem ser diretores, embora sejam geralmente cautelosos em disfarçar isso com uma abreviação do título. A alta gerência de uma empresa terá, com freqüência, um CMO (*chief marketing officer*, ou seja, diretor de marketing), um CFO (*chief financial officer*, diretor financeiro), um CIO (*chief information officer*, diretor da área de tecnologia), um COO (*chief operating officer*, diretor operacional ou o "corta-cabeças") e o CEO (o semideus). Conta-se uma história em que um presidente do Conselho do Deutsche Bank chegou ao céu (de mentirinha, obviamente), encontrou a economia do lugar totalmente desorganizada e propôs uma reestruturação financeira. Não foi possível colocar o plano em prática porque Deus recusou-se a ser o presidente interino do Conselho.

Tudo isso é a dominância da rosquinha em uma ordem maior. O apetite pela posição e pelo *status* é tão grande que parece que recriamos as hierarquias altamente codificadas do playground para todos os lugares por onde andamos pelo resto da vida. Preocupamo-nos o tempo todo com quem conseguiu o melhor cargo, o maior orçamento, o último modelo de computador portátil e outras distinções do ambiente de trabalho minuciosamente medidas.

"Em Hollywood, você tem de pensar como Hollywood", declarou recentemente um grande executivo do cinema. Em seguida, resumiu a hierarquia local de modo preciso: "Existe o grande sucesso de bilheteria de um estúdio importante, o filme independente que está fazendo sucesso, o bom programa de televisão, o bom filme de arte, o filme de arte ruim, o péssimo programa de

televisão, os filmes comerciais e o boxe das celebridades, depois disso vem...
o fim do poço." Esse comentário foi ocasionado pela prisão de um astro esquecido da televisão, Robert Blake, por ter supostamente assassinado sua esposa. E
o executivo continua: "Essas pessoas não têm nem o *status* das celebridades do
boxe. Por que nos importaríamos com elas?"

Isso me fez lembrar de uma vez em que estava fora, com uma bióloga em
Botswana, e ela estava dando explicações detalhadas sobre a hierarquia de
quem coça quem entre os babuínos que estudava. Virou-se, então, para um
personagem deprimido em um canto: "E aquele é o Bob", disse. "Ninguém
coça as costas do Bob."

A hierarquia é onipresente entre os humanos e outros animais sociais
porque, quando nascemos, já a desejamos. As crianças ocupam uma posição
na hierarquia da família, fazendo caretas logo que se deparam com a autoridade dos pais, que são as pessoas que lhes dão o alimento, conforto e quem
as protege dos terrores da vida no mundo externo. Com o passar do tempo,
nosso senso de dependência vai mudando e vamos nos prendendo a outros
adultos, que também parecem maiores do que a vida e, eventualmente, até
mesmo a outras pessoas de nossa idade (a atração do tipo "maior que a vida"
continua: em um estudo realizado, verificou-se que metade dos CEOs de
empresas da lista Fortune 500 tem, no mínimo, 1,80 metro de altura).

Quando começarmos a trabalhar, se tivermos sorte, seremos aprendizes de
um mentor que cuida de nós como um pai na hierarquia do local de trabalho.
Aprendemos a competir com as pessoas que estão no nosso nível, algo muito
semelhante com o aprendizado que tivemos com nossos irmãos, quando talvez tenhamos conseguido fazer valer nosso domínio sobre eles. Para animais
sociais como nós, ser pego em uma hierarquia social severa ou ficar estagnado
na base da "pilha" pode, às vezes, parecer algo ruim. No entanto, o que é verdadeiramente assustador, tão assustador que pode nos deixar imobilizados
por muitos anos, dentro de uma hierarquia destrutiva, é quando somos colocados de lado pela nossa velha rede social. O telefone pára de tocar. No corredor, as pessoas olham para o outro lado. Sentimo-nos sós.

MACACOS MAQUIAVÉLICOS

A tendência de formar hierarquias não é algo que tenhamos aprendido por
tentativa e erro. Não ponderamos que caminho pegar para chegar a elas. Ao

contrário, geralmente tentamos imaginar um modo de ficar fora disso: estou realmente abrindo mão do meu fim de semana para deixar meu chefe feliz? De fato tenho de ficar no escritório até depois do horário, dada a possibilidade de conseguir uma promoção no ano seguinte? Com certeza, não aceitamos a hierarquia porque alguma alma brilhante em planejamento estratégico nos disse que ela era o caminho para uma lucratividade maior.

A hierarquia está em nossos genes.

Os macacos e símios são estranhamente atentos à questão das posições, e foi aí que a obsessão pela hierarquia apoderou-se de nossa mente. Em Botswana, em um bando de babuínos que passei a conhecer pelo primeiro nome, a hierarquia era o ponto mais surpreendente de reconhecimento. Os babuínos preocupavam-se o tempo todo com quem conseguia o melhor lugar na árvore frutífera ou quem era o segundo a quebrar as nozes. Tinham a consciência exata do lugar que cada macaco ocupava no bando. Conheciam-se individualmente, como membros de famílias e como participantes em redes sociais ligadas por laços de amizade ou alianças políticas. Quando alguém atacava um macho jovem, por exemplo, os outros macacos não ficavam apenas prestando atenção à briga; também olhavam para o irmão da vítima, para ver se ele iria correr para resgatá-la. Biólogos consideram esse tipo de "inteligência social" a característica definitiva de primatas sociais como nós.

Outro termo geralmente utilizado por biólogos é "inteligência maquiavélica". Os babuínos que eu seguia concordavam, com freqüência, com outros indivíduos de seu nível. Quando o macho alfa expulsava o beta de uma palmeira, por exemplo, o beta logo recuperava seu orgulho dando uma olhada brava, rápida e severa para expulsar o macho imediatamente abaixo dele (que, por sua vez, fazia o mesmo com o seu inferior). O chão estava coberto de nozes em número suficiente para todos se deliciarem até o próximo ano fiscal. Mas os babuínos pareciam querer mais a noz que o vizinho acabara de pegar. Juntamente com os cuidados entre si e outras formas amigáveis de interação, uma obsessão pela dicotomia do "Quem manda aqui sou eu" *versus* "E não você" tomava conta de seus dias. E por que não? Os babuínos alfa, como os alfas em grupos humanos, tendem a fazer suas escolhas quanto a alimento, abrigo e oportunidades sexuais.

As manobras pelo *status* parecem se tornar mais intensas à medida que nos aproximamos dos humanos na árvore evolucionária dos primatas. O biólogo de Harvard, Richard Wrangham, que estudou os chimpanzés na Floresta Kibale, em Uganda, e na Tanzânia, escreve: "[Um] chimpanzé macho, em seu auge, organiza toda a sua vida em torno da questão das posições. Suas

86 O GORILA NO ESCRITÓRIO

tentativas de alcançar e manter o *status* de alfa são manhosas, persistentes, enérgicas e consomem grande parte de seu tempo. Afetam quem viaja com ele, aqueles de quem cuida, onde olha, a freqüência com que se coça, onde vai e a hora em que acorda pelas manhãs. (Os machos alfa nervosos levantam-se cedo e, em geral, acabam acordando os outros com suas demonstrações de quem acumula uma enorme disposição.) E todos esses comportamentos não surgem de uma motivação de ser violento em benefício próprio, mas de um conjunto de emoções que, quando exibidas pelas pessoas, são rotuladas como 'orgulho' ou, mais negativamente, como 'arrogância'."

Leia agora esse parágrafo mais uma vez, substituindo "chimpanzé macho" por "gerente ambicioso" e "machos alfa nervosos" por "executivos nervosos". Seria possível fazer pouquíssimas alterações para descrever uma série de perfis corporativos no *Wall Street Journal* ou no *Financial Times*.

Um dos motivos que levam consultores gerenciais a evitar apontar as similaridades significativas e instrutivas no comportamento hierárquico entre os humanos e outros primatas é poupar os sentimentos dos executivos que os contratam. Mesmo sem colocar os símios na equação, a dominância social sempre foi um assunto delicado. Se você tem dúvidas quanto a isso, tente dizer a seus colegas de trabalho como você desejaria, profundamente, ser chefe deles. Pelo menos alguns entenderiam isso como "Quero você aos meus pés".

Da mesma forma, o comportamento de dominância sempre foi negligenciado no cenário corporativo por se tratar de um assunto relativamente novo para os estudos científicos. Termos como "ordem de importância" e "macho alfa" são utilizados há menos de um século; e "fêmea alfa" faz parte de uma safra ainda mais recente. A existência de uma "motivação de dominância" foi proposta, pela primeira vez, na década de 1930, pelo jovem primatólogo Abraham Maslow, que estava estudando macacos e chimpanzés em cativeiro. Se o nome Maslow lhe parece familiar, é porque, posteriormente, ele passou a ser reconhecido como um dos maiores teóricos de gerenciamento corporativo do século XX, escrevendo sobre motivação humana. A "hierarquia das necessidades" de Maslow, uma explicação sobre o que motiva as pessoas no trabalho, tornou-se sabedoria convencional entre gerentes.

Maslow também cunhou o termo "auto-estima" como um modo de falar sobre a motivação de dominância sem a necessidade de relembrar as pessoas do subtexto "a meus pés". "Minha pesquisa sobre primatas é o alicerce sobre o qual tudo se baseia", escreveu certa ocasião. Mas talvez, prudentemente, seus textos sobre negócios nunca tenham incluído os estudos sobre símios e macacos que ajudaram a moldar suas idéias sobre as hierarquias humanas.

Podemos, então, aprender realmente algo sobre nossos próprios comportamentos de dominância ao observar os outros animais? Como sempre, isso depende de como os observamos. Em geral, os primeiros pesquisadores trabalhavam com animais que viviam em jaulas separadas, e não em grupos sociais. Isso fez com que o forte individualismo acabasse se mostrando obrigatório e ajudou a perpetuar as idéias de topo-base e ordem-e-controle da dominância. Em campo, os pesquisadores, via de regra, estudavam os babuínos basicamente porque a espécie passava a maior parte do tempo no chão, e não no topo das árvores, o que facilitava observar os acontecimentos. Os babuínos, no entanto, são quase tão cruéis e brutais com os chimpanzés como os chimpanzés são com os humanos. Assim, as pesquisas também acabavam tendo a tendência de reforçar a marca de "guerreiro corporativo" tirano de dominância social.

Como os chimpanzés selvagens passam a maior parte do tempo no topo das árvores, foi somente em 1968 que os biólogos perceberam que eles viviam em grupos estáveis, que esses grupos tinham uma vida social complexa – que poderia conter lições úteis para as nossas próprias. Toshisada Nishida, primatólogo japonês que trabalhava nas montanhas Mahale, na Tanzânia, foi o primeiro a descrever o comportamento grupal dos chimpanzés na selva. Nishida, Jane Goodall, Richard Wrangham e outros pesquisadores de campo logo passaram a reconhecer chimpanzés individuais pela aparência e pelo histórico familiar e, conseqüentemente, começaram a unir as peças do quebra-cabeça da luta pela dominância social entre os chimpanzés selvagens. As pesquisas deles, juntamente com o trabalho de Frans de Waal sobre chimpanzés em cativeiro, mudaram o debate sobre a dominância, afastando-o do contexto individual para o social, onde os relacionamentos, a reciprocidade e a continuidade fazem diferença, tanto quanto fazem para nós.

A HIERARQUIA FUNCIONA

Quer estejamos observando babuínos, chimpanzés ou seres humanos em uma hierarquia corporativa, a pergunta de W. Edwards Deming vem inevitavelmente à mente: por que alguém sempre tem de vencer? E por que nos importamos tanto com isso? A explicação darwiniana convencional é que o *status* importa porque, cedo ou tarde, conduz ao sexo. Isso, porém, pode parecer uma tolice quando se pensa em executivos poderosos trabalhando cem horas por semana. O apetite deles pelo *status* é tão grande que, freqüentemente, acaba com seu apetite sexual.

Por que a motivação por *status*, dominância e hierarquia social se transforma numa força tão poderosa em nossas vidas? A resposta é que a dominância da rosquinha não é, de forma alguma, ridícula. As distinções que esquematizamos no ambiente profissional não são frívolas. A hierarquia funciona, em muitos níveis.

- *A hierarquia beneficia até os que estão na base.* Na savana africana, onde nossos ancestrais símios viveram e evoluíram durante milhões de anos, os excluídos tinham a malfadada tendência de ser pegos por leões e bandos vizinhos. Desse modo, mesmo Bob, o macaquinho negligenciado que vivia na base da "pilha", provavelmente se daria melhor fazendo parte da hierarquia do que sozinho. Os outros membros do grupo funcionariam como olhos extras observando os predadores ou, no caso de não funcionarem, poderiam ser corpos extras atrás dos quais Bob poderia se esconder.

  Indivíduos que seguiam as regras do jogo do grupo – ou seja, os que davam demonstrações adequadas de deferência com relação aos superiores e cultivavam alianças sociais úteis dentro do grupo – conseguiam continuar a fazer parte dele. Se fossem particularmente habilidosos para subir na hierarquia (ou espertos para explorar os que subiam), também conseguiriam passar seus genes mais sociáveis às gerações futuras. Portanto, as forças darwinianas de seleção natural e seleção sexual asseguravam que uma propensão à hierarquia ficasse codificada em seu genoma.

  Os subordinados também se alimentavam melhor na hierarquia porque o alfa assumia, freqüentemente, a liderança na defesa do território e na briga por recursos. Isso continua a ser verdade nas hierarquias dos tempos modernos, embora quase sempre notemos quando o alfa se nega a cumprir esse papel. Em uma editora, por exemplo, a equipe adorava o chefe de sua divisão, que mantinha um ambiente de trabalho decente e raramente falava de maneira hostil com quem quer que fosse.

  Infelizmente, ele também evitava controvérsias de todo tipo e, por detestar a política corporativa, nunca designava um assistente propenso a encrencas para falar em nome do departamento. A empresa estava entrando em um novo trimestre. As outras divisões, nas quais os gerentes

A *dominância da rosquinha* **89**

concentravam-se mais nas posições e privilégios, deixaram de ocupar cubículos e começaram a ganhar escritórios de verdade. Eles têm portas! Eles têm janelas! A divisão do pacífico gerente, por sua vez, ganhou divisórias. Na verdade, seus funcionários, desmoralizados, foram obrigados a fazer um inventário da mobília existente para que as outras divisões pudessem escolher o que havia de melhor para os escritórios novos. Às vezes, embora não gostemos de pensar dessa forma, pode ser melhor viver sob o comando de um alfa difícil e exigente.

■ *A hierarquia ajuda a assegurar a tranqüilidade interna.* A hierarquia geralmente parece a causa das eternas briguinhas internas, como no caso de Sandy Weill e John Reed, ou de Jamie Dimon e Jessica Bibliowicz. O grupo pode acabar prestando mais atenção às questões de posição e se esquecer da lucratividade. Lou Gerstner comentou, em tom de reclamação, que quando ingressou na IBM, no início dos anos 90, tratavam a kremlinologia como se fosse uma arte, sendo que o primeiro gráfico em qualquer apresentação, independentemente do assunto, "mostrava a organização interna, incluindo um quadro exibindo a posição do orador no gráfico (em geral, muito próximo ao CEO)".

As brigas, porém, apenas chamam nossa atenção. Estudos com animais sugerem que uma hierarquia relativamente definida representa, na verdade, menos briguinhas, nada mais. Descobrir quem está no comando pode, certamente, ser cruel e doloroso. Há uma chance cinco vezes maior de brigas em grupos de chimpanzés, por exemplo, quando a classificação das posições é indefinida. O mesmo acontece nas corporações após uma fusão. Mas, assim que a hierarquia é definida, a probabilidade de ambiciosos subordinados maquinarem, abertamente, um desafio é bem pequena. Seria simplesmente muito arriscado. Ter um líder forte também torna qualquer grupo mais eficiente na coordenação de ações voltadas a um objetivo claro. Podemos nos ressentir da hierarquia. Mas também encontramos conforto, segurança e propósito dentro de seus limites. Da mesma forma, quando um grupo de galinhas tem uma ordem estável, briga menos e coloca mais ovos.

Os biólogos vêem cada vez mais a hierarquia social não como uma ferramenta que estimula e recompensa comportamentos agressivos, mas como um meio de controlar a agressão e mesclá-la a comportamentos socialmente aceitáveis. O caso clássico no mundo natural en-

90   O GORILA NO ESCRITÓRIO

volve elefantes africanos que ficaram órfãos por causa dos caçadores de marfim na década de 1980. Machos jovens que cresceram sem a presença tranqüila (ou intimidadora) de machos adultos tornaram-se delinqüentes juvenis. Passaram precocemente, e de modo muito mais intenso e incomum, pelo chamado estado *musth*, período recorrente de alterações hormonais durante o qual os machos têm comportamentos agressivos e competem pelas oportunidades sexuais.

Em um parque na África do Sul, os elefantes órfãos apresentaram distúrbios violentos, matando um grande número de rinocerontes brancos. Os biólogos adotaram a solução de introduzir machos maduros no bando. Depois de conviverem com esses outros animais, superiores do ponto de vista físico e social, os machos jovens começaram, rapidamente, a se comportar de um modo mais civilizado. A presença de elefantes mais velhos suprimiu verdadeiramente os sinais de *musth* nos jovens, e os distúrbios violentos acabaram. Não é necessário fazer uma grande análise para se perceber a analogia entre os elefantes delinqüentes e o mau comportamento dos funcionários de vinte e poucos anos das pontocom no final da década de 1990. Empresas empreendedoras necessitam, com freqüência, de mãos mais velhas e firmes para sobreviver.

Os efeitos apaziguadores da hierarquia também funcionam no sentido inverso. O respeito e o *status* exibidos pelos subordinados ajudam a civilizar o alfa. Mesmo o CEO mais imponente não consegue liderar uma hierarquia durante muito tempo se não tiver uma base sólida de apoio entre seus subordinados. Chefes sábios saem de seu caminho para conquistar seus subordinados e dependem de alguns poucos "tenentes" que lhes contam se estão sendo bem-sucedidos ou não. Chefes arrogantes podem ter, vez ou outra, um mau comportamento. Mas acabam como o CEO da Disney, Michael Eisner, que foi forçado por acionistas insatisfeitos a deixar a presidência, ou como um dos chimpanzés alfa de de Waal, que se comportava tão mal que foi cercado por uma coalizão de subordinados enfurecidos que o deixaram "lá em cima, na árvore, sozinho, em pânico e berrando".

■ *Os indivíduos que ocupam posições mais elevadas definem padrões e servem de modelo.* Às vezes, não dão bons exemplos. Em *Pipe Dreams* [Castelo no ar], seu livro sobre o fiasco da Enron, Robert Bryce calcula que essa empresa insanamente esbanjadora gastava $45 mil por semana

A dominância da rosquinha 91

com seu jatinho Falcon 900 para transportar um executivo, Lou Pai, de sua casa, nos arredores de Houston, até seu rancho no Colorado, e vice-versa. Pai era "um gênio das negociações", mas sua divisão perdeu muito dinheiro. Além disso, o tempo precioso que ele economizava usando o jatinho da empresa era geralmente dedicado à leitura de jornais no escritório ou a almoços em espeluncas de striptease na cidade, que também entravam nas despesas da empresa. Os comportamentos adotados pelos executivos da Enron serviram de modelo para uma cultura de cleptomania. Daí o espetáculo de sacadores de colarinho-branco transportando seus "itens pessoais", após o colapso da organização, em suas cadeiras Aeron, como se fossem carrinhos de compra.

Modelos mais sérios de liderança não são tão divertidos, porém mais comuns em empresas que realmente conseguem sobreviver e que trazem lucros para os seus acionistas. Por exemplo, Richard Kinder deixou a Enron em 1996 para constituir a própria empresa de combustíveis, a Kinder Morgan, e fez dela um sucesso com base em um modelo de negócios extremamente contido em termos de gastos. "Nosso objetivo é fazer com que todos pensem 'Se fosse meu, como gastaria este dinheiro?'", declarou recentemente ao *Wall Street Journal*. Kinder detém 20% da empresa, então o dinheiro *é*, de um ponto de vista mais amplo, seu.

No entanto, "a maior parte dos CEOs tenta vender essa mensagem a seus funcionários. Mas, mesmo que façam de tudo para que os funcionários cuidem com afinco dos custos, se o virem entrando em uma limusine com motorista e no jatinho da Kinder Morgan, não o levarão a sério. Se souberem que você se hospedou em uma pousada mais simples, aí, sim, isso passa a ter algum impacto". Kinder Morgan não tem seu próprio jatinho e, segundo ele, viaja na classe econômica. Depois de ter seu imposto deduzido na fonte, também saca um cheque de $1 ou $0,93. Esse modelo de moderação fez dele um bilionário e muitos de seus funcionários, que também detêm ações da empresa, estão a caminho de se tornar ricos.

O fundador da JetBlue, David Neeleman, pratica um tipo similar de liderança dando exemplos simples: todos os funcionários da JetBlue devem limpar os aviões em que viajaram, mesmo quando os utilizam como passageiros em seu período de férias. Neeleman une-se a eles para pegar os jornais, os saquinhos usados e outros detritos deixados pelos passageiros. Os pilotos fazem o mesmo.

- *A hierarquia motiva as pessoas*. Nesses últimos anos, tem-se verificado a tendência de enfocar a hierarquia como um fator que pode acabar com a motivação, principalmente quando os cleptocratas no poder ficam com uma parcela desproporcional das recompensas. Nenhum acionista, em sã consciência, porém, sugeriria que abrir mão da hierarquia é a alternativa para resolver esse problema.

A distribuição desigual de posições e privilégios, quando adequadamente gerenciada, é uma das razões que leva as pessoas ao trabalho todas as manhãs. São demonstrações de *status* – o carro da empresa, o novo cargo e o respeito dos subordinados – que nos estimulam a progredir e alcançar posições melhores. "Os privilégios ainda são uma força motivadora poderosa e positiva, principalmente para os membros juniores de uma equipe", afirma o vice-presidente do Conselho da General Motors, Robert A. Lutz. "Quando era líder aspirante, *queria* um espaço reservado para estacionar meu carro (e trabalhava duro para merecê-lo)."

Da mesma forma, Jack Welch largou seu primeiro emprego na General Electric depois de um ano não porque o aumento de $1.000 que recebeu fosse trivial em termos objetivos, mas porque dois outros gerentes jovens que haviam ingressado na empresa na mesma época receberam o mesmo aumento. Welch voltou atrás quando um chefe perspicaz interveio e deu-lhe um aumento de $2.000. É a mesma rivalidade de um jovem chimpanzé que fica de olho nas nozes do vizinho. Welch também contou as telhas de seu escritório para se certificar de que o espaço havia aumentado juntamente com a ascensão de seu *status* na empresa, e mais rapidamente do que a dos outros colegas. Esse desejo de sentir-se superior chega a dar vontade de rir. Mas, no final, foi isso que possibilitou que ele atingisse o topo, onde aplicou uma distribuição conscientemente não-igualitária de incentivos e responsabilidades que levaram toda a empresa a alcançar conquistas surpreendentes.

OS CONTOS DE FADAS SOBRE A IGUALDADE

Welch dizia que odiava hierarquias. Mas todo mundo diz isso, como se em nosso íntimo fôssemos todos profundamente igualitários e veementemente meritocráticos. Até Al Dunlap, o "Rambo de Gravata", relatou com orgulho, em suas memórias, que não havia uma hierarquia proibitiva a seu redor.

(Menos de uma página depois, também descreveu uma situação em que destroçou uma pobre empresa "feito Godzilla atravessando Tóquio".)

Na verdade, há várias linhas de pensamentos entre os acadêmicos que tratam a hierarquia como um estado não-natural, uma imposição moderna sobre a natureza humana de irmandade e gosto pela liberdade. Antropólogos descrevem as tribos tradicionais às quais pertencemos durante quase toda a história da humanidade como intensamente igualitárias. Os caçadores que voltavam orgulhosos para casa carregando a carcaça de um porco não pegavam as melhores partes para si mesmos. Compartilhavam-na de forma igualitária com os outros membros da tribo ou, se não o fizessem, alguém acabava tomando-as deles. A liderança também se alternava de acordo com o membro da tribo mais bem qualificado para uma determinada tarefa. O melhor andarilho de trilhas saía para caçar, por exemplo. O que detinha a sabedoria na tribo liderava os rituais. Os indivíduos buscavam autonomia. Levavam a mal quando algum futuro *jefe* tentava interferir na maneira como realizavam suas tarefas.

Para os céticos, a idéia de que tribos tradicionais eram igualitárias pode parecer tão suspeita quanto a de que esses membros eram selvagens inocentes. Antropólogos que defendem o ideal igualitário geralmente não se preocupam em explicar como conseguimos ser tão hierárquicos durante as dezenas de milhões de anos da evolução dos primatas; em seguida, tão igualitários por talvez umas centenas de milhares de anos de vida tribal; depois ainda mais veementemente igualitários nesses últimos 1.200 anos, com o surgimento da agricultura e o aumento da riqueza humana. Um escritor chega apenas a descrever nossa evolução social como se fosse uma manobra de "retorno" no trânsito.

Não é uma manobra geralmente ensinada na auto-escola darwiniana, mas chega perto da verdade sobre a natureza das hierarquias humanas. As provas sugerem, cada vez mais, que os primatas alternaram os estilos igualitários e autoritários da dominância social repetidamente no decorrer de sua história. É provável que isso dependesse das circunstâncias: na guerra, o modelo "comando e controle", com ordens imediatamente obedecidas, parecia dar mais certo. Em períodos de paz e prosperidade, quando a ameaça não era tão iminente e indivíduos insatisfeitos podiam, com facilidade, ir para outro lugar, fazia mais sentido, por vezes, adotar um estilo mais igualitário.

O estilo da dominância de um grupo de primatas também pode variar de acordo com a personalidade dos indivíduos que ocupam as posições mais altas. É comum, entre os chimpanzés, alternar uma liderança de um alfa relativamente bonzinho, tal como o chimpanzé que Jane Goodall batizou de

Freud no Gombe National Park, na Tanzânia, com a liderança de um muito mais cruel, tal como seu irmão, Frodo, que tomou o lugar de Freud e vivia aterrorizando seu bando. (Também aterrorizou Goodall e o cartunista Gary Larson, entre outros, agredindo-os para que se tornassem submissos furiosos.) O estilo da dominância em determinado grupo também pode depender da personalidade dos subordinados. Unem-se para conseguir derrubar um déspota da liderança ou para realizar manobras que garantam que a posição de alfa seja ocupada por um indivíduo menos tirano. Mas mesmo os grupos de primatas mais igualitários têm uma hierarquia.

O erro que os antropólogos cometem (juntamente com todos nós, na maioria das vezes) é considerar os momentos de igualdade como prova de uma sociedade igualitária. Como qualquer grupo social primata, aqueles que se uniam para caçar tinham, indiscutivelmente, seus alfas machos e fêmeas, o que significa a existência de hierarquias nem sempre visíveis aos olhos intrusos dos antropólogos. A maioria das tribos tradicionais era, sem dúvida, altamente participativa. *Compartilhar alguns recursos, no entanto, não atribui a um grupo necessariamente características igualitárias.* Ao contrário, o comportamento generoso sempre foi um dos meios mais eficazes de se estabelecer a dominância social, não somente entre os chimpanzés alfa, mas também entre os grandes diretores executivos.

- Ntologi, um dos chimpanzés de Toshisada Nishida nas montanhas Mahale, distribuía rotineiramente comida para cultivar alianças úteis. Era um grande caçador e às vezes pegava a comida de outros bons caçadores para compartilhar com um grupo de fêmeas, machos mais jovens e chimpanzés idosos influentes. Você pode chamar isso de filantropia e igualitarismo. Mas, com certeza, era um comportamento perspicaz de liderança que possibilitou que Ntologi mantivesse seu *status* de alfa quase que continuamente durante 16 anos, até sua morte, ocorrida em 1995.

- Do mesmo modo, entre os chefões corporativos, o presidente da Nike, Phil Knight, estava, sem dúvida, sendo participativo e filantrópico quando prometeu doar $30 milhões para ajudar a Universidade de Oregon, onde havia estudado, a reformar seu estádio de futebol. Voltou atrás em sua promessa, porém, quando a universidade uniu-se a um grupo que supervisiona estabelecimentos que exploram seus funcionários nos países do Terceiro Mundo, como nos que a Nike fabrica roupas esportivas. O presidente da universidade, Dave Frohnmayer, cujo entusiasmo em defender a integridade acadêmica parecia ilimitado, cortou prontamente os laços com o grupo de supervisão dos estabelecimentos exploradores. A universidade manteve-se submissa à Nike durante os 17 meses seguintes, enquanto aguardavam o início das obras no estádio, até que Frohnmayer e seu entusiasmadíssimo treinador de futebol conseguiram anunciar a retomada da "magnitude" de Knight.

Para Knight, assim como para Ntologi, o gesto igualitário de compartilharem suas riquezas era, na verdade, uma ferramenta para manter a dominância social autoritária. Casos como esses, e são muitos, sugerem que talvez devêssemos retirar o verbo "devolver" de nosso vocabulário. A filantropia é, às vezes, a maneira mais interessante de se conseguir algo.

Da mesma forma, para caçadores tribais, voltar para casa com a carne e compartilhá-la com a tribo era uma maneira de conquistar possíveis aliados e impressionar as fêmeas locais. Os machos alfa em tribos tradicionais tinham um número muito maior de colegas, o que é, sem dúvida, o recurso mais importante de todos. Os alfas também contavam com o respeito e certo nível de deferência quanto às suas opiniões políticas. Quando grupos de caçadores tribais estabeleceram-se e passaram a levar uma vida ligada à agricultura, com a chance de armazenar os alimentos e economizar as riquezas, surgiram as hierarquias mais sutis. Mesmo os índios Hopi do Sudoeste dos Estados Unidos, há muito celebrados pelos antropólogos por seu estilo de vida igualitário, tinham uma hierarquia clara, baseada no tamanho e na qualidade das propriedades da família e também em sua mitologia familiar. Em um período de seca, os chefes dos clãs conseguiam manter sua subsistência e sobreviver. Subordinados passavam fome ou partiam, uma espécie de enxugamento tribal, na maioria das vezes para serem devorados pelas tribos vizinhas.

"Não existem sociedades igualitárias", admite um antropólogo moderno. "Tampouco (...) sociedades simples", que não sejam meros "contextos, cenários ou situações igualitárias".

EMPREGADORES IGUALITÁRIOS

Como a maioria das tribos antigas, as empresas modernas sustentam, com freqüência, o ideal igualitário. A Intel, por exemplo, gosta de celebrar sua cultura aberta, sem locais reservados no estacionamento, sem jantares de executivos, pequenos cubículos para todos os funcionários e todos trabalhando em conjunto e sendo chamados pelo primeiro nome. O nome Andy, no entanto, continua gerando nervosismo no tom de voz das pessoas.

Como CEO, Andy Grove freqüentemente "preocupava-se com o que ele estava deixando de receber em se tratando de seu dinheiro", segundo um ex-executivo da Intel, e costumava exigir que os funcionários que chegassem depois das 8 horas assinassem uma "lista de atraso". Em uma ocasião, enviou um aviso a toda a empresa que foi imediatamente descrito como "o memorando do pão-durismo", avisando que todos trabalhariam em horário integral na véspera do Natal (não especificou se queria dizer as 10 ou 12 horas diárias que a maioria dos funcionários cumpria todos os dias ou se oito horas seriam suficientes). Certa vez, outro alto executivo da Intel definiu o medo como o momento em que você está vendo sua caixa de entrada de e-mails e encontra uma mensagem que passou despercebida, um "Andygrama", apelido dos e-mails geralmente arrebatadores de Grove, marcada com a sigla "AN", que significa "ação necessária", e que já estava lá há um dia; em seguida, o telefone toca, e você sabe que é o Andy. *"Você simplesmente sabe."*

As hierarquias representam a condição humana inevitável. Podem ser cruelmente confrontadoras e brilhantemente bem-sucedidas, como na Intel. Podem ser cruelmente confrontadoras e escandalosamente perversas, como na gigante de fundos mútuos do Boston, a Putnam Investments (onde Lawrence J. Lasser, antigo CEO da empresa, também costumava intimidar os funcionários com sucintos "Lassergramas"). Podem ser relativamente democráticas e cuidadosas. Mas, apesar de todos os ideais igualitários, mesmo chefes irremediavelmente gentis sempre encontrarão uma forma sutil de fazer valer seu *status*. Às vezes, de forma inócua. Em uma empresa de Connecticut famosa pelo clima amistoso, todos os funcionários tinham endereços de e-mail padronizados do tipo MariaSilva@widget.com. O endereço de e-mail do fundador, por outro lado, era EUSOUEU@widget.com (possivelmente, uma abreviatura de EUSOUQUEMSOU@widget.com).

Esses relances inesperados de poder descarado podem também, vez ou outra, ser surpreendentemente grosseiros. Na Cisco, o CEO John T. Chambers sempre cultivou uma imagem de companheirismo e amizade. Sua sala, sempre aberta, é uma estação de trabalho de quatro metros quadrados, e ele evita realizar reuniões em sua mesa se isso der a impressão de que ocupa uma "posição de poder". Prefere utilizar uma mesa redonda, afirma, para enfatizar que "estamos todos no mesmo barco".

A *dominância da rosquinha* 97

Críticos, porém, dizem que Chambers não se mostra disposto a contratar gerentes seniores que possam ameaçar seu *status*. Quando um vice-presidente executivo que havia trabalhado na empresa cometeu o erro de apresentar-se como provável sucessor em um perfil da revista *Fortune* alguns anos atrás, Chambers logo achou um meio de mandar o vice-presidente e sua esposa, que era chefe da área de comunicações corporativas, buscarem novas e excitantes oportunidades de carreira fora da Cisco. Quando da comunicação de sua saída, o vice-presidente, destinado à ruína, apareceu perante sua equipe com os altos executivos enfileirados atrás de si. Em *Cisco Unauthorized* [Cisco não-autorizado], de Jeffrey S. Young, uma pessoa que presenciou a cena descreveu-a como "o assassinato de um famoso clã mafioso".

Se essas parecem empresas igualitárias, então é provável que você acredite que os funcionários da Wal-Mart sejam realmente "associados", e não caipiras do varejo, e que as pessoas nas sociedades comunistas realmente mantinham-se lado a lado como verdadeiros companheiros. (Logicamente, ficavam assim no momento precioso e fraternal que precedia sua ida às covas coletivas.)

HIERARQUIAS OCULTAS

Parece que evoluímos em negar a existência da dominância social mesmo buscando-a com todas as nossas forças. O resultado é que esse fato central de nossa vida profissional é geralmente invisível não apenas aos que observam de fora, mas também para nós mesmos. Em um artigo recente da *Harvard Business Review* sugeriu-se como uma hierarquia pode ser intangível: "Onde está o poder? Quem estaciona perto de quem no pátio? Quem é o primeiro a falar depois do CEO nas reuniões? Um executivo pode pagar um preço alto se deixar escapar tais sinais hierárquicos. É um dos preços que aqueles que vivem nas hierarquias têm de pagar pelas recompensas que recebem (...) pressão por estarem sempre atentos e evitarem pisar, inadvertidamente, nos calos errados."

Em uma empresa de Michigan surgiu um boato de que haviam solicitado ao vice-presidente sênior que procurasse outro emprego. Mas na festa de Natal daquele ano, em um clube de campo exclusivo da região, um subordinado, claramente atento, percebeu que a placa com o nome do vice-presidente sênior estava ao lado do armário do CEO/presidente do Conselho. "Deduzi (corretamente, até então) que o boato nada mais era do que fruto da imaginação de alguém. Você consegue imaginar ter de se sentar próximo

98 O GORILA NO ESCRITÓRIO

de uma pessoa que acabou de demitir todas as vezes que sai para se divertir jogando golfe?" (A única idéia ambígua aqui é imaginar que jogar golfe é sinônimo de diversão.)

Para os seres humanos, a obsessão pela influência social é, de modo geral, invisível, inconsciente e, ainda assim, ininterrupta, como inspirar e expirar. Uma hierarquia pode ser frustrante; pode levar as pessoas a deixarem seu emprego e procurar algum lugar onde a pergunta de Deming – "Por que alguém sempre tem de vencer?" – não se aplique. Tal lugar, porém, não existe.

Quando o primatólogo Terry Maple conseguiu seu primeiro emprego como professor depois de formado, achava que o corpo docente de uma universidade estaria livre dos problemáticos parlapatórios da hierarquia corporativa. Afinal, os professores gostam da segurança que a vitaliciedade lhes traz. Participou, então, de sua primeira reunião do departamento do corpo docente, onde não mais do que 20 pessoas, todas livres-pensadores, estariam espalhadas em um auditório com 200 lugares. Maple, o novato cheio de disposição, foi o primeiro a chegar e sentou-se na terceira fileira. "Chegou então outro professor que eu mal conhecia", relembra Maple. "Ficou em pé, olhando para seus sapatos, com um ar de quem está meio encabulado. Foi uma situação estranha. Eu, na terceira fileira, e ele, no corredor. Eu perguntei: 'O que foi, Tom?' Ele respondeu: 'Você está sentado no meu lugar.' Comecei a rir. Levantei-me e mudei para a cadeira ao lado, e ele disse: 'Agora você está sentado no lugar do professor Smith.' Respondi então: 'Humm... isso não é nada bom... o professor Smith terá de procurar outra cadeira para se sentar.'"

Maple conseguiu manter seu emprego e ocorreu-lhe, como primatólogo, fazer anotações sobre o fenômeno, nem que fosse para tornar as reuniões do corpo docente menos entediantes. Durante os anos seguintes, documentou "uma preferência rígida e repetitiva pelos lugares mesmo quando as reuniões eram realizadas em uma nova sala". Era uma hierarquia invisível. A única quebra significativa ocorreu quando a primeira mulher ingressou no departamento. Naquela era sombria, antes de o politicamente correto controlar os impulsos primatas mais básicos, o alfa permitia, previsivelmente, que as jovens mulheres se sentassem próximas dele, uma intimidade que teria sido intolerável para os homens novatos no momento de encontrar sua posição na hierarquia (pelo menos, ele não bufava).

Maple sabia que as outras espécies também tinham dispositivos comportamentais para defender seu território e estabelecer uma posição estável com relação a possíveis rivais próximos. Os lobos usam a marcação do cheiro como mecanismo de espaço. Os pássaros fazem isso por meio do canto. Essas pequenas marcações de território e a influência têm uma função clara e direta no mundo animal. Declaram "Vivo aqui, não se aproxime" e, conseqüentemente, minimizam a possibilidade de conflitos diretos com os vizinhos. A alternativa infeliz seria passarem o tempo todo brigando, mas os animais são muito espertos para tomar uma atitude dessas. Consome muita energia, distrai sua atenção principal, que é colocar comida à mesa, e os expõe a um risco considerável de terem seu pescoço cortado fora.

O mesmo ocorre conosco no trabalho, e as maneiras que utilizamos para nos adaptarmos às regras da hierarquia invisível vão muito além da ordem das cadeiras. Como veremos nos próximos capítulos, declaramos, inconscientemente, nossa influência ou deferência não apenas por meio da linguagem corporal ou das expressões faciais, mas todas as vezes que abrimos a boca e também quando temos o bom senso de ficarmos calados.

Qual é o resultado, então? Qual seria o grau de hierarquia ou influência necessário para que uma empresa obtenha os melhores resultados possíveis de seus funcionários? Depende das circunstâncias. Os babuínos e as empresas da Fortune 500 podem fazer uma manobra de retorno em seu estilo de dominância quando isso é exigido pelas circunstâncias ou personalidades. O que importa é que, em todos os casos, os funcionários sintam-se bem com divisões claras de hierarquia. Precisam de pessoas acima deles que estejam dispostas a tomar decisões (mesmo as erradas) prontamente, e que não os deixem soltos. Como disse, certa ocasião, um analista financeiro: "É como o cavalo de três patas no qual ninguém quer atirar." Apenas não gostam de ser relembrados a respeito da hierarquia de maneira muito clara ou com muita freqüência.

Maple tornou-se, posteriormente, CEO do ZooAtlanta, cargo que exigia que se reunisse regularmente com muitas das mais importantes figuras da próspera comunidade de negócios de Atlanta. Percebeu que essa preferência pela ordem dos lugares era uma característica padrão dessas reuniões, e que o modo como era empregado era muito semelhante à ordem de dominância em um bando de babuínos. Veio-lhe a idéia de que o comportamento do Conselho era uma "Babuinologia", visão que tinha o cuidado de não compartilhar com seus amigos primatas. "Para mim, é um elogio ser comparado a um babuíno vitorioso e astuto", comenta Maple, "mas receio que meus colegas profissionais não compartilhem de meu entusiasmo."

Muitos deles pareciam nunca perceber – e, na verdade, nunca quiseram perceber – a hierarquia que os levava a ocupar, instintivamente, seus lugares.

O peixe-palhaço é um peixinho colorido que vive em pequenos grupos, em corais, entre os tentáculos das anêmonas. Os tentáculos são venenosos para os intrusos. Mas servem de abrigo para cerca de meia dezena de peixes-palhaços que se alimentam de microorganismos e das fezes da anêmona. Sair para as águas abertas representa um alto risco de ser pego por predadores.

Assim, a única esperança para um peixe-palhaço que acabou de nascer é ser adotado por uma hierarquia de peixes-palhaços em uma anêmona próxima como "parceiro júnior". O novato tenta se passar por pequenino e demonstrar que não é uma ameaça para que os peixes-palhaços que lá residem não o persigam. Isso dá tão certo que o peixe-palhaço transforma a situação em uma estratégia de carreira. Em cada estágio da hierarquia, os indivíduos são cuidadosos em ocupar apenas 80% do espaço do indivíduo que está imediatamente acima dele. Ao manter sua posição, o peixe-palhaço consegue viver (tudo bem que comendo cocô) mais um dia.

6

COM UNHAS E DENTES
Como disputamos a influência no trabalho

Diplomacia é a arte de dizer "Que cachorrinho lindo" até você encontrar uma pedra para atirar nele.

— WILL ROGERS

Nos anos 90, quando era um alto executivo na BBC, Will Wyatt lidava, com freqüência, com uma alta executiva, Patricia Hodgson. Ele recorda que Hodgson tinha assistentes pessoais "para brincar de ter certeza que você estaria esperando ao telefone antes dela. 'Posso passar a ligação agora?', perguntava o assistente dela ao seu, o outro respondia educadamente e a ligação era passada para ambos os chefes. Mas não era bem assim. Somente o seu pressionava o botão para transferir a ligação, e você tinha de falar primeiramente com o assistente para só depois falar com ela. Isso deixava os outros assistentes irritados, pois acabavam sentindo-se como se fossem novatos. Eu simplesmente ria".

Tudo bem que Wyatt ria, mas não deixou de colocar isso na página 7 de suas memórias: *The Fun Factory: A Life in the BBC* [A fábrica divertida: Uma vida na BBC].

Pequenas disputas como essa são parte do cotidiano de nossa vida profissional. O olhar de duas pessoas cruza a sala e uma delas continua olhando. Bingo! Aí está uma disputa de influência. Aquela que desvia o olhar primeiro, renuncia. Pequenos atos de territorialidade e pequenas demonstrações de *status* servem para irritar a outra pessoa, a fim de deixá-la em desvantagem. A linguagem aumenta infinitamente as nuances e a complexidade dessas trocas. Um chimpanzé alfa não tem mais do que aproximadamente 20 vocalizações para mostrar a seus rivais que ele é um maldito filho-da-mãe e que ninguém irá detê-lo.

Um executivo corporativo que queira dizer o mesmo conta com um vocabulário que vai de 60 mil a 100 mil palavras (Você sabe dizer "Quero isso em minha mesa ainda hoje"?; sabe dizer "terceirizar"?; sabe dizer "reequilíbrio de habilidades?"), juntamente com um rico repertório de linguagens corporais e expressões faciais. Isso possibilita que hostilidades, reprimendas, submissões, fraquezas, mutilações e indicações de que se está à procura de candidatos para o enxugamento sejam empregadas em frases sussurradas ou até mesmo por meio de um simples tom de voz. Quando eram ambos executivos da American Express, Sandy Weill virou-se para Lou Gerstner em uma reunião de colegas, também altos executivos, e com o dedo apontado para uma nota de rodapé em um relatório reclamou: "Por que o tempo de atendimento de uma chamada de cliente passou de 38 segundos para 45 segundos?" Foi uma pergunta sensata e feita em tom mais ou menos amigável, o toma-lá-dá-cá comum da rotina empresarial. Mas todos que já haviam trabalhado com Weill reconheceriam que também se tratava de uma tentativa de diminuir o prestígio de Gerstner.

Uma luta pela dominância humana pode acontecer até mesmo de um modo verdadeiramente lisonjeiro. Por exemplo, um chefe latino-americano estava visitando uma instalação em Porto Rico administrada por uma de suas subordinadas, uma americana. "Você está muito sexy hoje", falou para ela, na frente de uma equipe de pesquisadores americanos também em visita. Do ponto de vista dele, foi um elogio delicado. No dela, uma tentativa de se auto-afirmar e incluí-la em seu harém. Em outra época ou cultura, ela teria agradecido esse ato de dominância com um sorriso submisso ou teria lançado um olhar modesto em direção ao chão. Em vez disso, esboçou um sorriso frio. Virou-se, então, para os pesquisadores e disse: "Perdoem meu chefe se vocês perceberam, neste exato momento, um choque cultural." Foi uma forma delicada de chamá-lo de machão babaca e, ao mesmo tempo, referir-se a ele como "meu chefe". É muito improvável que os pesquisadores tenham percebido isso como um desvio de um impulso de certo tipo de dominância ou tenham enxergado um macho infeliz que acabou diminuído diante do olhar de todos, que continuavam sorrindo.

Raramente temos consciência de que essas pequenas trocas são disputas verdadeiras, mesmo quando nosso rosto fica ruborizado, como resultado das emoções que elas geram. Há uma probabilidade ainda menor de percebermos que pequenos atos de deferência e reafirmação que demonstramos aos que estão no poder são, antes de mais nada, uma alternativa de evitar uma disputa de dominância. No ambiente profissional moderno, quanto menos óbvio for o jogo da dominância e da submissão, mais resultados ele traz. A maioria das agressões é canalizada em formas simbólicas. Essa é a principal função dos cargos, escritórios espaçosos, roupas que traduzem poder (como sugere a frase "armadura Armani"), a ordem dos lugares nas reuniões, as amizades importantes, as altas contas de despesas e outros sinais de poder ou *status*.

É por isso, por exemplo, que o conjunto de salas da alta gerência é quase sempre demarcado, independentemente da empresa ou da arquitetura, por um silêncio amedrontador e recluso. "Se você entra falando em um tom de voz normal, e não suave", comenta um consultor, "ou se ri (Deus me livre!), todos os assistentes administrativos lançam um olhar afiado, como se dizendo que você quebrou a *omertà*." O efeito é induzir o uso de palavras amenas e posturas modestas naqueles que estão lá para uma audiência, o que acontece exatamente como pretendido.

Pelo menos um presidente americano percebeu, com um entusiasmo claro, que quem o procurava para criticá-lo, mesmo tendo ficado praticando na ante-sala o modo de fazê-lo, ao entrar no Salão Oval acabava fazendo comentários idiotas do tipo: "O senhor está com uma ótima aparência hoje, senhor presidente." O alfa que tem segurança quanto a seu *status* nunca precisa declarar abertamente sua dominância. Suas armadilhas fazem isso por ele.

Às vezes, as pessoas enganam-se ao tentar acreditar que a dominância social não é uma realidade. Cometemos o erro de pensar que os humanos entram em disputas de dominância somente quando levantam a voz, e que os animais a exercem somente por meio de combates abertos. A verdade é que simplesmente prestamos mais atenção ao combate aberto porque é mais emocionante. Dá mais audiência mostrar, na televisão, um elefante usando suas presas para espirrar sangue de seu rival. A conversa perto do bebedouro fica mais interessante quando um associado júnior é atacado na frente de todos. Mas até mesmo os elefantes são espertos o suficiente para definir quem está no poder sem derramamentos de sangue desnecessários. Ou, como diz o provérbio suaíli: "Quando os elefantes brigam, somente a relva se machuca."

RITUALIZAÇÃO

Esta é a primeira lição sobre dominância social: raramente envolve força física de um modo aberto. Certa vez, Frans de Waal observou um chimpanzé alfa,

104 O GORILA NO ESCRITÓRIO

Nikkie, perseguindo seu rival Luit no recinto onde viviam, no zoológico. Os chimpanzés machos têm, na parte superior do corpo, cinco vezes a força de um jogador de futebol americano universitário, e praticamente o mesmo senso de decoro. Os outros chimpanzés mantiveram-se a distância, por segurança, enquanto os dois combatentes levantavam nuvens e nuvens de poeira. Era possível ouvir seus gritos do outro lado do zoológico. Nikkie e Luit acabaram nos galhos secos de um carvalho, em segurança e ofegantes, enquanto se acalmavam. Apesar de todo o alvoroço, *nenhum dos dois estapeou, uma vez sequer, o outro.*

Da mesma forma, babuínos rivais geralmente evitam as lutas. Ao contrário, sentam-se no topo das árvores e ficam gritando "Wah-hoo" um para o outro até que o que grita por mais tempo e mais alto finalmente vence. Conseguem o que querem mostrando que podem, vez ou outra, tornar-se perigosos. Biólogos chamam essas demonstrações de agressividade de *ritualização*, ato que possibilita que os animais troquem sinais ritualizados, em vez de se morderem ou brigarem.

Ameaças ritualizadas existem simplesmente porque são vantajosas. No decorrer da evolução, indivíduos brutos que adotavam atitudes agressivas e violentas tiveram carreiras breves e improdutivas. Mesmo quando, de alguma forma, conseguiam sair vivos, desviavam grande parte da energia que deveria ser canalizada para a alimentação ou a busca de pares a fim de conseguirem o mais importante, ou seja, passar seus genes para as gerações futuras. Animais que lançavam mão de blefes, linguagem hostil e outros meios de agressão ritualizada, por outro lado, viviam e tinham a chance de brincar com seus netos.

O comportamento de dominância coercivo e violento é raro no ambiente de trabalho humano pela mesma razão – é muito perigoso. Um simples empurrão dado em um colega pode fazer com que acabemos no hospital ou no tribunal, e dispensados do trabalho. Temos consciência nítida de que o uso da força pode acontecer em ambas as direções, tanto do topo para a base quanto da base para o topo, nesse último caso como uma ferramenta utilizada pelos subordinados para afastar um gerente que não é bem-vindo.

O outro problema da força como um instrumento de dominância social é que ela revela fraqueza, não o contrário. Alguns tipos gerenciais, por exemplo, gostam de andar por aí com um taco de beisebol ou de golfe para mostrar que estão literalmente portando uma grande arma. Segundo consta, um produtor executivo de um noticiário de televisão de Chicago adotava esse estilo há alguns anos. Talvez fosse apenas fã de algum time. Mas, um dia, um jovem e nervoso estagiário ingressou na equipe. Não havia um lugar para ele se sentar, então alguém gentilmente arrumou uma mesa dobrável e uma cadeira que foram colocadas no canto da sala.

"Quem foi o idiota que colocou isto aqui?", perguntou mais tarde o produtor enquanto dava sua voltinha. Bateu, então, com o taco na mesa, apesar de o jovem estagiário estar sentado ali. Anos depois, ao contar novamente a história, o estagiário continuava visivelmente atormentado com o incidente. O produtor sabia que andar pelo estúdio com seu taco de beisebol era uma homenagem a outro gênio gerencial de Chicago, Al Capone. Em 7 de maio de 1929, Al Capone ofereceu um jantar requintadíssimo a seus associados, com inúmeros brindes a seus convidados de honra, os matadores Albert Anselmi e John Scalise. Naquela noite, o humor festivo de Al Capone de repente desvaneceu-se. Os dois homens foram amordaçados e amarrados na cadeira e acabaram revelando que estavam planejando trair Al Capone. Ele, então, pegou um taco de beisebol e bateu neles, metodicamente, na cabeça e nos ombros, deixando que um de seus guarda-costas concluísse o trabalho – um tiro na cabeça.

Colegas de trabalho sentem-se naturalmente intimidados quando há uma demonstração de força. Mas também sabem que alfas confiantes mostram o que querem simplesmente erguendo as sobrancelhas. Interpretam a violência física como o primeiro sinal fatal de vulnerabilidade. Quando a fraude financeira na Enron estava vindo à tona, em abril de 2001, por exemplo, o CEO Jeff Skilling realizou uma conferência importantíssima com os principais analistas de mercado e investidores institucionais da empresa. Um gerente de fundos *hedge* que havia apostado que a Enron estava a ponto de afundar fez várias perguntas delicadas. As respostas de Skilling eram todas evasivas, o que levou o gerente de fundos a propor o desafio da dominância.

– Vocês são a única instituição financeira que não consegue elaborar um balanço ou uma demonstração de fluxo de caixa com seus lucros antes de uma audioconferência – disse.

– Muito obrigado – disparou Skilling. – Ficamos gratos com sua observação. *Imbecil!*

Seguiu-se então um momento de silêncio mortal. Os analistas de mercado que há pouco repetiam para si mesmos "comprar, comprar" feito ovelhinhas bem tratadas despertaram, repentinamente, para o fato de que poderiam estar a caminho do matadouro. As ações da Enron despencaram.

Da mesma forma, a ativa carreira de Al Capone chegou ao fim com sua prisão, após outra acusação ocorrida apenas dez dias depois da infame cena do taco. E quando procurei saber sobre o caminho seguido pelo produtor de noticiários de Chicago e seu taco, a história vingativa que ouvi foi que ele passou a se dedicar a uma nova carreira: vendedor de produtos da Amway, além de pregador da mensagem de Jesus. Consegui, por fim, localizá-lo por telefone. Contou-me que fora produtor do canal em questão, não um produtor executivo, e negou que alguma vez tenha batido em uma mesa com um taco de beisebol. Havia, na verdade, deixado a televisão e era agora uma "pessoa como qualquer outra", como ele mesmo disse, com "interesses profissionais variados".

No mundo animal, as demonstrações ritualizadas ocorrem sob tamanhos e formas diversas: o lagarto levanta-se, livra-se do cuculo em seu pescoço e sibila com a boca aberta. O crânio sarapintado balança para cima e para baixo, exibindo sua coloração de aviso, em preto-e-branco, e o tufo ameaçador de sua cauda vai deixando um rastro. O camarão mantis apenas levanta suas pinças como se dizendo: "É mesmo? Tente, então, chegar perto de mim!"

Os humanos também praticam um vasto repertório de comportamentos de dominância ritualizados, como quando você bate o pé e encara seu cachorro (que se afasta vagarosamente, com o rabo entre as pernas, uma forma ritualizada de dizer: "Desculpe, não bata em mim"). Do mesmo modo, quando o chefe se inclina para a frente em uma reunião, aponta enfaticamente, bate com força na mesa ou usa um tom de voz que vai diminuindo até roncar, está dizendo a todos que se encontra prestes a se tornar uma fera. Chimpanzés, babuínos e humanos alfa podem, às vezes, vencer uma luta de dominância lançando mão de nada mais do que um olhar fixo, que é o prelúdio ritualizado de uma acusação.

Em um experimento, pesquisadores colocaram filhotes de macaco em isolamento e, em seguida, mostraram-lhes fotos de macacos adultos bravos. Os filhotes nunca haviam visto uma feição brava antes e, portanto, não tinham tido a chance de aprender seu significado. Mesmo assim, entraram em pânico. Para macacos jovens e, provavelmente, para os humanos também, uma feição brava é um sinal natural de aviso; parece que uma resposta do tipo "luta ou fuga" está codificada em seus genes.

As empresas, às vezes, projetam, conscientemente, demonstrações de ameaça ritualizadas em seus produtos. O consultor de marketing da Chrysler, Clotaire Rapaille, orgulhava-se, por exemplo, de o modelo Dodge Durango SUV ter sido projetado para fazer com que os outros motoristas se sentissem como se estivessem dividindo a estrada com um gato selvagem. "Um animal forte tem uma mandíbula grande, razão pela qual os pára-choques são grandes", contou a Keith Bradsher, autor do relatório *High and Mighty* [Superior e poderoso] sobre SUVs.

O Durango foi projetado para motoristas com um destacado "instinto réptil de sobrevivência", segundo Rapaille, que acrescentou: "Minha teoria é que os répteis sempre vencem; se há um acidente, quero que quem morra seja o cara do outro carro, mas é lógico que não posso falar isso abertamente." O SUV, seu gato selvagem, diz isso por ele.

É claro que as ameaças ritualizadas nem sempre são sutis. O rei Charles II não apenas cortou a cabeça do rebelde Oliver Cromwell como também a deixou exposta em Westminster durante 20 anos, como uma forma ritualizada de dizer: "A necessidade de regicídios não procede." Durante seu reinado, muito menos glorioso, como CEO da Sunbeam, Al Dunlap enfeitou sua sala com imagens de águias e leões, uma técnica decorativa para amedrontar os visitantes ao deixar claro uma resposta inconsciente de um predador. Dunlap também planejou seu escritório na nova sede da empresa na Flórida com um espaço reservado para seus cachorros e guarda-costas. Alguém tem alguma reclamação a fazer?

Seguindo esse mesmo espírito ameaçador, os funcionários da Enron referiam-se à sua sede corporativa como a "Death Star" [Estrela da morte], e a seu CEO, Jeff Skilling, como o "Darth Vader". Quando o diretor financeiro Andrew Fastow passou para o Lado das Trevas, fazendo negociações paralelas que lhe garantiram milhões de dólares em lucros ilícitos, dava a essas transações o nome de predadores – Lobo Cinzento, Lince, Águia Pescadora, Garça Real e Falcão, entre outros. Seria, com certeza, mais adequado ter usado o nome de parasitas – Solitária, Larva e Sanguessuga –, mas não teriam sido nem de perto tão eficientes quanto ao sutil escrutínio de desestímulo. Em Kmart, o vice-presidente de Recursos Humanos era um ex-piloto de helicóptero cujo apelido era "Rottweiler". Era um dos líderes de uma equipe conhecida dentro da empresa como os "Garotos da Fraternidade". Entre outras demonstrações de ameaça, gostavam de atirar dardos na sala de conferências em fotografias de executivos das redes Wal-Mart e Target. Mais tarde, foram à falência.

O ATAQUE HISTÉRICO DA DEMONSTRAÇÃO

O jornalista Owen Edwards conheceu a eficácia da ameaça ritualizada de uma forma que descreveu como "o ataque histérico da demonstração". No final da década de 1970, quando era diretor editorial da revista *Cosmopolitan*, conheceu Helen Gurley Brown: "no geral, uma chefe extremamente dedicada, exigente e de opiniões justas (...) que nunca recorria a humilhações em público ou execuções em uma praça central." Mas, certo dia, Edwards ouviu um barulho vindo da parede que separava seu escritório e o de Helen. Quando chegou para ver o que estava acontecendo, as assistentes editoriais "já estavam amontoadas, boquiabertas, na porta do escritório de sua chefe. Em uma crise histérica, Helen havia pego tudo que estava em cima de sua mesa e atirado com força na parede. Tal situação perdurou até não haver mais nada para ser atirado, momento em que toda a equipe já havia chegado para testemunhar a cena. O que levou à rara explosão de Helen foi que o sistema Dictaphone apresentou problemas e as vinte e poucas cartas que ela havia gravado antes de deixar o escritório tarde da noite no dia anterior sumiram. Ou seja, ninguém foi objeto de sua fúria violenta. Mas todos que testemunharam a cena *nunca* mais ousaram deixá-la irritada novamente".

Com esse mesmo espírito – ou seja, submissão total –, um engenheiro industrial chamado Ron Godbey relembra como as últimas das muitas reestruturações na empresa aeroespacial Hamilton Sundstrand levaram-no a ter um novo chefe, baixinho e gorducho, com "braços curtos e magros" e uma personalidade terrível. Assim que chegou, Jabba the Hutt, apelido que inevitavelmente ganhou, agendou reuniões individuais em seu escritório com seus novos subordinados. Enquanto Godbey estava aguardando na recepção para ser atendido, um colega de trabalho surgiu "com o rosto totalmente pálido e... com o olhar de uma pessoa que acabara de ter sido submetida a uma sessão de choques elétricos". Godbey havia montado uma pasta com suas "principais realizações" e seguiu para a reunião. Assim que se posicionou na frente da mesa, Jabba olhou para ele e perguntou: "Godbey, certo? Minha primeira impressão é que você parece um cara legal. *Detesto* caras legais. Agora dê o fora daqui." Foi como abrir um armário de cozinha e dar de cara com um schnauzer asqueroso. Godbey passou os dois anos seguintes rebaixando-se, exatamente da forma como Jabba parecia querer com sua demonstração ritualizada. "Foi uma época de muitas demissões. Fazia meu trabalho e rezava para, no dia seguinte, ainda estar por lá."

SENDO PRÓ-SOCIAL

Está claro que Jabba the Hutt não era um chefe-modelo. Melhor dizendo, era um chefe ao estilo do secretário de Defesa americano Donald Rumsfeld, que tinha uma placa de bronze em sua mesa, no Pentágono, com uma citação de Teddy Roosevelt: "Não há esporte mais nobre no mundo do que a luta agressiva pelo que é correto." (Isso, vindo de um ex-aviador naval que nunca presenciou uma ação sequer.) Quando era secretário de Estado americano, Colin Powell, um veterano de combates no Vietnã, sugeriu outro tipo de enfoque para a dominância social com uma citação de Tucídides, também exibida em sua mesa: "De todas as manifestações de poder, a moderação é a que mais impressiona os homens."

Hoje, muitos psicólogos afirmam, fazendo coro com Tucídides, que "a luta agressiva" não é a forma mais eficaz para que os humanos mantenham a dominância social. Você não chega necessariamente ao topo por meio de comportamentos abertamente agressivos. Em muitas culturas, dar um tapa no rosto de um rival ou agir feito um cão com sua secretária vai simplesmente fazer com que seja taxado como uma pessoa cuja adaptação social é difícil. Você pode construir seu estilo de liderança, ou sua linha de produtos, com base na "mentalidade réptil". Mas somos primatas, não répteis. Nosso cérebro e nosso repertório de comportamentos sociais expandiram-se significativamente no decorrer de nossa evolução, e seria vergonhoso ignorar isso. Até mesmo os símios praticam, com freqüência, o estilo de liderança conhecido como dominância pró-social, como Ntologi demonstrou ao compartilhar sua comida, e Yeroen, com suas manobras políticas.

A dominância pró-social (em oposição à anti-social) aborda a conquista de poder por meio do emprego de forças delicadas de comprometimento e persuasão. Trata-se de saber como conseguir o que você deseja com discrição. Trata-se de encontrar formas de ajudar seus subordinados, em vez de intimidá-los. As pessoas que se tornam chefes reclamam com freqüência da necessidade contínua de persuadir em vez de mandar. É necessário motivar os funcionários que não têm autoconfiança e que são resistentes a mudanças. É necessário evitar que pequenos atos de subversão os deixem exasperados.

Uma chefe americana, por exemplo, é responsável por uma equipe de dez pessoas em um país latino-americano. Seu assistente administrativo, do sexo masculino, comporta-se de um modo quando estão sós, mas gosta de impor sua independência desafiando a autoridade dela na frente dos outros funcionários homens. Sua forma preferida é *No-no-no-no-no, no me entiendes*", ou seja: "Você não está entendendo o que estou falando", ou, mais diretamente: "Seu espanhol não é bom o suficiente." Ela está tentando fazê-lo mudar para "Tentarei ser um pouco mais claro", "Vou tentar explicar o que quero dizer de outra maneira", mas o tom mais respeitoso é exatamente o que ele não quer. Pior ainda: outro de seus assistentes homens passou a adotar a mesma frase padronizada.

Nesses momentos, a sensação que ela tem é que seu trabalho é uma disputa contínua pelo poder, e ela está inteiramente certa. Se ser a chefe geralmente significa ser agradável, ter tato e manter a calma, em última instância significa mostrar quem manda em quem. Em uma situação assim, é tarefa dela puxar seu subordinado de lado e explicar-lhe, da forma mais simples e fria possível: "Este é o padrão de comportamento que espero de você. Quero que você saiba que se agir novamente dessa forma será demitido."

Em outras palavras, ser positivo e pró-social não significa ser uma pessoa fácil. Gerentes bem-intencionados geralmente dedicam parte de seu tempo a elogiar seus subordinados, mesmo quando eles não cumprem bem suas tarefas, por acreditarem que, com isso, aumentarão a confiança (isso sem falar nos pontos da relação 5 para 1 entre as interações positivas e as negativas). Os subordinados, porém, não são bobos. Sabem quando um chefe os está tratando com ar de superioridade. Os elogios falsos podem ser entendidos como crítica (e, conseqüentemente, como pontos negativos para a relação 5 para 1). Estudantes que fazem parte de minorias, por exemplo, geralmente apresentam um desempenho pior, e não melhor, quando os professores decidem "construir sua auto-estima" protegendo-os. Enganam-se e acham que estão realizando um bom trabalho, o que poderá lhes trazer eventuais desilusões, ou vêem outro sentido nos elogios: "Entendi, ele acha que não consigo porque sou negro." Por outro lado, destacam-se quando um professor espera um alto nível de desempenho e oferece ajuda e atenção individuais ao tentar convencê-los de que são capazes.

A dominância pró-social relaciona-se, com freqüência, a conseguir o melhor das pessoas buscando caminhos que minimizem as emoções presentes, inevitavelmente, em qualquer relacionamento dominador-subordinado. Quando profissionais da área social tentam persuadir seus pacientes a não usarem drogas ou evitarem o sexo sem proteção, um relacionamento de dominância fica implícito: o que estou dizendo é certo e o que você está fazendo é errado. Em geral, os pacientes entendem isso como uma ameaça ao valor que eles dão a si mesmos. A resposta que dão é o que os psicólogos sociais chamam de "tendência defensiva", não levando em conta as fontes de informações ou deturpando a história de um modo que, na verdade, acaba reforçando o mau comportamento original. Da mesma forma, quando um chefe diz à equipe de vendas que as metas não estão sendo alcançadas e pede que utilizem uma nova tática, os funcionários desviam o olhar e acabam atribuindo a queda nas vendas a condições de mercado ou a algum outro fator fora de seu controle.

Psicólogos descobriram, porém, que se você dá primeiramente uma razão para as pessoas se sentirem bem com relação a si mesmas – como, por exemplo, escrever alguns itens nos quais tiveram um desempenho realmente bom no trimestre anterior –, elas irão se sentir muito menos ameaçadas e estarão mais abertas quando você perguntar o que pensam da nova tática. "O enfoque de consenso", comenta o psicólogo Geoffrey Cohen, de Yale, "é elogiar alguém no mesmo domínio que o da ameaça: 'As vendas do ano passado foram ótimas. Neste ano, estão abaixo do padrão.'" Esse enfoque, porém, pode ser revidado. Aumentar o valor que uma pessoa dá a si mesma para minimizar uma ameaça funciona melhor, segundo Cohen, quando se trata de algo em um domínio totalmente distinto. Você pode dizer: "Aquela palestra que você deu em Hong Kong foi maravilhosa. Até hoje, as pessoas comentam a respeito." Assim, você tem um sustentáculo para entrar em outra discussão não-ameaçadora sobre o que possa estar havendo de errado com as vendas deste ano.

Tais considerações emocionais formam o subtexto inconsciente para a nossa vida profissional e estão profundamente enraizadas na biologia da dominância social. Psicólogos definem poder como a capacidade de modificar a vida de outros indivíduos controlando-se o fluxo de recursos (tais como alimento, dinheiro, oportunidades econômicas ou chances de tomada de decisões, amizade e apoio) ou administrando as punições (tais como perigos físicos, demissão do emprego, abuso verbal ou ostracismo). O ambiente profissional é o exemplo perfeito de ambas as formas de poder. E, embora não façamos nada além de sentarmos em uma sala e bater papo, os altos e baixos do poder têm o dom de nos deixar apavorados ou de dar vida a cada molécula de nosso ser. A dominância social influencia todas as nuances de nosso comportamento, mesmo quando achamos que ela é um dos últimos fatores com os quais nos preocupamos.

EU NÃO ESTAVA FALANDO SÉRIO

Mesmo as disputas totalmente ritualizadas ou estritamente verbais têm conseqüências psicológicas. Allan Mazur, engenheiro e sociólogo na Universidade de Syracuse, sugere que humanos rivais "competem pelo *status*

112 O GORILA NO ESCRITÓRIO

em disputas bem definidas, cada qual tentando deixar o outro estressado ao máximo por meio de ações ou palavras (...) O nível de estresse que se experimenta pode ser alto, como quando a disputa toma a forma de um combate agressivo, ou baixo, como quando ela toma a forma de uma conversa educada, sendo que, nesse caso, os participantes mal percebem que estão engajados em uma disputa".

Em um experimento, pesquisadores reuniram um universitário que era veementemente contra o aborto e um sujeito que faria o papel de alguém com idéia contrária. Uma conversa inicial neutra não revelou nenhum sinal de estresse segundo uma análise-padrão, que mede o volume de sangue no polegar. Mas quando tocaram no assunto propriamente dito ambos reagiram feito animais em uma disputa de dominância, e o sangue passou a correr rapidamente do polegar para os maiores grupos musculares, o primeiro estágio de uma resposta "lutar ou fugir", à medida que cada um dos sujeitos tentava "estressar" o outro. Mazur escreve: "Por fim, um dos dois 'desiste', aceitando a classificação mais baixa e, assim, diminuindo o estresse da competição."

Esse mesmo tipo de resposta ocorre durante disputas de dominância no ambiente profissional. Por exemplo, um laboratório de testes estava realizando uma análise ambiental com amostras colhidas de um edifício comercial onde acontecera um incêndio. Algumas das amostras continham uma substância que pode causar problemas congênitos. "Toda a equipe de nosso laboratório era formada por mulheres em idade reprodutiva, muitas das quais casadas, e não estávamos equipados para trabalhar com toxinas de nível 3", comenta a responsável pela segurança. Ela foi para uma reunião a fim de expor o fato e percebeu, consternada, que estava enfrentando um pelotão – o presidente da empresa, o chefe da área de testes ambientais, o diretor do laboratório e o chefe de engenharia. A verdade veio à tona quando o presidente disse:

– Então, você acha que nosso laboratório não está equipado para lidar com essas amostras?

– Correto – respondeu.

– E essa é sua prerrogativa?

– É.

– E a minha prerrogativa é que posso despedi-la.

– Isso, essa é a sua prerrogativa.

– Você está despedida.

Ouvir aquelas palavras que a maioria dos chefes escrupulosamente evita foi uma experiência surreal. ("Temos de deixar você partir", dizem eles como se você estivesse se esticando para se atirar pela porta.) Ninguém levantou a voz, tampouco mostrou um mínimo de emoção. A responsável pela segurança juntou suas coisas e deixou o escritório, seguindo, então, para o banheiro das mulheres, onde simplesmente "desabou". Dez minutos depois, ouviu a voz do presidente no alto-falante, chamando-a pelo nome: "Sei que você está no prédio e gostaria que viesse novamente a meu escritório."

Ela se recompôs e voltou, encontrando, mais uma vez, a mesma tropa à sua espera.

"Eu não estava falando sério", disse o presidente, sorrindo forçadamente.

É provável que os outros o tivessem advertido sobre os "bioperigos" de se demitir uma pessoa que sabia que a empresa estava realizando algo ilícito. Logo depois, a empresa recolheu todas as amostras questionáveis e as devolveu. Deram, então, um belo aumento de salário para a responsável pela segurança e sugeriram que ela ficasse calada a respeito do incidente, já que o problema fora resolvido. Um mês depois, ela mudou de emprego e, passado um ou dois meses, as amostras voltaram. E a disputa de dominância chegou ao fim.

A FISIOLOGIA DAS DISPUTAS DE DOMINÂNCIA

A primeira coisa que acontece durante tais disputas de dominância é que seu corpo reage à ameaça antes mesmo de você ter consciência disso. Seus sentidos estão o tempo todo atentos ao perigo e percebem, automaticamente, uma linguagem corporal ou expressão facial ameaçadora de um colega. O chefe passa por você e diz: "Precisamos conversar. *Agora mesmo.*" Um décimo de segundo após o primeiro sinal de ameaça – aquela careta, aquele movimento bravo e impaciente, aquele tom de voz –, alguns sinais começam a piscar em torno da amígdala e de outras áreas do cérebro responsáveis pelas primeiras respostas. Leva muito mais tempo, algo em torno de meio segundo, para a lenta porção verbal de seu cérebro absorver o que ele acabou de falar e pensar: *Uh-oh*. Mas seu corpo já está todo pronto.

Na verdade, a beleza de algumas demonstrações ritualizadas, tais como a aparência de gato selvagem do Dodge Durango, está no fato de talvez nunca alcançarem nosso nível de consciência. Mesmo assim, as pessoas saem da frente. As glândulas adrenais acionam o alarme, a epinefrina (também chamada de adrenalina), para que os músculos principais e os sistemas de órgãos entrem em ação. Simultaneamente, as 10 mil pequenas franquias de

114   O GORILA NO ESCRITÓRIO

nosso sistema nervoso simpático lançam norepinefrina no estômago, esôfago, membranas mucosas do nariz e palato, pequeno e grande intestinos e outros músculos e órgãos, entre os quais o reto, que, de repente, se contrai.

Sua pulsação acelera. Suas artérias se contraem. Sua pressão sangüínea aumenta. Seu estômago se tensiona. Seu rosto fica ruborizado. Você pode experimentar um estado de piloereção – ou seja, seus pêlos levantam como quando um leão lança baforadas antes da luta (embora o efeito em macacos nus, como nós, seja mais discreto). Se a discussão toma o rumo de um confronto, você pode, inconscientemente, fechar o punho.

A LENDA DA TESTOSTERONA

Uma disputa de dominância, ou até mesmo a mera possibilidade de tal disputa, também conduz a um aumento na testosterona, principalmente nos homens. Não importa muito se é uma batalha de vida ou morte ou uma discussão sobre onde será realizada a festa anual da empresa. A sabedoria convencional diz que as boas reuniões ficam ruins e as empresas entortam quando a testosterona dos homens aumenta, levando a discussão a se transformar em algo pessoal. Enquanto isso, as mulheres trocam olhares perplexos. Será que eles vão realmente brigar feito cão e gato para decidir se o informativo da empresa incluirá ou não uma foto do Snoogy, o cachorrinho do vice-presidente sênior? É como os homens tentando entender a influência emocional do estrógeno; as mulheres simplesmente não entendem quando se trata da testosterona.

Infelizmente, os homens também não entendem. As idéias que temos a respeito do papel da testosterona nas disputas do ambiente profissional são quase inteiramente falsas. Esse hormônio masculinizador, que nos homens se encontra em uma concentração sete vezes maior do que nas mulheres, continua a ser uma palavra-código para a agressão e a violência. No entanto, biólogos não encontraram provas de que a testosterona seja causadora de conflitos. Na verdade, níveis elevados de testosterona tendem a ser uma característica de machos confiantes e sociáveis que têm menos tendência a usar a agressão para conquistar a liderança. Os valentões e outros tipos sociopáticos geralmente têm níveis *mais baixos* de testosterona.

Além disso, um aumento temporário na testosterona durante uma disputa é muito baixo para ter efeitos no resultado, segundo afirma o psicólogo

Robert Sapolsky, da Universidade de Stanford, que estuda o estresse em humanos e babuínos. Leva cerca de uma hora após um conflito para que os níveis de testosterona atinjam seu pico, e a única mudança relativamente rápida que ocorre é um aumento na taxa de metabolismo em certos músculos depois de cerca de 45 minutos. O aumento da testosterona parece ser um *efeito* do conflito, não uma causa. O vencedor sente esse aumento uma hora ou mais depois de deixar o campo de batalha, ou a sala de conferências, quando anda pelos corredores com o peito estufado, cheio de confiança e com o nível de testosterona elevado.

A testosterona parece importante em disputas de liderança no ambiente profissional devido ao chamado efeito vencedor. Aqueles que já venceram uma vez têm mais probabilidade de vencer da vez seguinte. Entram no campo de batalha com um olhar firme e uma postura confiante. Essa linguagem corporal pode ser uma profecia de auto-realização de sucesso contínuo, nem que seja apenas em virtude do efeito de desestímulo intenso que causa nos rivais. A possibilidade animadora é que indivíduos ambiciosos talvez consigam manipular os próprios níveis de testosterona por meios mais ou menos naturais a fim de derrotar seus pares – em uma partida de squash, em que você está jogando com alguém que não tem certeza que derrotará; em um jogo de basquete contra os garotos da correspondência; ou até em uma partida de xadrez com seu maior estrategista. Essas pequenas disputas podem elevar seu nível de testosterona e ajudá-lo, posteriormente, na sala de reuniões do conselho, pois trazem impulso e confiança – considerando que você tenha vencido. Mas a tentação é programar uma partida com alguém que não seja um adversário à altura, o cara todo atrapalhado do departamento de contas a pagar, por exemplo. No entanto, a dinâmica "corpo-mente" é sofisticada e não tão fácil assim de enganar; dessa forma, ganhar algo certo pode não trazer para o vencedor o efeito esperado.

A outra descoberta intrigante sobre a testosterona é que mesmo as pessoas que estão apenas acompanhando uma das partes em uma disputa de dominância desfrutam um efeito vencedor "transmissível". Durante os Jogos da Copa do Mundo de 1994, por exemplo, o Brasil venceu a Itália. Os torcedores brasileiros que assistiram ao jogo pela televisão experimentaram um aumento nos níveis de testosterona. Já a testosterona dos italianos despencou.

Isso sugere que é possível que líderes eficientes espalhem o efeito vencedor entre seus subordinados – garantindo, por exemplo, que os funcionários da linha de montagem entrem na disputa quando a Airbus tira um grande

116 O GORILA NO ESCRITÓRIO

contrato da Boeing, ou quando a Matsushita lança um produto antes de sua arqui-rival Sony. Por outro lado, a experiência repetitiva da derrota transforma alguns animais em "fracassados treinados". Desistem antes mesmo de a disputa começar. Líderes que culpam, depreciam seus subordinados ou têm atitudes desse tipo acabam deixando sua dominância social muito explícita e correm o risco de construir uma empresa de fracassados treinados.

CORTISOL E CONFUSÃO

Tanto nos homens quanto nas mulheres, as disputas de dominância também levam a um aumento no cortisol, que é um hormônio adrenal. Acontece quase instantaneamente, ao contrário do aumento da testosterona. Os níveis de cortisol dobram apenas 15 minutos após o início de um conflito e, graças a peculiaridades da bioquímica, quando se trata do efeito, isso representa um aumento de dez vezes. Apesar da má reputação do cortisol como "o hormônio do estresse", essa reação é boa. Em uma briga violenta, precisamos de muito cortisol para manter nossa pressão sangüínea, aumentar a concentração de glicose no sangue etc., a fim de que sejamos fortes o suficiente para enfrentar o combate.

Em uma crise, indivíduos na posição de dominância tendem a apresentar um aumento significativo no nível de cortisol, o que leva rapidamente a um nível de repouso relativamente baixo. Ou seja, eles têm as ferramentas para reconhecer ameaças reais e posicionar-se para enfrentá-las. Os subordinados, por sua vez, em geral experimentam um nível relativamente alto de cortisol mesmo quando em repouso, porém não acumulam um aumento significativo durante uma crise. "A relação entre sinal e ruído não é expressiva", diz Sapolsky.

Em um estudo, pesquisadores separaram recrutas acostumados a treinamentos intensivos de acordo com sua classificação social no grupo. Realizaram, então, testes de estresse, entre os quais apresentar uma palestra e realizar operações aritméticas mentais na frente de uma platéia. Os níveis de cortisol salivares dos indivíduos que ocupavam posições de dominância dispararam para 14 nanomols por litro. Já os dos subordinados atingiram apenas 2,9 nmol/L.

Níveis elevados de cortisol causam desconforto. Na verdade, podem fazer muito mal a longo prazo. Níveis crônicos elevados de cortisol, resultantes de um cargo estressante que envolve muitos conflitos, maus-tratos e incertezas, podem causar pressão alta, fraqueza muscular, diabetes, infertilidade, perda de peso nos membros superiores e inferiores, além de ganho de peso onde você menos quer, ou seja, nos pneuzinhos da barriga (talvez seja por isso que Dilbert tem aquela aparência). No longo prazo, alto nível de cortisol também pode levar à morte células em uma porção do cérebro chamada hipocampo. Em casos extremos, tais como estresse pós-traumático e depressão, o hipocampo começa a atrofiar, resultando em perda de memória, problemas cognitivos e incapacidade de demonstrar suas emoções de uma maneira considerada normal.

Apesar do aviso extraordinário que o organismo dá ao indivíduo, táticas que geram altos níveis de cortisol são padrão em algumas empresas. O confinamento físico, embora não-ortodoxo, acontece com uma freqüência surpreendente – por exemplo, entre os trabalhadores do período noturno que ganham um salário mínimo e ficam trancafiados no Wal-Mart. Ou os auditores da Arthur Andersen, colocados em uma sala de reuniões da Enron e impedidos de sair antes de assinarem uma carta de aprovação de um esquema duvidoso de crédito fiscal de $270 milhões.

Gritar também é comum. A Gap Inc. estimou, recentemente, a ocorrência de coação psicológica ou abuso verbal em até um quarto de suas fábricas na Ásia. A rede de varejo fez essa revelação incomum e direta como parte das ações destinadas a melhorar as condições nas instalações. Muitas outras empresas toleram e até estimulam o abuso verbal, embora a resposta bioquímica da vítima a esse tipo de dominância seja muito similar ao ataque físico. Estudos sugerem que o abuso verbal pode ser mais destrutivo do ponto de vista emocional do que uma surra.

Há poucos anos, Meredith Johnson ingressou em uma fornecedora automotiva de Detroit como gerente sênior durante um período de muita pressão, devido ao elevado crescimento nas vendas. A descrição que ela mesma fez de seu cargo deve ter feito dela uma figura aterrorizante. Era uma "agente de mudanças", em geral estereotipada em pesadelos corporativos como um ser intruso com uma prancheta e um cronômetro (ou, o que seria provavelmente mais atual para os dias de hoje, um assistente pessoal digital) que se dedica a encontrar meios mais rápidos e eficientes de concluir as tarefas. Johnson (seu nome fictício) conseguia realmente ser pior do que o estereótipo. Fazia as pessoas elaborarem relatórios importantíssimos em prazos impossíveis. Marcava, com freqüência, reuniões para as 8 horas da manhã de segunda-feira e não se importava em deixar a empresa às 10 horas da noite. Quando os subordinados a deixavam insatisfeita, falava na frente dos colegas de trabalho que, se não houvesse uma adaptação de todos, enviaria um e-mail para o setor de Recursos Humanos solicitando a demissão coletiva. Demitiu três funcionários em poucos meses. Também reclamou com o RH de pessoas que não faziam parte de seu departamento e que ela considerava "vulneráveis".

"O fator medo estava causando ansiedade, insônia e outros sintomas físicos de estresse", conta outro executivo sênior da empresa. "Um de seus subordinados, que se considerava imune porque vivia tentando agradá-la, sofreu um ataque cardíaco. As pessoas sentiam que não tinham controle algum sobre seu emprego e seu destino."

Durante dois anos, ninguém tentou averiguar o comportamento intimidador de Johnson. As pessoas se submetiam não apenas por medo, mas também porque ela, desde o início, dava-se muito bem com o CEO; pareciam grandes amigos. Ele nunca percebeu seu lado sombrio. Assim, qualquer que fosse a reclamação, pareceria só uma lamúria ou uma revolta sem sentido. Mesmo quando os subordinados de Johnson se reuniram para levar a questão da insatisfação coletiva ao RH, a empresa deu-lhe alguns meses para encontrar um novo emprego.

Os danos causados por Jonhson se arrastaram por muito tempo. Os funcionários que haviam trabalhado sob sua supervisão, muitos dos quais com 10, 20 anos de casa, "deixaram de confiar na empresa à qual deram seu sangue mesmo quando as vendas estavam em declínio. Nunca mais serão leais como eram". Seria agradável saber que Johnson acabou desempregada e que sofre de flatulência crônica e incontrolável. Mas, na verdade, ela continua praticando comportamentos de dominância coercivos na gerência de alguma outra empresa automotiva de Detroit.

Em geral, as pessoas que trabalham para chefes desse tipo resolvem os conflitos o mais rapidamente possível para diminuir seu nível de cortisol e reconquistar sua compostura interna. Um meio de fazê-lo é rendendo-se. Evitam olhares. Recuam quando o chefe diz não. Quando são colocadas em situações de estresse extremo, como coloca Allan Mazur, "a submissão é o preço que pagam para aliviar as sensações de desconforto". Mesmo em empresas que tratam bem seus empregados, a deferência com os que ocupam uma posição mais elevada na hierarquia é um procedimento operacional padrão. "Como assistentes, concordar com a cabeça era um reflexo involuntário", escreve John Rolfe e Peter Troob em seu livro *Monkey Business*, sobre o tempo em que trabalhavam no Lufkin & Jenrette, banco de investimentos em Donaldson. "Ensinaram-nos a concordar sempre. O conflito era confuso."

SEGUIR ADIANTE E PROSPERAR

Um dos lances mais celebrados quanto à dominância social na história organizacional moderna envolveu um chimpanzé da Tanzânia chamado Mike, que, a princípio, não parecia destinado a um bom plano de carreira. Ele descobriu a possibilidade de fazer barulho com latas vazias de querosene na estação de pesquisa de Jane Goodall. Melhor ainda: descobriu que poderia acabar com as artimanhas dos animais que ocupavam posições acima dele na hierarquia ao persegui-los pelo mato e fazer barulho com as latas. Pelos padrões dos chimpanzés, isso era uma agressão ritualizada de uma ordem alta. Também conseguia espantar seus rivais simplesmente fazendo cara de bravo e batendo uma lata na outra. Em quatro meses, Mike passou por cima de todos os seus superiores – que descobriu serem uns tolos – e se tornou o macho alfa do bando.

Manifestações intensas, intimidações e ruídos altos podem, às vezes, ser ferramentas eficazes para prosperar no ambiente de trabalho humano. Por exemplo, como jovem executiva na Lucent, Carly Fiorina foi certa vez designada para dominar a caótica equipe vinda de uma aquisição recente da empresa. A outra organização tinha uma cultura machista e seus funcionários consideravam seus novos mestres uns fracotes e impotentes. O que a Lucent fez? Arriscou reforçar todos os estereótipos deles mandando para a grande reunião uma mulher em um tailleur. Em seu livro *Perfect Enough* [Pefeito o suficiente], o escritor George Anders descreve como Fiorina conduziu a conversa, começando em tom gentil e tornando-se, aos poucos, mais machista que seu público machista: "Nós, na Lucent, achamos que vocês são um bando de caubóis", disse por fim. "Vocês provavelmente acham que somos um bando de medrosos. Acho importante termos a chance de nos conhecer." Deu, então, um passo, saindo de trás da tribuna e mostrando algo volumoso na parte da frente de sua calça. (Na verdade, eram meias de seu marido, mas como saber?)

"As nossas bolas", afirmou, "são tão grandes quanto as de qualquer um."

O efeito foi muito semelhante ao que Mike causou com suas latas vazias de querosene, com os subordinados, abismados, subindo ao topo das árvores e gritando "Waaa! Waaa!". Foi um ato puro de intimidação. A gozação intencionalmente contundente que fez de si mesma e de seu público levou todos a deixarem de lado as idéias preconcebidas que tinham uns dos outros. Fiorina tornou-se, posteriormente, CEO da Hewlett-Packard, e durante um tempo, antes que seu estilo confrontador acabasse com ela, foi uma das líderes mais importantes do mundo empresarial.

Tanto Mike, o chimpanzé, quanto Carly Fiorina são ótimos estudos de caso para uma nova e intrigante teoria sobre quem conquista o poder, como isso ocorre e como afeta tanto a própria pessoa quanto as que a rodeiam assim que ela chega ao topo. E nem sempre são necessárias bolas grandes e latas vazias de querosene. O que tanto Mike quanto Fiorina tinham era um bem precioso, que na estrutura da "teoria de aproximação/inibição de poder" pode ser chamado de personalidade *fast-forward* [avanço rápido]. A teoria da aproximação/inibição foi proposta em 2003 pelos psicólogos Dacher Keltner, da Universidade da Califórnia, em Berkeley, Deborah Gruenfeld, da Stanford Graduate School of Business, e Cameron Anderson, da Stern School of Business, da Universidade de Nova York.

A teoria começa afirmando o óbvio: o poder é o ponto central dos relacionamentos humanos. Ou, como Bertrand Russell escreveu certa vez: "O conceito fundamental para as ciências sociais é o Poder, da mesma forma que a Energia é um conceito fundamental para a física." Ignorar isso é como pensar que certos vitorianos que queriam fazer sexo desistiriam da idéia se parassem de pensar nela.

Além disso, a teoria faz uma tentativa audaciosa de reunir todos os elementos de poder e dominação social em uma única e ampla estrutura que engloba fenômenos tão diversos quanto a agressão ritualizada, o efeito vencedor, os modos relaxados à mesa de manda-chuvas empresariais, a tendência de as mulheres serem mais atentas às políticas do escritório do que os homens e até o nível variável de complexidade em pareceres emitidos pela Suprema Corte dos Estados Unidos.

Keltner e seus co-autores encaram o poder essencialmente como uma questão de se aproximar e ser expansivo, ou recuar e ser inibido. Volta-se aí, mais uma vez, ao cenário do poço d'água, embora os autores não entrem em detalhes quanto ao histórico evolucionário. A teoria da aproximação/inibição sustenta a idéia de que as pessoas poderosas são mais rápidas em detectar e buscar oportunidades de recompensas, incluindo comida, abrigo, atenção, sexo e dinheiro.

Ter menos poder, por outro lado, gera maior ativação do "sistema de inibição comportamental", ou o que outros autores chamam de tendência à negatividade, que se traduz em mais ansiedade, retração social e maior atenção às ameaças e às punições. Os autores não se preocupam em questionar se os indivíduos nascem de um jeito ou de outro, com predisposição para se tornarem poderosos ou subordinados. Estão mais preocupados com a questão de como ganhar ou perder poder altera a forma como uma pessoa age. O poder em si, eles sugerem, "desregula", na mente das pessoas, "a balança" do nível de inibição para o de aproximação "para cima".

MIM QUER BISCOITO

De certa forma, a teoria da aproximação/inibição surgiu com a tendência desconcertante que as pessoas poderosas têm de agir de maneiras inapropriadas do ponto de vista social. Deborah Gruenfeld havia trabalhado em uma revista e, às vezes, participava de reuniões na revista *Rolling Stone*, onde o fundador Jann Wenner comia cebolas cruas e tomava vodca no gargalo no meio da conversa, sem oferecer nenhum tipo de petisco similar aos convidados. Um amigo de Cameron Anderson havia se submetido a uma prova oral para o seu doutorado durante a qual um membro do corpo docente não só ficava removendo cera do ouvido, mas também a colocava sob a luz para poder estudá-la com carinho. E quem nunca ouviu falar da mania do presidente Lyndon B. Johnson de receber membros de seu gabinete, repórteres de jornais e outros subordinados enquanto estava sentado no vaso sanitário?

Na verdade, cuidar da higiene pessoal na frente dos subordinados, o que seria, de modo geral, considerado um hábito esquisitíssimo por seu chefe ou pelo meu, é uma rica tradição entre os tipos alfa. No esquema de aproximação/inibição, é uma forma de os chefes revelarem seu alto grau de desinibição. No início de sua carreira, um atual alto executivo do *New York Post*, por exemplo, costumava sair de lado, durante as reuniões editoriais, para urinar em uma pia no canto da sala. Em outra empresa, o chefe às vezes passa fio dental nos dentes. Uma editora de revista recebe subordinados e sua manicure simultaneamente. E em uma renomada empresa de lobby político na Nova Inglaterra um dos sócios às vezes solta gases em alto e bom som, sem fazer nenhum comentário a respeito durante as reuniões com a equipe. Não se trata de uma disfunção; ele sabe evitar esse comportamento quando

122 O GORILA NO ESCRITÓRIO

está importunando oficiais do governo e pedindo um favor de $2 milhões. Também não é um sinal de que ele e sua equipe podem sentir-se totalmente à vontade. Todos na sala sabem que o fato de ele soltar gases não significa permissão para os outros fazerem o mesmo. É o subordinado que tem de agüentar o cheiro que marca o território do alfa, não o contrário.

Keltner e um colega, Andrew Ward, elaboraram um teste excêntrico sobre a hipótese de o poder tornar as pessoas menos sensíveis aos que estão à sua volta. Montaram um experimento com grupos de três indivíduos, dando a um deles, aleatoriamente, a função de distribuir tarefas aos outros dois. Depois de deixá-los durante meia hora trabalhando com uma "lista extensa e um tanto entediante de questões sociais", a pessoa que estava aplicando o teste entrava com uma bandeja que continha cinco biscoitos. O indivíduo que fora escolhido para a função de poder não apenas era o que mais tendia a pegar um segundo biscoito, como também comia de boca aberta, atingia os colegas com migalhas enquanto falava e acabava com sobras de biscoito no rosto e na mesa.

O experimento do biscoito – ou talvez fosse mais adequado chamá-lo de o "experimento do monstro do biscoito" – nunca foi publicado. Mas ajudou a conduzir Keltner e seus co-autores à teoria de aproximação/inibição. Encaixa-se muito bem em uma série de estudos anteriores que associam o poder a traços que hoje os autores identificam como parte do sistema de aproximação comportamental: indivíduos com poder (mesmo que tenham sido designados aleatoriamente) têm tendência a falar mais, interromper os outros, não respeitar sua vez de falar e entrar mais prontamente em conflito. Utilizam uma linguagem corporal mais expansiva e riem menos (os subordinados especializam-se em sorrisos de submissão ou apaziguamento). Têm mais propensão a invadir o espaço social alheio, aproximar-se demais, iniciar contato físico e flertar de modo mais desinibido.

SOLDADOS CRUSTÁCEOS: EM FRENTE

Somente agora outros pesquisadores vêm testando a utilidade da teoria de aproximação/inibição como meio de entender o poder. Pressupondo que ela demanda uma análise mais detalhada, a beleza da idéia reside no fato de que parece oferecer uma explicação coerente quanto ao comportamento de criaturas que vão desde platelmintos até CEOs. Também parece fazer sentido quando se pensa na bioquímica por trás desses comportamentos.

A serotonina é um neurotransmissor; sua função é facilitar a troca de sinais entre as células nervosas. Um aumento no nível de serotonina no cérebro faz com que as pessoas se sintam mais relaxadas, confiantes e socialmente assertivas. Baixos níveis de serotonina, por outro lado, tendem a fazer com que as pessoas fiquem mais ansiosas, briguentas e impulsivas. Medicamentos como o Prozac tratam a depressão ao manipular o nível de serotonina. Pesquisas também demonstraram que a serotonina cumpre um papel importante na dominação social. Entre os macacos-verdes, subir na classificação social leva a um aumento correspondente nos níveis de serotonina. Na situação contrária, o nível cai. Nas comunidades universitárias, os membros mais antigos tendem a apresentar níveis mais altos de serotonina do que seus irmãos de "escalões" mais baixos – e provavelmente não é porque tenham nascido assim, mas porque o poder desregulou, para cima, a balança de sua bioquímica interna.

Do ponto de vista da aproximação/inibição, o fator intrigante sobre a serotonina é que, ao que tudo indica, ela existe desde muito cedo na evolução animal como um tipo de "farol vermelho, farol verde" bioquímico. Em organismos primitivos tais como os crustáceos, seu funcionamento é simples: um aumento na serotonina conduz a um aumento na atividade motora. Uma queda na serotonina inibe os movimentos.

Isso faz sentido para a sobrevivência animal. Em circunstâncias nas quais a oferta de alimento é abundante, seguir em frente significa ser capaz de procurar a comida e consumi-la. Por outro lado, se há predadores à espreita, a imobilidade e a inibição cumprem seu papel porque evitam que o animal seja notado. Conseqüentemente, parece que a serotonina começou como um simples mecanismo de "aproximação ou inibição" e somente depois, com certa organização, tornou-se importante fator na personalidade *fast-forward* de pessoas poderosas e nos comportamentos inibido e contido de seus subordinados.

PODER: PERIGO À VISTA

Mesmo aceitando que platelmintos e macacos-verdes têm condições de nos ensinar algo sobre o poder e o comportamento de dominação social nos humanos, a teoria da aproximação/inibição é realmente importante? Ajuda as pessoas a se comportarem de maneira mais inteligente no ambiente profis-

124 O GORILA NO ESCRITÓRIO

sional? Exércitos de consultores ao custo diário de $3 mil ainda não conseguiram levar essa mensagem ao local de trabalho corporativo. Mas conseguirão, já que aqueles que optam por ignorar as tendências inatas relacionadas ao poder correm o risco de fracassar. Na verdade, é bem provável que irão realmente fracassar ao ignorar essas tendências, pois agir dessa forma ou fazer pouco caso do que acontece a nosso redor parece ser uma das principais tendências em questão.

"Partimos do pressuposto", escrevem Keltner e seus co-autores, "que o poder ativa o sistema de aproximação comportamental sem ter consciência de seus efeitos e, na verdade, os que têm o poder podem realmente ter menos consciência dos outros." Ou seja, o chefe vive mesmo desligado, em seu próprio mundo, muito mais do que suspeitamos, já que isso faz parte da natureza de sua posição. À medida que o poder aumenta, o sistema comportamental de aproximação é estimulado e o de inibição é bloqueado, levando as pessoas a prestarem menos atenção àqueles que as rodeiam. Geralmente acreditam demais na própria capacidade de moldar os acontecimentos.

Esse senso exagerado de poder é a razão que leva os chefes a, muitas vezes, colherem os louros do trabalho que na verdade foi realizado pelos subordinados, os quais, por sua vez, ficam irritados e esperando a grande chance. É por isso que os chefes reagem a eventos negativos com raiva (com a intenção de mostrar que algo tem de ser feito), enquanto os indivíduos em posição de menor *status* reagem com culpa e tristeza (entendendo que, seja o que for, fracassaram).

As pessoas com poder também "interpretam os eventos sociais de uma maneira mais automática" e, geralmente, menos complexa. Isso pode acontecer, em parte, porque elas têm muito no que pensar. Mas ocorre também porque têm menos razões para se preocupar com as conseqüências de suas ações.

Para testar a idéia de que as pessoas com poder geralmente funcionam no piloto automático, Deborah Gruenfeld analisou os pareceres que dão respaldo às decisões da maioria, emitidos durante quatro anos pela Suprema Corte dos Estados Unidos. Cada um dos pareceres foi redigido por um magistrado em nome de uma coalizão de outros juízes, sendo que Gruenfeld considerou a quantidade de aliados como meio de mensurar o poder do autor. Quanto maior a coalizão, ele descobriu, menos complexo o parecer tendia a ser, além de menos coercivo. Quanto menor o grupo (e, provavelmente, mais ativo o sistema comportamental de inibição do autor), mais deliberado e complexo era o parecer. Ou seja, aparentemente sem consciência disso, os juízes aplicavam a "igualdade da justiça perante a lei" em conformidade com seu senso prático de saber onde o poder estava.

Se essas são tendências naturais relacionadas ao poder e às posições, como ter consciência delas para que nos ajudem a agir de modo mais inteligente? Como um líder inteligente lança mão dessas tendências para vencer disputas de dominância quando necessário, mas também evita pisar nas pessoas ou hostilizá-las quando não há necessidade? A teoria da aproximação/inibição oferece várias e úteis advertências:

- Ter um líder com grande consciência de seu poder pessoal – um líder com coragem de se livrar dos impedimentos e gritar: "Danem-se os torpedos! Vamos seguir em frente!" – é muito útil em várias circunstâncias. Ajuda, no mínimo, quando se trata de torpedos que não carregam bombas nucleares. Mas também pode ser catastrófico, como no caso do chefe da AT&T, C. Michael Armstrong, que comprou várias empresas a cabo no auge dos anos 90 – investimento que foi obrigado a vender apenas três anos depois, com um prejuízo de $50 bilhões. Para entender melhor esse fiasco, quando a SBC Communications propôs adquirir a AT&T, no início de 2005, a empresa inteira estava avaliada em meros $15 bilhões. Uma consciência dos comportamentos de aproximação/inibição pode servir de alerta para que os poderosos estejam mais atentos à necessidade de controlar a própria tendência de ignorar fatos contraditórios e preferir as informações que se encaixam em seus estereótipos ou idéias preconcebidas.

- Uma alternativa de manter a vigilância é cultivar um relacionamento íntimo com indivíduos em posições hierárquicas relativamente baixas. Isso porque as pessoas com menos poder geralmente vêem o mundo de um modo mais claro do que seus chefes. A lógica disso é direta. Enquanto os poderosos prestam atenção às possíveis recompensas, as pessoas com menos poder observam o preço que provavelmente terão de pagar. Têm de estar atentas ao que acontece ao seu redor porque são mais vulneráveis a ameaças de todos os tipos, desde demissões até tarefas horrorosas que ninguém quer cumprir. (O psicólogo Robert Sapolsky imortalizou essa idéia em forma de provérbio: "Se você quer saber se o elefante do zoológico está com dor de barriga, não pergunte ao veterinário; pergunte ao faxineiro da jaula.") Um chefe inteligente aprende, no mínimo, a respeitar um assistente executivo e a confiar nele.

Embora raramente seja dito em alto e bom som, uma das principais funções de um assistente é servir como olhos e ouvidos extras, trocar fofocas com outros assistentes e ficar atento às dicas sobre eventos que estão por vir que, caso contrário, nunca seriam percebidos por seu chefe. Em estudos científicos, as mulheres geralmente mostram que sua antena social vive mais ligada do que a dos homens. Isso não significa, necessariamente, que as mulheres sejam mais espertas ou tenham mais sensibilidade quanto às nuances do comportamento humano. Quando no poder, elas já demonstraram que podem ser tão tolas e insensíveis quanto os homens. Mas ainda falta poder à maioria delas. Dessa forma, prestar mais atenção aos outros é uma técnica de sobrevivência que elas desenvolveram para abrir caminho em ambientes sociais potencialmente ameaçadores.

- Dado que a antena social dos subordinados vive mais ligada, também pode ser inteligente deixar que as pessoas com menos poder realizem negociações importantes. Keltner e seus co-autores destacam estudos que mostram que espécies que detêm o poder "tendem a prestar menos atenção aos interesses subjacentes de seus adversários". Negociadores com menos poder não apenas prestam mais atenção a tudo, mas também tendem a encontrar soluções mais vantajosas para ambos os lados.

- As pessoas com poder às vezes esquecem que sua personalidade autoritária faz com que seus subordinados sintam-se bastante ameaçados. Isso pode ser perigoso quando os subordinados têm muito medo de falar e não têm coragem de impedir que seu chefe fique dando murros em ponta de faca. Os chefes também combinam a intimidação com uma tendência ainda mais perigosa, que é estereotipar os subordinados. Não acontece necessariamente porque são preconceituosos, mas em face do pensamento do piloto automático, relacionado ao poder. Em um estudo, à medida que iam se tornando mais poderosos e passavam a fazer contratações, até mesmo universitários demonstraram a tendência de ver os que estavam procurando emprego de forma estereotipada, e não individualizada.

Essa combinação de ameaça social e estereotipagem pode ser prejudicial. Em outro estudo realizado, os americanos de ascendência africana saíram-se tão bem quanto os de ascendência européia nos Graduate Record Exams* e em outros exames, até que o experimento os induziu a pensar sobre sua raça. As mulheres tiveram resultados tão bons quanto os homens nas provas de matemática, exceto quando lhes explicaram que o objetivo do exame era revelar diferenças de sexo.

■ As pessoas poderosas precisam estar atentas ao fato de que a visão distorcida que têm do mundo pode levá-las aos piores tipos de escândalos públicos. Foi esse mesmo tipo de personalidade que levou John Rigas a fundar uma pequena empresa a cabo e transformá-la em uma enorme corporação pública, e que também o fez acreditar que a Adelphia Communications ainda era "sua" empresa e que ninguém o impediria de seguir seu caminho. Rigas e um de seus filhos foram condenados pelo roubo de mais de $2 bilhões da empresa, que foi à falência.

O poder também leva, naturalmente, a um comportamento sexual inadequado. "A simples idéia de poder", escrevem Keltner e seus co-autores, leva as pessoas a terem pensamentos e sentimentos exagerados com relação ao sexo, "especialmente indivíduos com tendência a comportamentos sexuais desinibidos ou inadequados". Desenvolvem um senso de "direito adquirido". Um presidente do Conselho da BBC, por exemplo, ao ser advertido por incluir em sua conta gastos relacionados a seus encontros amorosos, ficou simplesmente irritado. "Que se danem", respondeu, acrescentando despreocupadamente: "Sou velho. Vou morrer logo. Se a BBC não gosta disso, não posso fazer nada."

Mas os tempos mudaram e entender as tendências relacionadas ao poder pode oferecer uma perspectiva útil: um chefe do sexo masculino pode reconhecer que é o próprio relacionamento de poder que o está levando a achar que uma subordinada mulher está disponível sexualmente. Conseqüentemente, pode (tudo bem, provavelmente não) poupar-se de cometer o erro crasso de achar que ela está propondo algo romântico quando está apenas sendo amigável e respeitosa, o que é comum entre os subordinados.

---

*Os Graduate Record Exams, ou GRE, são exames exigidos na admissão a cursos de pós-graduação em universidades norte-americanas que avaliam o pensamento crítico, a escrita analítica, o raciocínio verbal e a capacidade de raciocínio quantitativo adquiridos por um aluno ao longo do tempo. (*N. da T.*)

Ou talvez a mulher esteja realmente atraída por seu chefe. Um entendimento do relacionamento de poder pode fazer com que ele pare para analisar se é sua calvície encerada ou sua protuberante barriga que mais se parece com uma geléia que ela acha tão sexy. Ou seria apenas porque ele ocupa a sala do todo-poderoso? Com sorte, analisar isso já é suficiente (porém, mais uma vez, provavelmente não) para persuadi-lo a levar suas tendências para fora do ambiente profissional, onde os perigos de ser acusado de assédio sexual não são tão grandes.

O trabalho é indiscutivelmente algo bom, sugeriu certa vez o ensaísta E. B. White. Mas ele, evidentemente, havia passado tempo demais na frente de sua máquina de escrever porque complementou: "Preferiria, porém, estar fazendo o mesmo que meu cachorro: esfregando-me em alguma fruta madura encontrada na praia para absorver seu cheiro.

"Ele tem maneiras tão fáceis e simples de conquistar uma boa reputação e desenvolver sua personalidade!"

TENTANDO PARECER MENOR
Estratégias para subordinados

Admiramos os executivos seniores da mesma forma que um cachorro preto se mantém fiel a seu dono mendigo (...) mesmo que seja agressivo, pulguento ou esquizofrênico. Fechamos nossos olhos a isso, mas nosso faro nos diz o que o mundo pensa deles. Observamos mais de perto do que os outros a auto-degradação e a crueldade diária de que são capazes. E, ainda assim, ficamos a seu lado.

— ROBERT CHALMERS, *Who's Who in Hell* [Quem é quem no inferno]

A gora já sabemos até que ponto um CEO dominante é capaz de manter os membros do conselho de sua empresa sob seu domínio. O intrigante é que esse domínio enfeitiça até mesmo a maioria dos indivíduos mais poderosos da Terra. Na Hollinger International, por exemplo, o conselho tratava o magnata canadense da área jornalística Conrad S. Black com uma reverência clara. Em 2004, como parte de um confuso divórcio empresarial, a Hollinger entregou um relatório à SEC, a Comissão de Valores Mobiliários dos Estados Unidos, no qual acusava Black e outros executivos de "terem saqueado, propositada e deliberadamente, a empresa". Black respondeu que o relatório era cheio de "alegações exageradas ligadas por mentiras óbvias". Mas ninguém contesta o fato de a Hollinger ter admitido que os membros de seu conselho realizaram suas tarefas com "lassitude", "submissão" e "passividade".

Em determinada época, os membros do conselho concordaram em vender dois dos jornais do grupo Hollinger a uma empresa privada, cujo proprietário era Black, por $1 cada, pouco mais do que qualquer leitor pagaria para comprar um único exemplar na banca de jornal de sua cidade. Ninguém se preocupou em questionar o critério da transação. A empresa de

130   O GORILA NO ESCRITÓRIO

Black rapidamente revendeu os dois jornais por $730 mil. Outro jornal da Hollinger foi parar no bolso de Black pelo mesmo valor – $1, embora a empresa tivesse uma oferta de compra de $1,25 milhão.

Nessa mesma época, Black pagava à sua esposa, Barbara Amiel, um salário de $1,1 milhão como "vice-presidente editorial" da Hollinger. Dependendo do lado no qual você acredite, entre as funções realizadas por Amiel estavam "participar de decisões importantes de contratação" e "prover insights editoriais" ou "realizar atividades comuns tais como ler o jornal, almoçar e bater papo com seu marido sobre os acontecimentos em curso". Ela também era colunista do carro-chefe britânico da Hollinger, o *Daily Telegraph*, onde Black reclamou que estava sendo muito mal paga – um salário anual que somava, em média, $247 mil.

Quando Black estava escrevendo a biografia de Franklin D. Roosevelt, a Hollinger generosamente ajudou adquirindo a Rooseveltiana, incluindo papéis pessoais, pelo valor de $9 milhões. Black realmente não saiu pela empresa pedindo a aprovação do conselho para uma compra da FDR no valor de $8 milhões até dois anos após o ocorrido, quando incluiu o fato na agenda de uma teleconferência de 75 minutos. Mesmo assim, o conselho, generosamente, endossou a transação com base na afirmação do "vendedor" de que os documentos valeriam muito mais. (Sem mencionar, no entanto, o valor de $3,5 milhões, pago por eles há menos de um ano.) Segundo consta, a maior parte da coleção nunca cruzou a porta das instalações da Hoollinger; ao contrário, serviu para enfeitar as residências pessoais de Black. Depois da separação final de Black, a empresa conseguiu reaver os papéis de Roosevelt e vendê-los com um prejuízo de $5,6 milhões. Mas uma fonte "próxima do conselho" disse ao *New York Times*: "Não é fácil dizer 'Ou você devolve os livros ou os vende'."

Entre os diretores, provavelmente amedrontados demais para fazer uma simples exigência, estavam figuras eminentes como o ex-secretário de Estado americano Henry A. Kissinger, o frio e experiente Richard N. "Príncipe das Trevas" Perle e o ex-CEO (e criminoso condenado) da Sotheby, Alfred Taubman. Esses titãs parecem realmente não ter feito nada para controlar Black até que acionistas institucionais enfurecidos entraram com processos judiciais acusando Black e outros executivos de inúmeras é seríssimas transações em benefício próprio.

O que aconteceu, na verdade, no Conselho da Hollinger? A tendência natural é concentrar-se no alfa, e especialmente em um alfa como Black. Trata-se de um personagem bombástico descrito no relatório enviado à SEC como "infinitamente habilidoso em reforçar a aura" de sua dominação pessoal. No nível mais básico, havia constituído a Hollinger como uma empresa pública da qual tinha o controle absoluto, com uma estrutura de votação dupla que conferiu a ele aproximadamente 70% do poder de voto, apesar de sua participação verdadeira no capital acionário ter caído para meros 19%. A empresa alegou, no relatório da SEC, que Black e outros executivos da Hollinger certificaram-se, posteriormente, de encontrar um meio de fazer o que queriam alimentando as representações incorretas do conselho, suas omissões e mentiras descaradas.

Black também poderia ter deixado seus diretores encantados e deslumbrados com o mundo social glamouroso no qual ele e Amiel eram celebridades. Se necessário, por fim, poderia escorraçar e aterrorizar qualquer um que o enfrentasse, para, assim, se tornar submisso. Quando se reuniu com o comitê especial designado pelo conselho para investigar suas práticas administrativas, Black começou encarando seus investigadores e ameaçou processá-los por difamação, e ameaçou fazer o mesmo no Canadá, onde as leis, nessa questão, lhe agradavam mais. Richard Breeden, ex-presidente do Conselho da SEC e responsável pela investigação, prestou, posteriormente, o seguinte depoimento: "O Sr. Black começa a maioria das conversas ameaçando as pessoas."

A dominação é fácil de entender. Mas e a submissão? Como figuras tão formidáveis como Kissinger ou Perle submeteram-se inteiramente a um chefe tão caprichoso, mesmo a ponto de arriscarem a própria credibilidade por negligência? Diretores corporativos são, tradicionalmente, conformistas absolutos: "Todos os diretores têm a capacidade de entrar em uma sala e, em dez segundos, avaliar sua cultura e adaptar-se a ela. Esse é o critério de seleção", comenta Nell Minow, fundador e editor da Corporate Library, empresa de pesquisa de investimentos. Durante uma reunião do conselho, deixam de lado a própria dominação e se tornam pouco mais do que espelhos que refletem a força da pessoa que os colocou lá. É como se o capitão os tivesse convidado para embarcar no navio e fosse falta de educação, talvez até mesmo uma grande ofensa, questionar sua posição de conhecedor da arte de navegar. Isso é verdadeiro em muitas empresas, mesmo quando o capitão está tomando um caminho que segue claramente interesses próprios, com os acionistas deixando-se levar acidentalmente como restos de sujeira ao mar, acompanhando o subir e descer das ondas.

A maioria dos debates pós-Enron sobre a governança corporativa tem-se concentrado, com sentido, na reforma desse relacionamento tradicional, a fim de "consertar" a maneira como os conselhos de diretores são estruturados. Infelizmente, essa discussão nunca se deteve em analisar como os humanos são estruturados. Nós não nos submetemos necessariamente aos alfas de modo tão integral quanto os outros animais sociais. Também somos mais flexíveis e temos a capacidade de mudar de grupo e do papel de alfa em um contexto para o de beta em outro. Mas somos primatas, e a natureza da dominação social, por mais nobres que sejam nossas intenções e por melhores que sejam nossos planos, tende a tirar nosso foco das questões genuinamente importantes.

Quando Henry Kissinger disse que o poder é o grande afrodisíaco, estava certamente sendo cavalheiro e evitando fazer uma observação presunçosa sobre o efeito de deixar as mulheres com as pernas trêmulas. É bem mais provável que estivesse descrevendo o efeito intoxicante que o poder das outras pessoas tem sobre ele. Ou como a respeitada colunista Barbara Amiel certa vez escreveu: "O poder é sexy, não apenas por mérito próprio, mas porque inspira autoconfiança em quem o possui e causa arrepios de subserviência naqueles que se aproximam dele."

O ARREPIO DA SUBSERVIÊNCIA

Você não precisa olhar o topo do mundo empresarial para ver como os efeitos da dominação afetam o comportamento dos subordinados. Basta olhar qualquer grupo ou organização humana. Os alfas tendem a ter uma postura imponente ou usar certo tom decisivo para abordar os que estão à sua volta, enquanto seus subordinados fazem, instintivamente, o contrário. Deixamos claro nosso *status* de subordinado por meio de nossa postura, tom de voz, expressão facial e também pelas palavras. Na maioria das situações, não temos consciência dos sinais de submissão que estamos dando, e podemos até negar tal comportamento quando alguém o aponta. Tratar o chefe de um modo diferente daquele usado pelas outras pessoas é coisa de "puxa-saco", algo que só os outros fazem. São pessoas realmente pequenas. Os pesquisadores sugerem, porém, que todos nós fazemos isso em maior ou menor escala, como uma resposta automática e inconsciente ao comportamento de aproximação do alfa.

Vamos começar dando um exemplo extremo do mundo animal. Às vezes, os chimpanzés praticam a submissão tão abertamente que é difícil não rir, e também é difícil não perceber as intimidações embaraçosas de nossos próprios comportamentos servis. O primatólogo Frans de Waal descreve um subalterno guinchando ofegante, soltando um murmúrio "kissingeresco" breve, um *oh-oh-oh* de subserviência, enquanto, simultaneamente, "assume uma posição por meio da qual olha o indivíduo a quem se dirige de baixo para cima. Na maioria dos casos, cumprimenta o outro curvando-se inúmeras vezes, rápida e repetidamente. Às vezes, os que estão oferecendo os cumprimentos trazem consigo objetos (uma folha, um pedaço de pau), esticam a mão a seu superior ou beijam seus pés, pescoço ou peito. O chimpanzé dominante reage ao 'cumprimento' esticando-se para assumir uma altura maior, com os pêlos arrepiados. O resultado é um contraste nítido entre os dois símios, mesmo que sejam, na realidade, do mesmo tamanho. Um quase rasteja na poeira, enquanto o outro recebe, feito um rei, os 'cumprimentos'".

Entre os humanos, esse tipo de atitude parece se encaixar melhor para pedintes ajoelhando-se perante seus senhores feudais do que para as empresas de porte médio da Fortune 500, ou até para os estabelecimentos de países em desenvolvimento que exploram seus funcionários. Os humanos, no entanto, simplesmente dão sinais semelhantes de submissão de modo mais sutil. Na presença de um indivíduo poderoso, as pessoas geralmente andam levemente curvadas e com a cabeça baixa. Olham para o chão com mais freqüência do que alguém que esteja apenas analisando o piso. Podem até não cumprimentar o outro reiteradas vezes, mas buscam a chance de concordar com a cabeça. Não rastejam, mas tendem a manter as mãos nas laterais do corpo e evitam gestos expansivos que vão além de um aperto de mão.

Quando chegam atrasados para o início da reunião, em geral gesticulam exageradamente, curvam-se para parecer menores, andam nas pontas dos pés, mantêm os cotovelos encostados ao corpo e os lábios pressionados contra os dentes em um sorriso de desculpa e aborrecimento. Quando o chefe chega atrasado, por sua vez, é provável que adentre a sala apressado, siga para o seu lugar de honra, sente-se confortavelmente na cadeira e inicie a reunião falando alto.

O consultor Bernie DeKoven observa, com freqüência, chefes que inconscientemente se posicionam dessa maneira para parecerem maiores enquanto obrigam que seus subordinados tenham uma postura retraída: o chefe espera a reunião começar, levanta-se para abordar o grupo e começa a falar tirando seu paletó. É impossível que alguém também consiga se sentir confortável sem poder se levantar e se exibir, o que seria um ato de rebel-

134 O GORILA NO ESCRITÓRIO

dia pequeno, mas potencialmente fatal. (No Institute for Better Meetings DeKoven tentou, durante mais de 15 anos, fazer com que as reuniões fossem mais "participativas e divertidas". Acabou chegando à conclusão de que "as reuniões são cerimônias para reforçar a hierarquia, relembrar às pessoas quem é o chefe e elogiar ou castigar os que não são". "Se as pessoas conseguissem ao menos admitir isso", afirma, "as reuniões poderiam ser mais rápidas e menos dispendiosas.")

A linguagem facial dos subordinados também transmite respeito. Os subordinados são praticantes ávidos, talvez até mesmo inconscientes, do gerenciamento das impressões. Tendem, por exemplo, a pressionar os lábios com mais freqüência ou mordê-los – pistas involuntárias na tentativa de evitar que os outros percebam seus sentimentos verdadeiros. Riem mais para demonstrar cooperação e concordância. Isso não significa, necessariamente, que estejam felizes. (Parafraseando um antigo preceito sobre homens e mulheres, os subordinados sorriem quando querem agradar; os chefes sorriem quando recebem um agrado.) Podem também sentir raiva, mas, na maioria das vezes, tentam, cautelosamente, não demonstrar esse sentimento. Por outro lado, são rápidos em demonstrar embaraço ou vergonha.

Gostamos de acreditar que essas expressões são individuais e que as controlamos em sua plenitude. Mas, na verdade, são biologicamente roteirizadas tanto nos movimentos musculares quanto na função social. Uma demonstração de embaraço, por exemplo, segue, quase invariavelmente, o mesmo padrão fixo: em primeiro lugar, a pessoa desvia o olhar; em segundo, tenta conter um sorriso; depois, solta um sorriso involuntário; em seguida, tenta contê-lo novamente; deixa, então, a cabeça pender para a frente e, por fim, coloca a mão no rosto. No caso de vergonha, o padrão é mais simples: a pessoa desvia o olhar e abaixa a cabeça. Essas demonstrações, aponta o psicólogo Dacher Keltner, "são semelhantes às demonstrações de apaziguamento de outras espécies, que também envolvem aversão a olhares fixos, expressões faciais similares ao sorriso, movimentos de abaixar a cabeça, tamanho físico reduzido e até troca de contato físico e de cuidados".

Nossa resposta a essas demonstrações também é biológica: o embaraço gera, automaticamente, empatia e diminui a probabilidade de o indivíduo vir a sofrer punições. Pense, por exemplo, na expressão mortificada no rosto de uma criança quando ela derrama uma bebida no restaurante e como isso pode fazer com que você ceda ou até sorria quando, na verdade, sua intenção era ficar bravo. O embaraço, diz Keltner, faz com que aqueles que estão olhando soltem uma risada e "deixem a situação mais leve", reduzindo, assim, a distância social causada pelo contratempo.

Na verdade, o padrão do embaraço envolve, muitas vezes, outros dois estágios, além dos mencionados: todos riem juntos, aproximam-se, como se atraídos por uma força magnética, e, então, fazem contato físico. Uma demonstração de embaraço ou vergonha mostra que o culpado reconhece as normas sociais e deseja se adequar a elas.

E isso funciona. As pessoas que cometem gafes sociais, as crianças que se comportam mal e até mesmo os políticos que são pegos mentindo ou cometendo outras transgressões "são mais aceitos e não sofrem tanta punição quando demonstram embaraço ou têm outros comportamentos submissos". Em um teste ensaiado de Keltner, um condenado por tráfico de drogas que demonstrou embaraço e vergonha ficou em liberdade condicional e recebeu uma pena menor do que réus que tiveram comportamento neutro ou demonstraram desprezo.

As palavras fornecem meios ainda mais ricos de se demonstrar respeito. Subordinados inseguros tentam evitar afirmações fortes ou qualquer comportamento que seja remotamente controverso, pois têm medo de o conflito minar seu relacionamento com o chefe. (Na Hollinger, segundo o relatório da empresa entregue à SEC, "todos os membros do conselho sabiam, pelo menos de forma implícita, que Black demitiria qualquer um que oferecesse uma resistência mais séria a seus comandos. Isso não acontecia apenas na empresa *dele*".) Amenizam a linguagem com hesitações e frases evasivas como "algo assim" ou "acho". Sentenças declaradas geram maiores incertezas ou podem transformar-se em perguntas do tipo "Você não acha?". O preâmbulo de autocondenação é comum: "Não sei se é exatamente o que você quer ouvir, mas..."

O DESAFIO DA DEFERÊNCIA

Sem dúvida, o *status* do subordinado é repleto de perigos. Em uma empresa, por exemplo, o chefe tirou os sapatos e as meias em uma reunião com dois vice-presidentes e pediu a eles que cheirassem seu pé. "Insistia em dizer que seus pés tinham cheiro de torta de morango", relatou posteriormente um vice-presidente. (Infelizmente, não revelou se ele ou seu colega realmente se curvaram para cheirar o pé do chefe.)

136 O GORILA NO ESCRITÓRIO

Um chefe difícil pode levar seus subordinados a adotarem corretivos inadequados. Um californiano, por exemplo, que trabalhava com psicologia comportamental em um hospital público, tomou conhecimento da pesquisa de B. F. Skinner. Skinner, cuja visão mecânica e estreita da vida social caiu em descrédito, encarava o comportamento em termos de respostas condicionadas que, por meio de engenharia social adequada e estímulos adequados, poderiam ser estimuladas ou reprimidas. Entre outras idéias, propôs o que chamou de "sucesso da aproximação": se você recompensa um cão todas as vezes em que ele se aproxima um pouco do objetivo que você tem em mente, cedo ou tarde ele chegará lá. O funcionário do hospital decidiu, então, que poderia adotar a técnica de Skinner para treinar sua chefe, como uma cadela brava, a tratá-lo respeitosamente.

"Fiz isso da seguinte maneira: ia trabalhar naquela manhã", disse o homem, que também relatou sua experiência no programa *Talk of the Nation* [Conversa da nação], da National Public Radio, "e sabia que acabaria ficando com o grupo número 3. Não era o que queria fazer naquele dia, então procuraria minha chefe antes e perguntaria: 'Você quer que eu fique com o grupo 3 hoje?', e ela iria me olhar e responder: 'Quero.' E [se] tudo estivesse bagunçado, diria: 'Quer que eu arrume essa bagunça?', e ela iria me olhar e responder: 'Quero.' E depois de fazer isso várias centenas de vezes ela aprendeu como ninguém a dizer 'Quero' quando me via". Ele diz que quando pede para tirar uma tarde de folga, ela concorda. "Ficamos amigos, não preciso fazer muita coisa para que ela me responda 'sim' pois temos um bom relacionamento."

Então é assim, fácil como brincadeira de criança: se você está disposto a arrumar a terrível bagunça deixada pelos pacientes mais repulsivos de um sanatório, talvez sua chefe passe a tratá-lo com respeito também. Alguns funcionários oprimidos, assim como alguns donos de cães bravos, podem acabar questionando quem está treinando quem. Com certeza, há uma alternativa melhor. Com certeza, há meios de os outros o respeitarem sem você ter de cheirar seus pés ou afundar-se na lama. Deve haver maneiras de não ter de agir feito o "representante leal e servil" de uma empresa de alta tecnologia na Califórnia "cujas respostas ao teste Rorschach incluíram poodles, minhocas e testículos dissecados".

A covardia não é uma verdade obrigatória para os subordinados. É apenas uma tendência inata que muitos chefes cultivam, inteligentemente ou não, devido à sua personalidade. Muitas empresas estimulam a covardia por meio das armadilhas da hierarquia e de práticas manipuladoras. Para agir de modo contrário, o líder tem de ser uma pessoa segura e confiante, que estimule seus subordinados a desafiar suas idéias, seguir seu próprio caminho ou até mesmo fazê-lo mudar de posição. O subordinado que aceita o desafio precisa ter um senso de segurança e confiança ainda maior (ou então sua conta bancária servirá para guardar o que muitos chamam de o "dinheiro de quem se ferrou"). Mas mesmo que os dois lados conheçam-se muito bem e tenham um bom relacionamento, a história evolucionária do relacionamento mostra que é prudente que o subordinado demonstre deferência e submissão de antemão para acabar com qualquer indício de que esteja desrespeitando o chefe.

O vice-presidente da GM, Robert Lutz, descreve a técnica que utilizava, na época em que era um jovem executivo nas reuniões do departamento, para desafiar superiores sociais, quando o "chefão X" sumariamente vetaria uma de suas propostas como "uma idéia estúpida (...) e todos os outros, concordando veementemente, lançavam olhares severos como se dizendo 'Como você pode ser tão idiota?'". Com uma linguagem corporal sutilmente deferente, Lutz usava um tom de razoabilidade. "Perdão, mas sabíamos que sua posição original seria um 'não' e, ainda assim, achamos que havia alguns elementos fora de seu conhecimento. Por isso, quando colocarmos todos os fatos, talvez o senhor vá concordar."

Lutz relembra, com orgulho, o "horror assombrado" no "rosto dos cordeirinhos reunidos. Como essa pessoa, sem absolutamente nenhuma importância, pode passar por cima de cinco níveis de hierarquia e *desafiar diretamente* o chefão?" Segundo Lutz, a resposta é: "Pode sim, se você for tenaz e razoavelmente educado, acreditar no que está dizendo, que está propondo a solução correta para a empresa e que seus argumentos convencerão uma pessoa sensata." Ou seja, acreditar realmente no que diz. Em seu livro de memórias, *Guts* [Coragem], Lutz opta, compreensivelmente, por não chamar muita atenção à forma como demonstrou, no passado, sua deferência, da mesma maneira que Oliver, de Dickens, fazia quando queria outro prato de mingau: "Perdão, mas..."

Além de baixar o tom que você usa para fazer valer aquilo em que de fato acredita, talvez também seja bem mais seguro contradizer ou criticar seu chefe somente na privacidade do escritório dele. Em público, seu comportamento pode ser entendido como uma tentativa de incitar uma revolta aberta. Em particular, é mais provável que pareça uma demonstração tanto de lealdade quanto de independência. Leni Miller, chefe da EASearch, empresa de recrutamento de assistentes de executivos de São Francisco, admitiu, recentemente, uma assistente para um CEO. "Ela estava trabalhando no emprego havia apenas uma semana e meia quando o cara começou a gritar com ela. Levantou-se e levou-o a seu escritório, pediu que se sentasse e fechou a porta. Não fez isso na frente de mais ninguém. Disse: 'Nunca, nunca, *nunca* fale comigo novamente daquela forma, pois simplesmente não conseguirei continuar a trabalhar se for assim.' Usou um tom de voz delicado e que transmitia certa decepção. Para o CEO, foi um choque, já que nunca ninguém antes tivera a coragem de enfrentá-lo. Desde então, nunca mais gritou com ela. 'Se ele começa a gritar, ela o olha de um certo jeito, e ele entende. Uma assistente só pode agir assim se souber jogar muito bem e tiver certeza de que seu trabalho é estritamente necessário para o outro.'"

Retrucar o chefe em público pode fazer de você um herói entre seus colegas de trabalho. Mas também é uma forma de acabar com sua carreira. Na ADP, empresa de processamento de dados, um jornalista foi contratado vários anos atrás para redigir discursos para os executivos seniores. O diretor de marketing convocou uma reunião para testar seu discurso com a pobre equipe, com o jornalista presente. No fim de um desempenho cheio de incoerências, parou, levantou os olhos e disse ao jornalista:

— Jim, vou ter de dizer, isto está uma *merda*!

Um silêncio completo invadiu a sala.

O jornalista respondeu em seguida:

— É verdade, Barry.

Um bom começo, mostrando sua disposição de passar por cima de uma resposta emocional ao comentário abusivo e buscar uma solução prática. Mas adicionou:

— Escrevi assim porque sabia que seria você quem faria o discurso.

Seguiu-se um segundo momento aterrorizante de silêncio. Barry, então, soltou uma risada alta e fingida, e todos na sala, obedientemente, riram também. (Jim trabalhou outras vezes para essa empresa, mas nunca mais para esse executivo.)

Se não conseguimos demonstrar deferência pelo chefe com nossas próprias palavras, em geral conseguimos fazê-lo usando um tom diferente. A submissão pode ser quase imperceptível, uma rendição preventiva para evitar o conflito. Pesquisadores da Universidade do Estado de Kent estudam freqüências de conversas muito baixas. O que ouvem é um zunido profundo, abaixo de 500 hertz, vocal e não-verbal, que funciona como um alicerce que apóia as palavras de quem está falando. Em todas as conversas que estudaram, os tons em baixa freqüência dos dois falantes rapidamente convergem. As vozes passam a se acompanhar, como duas pessoas caminhando juntas.

Não convergem em um nível mediano confortável. Ao contrário, convergem no nível vocal do indivíduo que ocupa a posição de dominação. Ou seja, em algum ponto da conversa, uma pessoa se rende e liga o "sinal de poder" da outra. Trata-se de um ato de deferência ou acomodação voltado a reduzir o estresse do conflito e prender-se ao que é mais importante.

Stanford Gregory e Stephen Webster, dois pesquisadores, teorizam que nossos subtons vocais fornecem um meio pelo qual gerenciamos, rotineira e inconscientemente, as "relações de dominância-deferência". Gregory relembra certa vez em que estava conversando com um de seus alunos da faculdade em uma festa quando o reitor se aproximou para participar do diálogo. Gregory alterou inconscientemente seu tom de voz para acompanhar a freqüência vocal do reitor, que em algum nível subliminar presumivelmente esperava esse ato de concordância, dada sua posição na hierarquia. Quando o reitor os deixou, o estudante fez o seguinte comentário indiscreto (mas certamente usando o tom de voz apropriado): "Você acabou de conseguir." Essa forma de *status* comunicativo, diz Gregory, pode ser o porquê de uma pessoa que está ouvindo a conversa de sua colega ao telefone conseguir dizer, com base somente no tom de voz, se ela está falando com o chefe ou com um amigo.

O PROTOCOLO DOS PODEROSOS E AS ALEGRIAS DA DEMISSÃO

Faz diferença omitir esses gestos? A maioria dos chefes diz: "Lógico que não. Esses detalhes não significam nada para mim." Mas aqui vai uma regra prática útil: a maioria dos chefes mente. Cumprimentos amigáveis e pequenos gestos de deferência são essenciais para o bom funcionamento de praticamente todos os relacionamentos, mesmo entre iguais. Tornaram-se boas maneiras porque sinalizam boas intenções. Ajudam-nos a superar nossa tendência natural de enxergar qualquer rosto novo como uma ameaça. Trocamos trivialidades quando conversamos por alguns poucos minutos ou até mesmo durante a maior parte das conversas porque isso nos ajuda a derrotar o demônio da negatividade e relaxar para termos condições de seguir adiante e falar sobre o que realmente interessa.

Dada a desigualdade inerente dos relacionamentos na hierarquia do trabalho, a deferência é ainda mais importante para o nosso emprego. Em al-

140 O GORILA NO ESCRITÓRIO

gum lugar escondido em sua mente, o chefe está sempre questionando: *Será que ele continua a ser meu fiel cachorrinho domesticado? Ou será que hoje vai fazer xixi no meu tapete? Será que ele continua a ser meu colega dependente? Ou será que vai me trocar por aquele emprego na Henson?* O funcionário, por sua vez, está pensando: *Será que vou receber o aumento que ele prometeu? Ou será que ele está para me mandar para Bujumbura?*

Subordinados cautelosos encontram maneiras de amansar o alfa. Desviamo-nos de nosso caminho para incluir o chefe na conversa. Rimos de suas piadas. Pigarreamos do lado de fora de sua sala esperando um convite para entrar, muito parecido com o grunhido dos chimpanzés e babuínos quando pedem permissão para se aproximar. (Aqui está um exercício para assistentes de executivos: no decorrer de uma semana, anote a freqüência com que subordinados aguardando para entrar na sala de seus superiores pigarreiam e a freqüência com que os superiores preocupam-se em fazer o mesmo quando falam com os subordinados. Alguém tem algum palpite?) Em uma instituição de investimentos, os subordinados ficam parados do lado de fora do escritório do CEO e batem no ar para chamar sua atenção, em vez de baterem descaradamente à porta de vidro. Esses atos de deferência, aparentemente sem grande importância, estimulam a harmonia no ambiente de trabalho.

Em vez de enxergar esse comportamento de deferência como um ato de covardia ou puxa-saquismo, talvez seja mais adequado considerá-lo um elemento natural de qualquer relacionamento social, e até mesmo uma alternativa saudável de manipulação social. Subordinados inteligentes conferem, rotineiramente, respeito e *status* como um meio de influenciar o comportamento do indivíduo que está no domínio, mesmo no nível bioquímico.

Em um experimento interessante realizado no início dos anos 80, pesquisadores da Escola de Medicina da UCLA separaram macacos-verdes machos dominantes de seus grupos sociais, utilizando um espelho de reflexo unilateral para que o alfa pudesse ver seus subordinados e continuar a fazer suas ameaças e outras demonstrações costumeiras. Os machos dominantes têm normalmente cerca de duas vezes mais serotonina no sangue do que seus subordinados, e isso gera aumento de confiança e também desestimula a agressão destrutiva. São características que qualquer subordinado sensato quer cultivar em um chefe. Mas, dado que o espelho de reflexo unilateral não permitia que os subordinados vissem o alfa, eles acabavam não dando demonstrações apropriadas de deferência. Isso, como era previsível, acabou deixando os alfas enfurecidos e durante os 60 dias do experimento o nível de serotonina deles diminuiu 40%. Em macacos-verdes, os pesquisadores Michael J. Raleigh e Michael T. McGuire concluíram, posteriormente, que o alto nível de serotonina "facilita uma ampla gama de comportamentos positivos e pró-sociais. Quase todas as conclusões sobre o impacto da serotonina em nosso comportamento social a partir desses estudos podem ser generalizadas para os humanos".

Tais estudos sugerem que os cumprimentos sem importância que trocamos diariamente são muito mais significativos do que suspeitamos. O chefe pode não se importar muito com as informações verbais quando entra no escritório e diz: "Bom-dia, tudo bem?" Mas se importa com o tom da resposta, como um sinal de que tudo está bem com a ordem social. Omitir cumprimentos ou demonstrações de deferência pode levar, rapidamente, à discórdia.

Ao observar seus chimpanzés, Frans de Waal notou que 60% das brigas sérias entre machos adultos aconteciam em épocas durante as quais os indivíduos envolvidos não estavam se cumprimentando como de costume. "Esses números fortalecem o pressuposto de que os 'cumprimentos' têm um efeito tranquilizador", escreve de Waal. "Servem, provavelmente, como uma forma de o macho dominante certificar-se de que sua posição está segura. Uma demonstração de respeito na forma de 'cumprimento' por parte do fracassado no processo de dominância é o preço que ele paga para ter um relacionamento tranquilo com o vencedor."

Que risco correm aqueles que não pagam esse preço? Duas histórias sugerem os prováveis perigos.

■ Há poucos anos, em Connecticut, Daniel Livingston, representante dos funcionários públicos de seu estado, sentou-se com o então governador John G. Rowland e começou a conversa chamando-o de "John". Livingston comentou, posteriormente, que ele estava apenas tentando ser amigável. Rowland respondeu asperamente ao "Sr. Livingston" que ele estava sendo antiprofissional. As negociações não tiveram êxito e, na manhã seguinte, Rowland anunciou planos de demitir 3 mil funcionários estaduais.

— Não é pessoal – afirmou Rowland. – Tenho um trabalho a cumprir.

E Livingston respondeu:

— Não é nada pessoal em relação à minha pessoa.

Todas as negociações, porém, são pessoais, mais ainda quando as pessoas sentem a obrigação de declarar o oposto.

142 O GORILA NO ESCRITÓRIO

Será que Livingstone teria conseguido manter os 3 mil empregos se tivesse se dirigido a Rowland como "Governador" ou como "Sr. Rowland"? Provavelmente, não. No entanto, sua falta de respeito parece ter servido como uma bela desculpa para que o governador imperioso o demitisse logo em seguida e com entusiasmo. (Rowland mostrou, posteriormente, como um negócio pode ser pessoal quando deixou seu cargo após admitir que empreiteiros decentes haviam lhe presenteado com uma *jacuzzi*, charutos cubanos e férias caríssimas – todas formas de manipular o nível de serotonina e torná-lo favoravelmente disposto a ajudá-los na assinatura de contratos lucrativos com o governo estadual.)

■ Ao que tudo indica, o produtor musical Tommy Mottola também teve dificuldade em lidar com a necessidade de se comportar como subordinado. Afinal, era o CEO de sua divisão e comandava um pequeno exército de subordinados; por onde passava, estava sempre rodeado de amigos famosos e belas mulheres, e tinha despesas anuais de $10 milhões com viagens, assistentes pessoais, guarda-costas, um carro blindado e outras prerrogativas. Considerava-se um personagem ilustre, o *capo di tutti capi* de seu mundo. Por ter iniciado sua carreira como *promoter* da própria empresa, a Don Tommy Enterprises, e chegado ao topo da Sony Music, Mottola não conseguia mostrar deferência pelo diretor da Sony America, o amigável e benquisto ex-produtor de noticiários televisivos *sir* Howard Stringer.

Algo em sua personalidade "convencida" o levava a não respeitar a autoridade. Obviamente, Stringer percebeu isso. Mais tarde, a *New York Magazine* fez a seguinte afirmação: "Stringer ficava incomodado com o fato de Mottola nunca ter observado o protocolo de convidá-lo para as premiações do Grammy. Um funcionário da Sony lembra-se de ter visto Stringer em uma festa do Grammy convidando um grupo de pessoas para se sentar com Mottola, e este ter feito sinais para que colegas de trabalho mais íntimos se aproximassem, pois não queria que Stringer se sentasse lá." Em particular, Mottola referia-se a Stringer como "o palhaço". Stringer acabava ficando em lugares medíocres nos shows dos artistas da Sony – dar uma voltinha pelos camarins era algo fora de cogitação.

"'Tommy não queria que Howard participasse dos eventos. Não queria que ele tivesse contato com os artistas', afirma um ex-funcionário." Stringer costumava ligar para seu irmão Rob, que era chefe da Sony Music UK, e "perguntar: 'Por que tenho de tratar com esse sujeito? Por que mantemos alguém desse tipo? O que esse cara faz? O que esse cara faz? *O que esse cara faz?*'"

Por fim, a queda nos lucros na divisão de Mottola serviu de desculpas para Stringer. Ele abriu as pesadas cortinas do sempre iluminado 32º andar e (metaforicamente) atirou-o pela janela. Em seguida, emitiu o comunicado-padrão, cheio de falsidades, dizendo que Mottola fora "um ícone".

Um chimpanzé alfa raramente demonstra submissão. A dominação humana, no entanto, quase nunca é absoluta. Ter uma boa reputação em quase todas as hierarquias significa sujeitar-se àqueles que estão acima de nós, mesmo quando estamos nos deliciando com a deferência dos que estão abaixo: Don Tommy, além de se recusar a respeitar Stringer, também não participava das reuniões com os diretores em Tóquio. Stringer, por sua vez, deixava de lado sua posição e mostrava respeito (a frase em japonês para isso é "*atama ga sageru*", que significa "abaixar a cabeça") pelos executivos da Sony. Convidou Nobuyuki Idei, presidente do Conselho da Sony, para ir a Davos e, em jantares particulares, colocou-o perto de grandes celebridades nova-iorquinas, tais como a entrevistadora de televisão Barbara Walters. Quando Idei renunciou ao cargo, no início de 2005, após uma série de julgamentos equivocados, Stringer tornou-se um dos poucos estrangeiros a chefiar uma grande empresa japonesa.

Qualquer líder prudente aprende a tocar um delicado minueto no local de trabalho, demonstrando comportamentos de dominância em dados momentos e de submissão em outros. Diferentemente dos chimpanzés, não podemos nos dar ao luxo de nos ligar a um único grupo social durante quase toda a nossa vida. Um vendedor ou consultor pode ter de encontrar alternativas de passar por meia dúzia de hierarquias em diversas empresas em um único dia. Um executivo sênior, de uma reunião para outra, talvez precise fazer o mesmo e, de alguma maneira, estabelecer um relacionamento com cada grupo, todos dentro de uma mesma empresa.

Além de demonstrar respeito, também pode ser muito vantajoso estar atento à maneira como as outras pessoas deixam clara sua posição de subordinado. É uma alternativa de decodificar os compromissos ocultos que moldam as reuniões de qualquer ambiente profissional e trabalhar neles.

TODOS DE OLHO NO ALFA

Se você se sentar por algum tempo com um grupo de babuínos ou outros macacos, perceberá que eles observam o ambiente ao redor em intervalos regulares, a fim de perceber o cenário social. Com freqüência, o olhar pára no alfa. É uma forma de assegurarem, a si mesmos, que quase nada mudou em seu mundo: Sua Majestade Peluda não se afastou muito, o que significa que os subordinados continuam sob sua aura protetora. Também não se aproximou demais. Essa tendência dos subordinados de olhar o alfa pode ser uma ferramenta útil em uma reunião com pessoas relativamente estranhas. Em geral, o alfa senta-se na cadeira do chefe, apresenta os tópicos principais a serem discutidos, determina o tempo de discussão para cada um e estabelece o tom da conversa – mas nem sempre. Alguns alfas vão para um canto da sala e deixam os subordinados analisarem a questão. Nesses casos, quem fala *por último* é, muitas vezes, quem realmente tem o poder, e não quem fala primeiro.

Felizmente, é quase sempre possível identificar um alfa silencioso muito antes disso. Quando reunidas, as pessoas, como os chimpanzés em seus bandos, prestam muita atenção ao símio principal. Fazem suas observações quase sempre se dirigindo ao alfa. Buscarão pistas que revelem aprovação ou desprezo e agem com base nisso. Quando o alfa fala, todos prestam atenção. Por outro lado, quando um subordinado fala com o alfa, este pode muito bem desviar o olhar ou até trocar comentários com um aliado, pois não precisa demonstrar deferência.

Gostamos de fingir que as decisões de negócios são tomadas com base em fatos, números e escolhas racionais. Todos dizem desejar discussões integrais e francas, mesmo quando o líder do grupo interfere para dar suas opiniões. Mas raramente as coisas funcionam desse jeito.

As empresas do Vale do Silício, por exemplo, reúnem, com freqüência, equipes de projetos de software que incluem engenheiros, especialistas em marketing, gerentes e redatores técnicos. O líder da equipe é geralmente um engenheiro que pode não perceber o modo como o *status* social afeta a discussão. Quando percebe, normalmente não tem o treinamento gerencial ou a habilidade social necessária para tomar alguma atitude a esse respeito.

Com isso, a hierarquia da dominância "de certa forma domina a discussão e as personalidades submissas não conseguem dizer nada, ou então suas idéias são apedrejadas", afirma Jeff Johnson, ex-engenheiro de software da Hewlett-Packard e da Sun Microsystems e que hoje gerencia uma empresa de consultoria chamada UI Wizards. Os redatores técnicos tendem a ocupar a base da hierarquia, e se algum deles resolve dizer algo, as pessoas trocam olhares perplexos. A conversa, então, é retomada sem que haja uma continuidade, com a mudança total de assunto. É como se um quadro de parede tivesse emitido sua opinião, e todos concordam, taticamente, em agir como se nada tivesse sido dito.

Johnson acrescenta: "Se uma redatora técnica diz algo interessante, paro e digo: 'Acho que o ponto que ela abordou é interessante.' Por eu ter dito isso, por ser engenheiro e ocupar uma posição superior na hierarquia, o assunto será discutido."

Quando uma pessoa do topo da cadeia alimentar fala, os outros, muitas vezes, se apressam a repetir suas palavras, e o grupo passa rapidamente a discutir os pontos que ela acabou de levantar. A urgência em imitar o alfa é poderosa. Robert Lutz, por exemplo, descreve como o "chefão X" leria, em tom mal-humorado, o memorando sobre uma "idéia ridícula" dele e declararia: "Acho que isso traz uma nova perspectiva para o problema. Vocês concordam?" Os mesmos executivos que minutos antes lançavam olhares como se dissessem "Como você pode ser tão idiota?" agora olham e respondem, em um coro entusiasmado, "Lógico", acompanhado de um sinal de aprovação com a cabeça.

É a dica de uma regra desconcertante que se aplica em praticamente todos os ambientes profissionais: o *status* de quem está falando importa mais do que o conteúdo do que é dito. Todos prestam atenção em quem é "convidado para participar do jogo" com os chefões, comenta um ex-executivo da seguradora Aetna. "No palanque corporativo, se você está na 'curva do poder', é convidado para reuniões a portas fechadas com o presidente do conselho e/ou o presidente da empresa. Dessa forma, você irá sentar-se à mesa. E fará de tudo para que todos saibam disso."

Suas opiniões passam, repentinamente, a ter mais importância. Você passa a ter mais importância. "Outro indicador de posição é quando os graúdos dentro da empresa pedem sua opinião (ao contrário de exigirem que você apresente fatos) nas reuniões. E receber agradecimentos pelo que você pensa é como ganhar vários pontos positivos. (Afinal, não é toda hora que se ouvem muitos agradecimentos nas reuniões desse pessoal.) Por outro lado, se você tem de pedir a palavra ou ninguém agradece suas pérolas de sabedoria, o valor que os outros vêem em você diminui. Você passa a ser visto como quem não traz 'nenhum valor agregado' às sessões."

A pressão em "sentar-se à mesa" ou "dividir o mesmo espaço" geralmente surge como um desejo profundo de proximidade física. Em uma empresa dominada por mais de um século pela família fundadora, o filho do presidente da mesa, um garoto genial chamado Hovey, estava trabalhando como estagiário e sendo treinado para dar continuidade à dinastia. Certo dia, quando as portas da sede se abriram, viu seu pai descendo as escadas, seguido de perto por um dos vice-presidentes. Hovey observou os dois cruzando o pátio em uma formação rigorosa. "Rapaz", disse, "se meu pai parar de repente, o vice-presidente vai dar de cara com a bunda dele!" Foi uma observação que se espalhou e passou instantaneamente a ser repetida em toda a sede. Depois disso, o vice-presidente, envergonhado, começou a ser mais cuidadoso e a manter um espaço maior quando seguia o presidente, mas nunca conseguiu recuperar sua dignidade. Da última vez que se ouviu falar em Hovey, ele fazia parte de uma banda chamada Orange Splat.

O BRAÇO DIREITO

No mundo animal, os subordinados prestam muita atenção ao alfa, em parte para não atrapalhar seu caminho. É tarefa do subordinado dar um passo para o lado quando o alfa chega fazendo estardalhaço. Subordinados inteligentes tornam-se estudantes cuidadosos do comportamento do chefe, pois, assim, conseguem reconhecer sinais de perigo mesmo antes de uma situação chegar ao nível de uma ameaça ritualizada. Entre os animais, as demonstrações de ameaça podem variar muito, não apenas de uma espécie para outra, mas também de um indivíduo para outro. Frodo, o violento chimpanzé alfa do bando Kasakela, no Parque Nacional de Gombe, costumava mastigar seu lábio superior antes de causar tumulto, possivelmente na tentativa de esconder seus sentimentos hostis, a fim de abordar sua vítima de maneira mais surpreendente.

Perceber tais pistas é uma questão de sobrevivência. Os subordinados na EDS sabiam, por exemplo, que Ross Perot estava a ponto de explodir quando sua orelha esquerda começava a ficar vermelha. Em uma produtora de televisão, um alto executivo, quanto mais bravo ficava, mais vigorosamente esfregava o rosto. Quando novatos não percebiam isso e continuavam seu discurso sobre alguma idéia inadequada, os funcionários mais antigos costumavam se afastar da mesa e observar a situação com um ar de fascinação intelectual característico de quem está assistindo a um vídeo policial sobre terríveis acidentes automobilísticos.

Em uma empresa da Wall Street, onde Sandy Weill era um alfa em ascensão, "o pessoal do escritório logo aprendeu", segundo a biógrafa Monica Langley, "que era possível interpretar o humor e as atitudes características de Sandy observando seu charuto. Se ele colocava e tirava o charuto da boca e dizia 'Certo, certo, certo', estava ouvindo... Se girava o charuto entre os lábios e murmurava 'Tá, tá, tá', sabiam que era hora de se calar ou de uma reunião ser encerrada".

A necessidade de monitorar e interpretar cuidadosamente os gestos e expressões do alfa pode explicar a importância de ser, literalmente, o "braço direito". Revelou-se que detectamos mais pistas emocionais sobre uma pessoa quando ela está do lado esquerdo de nosso campo visual; isso porque as imagens são captadas pelo lado direito de cada uma de nossas retinas e chegam mais rapidamente ao hemisfério direito do cérebro, onde acontece a maior parte de nosso processamento emocional.

Os antropólogos Robin Dunbar e Julia Casperd foram os primeiros a identificar esse fenômeno em babuínos-gelada machos. Interpretaram a tendência que eles tinham de manter o comportamento desafiador do lado esquerdo de seu campo visual como uma tentativa de entender melhor as verdadeiras intenções do rival: "Ele [o rival] está blefando quando faz ameaças duras? Seus olhos, que se movem rapidamente, estão traindo a relutância em começar um ataque se levado ao extremo?" Da mesma forma, quando você se senta do lado direito de seu chefe (ou de seu arqui-rival), a maior sensibilidade do hemisfério direito assegurará que perceba nuances sutis. Dado que você está do lado direito do campo visual dele, ele levará um pouco mais de tempo para perceber o que você está pensando.

Os animais também são muito atentos a seus alfas, porque a obrigação do subordinado, sem que seja solicitado, é desistir do cantinho com sombra do qual estava usufruindo ou da parceira com a qual ele esperava manter relações sexuais. Quando o subordinado renuncia a seu lugar dessa forma, os biólogos chamam isso de "suplantar", prática comum também no ambiente profissional humano. Observe, por exemplo, a próxima vez que o CEO surgir na sala de ginástica para fazer sua meia hora de esteira. Seu aparelho preferido ficará milagrosamente vago, e o ocupante anterior sorrirá e dirá: "Estava mesmo parando", embora não tenha ainda nem uma gota de suor sequer pelo corpo. Do mesmo modo, quando o chefe aparece na porta do

148 O GORILA NO ESCRITÓRIO

escritório onde dois colegas estão conversando, um subordinado irá sorrir, interromper a conversa e retomar suas atividades. Ninguém nunca falará: "Estamos ocupados agora, você pode voltar mais tarde?"

Os humanos são mais ambivalentes do que as outras espécies quanto à suplantação. No entanto, a noção de que temos de passar a vez para o alfa continua forte. Uma viagem com o chefe, por exemplo, envolve uma série de questões delicadas. Se ele traz apenas a bagagem de mão, isso significa que você não pode fazer o *check-in* de suas malas? Você deve jantar com ele todas as noites ou pode sair com um velho amigo? Se o chefe não bebe, isso significa que você também não deve beber? (Lembre-se de que em seu quarto há um minibar. Mas ele pode ser do tipo que, no momento de deixar o hotel, examina a conta detalhadamente e, ao ver as seis garrafas de cerveja que você consumiu, pergunta, em voz alta, se o cartoon *Hot and Naughty Nurses* [Enfermeiras sexy e safadas] realmente merece a qualificação XXX que recebeu.) Um consultor empresarial, que passou a voar de primeira classe, não sabia se deveria oferecer seu lugar ao chefe, que continuava na classe econômica. Acabou oferecendo, e o chefe recusou. Ambos agiram da forma correta. Uma das funções da deferência em um subordinado é reconhecer os privilégios de sua posição e permitir que o alfa se sinta superior ao abrir mão deles.

Quando o subordinado deixa de fazê-lo, corre o risco de criar uma tensão subliminar no relacionamento. Há pouco tempo, o CEO de uma empresa de segurança de computadores da Califórnia chegou a seu hotel em Nova York e ficou no mesmo quarto luxuoso que havia ocupado na semana anterior, e também duas ou três semanas antes. O diretor de relações com os investidores, porém, que estava viajando com ele, teve sorte. A recepcionista do hotel não apenas o colocou em um quarto melhor do que de costume, mas também lhe deu a suíte presidencial. Provavelmente, não passou na cabeça do Sr. Sortudo virar e dizer a seu chefe: "Fique você na suíte." Talvez isso parecesse muita servidão, principalmente na frente de uma bela jovem. Também seria grosseiro se o chefe dissesse: "Na verdade, vou ficar nesse quarto." A violação da hierarquia de regalias, porém, foi devidamente percebida. "Quando se trata da questão que envolve minha posição como CEO, sou realmente modesto", comentou com sua assistente algumas semanas depois. "Mas..." Na viagem seguinte que fez a Nova York, a assistente já havia encontrado um novo hotel com recepcionistas de olhos mais aguçados para a questão da ordem social. Posteriormente, por motivos que, sem dúvida, não foram claramente explicadas, a empresa contratou um novo diretor para a divisão de relações com investidores.

Por outro lado, viajar com o chefe pode também abrir para o subordinado uma porta (ou até mesmo um imenso portão) em direção à alta gerência. Estar próximo é um meio de descobrir quem está ganhando poder, quem está perdendo e como isso afeta a todos. Em uma empresa da Fortune 500, por exemplo, uma gerente de nível médio começou a pegar caronas, sempre que possível, nos helicópteros, aviões e limusines usados pela alta gerência. Em determinado momento em sua carreira ela tinha de fazer uma viagem semanal a uma fábrica da empresa em um estado próximo. Era uma viagem de quatro horas. Vários vice-presidentes faziam, com freqüência, a mesma viagem usando os aviões da empresa, em muito menos tempo e com muito mais conforto. A gerente sempre tentava pegar carona com eles. "Basta conhecer suas assistentes", disse. "Os vice-presidentes têm mais chance de conseguir fazer a viagem quando conseguem mostrar que o avião estará cheio. Se você é simpática com as assistentes, elas lhe telefonam."

Os colegas da gerente que ocupavam cargos do mesmo nível que o dela mostravam-se mais inibidos quando se tratava de cruzar as linhas da hierarquia. "Comentava isso com os outros gerentes, mas eles sempre diziam: 'Não, não é meu lugar.' Eu pensava: 'Não, é seu *trabalho*.' Precisamos saber o que está acontecendo na empresa. E essa é uma maneira de descobrir." Certa vez, no helicóptero da empresa a gerente se apresentou a seus colegas de vôo, todos vice-presidentes. "Eu não sou vice-presidente", brincou. Foi uma forma meio tímida de reconhecer que ela havia transgredido a ordem social.

O mais delicado do grupo, observando sua pouca idade, sorriu e respondeu: "Ainda é cedo." Os dois começaram a conversar e, no decorrer do vôo, ela reconheceu que "ele parecia um líder, tinha ar de líder". Também teve acesso a algumas informações pessoais que os outros vice-presidentes não ouviram em virtude do barulho do motor do avião: ele estava indo para uma reunião com os membros do conselho da diretoria da empresa. De volta à sede no dia seguinte, "disse para o vice-presidente para o qual eu trabalhava que esse rapaz iria longe, e ele perguntou: 'Como você sabe disso?' Contei-lhe sobre a reunião com os diretores e ele respondeu: 'Não pode ser.'". Logo depois, o sujeito com "ar de líder" tornou-se o CEO da empresa.

IMITAÇÃO E BAJULAÇÃO

Manter-se próximo do chefe e conhecer seu comportamento não apenas ajuda a interpretá-lo, em toda a sua glória de alfa, mas também a bajulá-lo e até mesmo imitá-lo. Apesar de todos afirmarem que detestam bajulação, ela é uma ferramenta vital para os subordinados.

Outros primatas sociais constroem seus vínculos principalmente por meio dos cuidados físicos que trocam entre si, sendo que é uma escolha inteiramente política definir quem receberá os cuidados e quem os oferecerá. Entre os macacos-verdes, por exemplo, um subordinado que quer estabelecer relacionamento com uma fêmea que ocupa uma posição alta geralmente recebe os cuidados dela depois de ter oferecido os seus umas dez vezes. ("Você se sente completamente relaxado... seus níveis de serotonina estão a todo vapor... você quer me dar aquela banana...") Se o subordinado for esperto ou maquiavélico, também pode ser capaz de detectar pistas sobre o poder futuro e, com isso, mudar a freqüência dos cuidados dispensados, por se tratar de uma estrela em ascensão. Em um caso observado, biólogos no Quênia registraram que uma fêmea de macaco-verde que ocupava uma posição relativamente baixa, chamada Marcos, recebia uma quantidade desproporcional de cuidados. As outras fêmeas pareciam reconhecer que ela estava destinada ao poder em função de sua astúcia e inúmeros laços familiares. E, realmente, passados dez anos, ela chegou, aos poucos, ao topo. "Os animais se comportavam como se estivessem tentando minimizar os riscos", concluíram os pesquisadores, "ao formar laços com os que tinham poder naquele momento, mas, ao mesmo tempo, manter a ligação com os que poderiam vir a tê-lo no futuro."

As pessoas não trocam cuidados físicos no ambiente profissional, exceto alguns toques nas costas ou uma olhada que uma assistente lança para seu chefe antes de ele entrar em uma reunião importante. Trocamos esses cuidados por meio das palavras. Há uma teoria que diz que os humanos desenvolveram a linguagem como um substituto direto do comportamento da troca de cuidados físicos entre os animais, sendo que, quando se trata de bajulação, usamos expressões relacionadas a: amansar a fera, melhorar um relacionamento que está meio insosso, não cheirar bem, chutar o balde, estar de saco cheio. A própria palavra *flattery* (bajulação) deriva de uma palavra em francês que significa "bater ou acariciar".*

---

*A palavra "bajular" vem do latim *bajuláre*, "levar nos braços, às costas". (*N. do R.*)

No ambiente profissional, normalmente preferimos atacar e ser atacados por meio de palavras a usar as mãos ou os lábios. (Isso parece verdade até mesmo na contemporânea Hollywood. Um de seus mais renomados produtores aborda a questão de maneira sucinta: "Quero respeito, e não que fiquem me lambendo.") Pode parecer estranho, mas a troca de cuidados físicos entre os humanos também parece surtir mais resultado quanto mais indireta for. Chefes fracos se cercam de pessoas sempre prontas a dizer "Sim, senhor", "Nossa, você é o melhor. Não acredito que você tenha feito isso". No entanto, a maioria desenvolveu a herança primata maquiavélica a ponto de não acreditar naqueles que ficam bajulando de modo muito escancarado.

Assim, o subordinado esperto lança mão da bajulação quando há a probabilidade de o chefe perceber. James Truman, então diretor editorial da Condé Nast Publications, agiu dessa forma quando o *New York Times* o convidou para falar sobre o proprietário da editora, S. I. Newhouse: "O Si tem faro para perceber quando algo deixa a desejar", afirmou Truman. "Não fala muito, mas basta vê-lo parado, apoiando-se ora em um pé, ora no outro, enquanto analisa algo, que já sabemos que aquilo precisa ser melhorado. Ele tem o dom de saber o que as pessoas querem ler nas revistas." O dom de Truman, por sua vez, era trocar o apoio dos pés de forma inarticulada, o que fazia dele um gênio. Se o *New York Times* não convida o subordinado para falar de seu chefe, ele fará sua bajulação a uma terceira pessoa bem posicionada, certo de que tal atitude será prontamente transmitida ao chefe.

Stanley Herz, que chefia uma empresa de recrutamento para executivos em Nova York, teve certa vez um funcionário que o elogiava o tempo todo, e o fazia em um contexto altamente eficaz, ou seja, durante as reuniões com clientes, em que parecia parte natural do discurso de vendas: "Este é Stanley Herz, e devo dizer que ele é o cérebro que está por trás desta empresa." Herz admite que aceitava o fato porque a bajulação ia ao encontro da necessidade de ser visto como um prodígio empresarial. Para desgosto dos outros funcionários, Herz dava ao bajulador um cargo melhor, bônus vultosos, os clientes mais importantes e a liberdade de levá-los aos melhores restaurantes.

A bajulação deu tão certo que o feitiço acabou virando contra o feiticeiro. O bajulador sempre foi um funcionário eficiente, diz Herz. "Não acho que qualquer um seja capaz de lançar mão de tanta bajulação, exceto se for muito convincente." Mas ele se tornou um funcionário tão caro que deixou de ser lucrativo para a empresa. Quando uma recessão forçou Herz a colocar seu cérebro para funcionar, o bajulador foi o primeiro a ser demitido.

A FORÇA EM NÚMEROS

Há um elemento primordial do comportamento subordinado que merece ser analisado. Quando a deferência, a bajulação e outras demonstrações de submissão não são suficientes para que o chefe faça o que querem, os funcionários formam grupos para aproveitar a força dos números. Nas reuniões, as pessoas geralmente esperam para ver se alguém terá a coragem de dizer o que todos estão pensando. Se isso acontece, todos se aproveitam. Algo semelhante ao comportamento de um enxame de insetos em que cada um depende da força dos demais para evitar uma retaliação individual. Os chimpanzés agem exatamente dessa maneira. O comportamento ameaçador do alfa leva uma fêmea a soltar um bravo "Uaaa!" de protesto, e um coro de "Uaaas!" vindo de seus aliados surge imediatamente até que todo o bando é tomado em uma cacofonia de indignação que leva o alfa a recuar.

Como os chimpanzés, os humanos quase sempre se agrupam em coalizões informais a fim de utilizar seu poder coletivo e expulsar o alfa de seu trono. Em uma escola, por exemplo, um treinador de futebol bem-sucedido lançou mão disso ao semear a hostilidade entre os indivíduos e os grupos. Ninguém queria arriscar seu lugar no time enfrentando o tirano. Como viviam bravos entre si, também não formavam grupos para tomar tal atitude. Por fim, os pais, ao comparar os desempenhos no estacionamento, interferiram, formaram uma coalizão informal e enviaram vários e-mails falando sobre o abuso, a fim de conseguir que o treinador fosse afastado.

Em outra instituição, um chefe costumava ter "ataques histéricos mal-humorados" ao falar com seus subordinados. Não havia muito a ser feito, exceto um sentimento de compaixão mútua. Um dia, porém, o chefe de fato jogou sua pasta em um funcionário e uma indignação imediata, um "Uaaa!" dos subordinados, foi forte o suficiente para chegar ao CEO. O sujeito não foi demitido, mas o bônus que recebia foi reduzido em 25%.

A maioria das histórias das relações de gerenciamento de mão-de-obra segue esse padrão de os subordinados formarem coalizões para imprimir ao poder um nível mais equilibrado. Fazemos isso, por exemplo, com a ajuda dos sindicatos trabalhistas, ações judiciais de classe, leis empregatícias justas, leis de assédio sexual, brincadeiras e fofocas. Esses dispositivos de nivelação podem parecer o produto mais avançado da natureza humana. No entanto, algumas lições rápidas dadas por outros primatas podem nos ensinar muito sobre o comportamento de coalizão:

■ *Preste atenção à maneira como as pessoas se relacionam.* Quando primatólogos querem saber quais chimpanzés estão trabalhando em conjunto, observam quem senta perto de quem, quem oferece cuidados a quem e com que freqüência, como compartilham os alimentos e quem chega para defender outro chimpanzé em uma briga. Você pode fazer as mesmas deduções em qualquer reunião prestando atenção à disposição dos lugares, à ordem de quem fala e às trocas de expressões faciais. Às vezes, aliados políticos chegam até a se vestir de modo parecido.

Desmond Morris argumentou que os aliados também imitam, inconscientemente, a linguagem corporal uns dos outros, e que esse eco "postural" pode ajudar a definir as facções em uma reunião: "Se três em um grupo estão competindo com outros quatro, os membros de cada subgrupo tendem a ter uma postura corporal semelhante e a se movimentar de um modo que os diferencie do outro subgrupo. No momento certo, torna-se até possível prever quando um deles está trocando de lado antes que essa mudança seja dita verbalmente – isso porque seu corpo começará a mesclar posturas da 'equipe' oposta. Um mediador, ao tentar controlar um grupo desse tipo, pode adotar uma postura corporal intermediária, como se estivesse dizendo: 'Sou neutro', cruzando os braços como um grupo faz e movimentando as pernas como o outro grupo."

■ *Busque pistas quanto à intensidade de um determinado desafio.* Ao estudar macacos do tipo macaque, Frans de Waal notou que indivíduos confiantes concentravam todos os seus desafios de dominação em seu rival, como se não houvesse mais ninguém em seu campo de visão. Em geral, um indivíduo menos confiante direciona seus esforços não apenas ao oponente, mas também a possíveis aliados entre os que estão observando a situação. Tais indivíduos chamavam a atenção para seu desafio "virando a cabeça com movimentos vigorosos e rápidos". Um desafiador humano fraco ou inseguro costuma adotar o mesmo tipo de "agressão de apelação", confrontando o alfa e, em seguida, olhando desesperadamente a seu redor em busca de aliados.

Se você é subordinado, é aconselhável pensar duas vezes antes de se unir a um desafio muito fraco. Se você é o alfa, tem de saber como agir, e não apenas como pôr fim a uma ameaça. Nesse meio tempo, você conseguirá notar quem são os rebeldes e quem é fiel ao bando. Basta observar o modo como respondem a um desafio, apenas levantando a sobrancelha e não falando nada, ou adotando uma expressão de preocupação.

Quando um macaco subordinado quer mostrar que reconhece o superior e quer agradá-lo, às vezes se curva, vira-se de costas e deixa o dominante montar nele e empurrá-lo por um momento. Não se trata de sexo. É apenas uma forma educada de dizer: "Você é o chefe e eu sei disso." Nas empresas modernas, com freqüência, esse modo específico de demonstração de submissão é malvisto. Mas é necessário que os subordinados nunca se esqueçam de que, em muitas empresas, o equivalente em palavras ou gestos de deferência continua a ser quase sempre obrigatório.

8

INTRIGAS NA CASA DO MACACO
Fofocas e o segredo maquiavélico do "Não acredito! Conta mais!"

Viva de modo que você nunca se sentiria envergonhado de vender seu papagaio para o fofoqueiro da vizinhança.

— WILL ROGERS

"A fofoca envenena as empresas", esta foi uma das manchetes publicadas há alguns anos pela revista *Workforce*. "A área de Recursos Humanos pode acabar com isso." Logicamente, trata-se de uma notícia sensacionalista. Sugere que os gênios do departamento de recursos humanos podem fazer com que as cobras escrevam sonetos e as baleias dancem um tango.

A fofoca faz parte da natureza humana. Para se livrar dela, seria preciso um milagre, ou então magia negra. E qualquer empresa ficaria reduzida à metade na ausência dela. Apesar de a fofoca ter a reputação de ser "obra do diabo" ou "um veneno maldito", o fluxo de intrigas e mexericos sobre as pessoas que nos cercam é, na verdade, uma força vital para nós, primatas sociais e animais corporativos. Não fofocar nos deixa desprovidos social e espiritualmente. Um antropólogo caracterizou a fofoca como um dispositivo para manter "a união, a moral e os valores dos grupos sociais". Essa assertiva, porém, parece nobre demais, já que o assunto é fofoca. Vamos então nos desviar um instante dele e falar sobre algo um pouco imoral.

Quando era editor interino da sessão de obituários do *Daily Telegraph* em Londres, o jornalista David Jones deliciou-se com o falecimento da senhora

156 O GORILA NO ESCRITÓRIO

Stevens of Ludgate. Escreveu que ela era "uma morena pneumática" mais conhecida por ter apresentado aos britânicos a prática de chupar os dedos dos pés em seu livro *Woman as Chameleon: Or How to Be an Ideal Woman* [A mulher como camaleão: Ou como ser a mulher ideal]. No obituário, acrescentou a citação de um conselho dela sobre como "acalmar" um marido após um dia difícil no trabalho: "Sempre beije o corpo de seu marido começando pelos pés. Depois de beijar seus dedos e chupá-los (tomara que ele os tenha lavado), continue beijando cada centímetro de suas pernas..."

O jornalista aventurou-se em um território arriscado. Uma das principais funções da fofoca em qualquer ambiente de trabalho é disseminar as regras que não são ditas abertamente. Na Fleet Street, há uma regra que diz que é proibido "desprezar" editoras rivais ou seus falecidos camaleões, e a senhora Stevens fora casada com o diretor-executivo do *Daily Express*. Jones também contou, todo entusiasmado, que jornalistas de todas as partes deliraram com uma observação dela em que aconselhava as esposas a serem prostitutas de seu marido, devido "à clareza de visão que isso trouxe ao planejamento doméstico de um barão dos jornais". O editor de Jones pode muito bem ter interpretado isso como uma sugestão a seu próprio casamento, mais ainda porque a observação o colocou na posição de parecer estar festejando a morte da esposa de um rival.

O obituário acabou sendo ainda mais indelicado porque, naquele momento, o *Telegraph* estava negociando uma transação com lorde Stevens para a impressão do *Express*, além da aquisição de uma participação de 20% na empresa. Jones passou os dez dias seguintes em um inferno supervisionado, tentando manter sua cabeça presa a seu corpo e sendo deliberadamente evitado nos elevadores da empresa.

Raramente se ouve alguém lamentando "Se ao menos eu tivesse fofocado um pouco mais...". A fofoca, porém, é uma ferramenta vital para a sobrevivência no ambiente profissional. A artimanha não é acabar com ela, exceto no caso de boatos maldosos ocasionais, mas utilizá-la para tirar o máximo de vantagem possível. Fofocamos como forma de estarmos atentos ao que está acontecendo à nossa volta. ("Jones, você por acaso percebeu que aqueles caras no elevador eram do *Daily Express*?") Fofocamos, principalmente, para saber o que está acontecendo com os que estão acima de nós na hierarquia. Talvez seja por isso que os chefes são tão avessos a fofocas: porque eles são os temas prediletos. Fofocamos para ganhar *status*, para poder dar aquela risadinha de lado e para ter a chance de trocar informações privilegiadas. Fofocamos para conhecer as regras e os valores de nosso grupo. ("Você ficou sabendo o que o Jones do obituário fez?") Fofocamos para ter controle sobre outros membros do grupo e disciplinar os que violam as regras.

Apesar das vantagens óbvias, o preconceito contra a fofoca ainda é grande. Há algum tempo, o diretor da Dale Carnegie Training, empresa de consultoria de mercado, sugeriu que o melhor que os executivos poderiam fazer para aumentar a produtividade do mercado seria "proibir as conversas perto dos bebedouros". Como exatamente? Cortando fora a língua de seus funcionários e transformando-os em robôs? Humm... "Se você parar para pensar no assunto", admitiu, "as políticas empresariais sempre foram movidas por fofocas." Livrar-se de hábitos que sempre existiram é, na maioria das vezes, muito difícil.

NÃO É JUSTO

Por não terem a capacidade da linguagem, os macacos não fofocam. Mas chegam o mais próximo possível da fofoca sem conseguir, na verdade, falar: "Não acredito! Conta mais!" Fazem o mesmo escutando às escondidas. Prestam muita atenção ao comportamento dos animais que estão à sua volta e usam esse conhecimento social para fazer amigos e influenciar seus companheiros primatas. Entre outros aspectos, parecem dispensar atenção especial investigar se a organização os está tratando de forma justa.

Em um estudo publicado na *Nature*, sob o título provocativo "Monkeys Reject Unequal Pay" (Os macacos não aceitam recompensas desiguais), pesquisadores do Yerkes National Primate Research Center descreveram o que aconteceu quando apresentaram a macacos-prego a economia em dinheiro. Os macacos-prego são uma espécie altamente social e cooperativa, nativa da América do Sul. No experimento, o "dinheiro" era um pedregulho de granito que os macacos aprenderam a trocar com os pesquisadores por um pedaço de pepino ou por uma uva. Para o experimento, os pesquisadores colocaram dois macacos em jaulas adjacentes, o que permitia que os macacos vissem o que seu vizinho conseguia com seu dinheiro. (Por coincidência, todos os macacos do estudo da "recompensa desigual" eram fêmeas.) Se ambos ganhassem pepino, comiam rapidamente e tudo ficava bem. Mas, se o primeiro ganhasse uma uva e o segundo, um pepino, a política organizacional repentinamente mostrava seu lado sombrio. "Se um parceiro conseguia algo melhor, eles respondiamm negativamente às recompensas que, anteriormente, haviam aceitado sem problemas", escreveram os pesquisadores. Na verdade, o segundo macaco, bravo, geralmente uivava em sinal de protesto e atirava, para fora da jaula e com veemência, o pedaço que poderia muito bem comer.

Os pesquisadores de Yerkes, Sarah Brosnan e Frans de Waal, não estavam particularmente interessados em estudar a fofoca entre os símios. Mas seu experimento revelou uma das razões importantes que nos levam a prestar atenção nos indivíduos que nos cercam, seja com nossos próprios olhos ou por meio de comentários passados de boca em boca: queremos ter certeza de que não estamos ficando com a pior parte. Parece que os macacos-prego estavam tendo a mesma sensação de violação que vivenciamos quando alguém consegue uma promoção sem tê-la merecido, quando alguém fura a fila na nossa frente no supermercado ou não respeita a etiqueta de aguardar sua vez de entrar em uma pista expressa. Os pesquisadores sugeriram que o "senso de justiça" humano universal e a aversão à desigualdade podem ser muito mais antigos do que imaginamos.

Essas emoções sociais são fortes o suficiente para induzir os macacos a se angustiarem e jogarem fora a comida pela qual pagaram uma boa quantia, em vez de aceitar uma negociação injusta. Apesar do mito "do homem econômico racional", nós, humanos, não nos comportamos de um modo nem um pouco mais lógico – desviamo-nos de nosso caminho e vamos até uma loja longe de casa porque achamos que não fomos bem tratados na loja do bairro ou largamos um emprego que adoramos porque alguém conseguiu uma promoção antes de nós.

"As pessoas em geral recusam uma recompensa disponível por não ser o que esperavam ou porque acham que é injusta", comenta a pesquisadora Sarah Brosnan. "Tal comportamento irracional deixa os cientistas e economistas, que sempre argumentaram que todas as decisões econômicas são racionais, pasmos. Nossas descobertas sobre primatas não-humanos deixam claro que o sentimento de justiça desempenha um papel importante na tomada de decisões."

Mas, se fofocamos por motivos práticos tais como supervisionar o que é justo e evitar o perigo, alguns pesquisadores sugerem que também fofocamos pelo propósito mais positivo de fortalecer o vínculo social com a família, amigos e colegas de trabalho.

CÉREBROS MAIORES PARA FOFOCAR MELHOR

O antropólogo Robin Dunbar, da Universidade de Liverpool, afirma que a fofoca é a principal razão, depois de comer, que nos leva a abrir a boca. Em um estudo realizado entre freqüentadores presumivelmente intelectuais de um refeitório universitário, ele descobriu que esses grandes conversadores quase não prestavam atenção às idéias. Em vez disso, passavam 70% do tempo falando uns dos outros. Nenhum outro assunto ocupava mais de 10% do tempo da conversa, e, mais do que isso, "todos os assuntos considerados importantes em nossa vida intelectual, ou seja, política, religião, ética, cultura e trabalho", ocupavam apenas 2% ou 3% do tempo.

Dunbar sugere que a situação no Plistoceno era muito semelhante, isso porque entender os relacionamentos sociais sempre foi algo essencial para a sobrevivência. Argumenta, na verdade, que desenvolvemos cérebros grandes e a capacidade exclusiva da fala principalmente em razão da necessidade vital de gerenciar a inteligência social. "Em resumo", escreve, "estou sugerindo que desenvolvemos a linguagem para poder fofocar."

O cérebro humano é cerca de nove vezes maior do que os biólogos estimariam para um mamífero de nosso porte. É também nosso órgão mais caro; consome 20% de nosso orçamento diário de energia. (Surpresa: seus genitais são, em comparação, os mais baratos. Ou seriam, se você não gastasse tanta energia mental pensando neles.) Segundo biólogos, o tamanho do cérebro aumentou em diferentes espécies de primatas somente quando isso proporcionava uma vantagem evolucionária significativa para compensar o custo extraordinário. Um cérebro maior deve ter ajudado, por exemplo, no momento de cuidar de um lar maior ou de conseguir tipos diferentes de alimentos.

Dunbar chegou ao conceito de que a fofoca era uma vantagem crucial para os humanos ao mapear o tamanho do cérebro de diferentes espécies de primatas, desde lêmures anões até macacos do tipo macaque. Em seguida, relacionou essas informações em um gráfico juntamente com o tamanho dos grupos nos quais cada espécie geralmente vivia. Descobriu que o cérebro, em especial o neocórtex, a camada externa responsável pelos pensamentos mais complexos, era maior quanto maior fosse o grupo. Os primatas que viviam em grupos maiores e com cérebros maiores – babuínos, macacos do tipo macaque e humanos – eram os que passavam a maior parte do tempo no chão, em regiões arborizadas, em savanas abertas ou nos limites das florestas. Trata-se de habitats ricos. Mas são também lugares perfeitos para ser devorado pelos leões. Assim, viver em grupos maiores era vital para vigiar melhor os predadores. Grupos maiores também significavam relacionamentos mais sociais. Um cérebro maior, segundo Dunbar, tornou-se uma necessidade para gerenciar esses relacionamentos.

Os chimpanzés acompanham seus colegas chimpanzés dedicando grande parte do tempo a cuidados mútuos e prestando atenção a quem cuida de quem. Vivem geralmente em grupos compostos por cerca de 55 animais, e esses cuidados ocupam aproximadamente 20% do dia. Trocar cuidados ajuda os indivíduos a formarem vínculos sociais, o que pode ser crucial quando se trata de compartilhar alimentos e buscar ajuda em uma briga.

No sentido mais imediato, receber cuidados faz os chimpanzés se sentirem bem. Libera um aumento de endorfina e outros opiatos endógenos – os narcóticos embutidos do cérebro. Sentimos a mesma sensação de felicidade em nossos próprios relacionamentos íntimos quando, como afirma Dunbar, a linguagem não consegue transmitir precisamente nossas emoções e recorremos a fricções, carícias, toques leves e outras formas de cuidados físicos (até mesmo, talvez, chupar os dedos dos pés): "À medida que as endorfinas são liberadas por esses comportamentos, começam a fluir pelo corpo e experimentamos sensações de afeto, um sentimento de paz com o mundo e de bem-estar com relação àqueles com os quais trocamos tais experiências de intimidade. O efeito é instantâneo e direto: o estímulo físico do toque revela muito mais e de modo muito mais direto os sentimentos íntimos de quem está nos tocando fisicamente do que qualquer palavra é capaz de fazer."

FOFOCAR PARA SE SENTIR BEM

Como conhecemos muitas pessoas, trocar contatos físicos como um meio de formar vínculos entre os humanos representa um problema. E na maioria das vezes não queremos ser friccionados, acariciados nem tocados pelos outros, especialmente no trabalho. Segundo cálculos de Dunbar, o cérebro humano está voltado a um grupo de cerca de 150 pessoas. Se tivéssemos de manter nossos relacionamentos sociais em um grupo tão grande trocando contatos físicos, isso consumiria até 45% de nosso dia. Não teríamos tempo para fazer coisas importantes, como, por exemplo, almoçar. Dessa forma, mantemo-nos atentos uns aos outros e confortamo-nos mutuamente por meio da linguagem, principalmente pelas fofocas.

A linguagem em si é surpreendentemente positiva: um estudo de 13 línguas descobriu "uma tendência humana universal de usar, na comunicação, palavras consideradas positivas com mais freqüência do que palavras consideradas negativas". Outro estudo descobriu que temos a tendência natural de colocar, em pares-padrão de palavras, o termo positivo em primeiro lugar – ganhar ou perder, mais ou menos, feliz ou triste, nós e eles, lucro e prejuízo.

A fofoca em si é realmente negativa em cerca de 5% do tempo, segundo Dunbar. Na maioria das vezes, nada mais é do que um bate-papo ocioso: "Você viu a blusa que ela estava usando ontem?" ou "Ele leva jeito com as palavras". O conteúdo da fofoca importa menos, afirma Dunbar, do que a "mensagem do compromisso social". Quando uma pessoa pára para fofocar, está incluindo você e a si mesma no relacionamento individual e no grupo social. A própria palavra já diz muito. As pessoas que fofocavam juntas eram originalmente conhecidas como "*god-sibs*", que se assemelha muito a *godparents*, e mantinham-se próximas umas das outras pela troca mútua de informações sociais.*

Se Dunbar estiver certo, então fofocar, como trocar contatos físicos, deve nos trazer uma sensação boa. Provas circunstanciais sugerem que sim. A fofoca e a sensação de fazer parte de um grupo social estão, certamente, entre as razões de os adolescentes serem tão viciados nos serviços de mensagens instantâneas e tão fascinados por eles, e, em uma escala menor, pelos e-mails. Por isso as pessoas vivem falando pelo telefone celular, pois, assim, podem trocar informações com amigos, familiares ou colegas do trabalho quando sozinhos no carro ou andando no meio de uma multidão de desconhecidos em uma rua da cidade.

A AT&T explorou inteligentemente a idéia da conversa ociosa como algo semelhante à troca de contatos físicos com sua famosa campanha publicitária "Vá mais longe e toque alguém". A mensagem dizia: "Lembre-se de que, por mais distante que sua família ou a família de seus amigos estejam, você sempre pode ir mais longe e tocá-los." Infelizmente, até hoje, nunca ninguém mostrou que a fofoca, como a troca de contatos físicos, realmente aumenta a

---

God-sibs deu origem à palavra usada hoje para fofoca em inglês, *gossip*. *Godparents* são, na Igreja Católica, os padrinhos de batismo de uma criança; daí a comparação feita pelo autor, dada a conotação positiva da palavra. (*N. da T.*)

162   O GORILA NO ESCRITÓRIO

produção de opiatos no cérebro. Também não há provas de que tal efeito pode ocorrer quando a troca social acontece por meios relativamente impessoais, como um telefone ou um computador.

Sabemos, no entanto, que o contrário ocorre: nosso cérebro responde à exclusão social tanto quanto responde à dor física, e a sensação de sentir-se ofendido ocorre mesmo quando somos deixados de lado por um computador. Em um estudo realizado na UCLA, um sujeito passou por um teste em que jogava um jogo virtual de troca de passes com bola com outros dois jogadores pelo computador. Os outros dois jogadores eram virtuais, mas o sujeito não sabia disso. Passaram a bola para ele sete vezes. Em seguida, deixaram-no de lado por 45 jogadas, e ele reagiu como se tivesse sido agredido fisicamente.

Em homens e mulheres submetidos ao mesmo teste, uma IRM mostrou atividade no córtex pré-frontal ventral, a mesma porção do cérebro que é ativada na existência de perigo e de outros estímulos negativos, e também no córtex cingulado anterior (ou CCA). O CCA é mais conhecido como um "sistema de alarme neural" para a detecção de dor. Mas também desempenha um papel importante no monitoramento dos relacionamentos sociais.

Em macacos-de-cheiro, por exemplo, o sistema neural dispara o alarme quando um filhote produz um choro de separação como forma de restabelecer contato com o grupo. Nos humanos, desempenha um papel importante em gerar a reação distinta de dor aguda que uma mãe sente quando ouve seu filho gritar. Pesquisadores da UCLA teorizam que nosso sistema neural relacionado à sensação de dor tem colaborado no decorrer da evolução e tem sido usado para promover ligações sociais, razão pela qual detecta quando há "algo de errado" em nosso mundo social. Um insulto social pode, portanto, ser literalmente tão doloroso quanto um pisão no pé.

Um experimento mais recente realizado na Universidade de New South Wales nem se preocupou em simular a existência de alguém além do computador no jogo de troca de passes com bola. Os indivíduos que se submeteram ao teste, porém, sentiram-se como se tivessem se machucado e causado repulsa no adversário. Ou, como dizia a manchete do artigo publicado no *Journal of Experimental Social Psychology*: "O que é necessário para você chegar ao fundo do poço? A repulsa de um computador já é suficiente para você se sentir deslocado, descontrolado, com baixa auto-estima e como se sua existência não tivesse significado algum." Os autores interpretaram os resultados "como uma prova respeitável de que uma mínima pista de exclusão social traz à tona uma sensibilidade adaptativa extremamente primitiva e automática".

Talvez possamos dar um salto e sugerir que o sentimento de ser desprezado durante um jogo computadorizado também vem à tona quando somos deixados de lado nas conversas paralelas no escritório. E, mais uma vez, por que não? De certa forma, o caráter do conteúdo da maioria dos bate-papos informais não é tão diferente de um jogo de futebol; trata-se de fazer algo em conjunto, não sozinho. Mas a fofoca também pode incluir informações vitais para nossa sobrevivência no trabalho. Seja um assunto trivial ou passageiro, quem nunca experimentou o sentimento visceral de ser deixado de lado em uma conversa? Assim, a fofoca deve ter um grande potencial para produzir sentimentos que nos mostrem se integramos ou não um grupo.

O pior tipo de fofoca, admite o executivo de uma seguradora, é "ouvir algo importante vindo de outro executivo que está em uma posição igual à sua. Isso porque significa que ele conversou com os chefões, e *você não*. Para jogadores que estão na curva do poder e não vêem a hora de se sentar à mesa e ocupar o mesmo teto, não fazer parte do grupo que toma as decisões importantes é como o beijo da morte".

NOVE PASSOS PARA CONSEGUIR INFORMAÇÕES PRIVILEGIADAS DE QUALIDADE

Quais são as implicações práticas dessas idéias em nossa vida profissional?

- Não importa o quanto o RH tente, as pessoas nunca vão parar de fofocar. A chance de fazê-las parar são tão grandes quanto a de você conseguir que seu cachorro pare de cheirar o traseiro dos outros cachorros.

- Se você é gerente e lança mão do favoritismo ou de outras práticas injustas, há uma probabilidade enorme de seus subordinados descobrirem isso. Não aja dessa forma e esteja preparado para dar uma explicação plausível quando promover uma pessoa, e não outra.

- Se você ficar sabendo de fofocas perigosas ou desmoralizantes, lide com elas de maneira honesta: "Todos já ouviram algo sobre a empresa estar analisando a possibilidade de realizar esse trabalho a custos menores na Malásia. O que sei é que ainda temos a chance de mostrar que podemos fazê-lo melhor aqui mesmo e a um preço competitivo."

Se disser a seus subordinados que uma mudança para o outro lado do mundo está fora de cogitação e, dois meses depois, pedir a eles que empacotem equipamentos para Kuala Lumpur, nunca mais ninguém acreditará no que você diz. Ao contrário, vão passar a confiar ainda mais nas informações paralelas. (Exceto se o tal fornecedor das informações também tiver se mudado para Kuala Lumpur e levado seu trabalho consigo.)

■ A sabedoria popular pode dizer o contrário, mas os gerentes devem usar a fofoca como uma ferramenta para criar um sentimento de inclusão entre seus subordinados. O pessoal do RH está certo quanto a um ponto: isso não significa compartilhar suas reclamações com os subordinados. Não significa contar para eles sobre o livro tolo de piadas que um palerma de um assistente de produção está lendo, além de reclamar que ele não anda fazendo seu trabalho direito, como, aliás, nunca fez. Em algumas jurisdições, uma empresa pode até ter de pagar indenizações substanciais se o tal palerma resolver processar um gerente por tê-lo exposto, por meio de fofocas, a um ambiente de trabalho hostil.

Os gerentes raramente chegam a algum lugar com fofocas negativas. Mas, repetindo mais uma vez, a maioria das fofocas não é negativa. Você pode ajudar seus colegas a usar seu tempo de maneira mais produtiva e também conquistar a fidelidade deles com uma palavra dita na hora certa: "Soube que talvez venha por aí algo grande com relação à conta da Disney. Talvez você deva deixar aquele trabalho de lado até o fim de semana." Mas lembre-se de que é muito importante passar as informações aos seus subordinados de uma maneira mais ou menos igual.

■ Fofocar com os que ocupam a base da hierarquia não é apenas uma boa maneira de fazê-los investir no grupo. Você também pode ficar sabendo de algo, pois as pessoas que ocupam cargos mais baixos geralmente enxergam mais do que as que estão no topo. Em uma instituição, o conselho de governadores tinha um segurança que ouvia, de seu posto no corredor, por meio de fones de ouvido, o que acontecia lá dentro, pois, assim, podia correr para evitar que algum intrometido tivesse um ataque depois de ler informações sobre o pacote salarial do presidente do conselho. Mas ele também ouvia tudo e, às vezes, compartilhava o conteúdo com pessoas espertas o suficiente para não olharem um mero segurança com ar de desprezo.

Intrigas na casa do macaco 165

Em uma empresa da Fortune 500, uma gerente de nível médio com um ouvido afiado para a fofoca voltou certo dia para casa na limusine da empresa. Ela estava sozinha, o que era, de certo modo, desvantajoso para a coleta de informações. Sentou-se, então, no banco da frente e conversou com o motorista. Falaram sobre uma diretora de projetos jovem e atraente chamada Nancy que estava subindo rapidamente de posição na empresa. Outros diretores de projeto viviam comentando que ela era incompetente, que hesitava em tomar decisões, mudava de opinião o tempo todo e não se comunicava bem – e, ainda assim, era promovida.

O motorista não falou logo de cara que a diretora de projetos estava tendo um caso com o vice-presidente sênior. Mas deixou escapar que a esposa do vice-presidente havia contratado um detetive particular e que, quando o vice-presidente e Nancy, que também era casada, faziam viagens de negócios juntos, tomavam o cuidado de viajar em vôos separados e pousar em terminais diferentes. Hoje, Nancy é vice-presidente também. Para a gerente de nível médio, a fofoca não foi diretamente útil; não pretendia chantagear ninguém. Mas deu-lhe uma visão clara e útil da kremlinologia corporativa.

■ A fofoca também pode lhe dizer onde investir suas energias e com quem. Em um dado momento, a Sun Microsystems instituiu uma entidade separada, uma *skunkwork*,* para desenvolver um novo software. O líder da equipe era um engenheiro. Mas a empresa também incluiu um tipo gerencial, e os dois, inevitavelmente, acabaram se esbarrando. A equipe fazia apostas sobre quem acabaria com quem. Um funcionário bastante esperto, conhecendo a natureza do mundo corporativo, apostou que o gerente se daria melhor. "Mas outro cara ficou sabendo que o engenheiro jogava hóquei com o CEO Scott McNealy semanalmente. E, por fim, foi o gerente que saiu." O espertinho estava errado e, como ocorre na maioria das vezes, a fofoca estava certa.

---

*Forma não-convencional de organizar pequenas equipes em torno de uma missão específica de grande pressão, velocidade, altamente sigilosa e principalmente inovadora. *Skunk* significa "gambá" e *works* refere-se a "lugar onde algo é produzido". O termo surgiu nos quadrinhos do cartunista Al Capp, *L'il Abner* (*Ferdinando Busca-Pé*), como denominação para uma destilaria clandestina de caipiras norte-americanos. (*N. da T.*)

166 O GORILA NO ESCRITÓRIO

- Para que uma fofoca seja proveitosa – que funcione como um vínculo ou como fonte de informações –, o relacionamento tem de ser recíproco e marcado por certo grau de confiança. Confiar, logicamente, com os olhos abertos: em uma grande empresa, uma gerente de nível médio se dá bem cultivando colegas como espiões e aliados. Primeiro, ela os testa para estabelecer confiança, deixando escapar alguma informação, algo que não seja muito prejudicial se todos ficarem sabendo. Em seguida, espera para ver se eles atenderam a seu pedido de não comentar com ninguém, e também para averiguar "se entenderam que ela espera reciprocidade".

  A confiança também está relacionada à exatidão das fofocas. Apesar de a fofoca ter reputação de ser fonte de boatos maldosos, alguns estudos sugerem que as informações vindas por vias indiretas são precisas em 75% a 95% dos casos. Não é muito razoável as pessoas investirem sua energia na disseminação de informações falsas, pois isso faz, inevitavelmente, que a fonte caia em descrédito. Ainda assim, verifique cuidadosamente os boatos (em especial os que chegam por e-mail) antes de passá-los adiante. Se alguém lhe conta que algo importante está para acontecer na conta da Disney e você interpreta isso como se a história é que Minnie e Margarida estão a ponto de comunicar seu casamento gay híbrido, você logo passará a não valer nada para as fontes indiretas.

- Apesar de os altos executivos fingirem menosprezar a fofoca, é necessário que saibam usá-la como uma ferramenta competitiva. Alguns anos atrás, uma corretora de seguros americana viu-se sendo jogada contra uma das maiores corporações do mundo em uma guerra de concorrência para assumir o controle de um alvo europeu. A seguradora percebeu que estava sendo usada como isca por banqueiros de investimentos para controlar a licitação em favor da GigantaCorp. Decidiu fazer sua oferta assim mesmo.

  Juntamente com a oferta, porém, também passou uma fofoca importantíssima para o alvo: a tática-padrão da GigantaCorp era fazer uma oferta alta, desistir da concorrência e, então, desvalorizar ao máximo o alvo por meio de contingências e "subsubcláusulas". Os executivos da seguradora também marcaram várias reuniões durante o processo de licitação com suas contrapartes européias. Apesar de poucas, as chances de conversar (e fofocar) pessoalmente acabaram gerando um bom relacionamento e a empresa européia aceitou a oferta mais baixa.

■ A fofoca também pode ser útil para questões no âmbito pessoal. É um meio de mantermos a honestidade mútua. O primatólogo Christopher Boehm caracteriza a fofoca como "uma atividade furtiva por meio da qual dossiês sobre a moral das outras pessoas são revisados constantemente (...) Apesar de sua natureza secreta, todos sabemos que a fofoca está sempre presente; qualquer um pode ser alvo dela. Esse conhecimento serve como agente inibidor".

Por exemplo, uma executiva pegou uma carona, em uma manhã de segunda-feira, no helicóptero de sua empresa e ficou sabendo, acidentalmente, que o diretor financeiro usava o helicóptero para ir todos os finais de semana para a sua casa de veraneio. Não foi preciso que a informação fosse dita em voz alta. Apenas olharam um para o outro e o diretor notou que ela havia percebido. Por outro lado, todos falaram abertamente e em alto e bom som quando se descobriu o bizarro pacote salarial recebido por Richard A. Grasso como presidente do Conselho da Bolsa de Valores de Nova York. "Veja só, ele fica com a uva e nós, com o pepino", foi o comentário do *New York Times*, com a pesquisa do Yerkes fresca na mente de todos. "Não. Vamos colocar isso de outra maneira. Ele ficou com um cacho de uvas, uma banana, um sundae caramelado com cereja e um Bentley. Ficou – vamos soletrar – com CENTO E TRINTA E NOVE MILHÕES E QUINHENTAS MIL UVAS. E nós, aqui sentados, feito macaquinhos bonzinhos, com nossos pepinos. E nossos pepinos diminuíram de tamanho este ano. São os cortes, sabe como é... mercado acirrado. Fazer o quê?"

É provável que no longo prazo seja mais inteligente, embora não tão fácil, viver como Will Rogers sugeriu: com a idéia de que seu papagaio tem sinal verde para fofocar pelas redondezas.

Há alguns anos, na indústria cinematográfica, por exemplo, um agente hollywoodiano que mais se parecia com uma cobra (a afirmação pode ser injusta com as cobras) estava representando um jovem ator de uma família de artistas muito unida. Quando o agente comprou uma nova secretária eletrônica, deu a antiga à mãe do ator. A secretária acabou se transformando no papagaio dele. O agente cometeu a estupidez de deixar, na secretária, uma fita com uma conversa dele com um diretor sobre um projeto futuro. A mãe acabou ouvindo seu filho ser descrito como um ator horrível e totalmente inadequado ao projeto. O agente estava elogiando outro cliente. A mãe, então, ligou para o agente, fez com que ouvisse a passagem relevante e disse-lhe que deixaria isso vazar na mídia de Hollywood se ele não rasgasse, imediatamente, o contrato que tinha com seu filho. O terrível ator em questão arrumou, rapidamente, outro agente e hoje é um dos maiores e mais celebrados nomes do entretenimento popular. E o agente? Continua a parecer algum tipo de réptil de Hollywood, só que menos esperto.

SINAIS DE BASTIDORES

Prestar atenção a seus colegas atores não é a única alternativa de os animais serem bem-sucedidos em seu mundo. O sucesso também está relacionado com o fato de reconhecerem pequenos sinais de bastidores. Um dia, em Botswana, estava observando um bando de babuínos caminhando em um campo, o topo arredondado da cabeça de cada um aparecendo entre a grama alta. Estavam andando em direção a uma pantera, que ia se aproximando deles. Um pássaro, um calau, viu a pantera do topo de sua árvore e "disparou" o alarme. O babuíno líder do bando olhou para cima, analisou onde estava o perigo e desviou seu caminho em uma direção mais segura. Bufando, a pantera também mudou de direção. (Uma coisa boa é que as panteras e os babuínos não dividem o mesmo palco.) Predador e presa nem chegaram a se ver. Simplesmente sabiam como interpretar as mudanças no cenário.

As panteras do escritório cumprem a mesma função. Um funcionário contratado captou, pelo tom de voz de um colega, que a empresa estava para ser vendida. Então, passou noites e noites em claro para entregar seu projeto mais cedo. O resultado foi que o gerente que havia contratado o trabalho pagou por ele (com um bônus, pois naquele momento os resultados já não tinham mais tanta importância). A outra opção seria ter sido devorado no almoço por algum novo gerente disposto a demonstrar seus instintos selvagens de cortar custos.

9

FOGO CRUZADO E BANDEIRA BRANCA
A história natural do "Desculpe-me"

É como o casamento de dois porcos-espinhos. Eles terão de lidar com a situação com muita cautela.

— Observador do Vale do Silício sobre a reconciliação
pública entre a Sun e a Microsoft

Em uma manhã, não muito tempo atrás, um funcionário do escritório de advocacia londrino Dewey Ballantine enviou um e-mail oferecendo uma ninhada de cachorrinhos. Um sócio que ocupava um cargo alto intrometeu-se na conversa enviando uma resposta engraçadinha para toda a empresa, na qual dizia: "Não deixem que esses cachorrinhos acabem em um restaurante chinês!"

Foi uma piada idiota. Principalmente porque todos os funcionários do escritório haviam passado por um treinamento de sensibilidade depois de terem deixado a comunidade asiática enfurecida no ano anterior. A infração envolveu um jantar de gala, no qual advogados cheios de graça marcaram o fechamento do escritório de Hong Kong com um teatrinho: "Vocês eram os 'otários' da empresa e agora estamos muito 'tristes' porque cortamos sua fonte de renda." Soou como uma brincadeira preconceituosa e não houve desculpa capaz de abrandar as furiosas críticas. "Cometeram um erro e desculparam-se", lamentou um membro do conselho. "E continuamos nos desculpando... Gostaria que houvesse uma maneira de convencê-los, de modo rápido e fácil, de que tal atitude também não é comum em nossa cultura. Mas está claro que não

170 O GORILA NO ESCRITÓRIO

vão nos desculpar." Parece que ele não percebeu que demonstrar que gostaria que o problema fosse contornado de uma maneira rápida e fácil, em um contexto "nós-eles", só agravou a situação.

Tentar corrigir uma gafe social com um gesto ou frase é sempre algo delicado, e são poucas as situações que parecem tão humanas. Mas a arte de dizer "desculpe" tem raízes biologicamente profundas que afetam até mesmo as desculpas mais cheias de nuances. É importante entender essas raízes, nem que seja para nos lembrarmos de que as pessoas, em qualquer relacionamento que dá certo, precisam ouvir a palavra "desculpe" e verbalizá-la abertamente tanto quanto precisam comer e dormir.

É particularmente importante entender essas raízes em um ambiente com tendência a conflitos, tal como o ambiente profissional, onde parece que pedimos desculpas de uma forma tão inepta, isso quando pedimos. Por exemplo:

- A estrela do Cincinnati Reds, Pete Rose, não apenas fazia apostas ilegais em jogos de beisebol, incluindo as partidas das quais participava como jogador ou treinador, como também mentiu a esse respeito durante 14 anos. Quando finalmente admitiu o fato, em 2003, a desculpa que deu era tomada por um tom egoísta: Rose queria anular a proibição perpétua de participar do esporte. Queria ser eleito para o Hall da Fama do beisebol antes do fim de sua habilitação, em dezembro de 2005, e vender seu livro autocomplacente intitulado *My Prision Without Bars* [Minha prisão sem grades]. Apenas para constar, o mais próximo que ele chegou de uma desculpa verdadeira no livro foi: "Sei que devo agir de um modo que mostre que estou arrependido, triste e que me sinto culpado, agora que admiti que fiz algo errado. Mas esse não é meu jeito. Vamos, então, colocar da seguinte forma: peço desculpas pelas pessoas, fãs e famílias prejudicadas. E vamos seguir em frente." Foi pior do que a tentativa de perdão em tom de "tudo ou nada" dada por Charlie Hustle.

- Em 2004, depois que uma comissão independente descobriu que políticas editoriais "defeituosas" haviam permitido que um repórter da BBC fizesse alegações "infundadas" sobre o governo, os dois altos funcionários da rede de transmissão britânica apresentaram seu pedido de demissão e o novo presidente do conselho interino desculpou-se "abertamente". (Segundo a comissão, o jornalista não tinha provas para afirmar que a equipe do então primeiro-ministro Tony Blair ha-

Fogo cruzado e bandeira branca 171

via "maquiado" um dossiê da inteligência para induzir o povo britânico a apoiar a Guerra do Iraque.)

A desculpa levou à ira os 27 mil funcionários da BBC. Muitos, inclusive, consideravam a comissão uma forma de "encobrir" as políticas de Blair. Mal conheciam seu presidente interino e achavam que faltou a ele a postura de pedir desculpas em nome deles. O espírito de tal desculpa, que o próprio *sir* David Attenborough, da BBC, chamou de "rastejante", não obstante alastrou-se por toda a organização e gerou efeitos embaraçosos. Em um dado momento, a BBC realmente desculpou-se porque seu entrevistador de televisão, conhecido por ser muito persistente, insistia, entre outras coisas, em questionar o chefe da polícia em um notório caso de assassinato.

Nesse caso, parece que aprendemos a arte da desculpa com os macacos, e com macacos não muito espertos. As desculpas, no entanto, são algo sério. São ou deveriam ser o bálsamo de nossa vida profissional. Podem transformar, miraculosamente, a hostilidade de um cliente em doce mel. Podem evitar a fúria de uma mãe com relação à morte desnecessária de sua filha e, de alguma forma, transformá-la em amiga.

Podem também ter um efeito significativo nos resultados:

- Em 1987, o Veterans Affairs Medical Center em Lexington, Kentucky, introduziu uma política de "honestidade extrema" para a sua equipe. Isso significava, em determinadas situações, admitir erros médicos, pedir desculpas e mostrar à família razões que fariam com que ela nunca suspeitasse que o erro médico havia contribuído para a morte de um paciente. Alguns céticos acharam que a política geraria uma enormidade de responsabilizações. No entanto, as despesas legais do hospital deixaram, rapidamente, de figurar entre as mais altas do sistema do Department of Veteran Affairs, passando a ser uma das mais baixas. Parece que uma desculpa sincera funcionou melhor do que o dinheiro para aliviar a sensação de suspeita e danos no coração das vítimas de imperícias médicas e de seus familiares.

- Em fevereiro de 2001, no Johns Hopkins Hospital, em Baltimore, uma criança de 1 ano e 6 meses, chamada Josie King, estava se recuperando de uma queimadura. Pouco antes de sua filha receber alta, a mãe, Sorrell, percebeu que Josie havia ficado, repentinamente, desidratada. A equipe rejeitou dois pedidos para intervir e, após um terceiro pedido, administrou um medicamento que, juntamente com a desidratação, levou a criança à morte.

Os pais ficaram desolados e enfurecidos. Um hematologista chamado George Dove, então diretor do Centro Pediátrico do Johns Hopkins, visitou o casal King em sua residência. "Naquele momento, já havíamos contratado um advogado. Estávamos ajuizando um processo", afirmou Sorrell King. "Se George tivesse dito 'Não sabemos ao certo o que aconteceu', nós o teríamos escorraçado de nossa casa. Mas ele agiu bem, pelo menos do nosso ponto de vista. Disse: 'Desculpe. Isso aconteceu sob minha supervisão, em meu hospital. Eu os ajudarei em tudo que estiver a meu alcance.'" A desculpa deu início a um relacionamento conturbado, mas com os dois lados trabalhando em conjunto para descobrir as causas da morte de Josie. O casal King acabou ganhando a ação. Doaram, então, parte do valor recebido para contratar um profissional em segurança pediátrica e para realizar outras reformas na unidade onde sua filha havia morrido.

- Em um caso de abuso sexual praticado por um padre do Texas, as vítimas concordaram, em 1998, em abrir mão de uma indenização do júri que havia chegado, com juros, a $175 milhões, reduzindo o valor para $23 milhões. Logicamente, não havia nenhuma garantia de que a decisão original teria sobrevivido à apelação. Mas o avanço nas negociações se deu quando um bispo católico de Dallas concordou em pedir desculpas e tomar providências para evitar futuros casos de abuso. "A dor nunca passará", disse uma vítima. "A quantia em dólares não pode acabar com ela (...) a única coisa capaz de fazê-lo é ver mudanças na diocese." As desculpas do bispo funcionaram como uma promessa pública de mudança, o sinal externo de uma transformação interna.

O SACRAMENTO DA RECONCILIAÇÃO

O primatólogo Frans de Waal descobriu a existência, pela primeira vez, de uma história natural de "Desculpe" em meados da década de 1970, no Arnhem Zôo, na Holanda. Tal revelação aconteceu logo após um confronto acirrado (descrito em um capítulo anterior) entre Nikkie e Luit, dois machos que ocupavam posições elevadas. Como ocorre nas disputas de dominação entre os chimpanzés, o confronto entre eles foi cheio de agressividade, sons e demonstrações de fúria completamente ritualizadas, além de muita poeira.

Depois de uma rodada de gritos e perseguições, os dois rivais acabaram separados, em segurança, próximos ao topo de um carvalho seco. Dez minutos após o fim da briga, Nikkie, o macho alfa do grupo, estendeu seu braço em direção a Luit, dedos esticados, palma para cima, em uma proposta de paz. De Waal tirou uma foto e ficou observando os dois símios descerem alguns galhos e abraçarem-se, beijarem-se e abraçarem-se novamente, e ao chegar ao chão, passarem a trocar contatos físicos mútuos.

A maioria dos pesquisadores teria registrado esse momento sem clareza, sob alguma categoria acadêmica do tipo "interação pós-conflito". Falar sobre os animais em uma linguagem que denotasse emoção era uma heresia naquela época. Mas de Waal decidiu descrever o que havia acontecido entre Nikkie e Luit com a mesma palavra que teria usado após uma briga entre seus próprios irmãos: reconciliação.

Depois disso, de Waal passou a prestar atenção em como os chimpanzés conseguiam viver juntos antes e depois das brigas freqüentes. Fez registros sistemáticos de seu comportamento no momento seguinte ao conflito – os pequenos gestos de desculpas, os esforços para corrigir relacionamentos que não estavam bem – e descobriu que os chimpanzés são os campeões da reconciliação. Durante anos, ele registrou mais de 4.500 incidentes dentro de seus grupos de estudo – juntamente com 10 mil períodos de trocas de contatos físicos e mil reconciliações. Os chimpanzés podem, às vezes, ser "símios assassinos" – na verdade, Nikkie acabou matando Luit –, mas os chimpanzés de de Waal parecem muito mais, e de longe, pacificadores natos.

Esta é a *lição número 1 dos chimpanzés sobre reconciliação*: quando brigam, os chimpanzés se beijam e fazem as pazes, e nós deveríamos fazer o mesmo. Pode parecer meio simplista, mas, quando começou a pesquisar sobre o assunto, de Waal descobriu que a ciência era "praticamente ignorante quanto ao comportamento de reconciliação nos relacionamentos humanos".

Psicólogos sociais que estudavam o comportamento humano geralmente o faziam por meio de experimentos de laboratório, e não entre grupos sociais naturais, o que raramente lhes permitia perceber o comportamento de reconciliação. Terapeutas de família estimulavam as reconciliações, mas faziam isso sob supervisão, em circunstâncias altamente artificiais. Não tinham, portanto, nenhuma razão para acreditar que se tratava de um comportamento enraizado em nossa biologia. "Não há perdão na natureza", declarou certa vez o dramaturgo italiano Ugo Betti, e até mesmo a ficção romântica negava a importância da reconciliação. Um romance que se revelou um sucesso de vendas popularizou, certa vez, a premissa absurda de que "Amar significa nunca ter de pedir perdão". Da mesma forma, executivos corporativos têm construído sua carreira com base no seguinte lema: "Nunca peça desculpas; nunca dê explicações."

A verdade, surpreendentemente, é que o mundo natural flui com base no espírito do perdão. Desde a revelação de de Waal sobre Nikkie e Luit, pesquisadores descobriram formas de reconciliação em 25 espécies de primatas e também em animais muito menos sociais, desde golfinhos até hienas. Isso ocorre não apenas entre os membros de uma espécie, mas até mesmo entre espécies distintas, como quando o seu cachorro se aproxima novamente de você, de mansinho e vagarosamente, pedindo desculpas depois que você o pegou roubando comida do armário da cozinha. Se você tem a mínima dúvida quanto à importância de um gesto de reconciliação, preste atenção, da próxima vez, a como a servidão e a tensão desaparecem do corpo de seu cãozinho no momento em que você finalmente cede e acaricia sua cabeça.

Guarde, então, essa imagem na mente para a próxima vez em que um subordinado se mostrar apreensivo. Quando dizemos algo conciliador – "Desculpe, não deveria ter gritado com você daquele jeito" –, você vê a tensão do subordinado desaparecer, com um alívio instantâneo. Ouça de perto e conseguirá ouvir a maré vazante de cortisol batendo em retirada das praias de sua mente. Você ouvirá, se seu gesto de reconciliação for sincero.

Isso não significa, necessariamente, dizer que sua reclamação não fazia sentido antes e que o cachorro ladrão ou o subordinado neurótico estavam certos. Basta uma palavra delicada ou (cuidado agora) um toque reconfortante que transmita: "Nosso relacionamento é mais importante. Vou encontrar um jeito de passar por cima disso."

A disposição em ter um gesto reconciliador é, na verdade, uma marca de força, não de fraqueza. E se Nikkie e Luit conseguiram fazê-lo no topo de uma árvore, você, com certeza, também consegue.

DIFERENÇAS IRRECONCILIÁVEIS?

"Os humanos", escreve de Waal, "fazem as pazes de centenas de maneiras diferentes: pondo fim à tensão com uma piada, tocando gentilmente o braço ou a mão do outro, pedindo desculpas, enviando flores, fazendo amor, preparando o prato preferido da outra pessoa..." Como os chimpanzés, também nos beijamos, "o gesto de reconciliação por excelência". Isso pode não ser aceitável no âmbito profissional, mas de Waal aponta que "outro ponto em comum com os chimpanzés é a função vital do olhar. Entre os símios, o olhar é um pré-requisito para a reconciliação. É como se os chimpanzés não acreditassem nas intenções do outro se não olharem em seus olhos. Do mesmo modo, não consideramos um conflito como acabado quando as outras pessoas desviam o olhar para o teto ou para o chão sempre que olhamos em sua direção".

Uma pesquisadora em uma empresa relembra um incidente no qual um gerente a mandou ao escritório do chefe, em uma sexta-feira à tarde, e a repreendeu duramente, falando alto e apontando com o dedo. A pesquisadora recusou-se a aceitar a repreensão. "Acho que você está fora de si", falou ao gerente. Para piorar a situação do gerente, o chefe apertou os lábios e levantou as sobrancelhas para mostrar que também não concordava com as acusações dele.

Na segunda-feira, a pesquisadora e o gerente cruzaram-se no corredor e ela o cumprimentou como sempre. Ele passou rapidamente, com o olhar fixo em algum ponto do teto. Não conseguiu olhá-la nos olhos e, por ter sido acusada erroneamente, a pesquisadora achou não haver motivos para pedir desculpas. Depois de 15 anos no emprego, começou a enviar seu currículo para outras empresas.

Eles poderiam ter evitado que a situação tomasse esse rumo infeliz com uma simples ajuda da *lição número 2 dos chimpanzés sobre reconciliação*: às vezes é possível, no caso de rivais orgulhosos, haver a aproximação com a ajuda de uma "mentira coletiva", pois, assim, nenhuma das partes sai desacreditada. A proximidade e o enfoque em uma tarefa não-relacionada à disputa podem, então, quebrar a tensão e conduzir, naturalmente, a uma reaproximação.

Depois de uma briga, por exemplo, um dos chimpanzés de de Waal quase sempre fingia ter encontrado algo na grama "e soltava um grito alto, olhando para todos os lados". Vários chimpanzés, incluindo o adversário, corriam em sua direção. Os outros logo perdiam o interesse na descoberta falsa. Mas os dois rivais geralmente ficavam juntos, com a atenção fixa no objeto, respirando e soltando gritos exaltados. "Enquanto faziam isso, a cabeça e os ombros se tocavam. E, alguns minutos depois, os dois se acalmavam e iniciavam a troca de contatos físicos. O objeto, que eu nunca conseguia identificar, era esquecido."

Essa história é uma forma de nos lembrarmos de que ambos os lados, ou seja, transgressor e vítima, geralmente sentem grande vontade de se reconciliar. Nos relacionamentos humanos, infelizmente, a esposa ou a fêmea em

176 O GORILA NO ESCRITÓRIO

uma disputa geralmente não consegue tramar a mentira coletiva. O macho, logicamente, poderia fazê-lo. Mas não faz. No caso da pesquisadora, uma mulher, o fato de saber que o "trabalho emocional" estava sendo realizado de maneira injusta pelo gerente que a havia repreendido era algo a mais para se sentir ofendida, o que dificultava ainda mais qualquer reconciliação.

Os símios também não se desculpam o tempo todo. Os gorilas das montanhas fazem gestos conciliatórios cerca de 37% das vezes após um conflito; os chimpanzés em cativeiro o fazem 40% das vezes; e seus parentes próximos, os bonobos, aqueles adoráveis filhotinhos símios, reconciliam-se em quase metade das vezes. Algumas pessoas acreditam que de Waal exagera quanto à questão de eles serem pacificadores. Um crítico fez um comentário áspero, dizendo que não tinha certeza, a princípio, como esses "chimpanzés tão sentimentais (...) podem se encaixar nas tomadas de David Attenborough que vi uma noite dessas, em que chimpanzés machos picotaram filhotes aos berros e então os devoraram, até que consegui lembrar como compartilharam, com seus companheiros, os pedaços sangrentos. A cooperação é fascinante".

Mas de Waal está falando sobre o comportamento conciliador dentro do bando, o que é uma questão totalmente distinta do comportamento símio assassino com uma espécie de presa, ou até mesmo com os chimpanzés de bandos rivais. Todo gerente corporativo deveria entender como é importante promover a unidade dentro de uma equipe, o que é melhor do que despedaçar a competição em pedaços sangrentos. Outros críticos sugerem que de Waal pode estar exagerando quanto às taxas de reconciliação mesmo dentro de grupos, por estudar somente animais em cativeiro. (Mais uma vez, então, os chimpanzés mantidos em cativeiro são, provavelmente, um modelo melhor do que os selvagens para o comportamento do animal corporativo.) "Acho que ele não tem total consciência da importância das interações agressivas irreconciliáveis na selva – ou então opta por não reconhecê-las", assinala Richard Wrangham, cujo livro, *O macho demoníaco,* baseia-se no comportamento símio para explorar as origens da violência humana.

Quando chimpanzés brigam na selva, Wrangham diz, reconciliam-se em menos de 13% das vezes, cerca de um terço da freqüência que o fazem no cativeiro. Isso pode ser porque, na selva, os combatentes têm a possibilidade de fugir ou porque, por motivos estratégicos, optam por não se reconciliar. A estatística também pode ser prejudicada pela dificuldade de se observarem realmente os chimpanzés na selva após uma briga.

Mas Wrangham prontamente acrescenta uma nota conciliatória dizendo que "admira muito" de Waal por ele ter mostrado que a vida dos primatas não se restringe a iniciar guerras ou fazer as pazes. "Quem conhece os chimpanzés sabe que eles tomam ambas as atitudes."

AMOR ENTRE PORCOS-ESPINHOS

Em abril de 2004, Steve Ballmer e Scott McNealy, CEOs da Microsoft e da Sun Microsystems, subiram juntos ao palco e fizeram as pazes. Por mais de uma década, McNealy havia se referido à Microsoft como "a besta de Redmond". Havia apelidado Ballmer e o presidente da Microsoft, Bill Gates, de "Ballmer e Butt-Head" e atribuído a recusa deles de participar de um debate público com ele ao fato de não serem capazes de "cogitar a possibilidade de falar a verdade". Ballmer, por sua vez, havia caracterizado McNealy como "dois desvios-padrão da realidade" e a Sun como "apenas uma empresa idiota" com funcionários "com QI abaixo de 50".

A rivalidade foi muito além da troca de apelidos. A Microsoft havia usado táticas ilegais para derrotar o sistema de programação em Java da Sun. A Sun havia incentivado agências governamentais americanas e européias a adotar dispendiosas ações antitruste contra a Microsoft.

O que, então, estavam fazendo esses símios assassinos no mesmo palco, não propriamente se abraçando – na verdade, mantendo certa distância –, mas cumprimentando-se cada qual com uma das mãos no ombro do outro? Por que estavam trocando tapinhas nas costas e rindo em uma demonstração conjunta de não-agressividade tensa? Por que estavam se divertindo com o fato de terem raízes em comum, pelo fato de ambos terem crescido em Michigan e serem filhos de executivos da indústria automobilística formados em Harvard? Por que estavam trocando moletons do Red Wings de Detroit? ("Acredito que a amizade e as parcerias começam quando o gelo se quebra", disse Ballmer, segurando seu moletom e, aparentemente, não consciente do valor duvidoso do hóquei profissional como um modelo de comportamento pacificador.)

As duas empresas haviam chegado a um acordo, com a Microsoft embolsando quase $2 bilhões em indenizações e ambas concordando quanto aos termos de um futuro compartilhamento de patentes. Na verdade, nenhum dos lados disse "Desculpe", embora McNealy tenha prometido "tentar ser bonzinho" e não cutucar mais a Microsoft.

178 O GORILA NO ESCRITÓRIO

Os motivos dessa reconciliação eram dois. Ambas as empresas tinham inimigos em comum no sistema operacional Linux e na IBM. Também estavam sofrendo pressão dos clientes, acionistas e analistas de mercado, que sentiam que a amarga rivalidade entre eles era uma distração forte e possivelmente perigosa.

Esta é a *lição número 3 dos chimpanzés sobre reconciliação*: conflitos não-resolvidos afetam todo mundo. Quando chimpanzés que ocupam posições altas brigam, mesmo os espectadores sofrem uma tensão palpável. Observam com ansiedade, como fazem as crianças pequenas quando ouvem uma briga entre a mamãe e o papai. Ficam emitindo sons como se estivessem falando sobre os momentos finais do conflito, lançando olhares cautelosos aos combatentes. São momentos perigosos. Tudo pode acontecer: uma mudança na estrutura do poder, um divórcio, uma pista de que alguém está a ponto de ter atitudes violentas.

O contágio emocional afeta psicologicamente até os que não estão brigando, pois o nível de cortisol, o ritmo cardíaco e a pressão arterial disparam e mantêm-se em níveis elevados. O estresse deixa os chimpanzés receosos; arranham-se, ficam impacientes e arrancam seus pêlos. (Os humanos fazem o mesmo quando surge uma briga em uma reunião. Os espectadores ficam se movimentando na cadeira, mexem no cabelo e arrumam as roupas.) Todo o grupo aguarda ansiosamente o momento da reconciliação e teme a possibilidade de um novo conflito. Quando as pazes são feitas publicamente, os efeitos psicológicos do conflito realmente se abrandam. O grupo todo suspira aliviado.

Na verdade, os chimpanzés ficam tão perturbados com os conflitos não-resolvidos que os demais, às vezes, enfrentam o risco consideravelmente elevado de intervir na briga para tentar uma solução pacífica. Na primeira vez que de Waal testemunhou um momento desses, a heroína foi uma lenta e idosa fêmea chamada Mama, que tinha um olhar "abrangente e indignado". Acabou com uma briga entre dois machos abraçando-os, um em cada braço. Em outro momento, aproximou-se de um macho aos berros e colocou seu dedo na boca dele, o que, para os chimpanzés, representa um gesto reconfortante. Virou-se, então, para o rival e pediu um beijo. Em seguida, os dois combatentes abraçaram-se.

Gerentes corporativos que passam cerca de 42% do tempo mediando disputas no ambiente profissional entenderão como esse momento é delicado. "Esses machos são muito nervosos, dominadores, fortes e agressivos", disse de Waal. "Assim, interferir e fazer com que eles se reaproximem é algo muito arriscado. Para mim, isso significa que ela se importa com os relacionamentos em sua comunidade. Os chimpanzés têm uma 'preocupação com a comunidade'. Vivem em um grupo e têm de se dar bem, e sua vida será melhor se a comunidade for melhor. Esse é um motivo egoísta. Mas é também o alicerce de nossos sistemas morais: nossa vida será melhor se nossa comunidade funcionar melhor."

Quando o CEO Andy Grove ficou furioso com a Intel, os executivos seniores que impediram que a briga prosseguisse estavam correndo o mesmo risco que Mama, pelo mesmo propósito. Da mesma forma, quando a rivalidade amarga entre a Sun e a Microsoft arrastou-se por tempo demais, foi a esposa de McNealy que deu início ao processo de reconciliação, convidando a esposa de Ballmer para uma visita à sua casa. (Durante uma entrevista na CNET, os dois orgulhosos adversários machos mostraram-se constrangidos quando lhes foi perguntado como haviam realmente feito as pazes. Ballmer: "Temos amigos em comum." McNealy: "Tivemos um membro do conselho conjunto." Ballmer: "Na verdade, foi a esposa de Scott." McNealy: "Verdade, ela é a responsável.")

PERDÃO A DESPEITO DE NÓS MESMOS

Ninguém nunca estudou por que uma boa reconciliação tem um efeito tão forte e visceral em todos. O que acontece no cérebro? O que ocorre em nossas entranhas? Colocada adequadamente, a palavra "Desculpe", muitas vezes, parece fazer muito mais do que simplesmente aliviar o estresse de um conflito: ela produz uma transformação emocional quase milagrosa.

Depois de um acidente em que o submarino nuclear americano *Greenville* afundou uma embarcação de pesca japonesa, o comandante do submarino, Scott Waddle, pediu desculpas pessoalmente às famílias de nove membros da tripulação japonesa que haviam desaparecido. Posteriormente, uma testemunha relatou que Waddle se curvou diante das famílias "e elas viram suas lágrimas caírem no chão. Isso teve um efeito profundo. Kazuo Nakata, cujo filho estava desaparecido no mar, não entendia muito bem inglês, mas disse que compreendeu claramente duas palavras que Waddle dissera: '(...) Sinto muito...' Naquele instante, sua raiva repentinamente desvaneceu-se".

A professora de direito da Vanderbilt University, Erin Ann O'Hara, sugeriu que essa transformação acontece quase "independentemente da vontade da vítima". Com certa consternação, ela descreve uma vez em que passou uma tarde inteira sentindo raiva de uma ofensa dita por seu marido. Em casa, naquela noite, quando começou a fazer o discurso enfurecido que havia preparado, o marido desculpou-se com humildade. Sua raiva desapareceu tão rapidamente que O'Hara acabou reclamando que "ainda não havia acabado de ficar brava". Mas seu corpo dizia o contrário.

Um pedido de desculpas sincero envolve, na maioria das vezes, um toque ou abraço e o restabelecimento dos vínculos sociais anteriormente partidos. Será que as desculpas disparam a liberação de oxitocina – que, por sua vez, diminui o batimento cardíaco, a respiração e a pressão arterial – e também induzem a sentimentos de carinho e afeição? Seria o efeito de um pedido de desculpas mais profundo por representar uma mudança significativa ao mostrar que se está pronto para deixar o movimento "luta ou fuga" e entrar em um estado de calmaria de "cuidado e intimidade"? Infelizmente, essas são lacunas do conhecimento científico, em parte porque é difícil recriar a experiência de lesão e reconciliação em um contexto de laboratório e, em parte, porque, até que os chimpanzés nos dêem alguma dica, nunca ninguém achou que a reconciliação realmente importa.

A *lição número 4 dos chimpanzés sobre reconciliação* diz que, quanto mais forte o vínculo entre as partes em disputa, mais profundo o desejo de reconciliação. Os chimpanzés e outras espécies de primatas são muito mais propensos a se reconciliar com seus aliados sociais e familiares do que com meros conhecidos. Surpreendentemente, os chimpanzés machos reconciliam-se mais do que as fêmeas. Talvez porque eles dêem, um ao outro, mais motivos para que tenham de pedir desculpas. Isso também pode refletir a extrema importância das alianças sociais nas eternas lutas de dominação que caracterizam a vida dos machos. Eles se desculpam porque precisam de ajuda mútua nos conflitos que estão por vir. Na verdade, às vezes, eles fazem gestos conciliatórios antecipadamente para diminuir a tensão antes de um possível conflito.

No Yerkes National Primate Research Center os funcionários, geralmente, servem uma refeição em duas ou três etapas para estudar como a amizade e o efeito das posições sociais afetam a complexa questão de 20 ou mais chimpanzés em um grupo terem de compartilhar a comida. O momento em que se alimentam é tomado de ansiedade. Assim como dois humanos declaram suas boas intenções com um aperto de mão – um aperto de, literalmente, mãos que são como armas –, seguido de um interlúdio de bate-papo sem

Fogo cruzado e bandeira branca 181

importância, os chimpanzés também fazem gestos óbvios de não-agressão. Bjorn, o alfa, deixa Socko, seu principal rival, dar mordidas na parte interna de seu punho; Socko, por sua vez, deixa Bjorn morder seu ombro. Trocam tapinhas nas costas de forma carinhosa e movimentam-se para lá e para cá. Os três machos que ocupam as posições mais altas aconchegam-se. Expressam com tanta clareza que não querem criar um clima de tensão que, às vezes, perdem o primeiro prato de comida e parecem nem se importar com ele.

É como os associados das corretoras de Wall Street, que se embebedam juntos e prometem atitudes mútuas de não-agressão durante os dias tensos, pouco antes de receberem o bônus anual.

APERFEIÇOAMENTOS HUMANOS

Nosso comportamento de reconciliação também é diferente, quando comparado ao dos outros animais. Seguimos regras que parecem únicas à nossa espécie. Preocupamo-nos muito mais com os detalhes do que os chimpanzés, como, por exemplo, perceber um pedido de desculpas sincero e feito de modo adequado. Assim, embora seja importante prestar atenção às raízes biológicas de nosso comportamento de reconciliação, também é crucial observar algumas sutilezas humanas:

■ *As palavras têm de ser ditas.* E, com algumas exceções, é melhor que as palavras incluam a mensagem de que você admite sua responsabilidade pessoal pela transgressão. Não basta falar: "Desculpe pelo que aconteceu", como descobriu Pete Rose, ou "Erros acontecem". É necessário dizer: "Desculpe-me pela atitude que tive." Na verdade, Rose fez o discurso certo no noticiário *Prime Time Thursday*, da ABC: "Sinto muitíssimo pelas minhas ações e pela falta de discernimento em ter feito tantas apostas no beisebol; também sinto muito por ter levado tantos anos para admitir meu erro." Mas a falta de desculpas no livro e seu ar de truculência deixaram desapontados até mesmo aqueles que gostariam de ver Rose de volta ao cenário do beisebol.

As pessoas podem hesitar em dizer essas palavras por recearem que uma desculpa seja o equivalente a uma alegação de culpa. Isso é particularmente verdade nos Estados Unidos, onde se desculpar com a vítima pode transformar-se, mais tarde, em prova de culpa nos tribunais. Com isso, até as corporações japonesas, onde os pedidos de desculpa são uma tradição, pedem a seus funcionários que trabalham nos Estados Unidos que evitem pedir desculpas, por exemplo, após um acidente de carro.

A lei americana determina que um pedido de desculpas não pode ser usado como prova em uma única circunstância – quando está diretamente relacionado a uma oferta monetária referente ao acordo de uma ação judicial. Daniel W. Shuman, professor da Southern Methodist University School of Law, queixa-se de que essa norma estimula apenas o uso de desculpas "menos terapêuticas ou sinceras". A estrutura de indenização para advogados, que geralmente ficam com uma porcentagem do valor acordado judicialmente, também desestimula os pedidos de desculpas. Um terço dos pedidos de desculpas não compraria nem mesmo um sanduíche de atum para o almoço dos advogados.

Por outro lado, muitos estados têm promulgado leis que proíbem que um pedido de desculpas ou uma afirmação de complacência ou benevolência sejam usados como prova contra o réu, em pelo menos algumas circunstâncias. E, apesar do risco legal, hoje, alguns estudiosos do assunto e seguradoras afirmam que o caráter redimível de um bom pedido de desculpas pode ser justificável apenas em termos puramente práticos. Mesmo que ajude a determinar a culpa do acusado, estudiosos ressaltam que, na maioria das ações civis ou criminais, "o que importa não é a responsabilidade, mas o valor devido". Nessa questão, as vítimas e os jurados geralmente aceitam um pedido de desculpas como atenuante para a redução do valor da indenização.

■ *As palavras têm de ser ditas no momento certo*. Esperar 14 anos seria tempo demais. Mas, quando um pedido de desculpas vem muito cedo, pode parecer apenas um reflexo ou soar falso. Nicholas Tavuchis, autor de *Mea Culpa: A Sociology of Apology and Reconciliation* [Mea-culpa: Sociologia da desculpa e da reconciliação], escreve que há "um momento de compaixão que ocorre logo depois de uma ofensa que, se for precipitadamente reduzido ou imprudentemente prolongado, pode endurecer o coração, em vez de permitir uma movimentação saudável em direção a pedidos de desculpas e ao perdão".

Também é muito importante que os atos conciliatórios ocorram na hora certa. Você não pode esperar até que o problema se agrave para só

Fogo cruzado e bandeira branca 183

então agir. As pessoas precisam sentir que você está sendo conciliatório pois dá valor a um longo relacionamento, e não apenas por algum motivo momentâneo. Embora quase nunca seja dito, as pessoas são extremamente sensíveis quanto à necessidade de um determinado intervalo de tempo.

■ *O pedido de desculpas não pode ser uma atitude tomada descaradamente apenas em benefício próprio.* Os irmãos Bob e Harvey Weinstein construíram sua carreira como produtores cinematográficos na Miramax com base em um padrão de abusos selvagens e imprevisíveis. Harvey "atirava telefones na parede, batia as portas e jogava no chão tudo que havia em cima da mesa", segundo Peter Biskind, autor de *Down and Dirty Pictures* [Cenas deprimentes e sujas]. "Quase tudo que estivesse a seu alcance se transformava em uma arma – cinzeiros, livros, fitas, as fotografias emolduradas da família..."

Um ex-funcionário relembra: "Desde que os conheci, o método deles sempre foi o mesmo: chegavam com tudo, insultavam as pessoas e depois se desculpavam." Bisking acrescenta: "Seria possível produzir um curta-metragem com o dinheiro que a Miramax gastou para comprar flores com pedidos de desculpas do tipo 'Harvey não estava falando a sério'." Mas o caráter manipulador de ambos, de chegar com tudo e depois enviar flores, ficou claro para todos. É difícil aceitar um pedido de desculpas como demonstração de uma mudança genuína na atitude quando o culpado age de forma mais cruel ainda no dia seguinte.

■ *O pedido tem de ser voluntário.* Em um estudo realizado com crianças em idade pré-escolar, os rivais retomavam o relacionamento somente 8% das vezes depois que a professora pedia a eles que fizessem as pazes, índice comparado a 35% das vezes em que faziam por iniciativa própria. O fato de crescermos não muda isso em nada. Para desgosto dos gerentes que tentam agir em favor do "cessar fogo", as partes envolvidas na briga geralmente não pedem desculpas se forem forçadas a fazê-lo, nem as aceitam educadamente. O comportamento animal, no entanto, sugere pelo menos duas possibilidades promissoras:

Em um estudo realizado com babuínos selvagens, os pesquisadores gravaram os sinais vocais de animais individuais que se conheciam. Em seguida, após uma briga entre, digamos, Freddy e Sam, o pesquisador usava um alto-falante escondido para reproduzir o grunhido de Sam, o equivalente ao pedido de desculpas de um babuíno. Freddy quase sempre aceitava o grunhido gravado como genuíno, e os dois adversários logo se aproximavam e davam início a uma reconciliação.

Os humanos não são menos suscetíveis à sugestão. Romances surgem quando amigos apenas sugerem que uma parte está interessada na outra. Do mesmo modo, as reconciliações podem começar quando um chefe ou colega diz para uma das partes em uma disputa que seu rival "está se sentindo muito mal com o que aconteceu; só não sabe como expressar isso".

O comportamento conciliador também parece contagioso. Macacos *rhesus* não são muito bons quando se trata de reconciliação. Mas, quando colocados juntos a macacos da espécie *Macaca arctoides*, que tem forte tendência à reconciliação, os macacos *rhesus* também aprendem as técnicas da pacificação. Da mesma forma, quando o chefe adota a prática de pedir desculpas por suas transgressões, a probabilidade de os subordinados seguirem o mesmo caminho aumenta.

Em uma instituição, uma subordinada desobedeceu a uma ordem direta, argumentando que havia ocorrido um mal-entendido. Não compareceu, então, à reunião seguinte da equipe, a fim de evitar o confronto.

Sua gerente optou por "ser grande, fazendo-me parecer pequena". Na reunião, percebeu que a subordinada não estava presente para se defender e, de qualquer forma, não queria levantar novamente a questão conflitante. "Em vez de buscar o caminho do conflito, disse: 'Tudo bem, pode ser que eu esteja errada, então vamos seguir em frente. Estou tentando uma reconciliação.' Eu disse realmente isso. Ela era uma pessoa com quem eu precisaria trabalhar no futuro."

Seria bom ouvir que a subordinada foi se desculpar. Mas, no entanto, o mundo real é assim: ela nem se dignou a aceitar a oferta de paz da chefe. Mas sua chefe estava satisfeita: "Acho que se trata de um desfecho a longo prazo. Mostrei-lhes que queria colaborar. Tenho condições de ser humilde. Não preciso estar sempre certa. Disse aquilo publicamente, na reunião, ou seja, não há segredos. Achei que seria uma boa forma de fortalecer minha posição. Depois de tudo, uma amiga minha disse: 'Tenho de tirar o chapéu para você, porque realmente se superou.'"

NUNCA PEÇA DESCULPAS, NUNCA DÊ EXPLICAÇÕES?

Há, com certeza, certas circunstâncias em que a milagrosa palavra "desculpe" pode nos tornar mais fracos, e não mais fortes. Subordinados podem entender um pedido de desculpas do chefe como um sinal de permissão para desafiar as regras. Um funcionário que pede desculpas a pessoas de fora pode acabar tendo problemas por trair a cultura da empresa ou expor a gerência a críticas e transgressões. Um membro de uma gangue que se desculpa certamente perderia a credibilidade na cultura machista das ruas. Um Osama bin Laden ou um Timothy McVeigh não ganhariam nada ao se desculparem com as famílias de suas vítimas, pois alguns crimes são monstruosos demais para serem perdoados com base em um mero pedido de desculpas.

Por outro lado, quantas pessoas você consegue mencionar que tenham perdido o prestígio por se terem desculpado? Começando com um exemplo grotesco, o ator Hugh Grant sofreu quando pediu desculpas, em rede nacional, à sua namorada Liz Hurley, após ter sido preso em flagrante com uma prostituta de Los Angeles? Ao contrário, gaguejou e foi perdoado, pelo menos pelo público em geral, e, desde então, sua carreira entrou em ascensão.

Ou então citemos um exemplo mais profundo: o ex-conselheiro de segurança nacional americana Richard Clarke perdeu credibilidade quando se desculpou com as famílias das vítimas dos ataques terroristas de 11 de Setembro pelo fato de ele e o governo não terem sido capazes de evitar a tragédia?

É fácil, por outro lado, pensar nas pessoas cujo prestígio ficou permanentemente manchado por sua falta de disposição de pedir desculpas ou demonstrar arrependimento. A pequena lista inclui Richard Nixon, Bill Clinton, George W. Bush (que se recusou até mesmo a reconhecer os erros durante uma coletiva de imprensa, logo após as desculpas de Clarke), Pete Rose e Rush Limbaugh. Um pedido de desculpas é uma forma de reconhecer que violamos os padrões aceitáveis de comportamento social e que sentimos pelos danos causados. Ele nos faz mais fortes, pois é um meio de sermos readmitidos pela comunidade humana.

O slogan "Nunca peça desculpas, nunca dê explicações" tem o objetivo, por outro lado, de colocar o indivíduo acima da comunidade e das leis comuns ou normas sociais. É uma tentativa de "pôr fim às desculpas e ao perdão em questões humanas", segundo afirma o sociólogo Nicholas Tavuchis, e de transformar as partes culpadas "em deuses ou robôs". Os deuses e os robôs, porém, despertam ressentimentos, principalmente quando prejudicam humanos de carne e osso.

Dessa forma, não pedir desculpas leva ao que os biólogos chamam de "agressão moralista", incluindo ações judiciais caras e amargas, sabotagem no ambiente profissional e outros comportamentos retaliativos. Douglas Yarn, professor de direito na Universidade do Estado da Geórgia, ajuda a mediar disputas no sistema universitário estadual. Quando um conflito não chega a uma solução satisfatória, ele diz, a parte ressentida geralmente responde ao fato disseminando boatos, falando mal da liderança, formando facções e mostrando uma atitude geral de não-cooperação – em outras palavras, comportamentos que afetam o bom andamento da universidade. Um pedido de desculpas leva, na maioria das vezes, muito tempo para conseguir colocar as coisas de volta no lugar.

O apelo inevitável de um pedido de desculpas pode, por outro lado, fazer com que se torne algo perigoso. Em um estudo realizado sobre a função dos pedidos de desculpas nas disputas legais modernas, Yarn e a co-autora Erin Ann O'Hara sugerem que a propensão que desenvolvemos para a reconciliação pode nos tornar vulneráveis com relação às pessoas que pedem desculpas de modo oportunista.

Isso remete à observação de O'Hara quanto às conseqüências que a palavra "Desculpe" é capaz de gerar, pondo fim à raiva, independentemente da vontade da parte agredida. "Uma organização – seja governamental, empresarial ou de outro tipo – pode aproveitar-se da predisposição das vítimas de perdoar a fim de minimizar suas responsabilidades (...) Uma instituição que deseja explorar as estruturas cognitivas e emocionais das vítimas deve enviar um funcionário ou membro capaz de gerar empatia para se desculpar com elas."

Yarn e O'Hara afirmam, ainda, que é necessário estabelecer certos limites na prática do pedido de desculpas. Uma empresa, por exemplo, não deve se sentir à vontade para lançar mão de um pedido de desculpas com o objetivo de reduzir sua responsabilidade, exceto quando o pedido também estiver disponível para o autor da ação com o objetivo de se apurar o culpado. Da mesma forma, uma responsabilização só deve ser anulada quando as pessoas que estão entrando em acordo contam com um advogado para ajudá-las a lidar, de maneira objetiva, com a resposta emocional natural gerada por um pedido de desculpas sincero.

Parece que Yan e O'Hara confiam principalmente em outra predisposição que desenvolvemos: os humanos são altamente capacitados para perceber se

Fogo cruzado e bandeira branca **187**

o outro está blefando. É uma herança vital que herdamos de nosso passado tribal. Usamos palavras, expressões faciais, linguagem corporal e comprometimento a longo prazo como indicadores de sinceridade. O processo formal de mediação oferece um foro útil para a detecção de blefes. Isso porque ambas as partes são livres para dizer o que realmente pensam. Mesmo quando a mediação não traz resultados, e o caminho é o tribunal, as regras geralmente proíbem os participantes de usar as palavras do outro como prova. Assim, o réu tem um porto seguro para pedir desculpas, e o autor da ação tem a chance de observar o réu de perto e decidir se o pedido é ou não genuíno.

As empresas que adotam esse processo de forma mais eficaz são, naturalmente, as que parecem dizer o que realmente pensam. Um exemplo seria a Toro Company, uma fabricante de Minnesota que enfrenta, por ano, cerca de 125 ações por danos pessoais, na maioria das vezes vindas de pessoas que se feriram com máquinas de remoção de neve ou machucaram-se em acidentes com colheitadeiras. A Toro costumava seguir a prática corporativa-padrão de "negação e defesa" em todas as ações e, com isso, os custos com indenizações subiram consideravelmente. Em 1991, porém, a empresa passou a adotar uma tática mais conciliatória.

Hoje, quando a empresa toma conhecimento de um acidente, envia imediatamente uma de suas duas especialistas em recursos jurídicos para visitar a família, juntamente com um engenheiro da empresa para inspecionar a máquina e o local do acidente. Sempre começam mostrando que sentem pelo ocorrido, dizendo algo do tipo: "Deixando um pouco de lado a questão de quem é o culpado, gostaríamos que soubessem que nos sentimos muito mal pelo ocorrido. Ficamos muito tristes quando as pessoas sofrem acidentes ao utilizarem nossos produtos. Faremos o que estiver a nosso alcance para solucionar isso e para nos certificarmos de que não acontecerá novamente."

Houve um caso em que Drew Byers, funcionário da Toro, encontrou a vítima de um acidente com uma colheitadeira todo engessado, em um apartamento miserável, em pleno verão. "Ele teria de ficar em repouso durante uns dois meses e não parecia nem um pouco confortável", disse Byers, que é o gerente de "integridade de produto" da empresa (uma variação para "responsabilidade de produto"). Byers providenciou um aparelho de ar-condicionado e o instalou no apartamento do acidentado no dia seguinte.

Foi um gesto manipulador? Ou apenas uma expressão sincera da solidariedade da empresa? O autor da ação considerou o gesto sincero. Durante o processo de mediação, seu advogado o advertiu para não aceitar uma oferta de acordo porque se tratava apenas de uma grande corporação que não se importava com ele.

O acidentado chamou Byers para uma conversa em particular e perguntou se o acordo proposto, de cerca de $100 mil, era realmente o melhor que a empresa poderia oferecer. Voltou, então, para seu advogado e disse: "Não venha me dizer que esse cara está tentando se aproveitar de mim porque, quando eu estava lá deitado, todo engessado, sob um calor de quase 37 graus, ele cuidou de mim."

Em outro caso, Corey Soles, um rapaz de 17 anos, aproximou-se demais de um dique enquanto operava um modelo específico de colheitadeira da Toro, no Norte da Flórida. A máquina rolou e acabou caindo em cima dele, quebrando-lhe o pescoço. Seus pais responsabilizaram a Toro pela morte do filho, dado que a colheitadeira não era equipada com uma barra de rolagem. Mas, depois que a Toro empregou sua política de consternação, condolências e reconciliação e assumiu um compromisso pessoal, até mesmo a mãe de Corey, Debbie Soles-Smith, descreveu a empresa como "impressionante", "muito sincera" e "realmente participativa".

Ao ouvir os advogados do caso hoje, fica difícil dizer qual lado eles representam. Mike Olivella descreve Corey Soles como "um aluno modelo, que só tirava 10, e um filho de quem qualquer um se orgulharia de ser pai ou mãe. Era tão popular que 2 mil pessoas foram a seu enterro". Olivella representa a Toro.

Por sua vez, Norwood Wilner, o advogado dos pais, descreve seus adversários como "muito gentis e agradáveis", e acrescenta que tanto ele quanto os pais do garoto ficaram impressionados com "o quanto eles se importaram com Corey Soles e como levaram a sério a questão de se certificarem de que aquilo não aconteceria novamente".

Wilner é um tipo amigável e agressivo, com um longo histórico em processos de indenizações contra empresas que seguem a política de negação e hostilidade. Tais empresas tentam, em sua maioria, enfraquecer o autor com recursos e mais recursos, além de alegações dolorosas. O trabalho de Wilner como advogado do autor da ação é devolver uma dose pesada de agressão moralista.

No entanto, o que a Toro transmite, diz, é uma disposição de "enfrentar a situação, lidar com ela de maneira honesta e pagar as indenizações legítimas". Durante a mediação, a empresa enviou um engenheiro: "Esse cara, o Bud, é uma ótima pessoa, velho conhecido em Minnesota, e não apenas um figurão, um cara que se envolveu no processo de adoção dessas táticas. Não é como se a empresa estivesse apenas enviando um engenheiro com cara de bonzinho para encobrir os fatos. Permitiram que eu questionasse o porquê de o maquinário não ter uma barra de rolagem, e sua honestidade me deixou boquiaberto." A colheitadeira desse modelo específico já custa quase $6 mil, um preço crítico em um mercado competitivo. Dessa forma, a Toro oferece uma barra de rolagem, mas ao custo de apenas $700 adicionais.

Como parte do acordo, os pais de Corey Soles procuraram uma alternativa de assegurar que uma barra de rolagem fosse instalada em todas as colheitadeiras do modelo. A Toro não apenas concordou em analisar a possibilidade, como também em pagar $500 mil para a família, a título de indenização. Wilner disse que os clientes ficaram satisfeitos. "O fim da história seria o mesmo de qualquer jeito, mas eles estavam se sentindo bem. A justiça foi feita."

Alguns meses depois, a Toro anunciou que instalaria, no futuro, barras de rolagem em colheitadeiras daquele determinado modelo. Também passou a fabricar uma barra de rolagem que poderia ser adaptada às máquinas usadas.

Para a Toro, uma das vantagens de seu método conciliatório é que as pessoas se sentem bem em trabalhar lá. Os clientes também ficam satisfeitos com a disposição de a empresa responsabilizar-se por seus produtos. Mike Olivella afirma que seu escritório representa, atualmente, mais de uma dúzia de grandes corporações que seguem o exemplo da Toro. Todas, porém, recusam-se em ter seu nome exposto, com medo de que, se tal fato vier a se tornar público, ocorra um aumento nas ações de responsabilidade.

Segundo Drew Byers, da Toro, o método conciliatório não tem surtido muito efeito quanto ao número de ações, mas tem reduzido o tempo para se chegar a um acordo, de dois anos para nove meses. O custo médio de uma ação, incluindo os honorários advocatícios, caiu de cerca de $115 mil em 1991 para $35 mil em 2004. Além disso, anteriormente, a Toro optava por instituir um fundo de reserva privado para cobrir eventuais prejuízos. Em 1999, um entendimento intuitivo da história natural do "Desculpe" levou a empresa a economizar cerca de $75 milhões.

Ao tomar conhecimento desses números, Wilner, o advogado de responsabilidade de produto, demonstra satisfação: "A palavra de ordem hoje, no cenário empresarial americano, é que as empresas estão se afundando em meio a tantos processos judiciais. O que leva, porém, a maioria dos escritórios de defesa a manter suas portas abertas é essa política de encarecer ao máximo os custos das ações. Quanto mais documentos protocolados, mais tempo o processo dura, mais complexo se torna e maior o sofrimento enfrentado pelos autores das ações; mas esse é o trabalho deles. Aí as empresas reclamam: 'Por que estou pagando todas estas contas?' Por quê? Porque as pessoas que trabalham para você estão inflando os custos. E aqui está uma empresa que faz isso de uma maneira um pouco diferente e economiza $75 milhões. *Adoro* isso."

Os peixes-limpadores são os esteticistas e estilistas particulares do mundo marinho, além de serem um dos que mais sabem pedir desculpas. Esse pequeno peixe, que geralmente tem uma faixa preta que se estende em seus flancos, como se fosse o uniforme característico de sua profissão, habita pequenos territórios, ou centros de limpeza, em arrecifes de corais. Outros peixes chegam, não raro 30 vezes ao dia, para sofrerem ataques de cuidados pessoais. Os peixes-limpadores inspecionam o peixe cliente e removem copépodes, isópodes, platelmintos e outros parasitas.

Às vezes, o peixe-limpador exagera nos cuidados, principalmente quando o cliente não tem parasitas em quantidade suficiente para que ele possa se alimentar bem, e abocanha um pedaço da própria carne do cliente. Esse, por sua vez, reage com fúria. Com isso, os peixes-limpadores desenvolveram um gesto de reconciliação. Posicionam-se sobre as costas do cliente (a uma distância segura de seus dentes) e batem as nadadeiras peitorais e pélvicas, aplicando-lhes uma massagem sutil.

Esse pequeno gesto funciona tão bem para acalmar as escamas arrepiadas que, quando os negócios não vão bem, os peixes-limpadores posicionam-se na frente de seu salão de beleza e oferecem massagens de boas-vindas para fazer com que possíveis clientes tirem uns minutos de folga de seu vai-e-vem diário.

10

CARAS E BOCAS
Guia de campo para as expressões faciais

Aquele que (...) observar o semblante de um macaco, quando insultado e quando acariciado por quem cuida dele, será obrigado a admitir que os movimentos de suas feições são quase tão expressivos quanto os dos homens.

— CHARLES DARWIN

Olhe-se no espelho. Sorria. Faça uma careta. Faça cara de apavorado.

Você passa a vida toda junto desse fantasma, essa janela encantadora e aflitiva que adentra sua alma, agindo, provavelmente, com base na ilusão de que seus tiques familiares e expressivos, suas covinhas atraentes, as caretas resultantes de torcer um canto da boca são — ai, que maravilha! — características completamente individuais e também algo que você controla muitíssimo bem.

Na verdade, suas expressões faciais são comportamentos animalescos.

O rosto humano usa 43 músculos para criar 10 mil configurações faciais visíveis, das quais talvez 3 mil sejam significativas. E representam a mesma coisa em qualquer empresa, cultura ou país do mundo. Esteja você na linha de montagem de uma fábrica da BMW ou entre as mais remotas tribos das montanhas de Irian Jaya, os mesmos movimentos musculares revelam o que você sente. Revelam seus sentimentos quando isso é a última coisa que você deseja. Se você prestar atenção, dizem alguns pesquisadores, essas expressões também revelarão os sentimentos reais de qualquer um à sua volta.

O CÃO DE DARWIN

As raízes biológicas de nossas expressões faciais datam de milhões de anos atrás e existem em inúmeras espécies – qualquer um que pare para observar outros mamíferos, pássaros e até mesmo peixes logo passará a admirá-los. Nenhum outro comportamento animal é tão ricamente expressivo quanto o rosto humano, mas, ainda assim, as expressões faciais dos animais e sua linguagem corporal transmitem inconfundivelmente as emoções, desde raiva até afeição.

O vago prenúncio de nossa própria vida emocional é uma das coisas que mais encantam as pessoas nos zoológicos ou em casa, com seus bichinhos de estimação. "Tive um cachorro grande que, como qualquer outro, adorava sair para passear", escreveu Charles Darwin em seu livro pioneiro, *A expressão das emoções no homem e nos animais*. "Mostrava sua alegria trotando na minha frente, dando passos altos, a cabeça empinada, orelhas levemente levantadas e rabo para cima, mas não rígido. Não muito longe de casa, havia uma bifurcação à direita, que levava a uma estufa de plantas, que eu geralmente visitava por alguns instantes (...) essa era sempre uma grande decepção para o cão (...) e a mudança instantânea e completa de expressão que tomava conta dele à medida que meu corpo desviava quase imperceptivelmente em direção ao caminho (às vezes, fazia isso como um experimento) era digna de riso. Todos os membros da família conheciam seu olhar de abatimento, batizado de 'a cara da estufa'. Consistia em abaixar a cabeça, o corpo inteiro afundando um pouco e tornando-se estático; as orelhas e o rabo repentinamente caídos (...) os olhos mudando muito na aparência, e os percebia menos brilhantes. Seu aspecto era de um abatimento de piedade e desesperança; e era, como disse, digno de riso, já que o motivo não era relevante."

Darwin alega que a semelhança com a expressão humana não foi algo acidental, mas resultado de termos evoluído por eras e eras de seleção natural. Hoje, há várias provas de que ele estava certo. Sabemos, por exemplo, que os primatas e os roedores evoluíram a partir dos mesmos ancestrais antes de seguirem cada um o próprio caminho há cerca de 65 milhões de anos. E, quando a pessoa do cubículo ao lado do seu surge feito um cão das pradarias e torce os cantos da boca por estar chocada com algo que você acabou de dizer, esse gesto facial a conecta diretamente à herança biológica que compartilhamos com roedores de verdade. Você pode, portanto, com base em toda essa precisão científica, chamá-la de uma "intrometida com cara de rato", embora somente se estiver disposto a aceitar a mesma descrição de si mesmo. Recentemente, cientistas da Universidade de Utah demonstraram que essa expressão facial humana, entre outros aspectos, é controlada pelos mesmos três ou quatro genes que possibilitam que um rato gire seus olhos para os lados, mexa seus bigodes, coloque as orelhas para trás ou pisque. Os chamados genes Hox orientam o desenvolvimento embrionário dos nervos no romben-céfalo, responsáveis por esses movimentos musculares em todos os mamíferos. Assim sendo, os funcionários da Disney são mais parecidos com o Mickey do que imaginam.

Primatólogos vêem, naturalmente, uma conexão muito mais próxima com as expressões faciais humanas. Símios e macacos não choram quando estão tristes nem expressam desgosto como nós fazemos. Nosso sorriso, po-rém, vem do sorriso largo que eles dão quando estão com medo, da de-monstração silenciosa com dentes à mostra que usam para expressar sub-missão e apaziguamento. Nossa risada vem da "cara de brincadeira" dos cães, ou seja, da mesma expressão relaxada e boquiaberta que eles também fazem quando querem brincar de lutar.

NÃO PISQUE

Temos a tendência de achar que é fácil interpretar as expressões faciais, que é tão natural quanto descobrir o que seu cachorro quer. Os vendedores, em particu-lar, geralmente se enganam com o mito de que são bons em interpretar expres-sões: "Se ele olha para cima e para a esquerda, deve estar mentindo." A verdade intrigante é que a maioria de nós não sabe ler as expressões faciais, principal-mente as de estranhos. Quase sempre, nem nos damos ao trabalho de olhar. E, quando olhamos, freqüentemente não entendemos seu significado. Segundo pesquisas realizadas, os policiais e até mesmo os polígrafos da CIA não fazem nada além de um trabalho de adivinhação no momento de distinguir verdades de mentiras. Profissionais da área médica esforçam-se ainda mais do que alguns amadores ao tentar reconhecer dor na feição de um paciente. E gerentes corpo-rativos não raro parecem totalmente desatentos quanto às expressões faciais. É como trabalhar no zoológico e não entender o significado de um leopardo com as orelhas para trás, e achar que ele o está convidando para o jantar. Todos os gerentes deveriam ser obrigados a fazer um curso de atualização em leitura das expressões humanas antes de entrar na jaula.

Em uma aula matutina em São Francisco, um professor de psicologia bonzinho e condescendente chamado Paul Ekman colocou um CD em um computador. Seus alunos assistiram a uma série de expressões comuns exibidas na tela. Cada rosto mostrava uma emoção durante um segundo e a tarefa era identificar se se tratava de raiva, desgosto, medo, surpresa, tristeza, felicidade ou desprezo. A brevidade da demonstração é algo real, que acontece na vida. A maioria das expressões faciais dura entre 0,5 e 2,5 segundos.

De qualquer modo, deveria ter sido uma tarefa fácil para eles. Os alunos de Ekman eram professores, com anos de experiência em procurar, no semblante de seus próprios alunos, sinais de interesse, entendimento ou (por fim) uma raiva homicida. No entanto, como ocorre com a maioria dos grupos, eles erraram em metade dos 14 testes, principalmente por razões previsíveis.

Costumamos achar que raiva é desgosto, afirmou Ekman posteriormente, pois ambos envolvem um movimento de abaixar a sobrancelha. Ele mostrou uma foto de um rosto com raiva e apontou uma segunda característica distinta, a maneira como os lábios são pressionados a ponto de ficar esbranquiçados. Mostrou, então, outro rosto, também com as sobrancelhas baixas, mas com o sinal típico do desgosto, um nariz enrugado. Depois de apontada, a diferença passou a ser clara.

– Por que aqui a expressão é de surpresa, e não de medo? – perguntou sobre a foto seguinte. Em ambas as expressões, as sobrancelhas estão levantadas e a boca aberta.

– Porque os lábios estão relaxados. Minha mãe costuma chamar isso de "pega-moscas".

Quando a pessoa está com medo, abre a boca e os lábios ficam levemente puxados em direção às orelhas.

À medida que os alunos foram aperfeiçoando a capacidade de distinguir as expressões, Ekman reduziu o tempo de exposição.

– Raiva – alguém disse.

– Não vejo isso – protestou outro aluno.

– Não pisque – Ekman aconselhou.

Era, de certa forma, um exercício estimulante. Em geral, os alunos de Ekman aprendem a ler expressões faciais de modo mais preciso após cerca de uma hora de treinamento. Em um experimento, Ekman colocou para seus alunos um programa de treinamento em CD de 23 minutos. Em seguida, mostrou-lhes tomadas de pessoas públicas e treinou os alunos a lerem, com precisão, as emoções que estavam sendo expressas em 50% das vezes. O espião Kim Philby demonstrou que estava aflito em sua última entrevista antes de fugir da

Grã-Bretanha. O convidado de O. J. Simpson, Brian "Kato" Kaelin, demonstrou estar sentindo raiva em relação à promotora pública Marcia Clark.

Acertar 50% das vezes é um resultado péssimo, nem de longe bom o suficiente para que você tenha toda a certeza de que, digamos, seu representante de vendas está a ponto de acabar com o contrato da Hyundai. Por outro lado, sujeitos destreinados acertam em cerca de apenas 10% das vezes.

Mas, afinal, de que trata tudo isso? Por que precisaríamos treinar? As expressões faciais consistem em parte de nossa herança biológica. Portanto, a capacidade de interpretá-las não deveria ser natural também?

O SORRISO ARROGANTE DO BUZZ LIGHTYEAR

Antes de Paul Ekman, as emoções que se apoderam de nosso semblante eram tão difíceis de calcular ou analisar quanto as pancadas das ondas na superfície do mar. Na década de 1960, no entanto, Ekman e Wallace Friesen, ambos psicólogos da Universidade da Califórnia em São Francisco, desenvolveram uma forma científica de reconhecer e interpretar todas as possíveis expressões faciais humanas.

Os psicólogos criaram o FACS (Facial Action Coding System, ou Sistema Codificador da Ação Facial), originalmente um manual de 500 páginas, hoje disponível em CD-ROM, que analisa cada expressão facial com base nos movimentos musculares ou "unidades de ação", e que se tornou uma ferramenta essencial na ciência das faces. O sistema também deu a Ekman, cujos livros incluem *Unsmasking the Face* (com Friesen, 1975 [Desmascarando a face]), *Telling Lies* (2001 [Contando mentiras]) e *Emotions Revealed* (2003 [Emoções reveladas]), a base para explorar como as expressões afetam cada aspecto de nossa vida, desde o vínculo entre mãe e filho até a expressão de um homem-bomba suicida pronto para lançar tudo aos ares.

Alguns críticos acreditam que Ekman exagera quanto à ligação entre as expressões faciais e as emoções subjacentes. O zoólogo e autor de *O macaco nu*, Desmond Morris, por outro lado, credita a ele o feito de ter trazido "rigor científico a um assunto que todos sempre trataram como um jogo de piadinhas".

Com sua pesquisa, Ekman acabou conquistando seguidores estranhamente diversos. O Dalai Lama vem tentando angariar fundos para o desenvolvimento de um curso sobre "como cultivar o equilíbrio emocional". Simultaneamente, algumas agências de inteligência o contratam para ensinar as nuances das ex-

196 O GORILA NO ESCRITÓRIO

pressões faciais, a fim de que tal capacidade seja colocada em prática durante os interrogatórios de suspeitos terroristas da al-Qaeda. (Eles conseguem fazer uma expressão espantosamente horripilante ao tratar de um assunto quando estão literalmente cara a cara com você. Enquanto eu pesquisava o trabalho de Ekman, o diretor do Departamento Nacional de Contra-inteligência dos Estados Unidos propôs-me dar permissão para que eu freqüentasse uma das sessões de treinamento somente se eles pudessem revisar o trabalho finalizado para "uma edição de segurança". Eu recusei.) Não fosse essa dicotomia suficiente, o trabalho de Ekman também foi utilizado no personagem Buzz Lightyear, de *Toy Story*, e, desde então, uma geração de personagens de desenhos animados começou a arquear as sobrancelhas e adotar expressões desse tipo para parecerem pessoas reais. Pete Docter, diretor de *Monstros S.A.*, do Pixar Animation Studios, afirma que com o atlas FACS "eles passaram a ter consciência de aspectos" que nunca ninguém havia percebido. O atlas ajudou a "identificar pequenos detalhes que se tornaram a essência" de, digamos, uma expressão de escárnio.

EXPRESSÕES SOFISTICADAS

Em uma tarde, em sua casa situada nas colinas de Oakland, Ekman, vestindo calças compridas e uma malha colorida e amarrotada, tinha um tom professoral e autocrítico. Ekman tem setenta e poucos anos, cabelos grisalhos, costeletas brancas e usa óculos sem armação. Sua expressão facial característica é de contentamento, seus olhos são brilhantes, os cantos dos lábios levemente voltados para cima, embora com sinais de irritação. Alguns minutos antes, ele havia chegado e encontrou-me aguardando na entrada da garagem de sua residência, e algo na maneira como me olhou pela janela de seu carro me fez entender que eu estava ocupando o espaço reservado para ele. Desse modo, mudei prontamente de lugar. Fomos para a sala de estar, na qual uma parede de vidro dava vista para a baía de São Francisco e a Golden Gate. Naquele momento, uma névoa tomava conta do cenário.

Ekman começou a discutir o assunto de pronto. Disse que quando começou a se dedicar a seu trabalho já contava com uma vantagem natural. "Minha mãe sempre me dizia: 'Pare de fazer caretas, seu rosto vai acabar ficando assim para sempre.' Menos de 2% da população conseguem fazer isso", afirmou, levantando as sobrancelhas para cima e para baixo, alternadamente. Ter uma expressão altamente móvel (ele também consegue mexer as orelhas independentemente) é produto de uma predisposição genética.

"Quando eu era criança, em Newark, New Jersey", disse, "a expressão mais sofisticada que existia era esta." Inclinou sua cabeça para um lado e levantou a parte de fora de sua sobrancelha esquerda. (No FACS, esse é um U2L do músculo frontal esquerdo externo unilateral.) Em seguida, a parte de dentro de sua sobrancelha direita desceu um pouco (um U4R, do músculo corrugador interno direito). O resultado foi uma expressão de incredulidade pretensiosa. "É um sistema mecânico. O que você está vendo são músculos ligados à pele que puxam a porção que os rodeia. As expressões são produzidas a partir daí."

Ekman começou a se envolver com a questão das expressões faciais quando era um jovem psicólogo no Departamento de Defesa e passou a questionar como poderia descobrir quais aspectos da comunicação não-verbal são culturais e quais são universais. Logo depois, estava em Papua Nova Guiné com uma tribo isolada da "Idade da Pedra". Os indivíduos que estudou nunca haviam conhecido outra cultura, tampouco haviam visto qualquer filme ou fotografia. Mas levantavam as sobrancelhas quando surpresos, aproximavam os músculos em torno dos olhos quando estavam alegres e lançavam olhares fixos de raiva como nós fazemos. Em uma série de experimentos realizados durante duas viagens, Ekman concluiu que as expressões faciais são universais e determinadas biologicamente.

Naquela época, a maioria dos estudantes de comportamento humano ainda acreditava que a cultura era um fator mais importante que a biologia. E a antropóloga Margaret Mead, entre outros, desprezava as idéias de Ekman. Ele relembra que o Departamento de Defesa achava que estava "gastando o dinheiro dos contribuintes para estudar as expressões faciais de selvagens".

Determinado, Ekman uniu-se a Wallace Friesen, e os dois passaram sete anos fazendo caretas um para o outro. Há muito tempo, profissionais de anatomia já haviam retirado a pele e feito anotações sobre a musculatura da face. Mas ninguém havia descrito o que os músculos fazem. Ekman e Friesen catalogaram todos os movimentos possíveis aprendendo a mover voluntariamente cada músculo do próprio rosto.

SINALIZAÇÃO HONESTA

Ekman passou a acreditar que nossas expressões faciais não são meramente biológicas, mas também vinculadas às nossas emoções, revelando raiva ou medo, mesmo quando não queremos demonstrar esses sentimentos. Leva apenas 200 milésimos de segundo (menos de um quarto de segundo) para um estímulo produzir expressão no rosto humano. A mente consciente precisa de mais do dobro do tempo para reconhecer que a emoção está sendo sentida, e mais tempo ainda para perceber que está sendo demonstrada.

Ekman alega que essa ligação evoluiu porque as expressões faciais serviam, originalmente, a uma "sinalização honesta". Nossos ancestrais tribais viviam em pequenos grupos de amigos e parentes, em que fazer uma cara falsa com o intuito de mentir ou trapacear os expunha ao risco de serem expulsos e terem de viver em um mundo hostil. Quando viveu entre o povo tribal em Papua Nova Guiné, Ekman disse que "tudo se baseava na cooperação. Ser marginalizado significava praticamente morrer".

Nenhuma forma de sinalização honesta importa mais do que o sorriso. Ele é tão importante que os humanos desenvolveram variações distintas do ponto de vista anatômico para comunicar tudo, desde cooperação ou acomodação até um sorriso de tolerância educada. O ex-presidente Bill Clinton, por exemplo, tinha um "sorriso largo e forçado" característico. Segundo Ekman, ele pressionava os lábios, erguia os cantos da boca e enrugava o queixo, "uma 12-17-24, a expressão que você faz quando seu dentista lhe diz que terá de se submeter a um tratamento de canal". O sorriso do flerte, por outro lado, envolve olhar para o outro lado, levantar os músculos do queixo em um "sorriso sentido" e então olhar de volta e para o outro lado novamente, por um tempo suficiente para ser percebido. Um sorriso sentido envolve enrugar a área em torno dos olhos, o que a maioria das pessoas não consegue fingir. Os humanos evoluíram para detectar um sorriso mais rapidamente do que detectam outras expressões, mesmo lá no fim de um campo de futebol, aparentemente por ser um meio de julgar se as pessoas que estão se aproximando trarão notícias boas ou ruins.

Não entender esses sorrisos pode conduzir a uma situação de calamidade. Um sorriso meramente educado de uma esposa, por exemplo, com movimento dos lábios e não em torno dos olhos, pode estar anunciando o prelúdio de uma briga. E, mesmo dentro da família, as expressões faciais nos enganam. Seus próprios filhos, contou Ekman, nunca perceberam que, quando sua mãe lhes perguntava "Onde vocês foram ontem à noite?", com as sobrancelhas para baixo, era um sinal certo de que ela não sabia a resposta. A mentira era uma possibilidade possível. Mas, se ela perguntava com as sobrancelhas voltadas para cima, não restava nenhuma esperança.

Somos ainda piores quando se trata de ler as expressões faciais de nossos colegas no ambiente profissional, embora, nessa situação, as conseqüências calamitosas possam, às vezes, ser trágicas. Após um tiroteio ou suicídio no trabalho, ou quando algum funcionário importante pede demissão e vai para outra empresa, os colegas geralmente dizem que não haviam percebido nada. Por que não? Se nosso rosto evoluiu para ser capaz de transmitir mensagens sutis, por que não nos aperfeiçoamos para conseguir interpretar essas mensagens?

A BARREIRA DA LINGUAGEM

Talvez porque sejamos vítimas de nossa própria evolução recente. Alguns geneticistas afirmam que a linguagem existe há apenas 50 mil anos, e a riqueza de palavras realmente parece fazer com que não percebamos as antigas expressões. Em um estudo realizado, vítimas de ataques cardíacos e outras doenças cujo dano cerebral as tornou menos atentas à fala eram muito mais habilidosas quando se tratava de enfocar as expressões faciais. Elas percebiam quem estava mentindo em 73% das vezes, um nível de precisão atingido, segundo a experiência de testes de Ekman, apenas pelos agentes profissionalmente sensíveis ao risco (e avessos às palavras) do Serviço Secreto dos Estados Unidos.

Por coincidência, Helen Starkweather, a pesquisadora que me ajudou quando eu estava verificando fatos para este capítulo, nasceu com problemas sérios de audição e aprendeu a compensar isso prestando muito mais atenção às expressões faciais e à linguagem corporal. "Muitas vezes, acho que, sem intenção, alguém falou alguma coisa", me contou, "quando, na verdade, quem falou foi o rosto, silenciosamente, e acabo confundindo sua expressão e achando que foi uma frase. Isso pode ser embaraçoso quando as pessoas querem esconder o que estão pensando. Você tem de disfarçar e fazer de conta que 'não percebeu nada'."

As pessoas também podem não querer saber o que as expressões faciais deixam claro na ausência da linguagem. Um amigo de Starkweather, também com problemas auditivos, estava trabalhando em um novo negócio para uma cliente, um bar que estava sempre cheio e cujos proprietários eram marido e mulher: "Certo dia, percebi que uma funcionária olhou para o marido dela com uma expressão de esperança e desejo. Ele olhou, sorriu e soltou um suspiro profundo. A esposa chegou depois e encarou seu marido, com expressão de raiva nos olhos. Mais tarde, ela foi embora e eu também tive de ir. Infelizmente, esqueci de pedir que assinassem minha ordem de trabalho. Voltei e deparei com uma situação um tanto quanto amorosa. Em uma mesa da piscina. Saí rapidamente e quase tranquei a porta quando vi a esposa voltando também. Concluí meu trabalho para o novo proprietário logo depois do divórcio deles e nunca mais esqueci de pedir que assinassem uma ordem de trabalho."

A discrição e o clamor da vida moderna levam a maioria das pessoas a evitar prestar muita atenção aos rostos alheios. Podemos "aprender a ser maus" com a leitura das expressões, segundo Ekman, pois passamos a habitar um mundo completamente diferente daquele em que nossas expressões faciais evoluíram. Em vez de passar a vida toda entre rostos familiares de uma pequena tribo, hoje vemos centenas de novos rostos diariamente e aprendemos a lidar com essa superpopulação não olhando no rosto de estranhos e não nos intrometendo em sua privacidade.

A vida moderna também estimula as pessoas a evitarem uma "sinalização demasiadamente honesta" por meio de suas próprias expressões faciais. Tentar eliminar as expressões de nosso rosto é uma forma de evitar contato, preservar a privacidade e o anonimato, e seguir adiante com nossa própria vida. "Quando entro em meu escritório e pergunto à minha secretária 'Tudo bem?', não quero saber se ela brigou com o marido na noite anterior", admite Ekman. "Quero saber se ela está bem para realizar suas tarefas. E se digo 'Nossa, Wanda, você não está com uma cara boa hoje', e ela começa a falar, tenho de lidar com essa reação. E não é para isso que estou lá. Estou lá para fazer meu trabalho."

DESLIGUE O SOM

Todos aprendemos na escola que pode ser perigoso desligar-se do que está sendo dito, pois é exatamente nessa hora que a professora nos chama. Mas assuma um risco calculado em sua próxima reunião e desligue o som. Primeiramente, tente praticar observando um programa de entrevistas em que há um alto nível de emoção, mas com o botão mudo da televisão acionado. O que você perde em contexto verbal ganha em maior entendimento de sinais não-verbais.

"Meu ambiente, durante as reuniões, é a feição das pessoas", conta o vendedor de uma empresa de bebidas alcoólicas com sérios problemas auditivos. "Para me manter atento, olho a meu redor para ver se devo ou não aplaudir, rir ou parecer genuinamente espantado quando se trata de saber se as vendas estão – ou não – indo bem."

Em uma reunião, um ex-gerente de vendas que havia mudado de empresa veio nos visitar. O atual gerente "levanta-se e nos passa os números e 'o que *temos* de fazer para melhorar, como *fazer* para as vendas superarem as do ano anterior. Temos de *fazer* com que aumentem 10%'. Durante esse longo discurso, a expressão no rosto das pessoas alterna-se entre o fingimento 'de somos felizes por fazer parte da empresa' e o mau humor. Os olhos ficam estáticos e quase não piscam".

Da mesma forma, o ex-gerente deixou de sorrir quando olhou ao redor.

"Ele vê raiva quando observa. E sua vez de falar está próxima. Ele não está feliz.

"Quando chega sua vez, aproveita a chance da melhor maneira possível: conta piadas. Conta como é não estar conosco no novo trabalho e o quanto sente saudades de todos. E faz isso com sinceridade. Olhamos em seus olhos e sabemos que ele está dizendo a verdade. Sua forma de caminhar é confiante. Usa as mãos e braços para transmitir honestidade.

"Seu substituto não tem nenhum desses atributos. O indivíduo comporta-se como se só estivesse preocupado com seu cargo. Gosta de imitar o modo de andar de John Wayne, arregaça as mangas da camisa, coloca os pés mais abertos com relação aos ombros, faz cara de bravo e cruza os braços. Não olha ninguém nos olhos, nem mesmo quando você chega perto dele, cumprimenta-o com um aperto de mãos e diz 'Oi'. Nunca lembra seu nome. Lembra-se muito mais das coisas ruins do que das boas. As pessoas olham para ele e sabem que é um mentiroso, sabem que não poderão contar com sua ajuda em momentos ruins."

Ao prestar bastante atenção a tais sinais cruciais, você pode, aos poucos, diferenciar quais comportamentos funcionam quando tem de lidar com aquele que faz de tudo para ser como o Jabba, "the Hutt", ou com o convencido imitador de John Wayne – e terá o necessário para se dar bem (ou para acalmá-lo).

Como, então, podemos transpor a barreira da linguagem sem ficarmos surdos? Como aprender a prestar atenção às expressões faciais que são importantes mesmo quando a correria do nosso dia-a-dia profissional nos distrai? Recuperar a metade perdida de nossa habilidade de entender as expressões pode ser algo surpreendentemente fácil. Na aula de Ekman sobre como cultivar o equilíbrio emocional, os alunos aprendem, rapidamente, a detectar a emoção subjacente nas expressões faciais exibidas em uma tela de projetor durante apenas um segundo. Passam, então, para expressões exibidas durante menos de um quinto de segundo. Essas "microexpressões" podem ser o canal reverso mais importante em uma conversa, afirma Ekman, pois são involuntárias e revelam o que não está sendo dito por meio das palavras, e o que, na maioria das vezes, nunca será.

202   O GORILA NO ESCRITÓRIO

Ekman e Friesen descobriram as microexpressões pela primeira vez enquanto assistiam repetidamente a filmes de uma mulher depressiva tentando permissão para sair por um final de semana de um manicômio. Parecia estável. Em câmera lenta, porém, os pesquisadores perceberam um relance de grande desespero, os cantos de sua boca caídos, as partes internas de suas sobrancelhas arqueadas para cima antes que a microexpressão sumisse novamente por trás de um sorriso. Alguns funcionários da equipe do hospital perceberam isso também, pois haviam vetado a liberação para o fim de semana. Descobriu-se que a mulher estava planejando ir para casa para se suicidar. Esse tipo de "vazamento" de sentimentos verdadeiros geralmente ocorre quando as pessoas estão mentindo.

Assistir repetidamente ao filme em câmera lenta ou identificar microexpressões no CD de treinamento de Ekman (onde, após uma foto estática de uma feição neutra, aparece a mesma feição exibindo uma microexpressão) representa apenas o início de um longo caminho que se tem de percorrer até se ter acesso à ciência do confuso apanhado de expressões que encontramos em nosso dia-a-dia. No entanto, os alunos que estavam aprendendo a detectar essas microexpressões na aula de Ekman pareciam extremamente animados ao perceber as novas possibilidades. Era como redescobrir o mundo por meio daquele outro sentido negligenciado, o poder do olfato.

LEITURA DAS EXPRESSÕES DE SETE EMOÇÕES BÁSICAS

Aqui está um guia rápido para a leitura das expressões faciais de sete emoções geralmente presentes em qualquer ambiente profissional. Se uma pessoa encara você ou sorri durante mais de 2,5 segundos, trata-se de um esforço consciente de fazê-lo perceber como ela se sente. Ou então é amor à primeira vista.

Vale lembrar também que as descrições a seguir mostram expressões intensas. Na vida real, trata-se de perceber sutilezas, expressões faciais contidas que indicam que seu chefe ou seu melhor executivo de contas está fazendo de tudo para não dizer que sua última grande idéia é péssima. Ajudam também a lembrar que, quando no auge de nossas próprias emoções, temos a tendência a não perceber os sentimentos alheios, mesmo quando eles são claros. O CD de treinamento de Ekman, disponível para compra em www.paulekman.com [conteúdo em inglês], também pode ser bastante útil.

Raiva: As sobrancelhas ficam caídas e mais próximas, produzindo, em geral, uma ruga vertical acima do nariz. Os lábios ficam pressionados. As pálpebras inferiores ficam tensas e o olhar torna-se intenso e fixo. Por si só, esses movimentos musculares podem indicar apenas concentração. Mas a combinação dos três é, indiscutivelmente, uma expressão de raiva.

Repugnância: Mais uma vez, as sobrancelhas ficam caídas (mas não próximas). O nariz fica enrugado e o lábio superior levanta, assim como as bochechas, além do surgimento de linhas horizontais sobre os olhos.

Desprezo: Um canto da boca fica tenso e se eleva. Algumas vezes, ocorre apenas um leve enrijecimento dos músculos (útil quando você quer falar que o cara na ponta da mesa é um fracassado). O lábio superior também pode se elevar, gerando um sorriso desdenhoso ou falso.

Surpresa: As sobrancelhas elevam-se bastante e curvam-se, esticando a pele abaixo dos olhos. O branco dos olhos fica mais visível. A boca fica aberta, com os lábios soltos.

Medo: As sobrancelhas elevadas aproximam-se uma da outra. Linhas horizontais surgem no centro da testa. As pálpebras superiores erguem-se. A boca abre e os lábios ficam esticados, para trás.

Tristeza: Os cantos internos das sobrancelhas ficam arqueados, expressão que a maioria das pessoas não consegue imitar. (Woody Allen e Jim Carrey são exceções; ambos utilizam isso na hora de interpretar seus personagens cômicos.) As bochechas elevam-se e os cantos da boca caem, sendo que, às vezes, o lábio inferior treme.

Felicidade, prazer: Além do sorriso, surgem rugas nos cantos externos dos olhos, com as pálpebras inferiores levantadas, mas não tensas.

ALAVANCAR A BANDA LARGA SENSORIAL

Descobrir o poder da leitura das expressões inspira as pessoas a sonharem, nem que seja com alternativas de encontrar meios de ganhar um dinheirinho (ou você pensou que usariam esse poder para descobrir como a Wanda está realmente se sentindo?). Dan Hill, fundador de uma empresa em Minnesota chamada Sensory Logic, trabalhava no mundo empresarial quando leu um artigo sobre codificação de expressão facial. Na época, tinha de lidar com um CEO que não "demonstrava interesse por discussões em grupo", pois as pessoas, nesse tipo de discussão, têm a tendência de dizer o que acham que o patrocinador quer ouvir. "É quase geográfico", afirma um executivo de marketing da Nationwide Insurance, que se tornou uma das primeiras clientes da Sensory Logic. "O pessoal do Meio-Oeste ama tudo o que você mostra para eles. É difícil para pessoas que ganham $60 por hora dar feedback negativo."

204 O GORILA NO ESCRITÓRIO

Mas o rosto delas não mente, segundo Hill, que gosta de citar Oscar Wilde: "Só as pessoas superficiais não julgam pela aparência." O método de Hill na Sensory Logic envolve ir além dos tradicionais grupos de discussão. Ele combina entrevistas com consumidores e gravações de expressões faciais em vídeo, sensores de biorresposta colocados na testa e nos músculos responsáveis pelo sorriso, além de um sensor adicional em um dedo para medir a atividade das glândulas sudoríparas.

Em um teste beta, a empresa perguntou a indivíduos de uma pesquisa o que eles achavam de uma embalagem de ração para cães. A resposta verbal foi cerca de 70% favorável. Mas a reação facial inconsciente deles foi "totalmente negativa", disse Hill, o que era de se esperar, já que o cachorro que aparecia na embalagem parecia "um tanto quanto raivoso".

Para outro cliente, a Federal Home Loan Mortgage Corporation, ou Freddie Mac, a Sensory Logic testou a reação do público a um comercial de televisão que exibia uma linda garotinha. A resposta verbal foi 80% positiva, mas as expressões foram quase todas negativas. Quando pressionadas em entrevistas feitas posteriormente, algumas pessoas admitiram que ver uma garotinha tão jovem falando sobre hipoteca fazia com que se sentissem manipuladas. Outros apenas queriam que ela calasse a boca, pois sua voz era irritante.

Hill, doutor em literatura, hoje acredita que as palavras não significam quase nada. Ele escreve: "Avaliar o que passa na mente de seus clientes exige um entendimento do que ocorre no corpo deles", sendo que as expressões são muito melhores do que as palavras quando se trata de adentrar a mente de alguém. Ele cita a conhecida prova científica que mostrou que 95% de todos os nossos pensamentos são inconscientes. Isso significa que as pessoas podem não conseguir expressar sentimentos dos quais não têm consciência. E, mesmo que tenham, cerca de 80% da comunicação não são verbais, ou seja, é provável que elas não transmitam esses sentimentos por meio de palavras.

Hill alega, em particular, que a decisão de comprar um produto é quase inteiramente emocional, e não racional. Ele cita uma estimativa que diz que 70% de todas as decisões de compra "são impulsos que ocorrem nos cinco segundos antes de a decisão ser tomada". Lançar mão da expressão facial de possíveis consumidores para entender como eles reagem a uma embalagem ou a uma exibição pode transformar um produto em sucesso ou acabar com ele. "O corpo humano foi projetado para um estilo de vida que se assemelha ao de um gato domesticado", escreve. "Respondemos rápida e intuitivamente

Caras e bocas 205

a qualquer coisa que cause medo ou felicidade. Não fomos criados para agir como computadores que verificam as variáveis e decidem se uma oferta faz sentido do ponto de vista racional."

Na visão de Hill, alavancar nossa "banda larga sensorial", principalmente aprendendo a prestar atenção às expressões faciais, é um meio de reconhecer as causas do medo e da felicidade. Ele faz estimativas quanto aos resultados de campanhas publicitárias e também em outras áreas cujo objetivo é "ligar-se de modo mais integral aos consumidores para aumentar a participação de mercado".

Alguns pesquisadores e agências governamentais acreditam que computadores com conexão de banda larga podem ter um desempenho ainda melhor quando se trata de decifrar o que se passa na mente das pessoas, não apenas em grupos de discussão, mas também em locais públicos. Dado que o Sistema Codificador da Ação Facial quebra as expressões faciais em partes, ensinar computadores a lerem expressões faciais deveria ser algo relativamente simples e direto. A idéia é que, se podemos ligar as câmeras de segurança a computadores programados com o FACS, também seria possível detectar prováveis seqüestradores com base em um olhar fixo revelador ou uma microexpressão de desprezo.

"Acredito realmente que a leitura de expressões faciais possa ser feita por máquinas, e acho que elas podem fazer isso melhor ainda do que as pessoas", afirma Takeo Kanade, pesquisador da Carnegie Mellon University, que está chefiando uma ação custeada pelo Departamento de Defesa cujo objetivo é realizar o reconhecimento automatizado das expressões faciais. Ele acrescenta, porém, que a correção de falhas poderia levar entre 20 e 30 anos.

O problema é que a análise de computador fica desordenada quando a cabeça do sujeito vira para os lados ou levanta-se e abaixa-se, o que ocorre rotineiramente nos aeroportos. O computador também não consegue perceber a maioria das microexpressões. Outro problema é que há uma variação enorme nas expressões faciais "referenciais" ou normais.

Um marcador que pode gerar problemas, por exemplo, é a seqüência da unidade de ação 12 seguida de 15 – os cantos da boca voltam-se para baixo e, rapidamente, para cima –, o que, segundo alguns especialistas, pode indicar uma raiva crônica mascarada por um sorriso educado. Assim, um computador que estivesse à procura de Osama bin Laden poderia acabar concentrando sua atenção em um empresário apressado.

FOGO CRUZADO CULTURAL

Alguns críticos acreditam que a idéia de que as expressões faciais consistam numa leitura de emoções subjacentes é falha, algo completamente diferente do cenário orwelliano de computadores que exploram essas expressões sem o nosso consentimento. Alegam que as pessoas podem ter muito mais capacidade de gerenciar suas expressões do que Ekman sugere. "Em todas as culturas do mundo, as pessoas felizes sorriem? As bravas franzem a testa?", questiona James A. Russell. "Não há provas disso." Algumas culturas evitam *todas* as demonstrações públicas de expressões faciais. No Japão, por exemplo, o antropólogo Edward Hall teoriza que a tradicional "ênfase no autocontrole, distanciamento e ocultação de sentimentos internos" é enraizada na história: "No tempo dos cavaleiros samurais e nobres, para sobreviver, as pessoas precisavam saber controlar seu comportamento, pois um samurai podia executar, legalmente, qualquer um que o desagradasse ou que não fosse adequadamente respeitoso com ele."

Hoje, comissárias de bordo e seguranças de aeroportos podem despachar um suspeito sumariamente, razão pela qual os passageiros experientes fazem "cara de aeroporto" e adotam expressões insípidas e desmotivadas, apesar dos infinitos ataques à sua paciência e à sua dignidade. E se passageiros comuns conseguem fazer isso, por que um terrorista não conseguiria parecer sereno, já que acredita sinceramente que está para ganhar sua recompensa eterna?

Para os críticos, os fatores culturais podem ser tão importantes quanto os biológicos quando se trata de interpretar expressões faciais. Quase todos os estudos, por exemplo, mostram que as mulheres sorriem mais do que os homens, e assim o fazem com propósitos determinados, como assinala um estudo, "para neutralizar situações tensas e tentar resgatar todos os envolvidos das garras das inconveniências sociais".

Alguns evolucionistas alegariam que as mulheres adaptaram-se às cargas desproporcionais da maternidade por meio da tendência biológica de sorrir como alternativa de acalmar os filhos e manter a frágil rede de apoio de seus parceiros, avós e amigos. Algumas feministas defendem que as mulheres sorriem simplesmente porque a sociedade lhes impõe o "trabalho emocional". (Em ambos os casos, os homens acabam agindo impassíveis, grunhindo, cegos, de qualquer forma cumprindo a mal-humorada tarefa de estabelecer a dominação social sobre os outros machos.)

A psicóloga Marianne LaFrance, da Universidade de Yale, não defende o argumento "evolução *versus* cultura" de forma tão nítida. Aponta que as diferenças entre os sexos quanto ao sorriso variam de acordo com nacionalidade, raça e idade; também diz que essas diferenças são menores quando homens e mulheres ocupam posições equivalentes ou realizam tarefas similares. As mulheres têm a tendência de sorrir mais em situações de maior carga emocional. No entanto, a dinâmica da natureza e dos cuidados é, como sempre, complexa.

"As expressões faciais são instrumentos poderosos", diz LaFrance, "mas não existem sozinhas. Estão em um corpo, e o corpo está em um lugar, e o lugar está em um tempo. Algumas vezes, no entanto, temos a habilidade de reunir tudo isso, e outras vezes achamos divertido julgar as pessoas." Ela cita dois exemplos complicados: logo depois da invasão do Iraque, em 2003, as tropas americanas depararam com manifestantes furiosos em um local sagrado muçulmano e, ao fundo de uma transmissão televisionada, era possível ouvir o capitão ordenando que os soldados sorrissem – para a multidão, não para as câmeras. Aparentemente, seu gesto tinha o objetivo de mostrar suas boas intenções. Mas não se sabe ao certo se os manifestantes interpretariam isso dessa forma. No caso notório do metrô de Nova York, Bernard Goetz foi abordado por adolescentes, que se aproximaram dele sorrindo para pedir dinheiro. Goetz interpretou o sorriso deles como um insulto, sacou uma arma e atirou. "Em uma situação dessas, não há possibilidade de um sorriso ser uma espécie de vínculo", afirma LaFrance.

Se Dan Hill cita Oscar Wilde, LaFrance prefere Herman Melville, que disse: "O sorriso é o veículo escolhido para todas as ambiguidades."

Ekman diz que seus críticos são muito conservadores e que não estão dispostos a reconhecer a importância do papel da biologia na formação do comportamento humano. Caracteriza as diferenças nacionais, tais como o lábio superior rígido dos britânicos ou o ato de ocultar as emoções dos japoneses, como "regras de demonstração cultural". Podem modular o tempo, a colocação ou o grau de uma demonstração, mas não as expressões faciais biológicas universais.

Ele também alega que as melhores respostas às complexidades da face humana não se encontram nos computadores, mas na mente humana – principalmente nas inúmeras mentes que contam com um dom especial para ler as expressões faciais. No decorrer dos anos, Ekman identificou cerca de 30 especialistas desse tipo, pessoas que invariavelmente acertaram no mínimo 90% das respostas de seus testes de uma hora voltados à capacidade de detectar mentiras. Ele nomeou esse grupo, no qual acredita muito, de "Projeto Diógenes", em homenagem ao filósofo grego que, usando uma lanterna, analisava o rosto das pessoas em busca de um homem honesto. A maioria desses "especialistas" trabalha na área de cumprimento e execução de leis, onde Ekman realiza grande parte de seus trabalhos de consultoria.

Mas mesmo os tipos "diogenianos" não são "detectores ambulantes de mentiras", afirma um membro do grupo, o sargento Robert Harms, do Los Angeles County Sheriff's Department. São apenas pessoas que desenvolveram o hábito de escutar atentamente e observar mais de perto, já que o trabalho deles depende disso. "Não se trata de mágica nem de vodu", diz Harms. "É apenas uma ferramenta a mais que temos em nossa pasta de artimanhas."

Se Harms parece cauteloso, é porque não quer criar uma confiança falsa – principalmente entre as pessoas que estão desesperadas para encontrar uma alternativa simples de detectar mentiras. A "síndrome do Pinóquio", diz, estimula as pessoas a acharem que existe uma expressão facial reveladora tão óbvia quanto o nariz do Pinóquio, no caso de falsidade ou perigo. Um artigo sobre o trabalho de Ekman publicado no *New Yorker*, por exemplo, levou os leitores a acreditarem que um policial com o dom "diogeniano" não agiu mal quando atirou e matou um agressor que se aproximava com base "em um palpite, um pressentimento da situação, no comportamento do homem e no que ele achou que viu dentro do casaco e no rosto dele".

No entanto, acertar nove das dez expressões faciais do teste de Diógenes não é nem de longe motivo para atirar para matar. O tal policial, na verdade, era Robert Harms, que em seguida saiu do carro carregando o agressor nos braços enquanto ele morria. Harms diz que o que ele realmente viu, durante tempo suficiente para conseguir ler a marca, foi um tubo de spray de cabelo em uma das mãos do agressor e o polegar de sua outra mão no acendedor de um isqueiro. Era uma arma, um lança-chamas caseiro capaz de incendiar Harms e seu parceiro. "Não foi algo que eu tenha lido em sua expressão, nem uma pista", afirma Harms. "Foi a situação como um todo."

Na maioria das vezes, mesmo os tipos "diogenianos" precisam sentar e trocar idéias para compreender o que realmente se esconde por trás das expressões faciais de um suspeito. "Não estamos à procura de mentiras", afirma J. J. Newberry, agente federal aposentado do Departamento de Álcool, Tabaco e Armas de Fogo e um dos maiores especialistas do grupo Diógenes. "Estamos à procura de pistas importantes", tópicos que produzam uma mudança emocional na feição ou na postura corporal. Em um caso de incêndio criminoso, Newberry notou os lábios pressionados de raiva do "homem-tocha" quando falavam que ele estava assumindo a culpa pelo proprietário do negócio que o havia contratado. Tratava-se apenas de uma microexpressão. Mas foi suficiente para Newberry insistir no assunto até conseguir fazê-lo revelar informações vitais. O empresário foi condenado a oito anos de prisão, e o homem-tocha, a um ano.

O que entrevistadores cautelosos procuram, diz Newberry, são discrepâncias, situações em que palavras, expressões faciais e linguagem corporal não se encaixam. Em seu livro *Telling Lies*, Ekman descreve um dado momento do testemunho do vice-almirante John Poindexter durante a investigação do Congresso sobre o escândalo da operação Irã-Contra. Poindexter era, na época, conselheiro nacional de Segurança do presidente Ronald Reagan e, mais tarde, sob o governo do presidente George W. Bush, foi diretor do programa Conscientização Total de Informações do Pentágono. Durante o testemunho, ele manteve, no aspecto geral, uma calma extrema.

No entanto, quando indagado sobre um almoço com o diretor da CIA, perceberam-se "duas microexpressões faciais de raiva muito rápidas, um aumento no tom de voz, quatro engolidas e muitas pausas no discurso, assim como repetições". Em vez de tentar descobrir por que o assunto o incomodava, os interlocutores de Poindexter, distraídos, seguiram adiante.

Se descobrir a verdade é difícil sob as fortes luzes de uma audiência do Congresso, como tudo isso – o peso das palavras, as expressões faciais e a linguagem corporal – pode funcionar em uma empresa onde ninguém tem tempo para nada ou em um vagão lotado do metrô? Ou em um ponto de segurança do aeroporto, com centenas de passageiros que passam apressados a todo instante?

Talvez a lição mais útil que podemos tirar do trabalho de Ekman é que as pessoas comuns devem simplesmente prestar atenção. A aptidão para ler expressões faciais não é exclusiva dos tipos "diogenianos" ou membros do Congresso e agências de contra-inteligência governamentais. É uma habilidade latente que todos nós temos – que nunca se perde, mesmo quando deixada de lado. Com um pouco de esforço consciente, podemos recuperá-la, embora envolva uma das interações mais temidas: bater papo com estranhos em lugares públicos. É uma idéia intimidadora. Mas não há nenhum programa de segurança nem rede de computadores que já tenham sido concebidos capazes de unir a eficácia de milhões de pessoas comuns que nada mais fazem do que conversar e se olhar nos rostos.

Há alguns anos, por exemplo, uma agente da alfândega americana chamada Diana Dean parou um motorista em uma balsa, no estado de Washington, para fazer algumas perguntas. Ela fez quatro perguntas simples. As respostas não faziam sentido algum, e Dean percebeu que o homem estava fingindo, como ela mesma disse, "de modo suspeito". Pediu a seus inspetores que revistassem o porta-malas, mas nada foi encontrado. Depois, checaram o estepe. Nele, havia pacotes de uma substância em pó e uma garrafa grande com um líquido cuja cor assemelhava-se à do mel.

O motorista saltou do carro e correu, mas os inspetores conseguiram capturá-lo e ele foi colocado no banco traseiro do carro policial. Voltaram, então, sua atenção ao carro do suspeito. Nesse momento, Dean percebeu que ele estava deitado no banco e que olhava pela janela a todo instante, com os olhos arregalados. Um dos agentes estava segurando a garrafa e balançando-a. Eles achavam que era algum tipo de droga.

Na verdade, era um tipo de nitroglicerina que o suspeito planejava usar para explodir o aeroporto internacional de Los Angeles. E Dean, que diz não ter nenhum conhecimento mais profundo a respeito de expressões faciais, percebeu depois que os olhos arregalados do suspeito quando estava no banco traseiro do carro policial era um olhar de medo. Estava deitado para se proteger, pois achava que tudo iria pelos ares.

A maioria de nós, logicamente, não passará por uma situação em que tenha de desmascarar um terrorista ou salvar um número incontável de vítimas, o que Dean certamente fez. Mas a moral da história é bem clara: preste atenção ao rosto das outras pessoas e, mesmo que você ache que tudo está resolvido e que os caras do mal estão presos em um lugar seguro, continue observando. O rosto das outras pessoas é a melhor janela que temos para ver o animal interno que vive em cada um de nós.

CARA DE FESTA

Quando seu chefe o aborda com uma expressão visível de raiva, isso é resultado direto do que os primatólogos chamam de "feição de lábios apertados" nos chimpanzés e "feição de boca tensa" nos macacos e babuínos. Preste atenção e você conseguirá observar a expressão de macacos e símios conhecida como a "feição de berro". A face dos outros primatas é extremamente expressiva quanto a formas que remetem às nossas próprias expressões. Os guenon, macacos nativos da África Ocidental que comem folhas coloridas, têm o que os biólogos chamam de "uma bela maquiagem facial artística". Como muitas outras espécies de macacos e símios, os macacos guenon estalam os lábios. É uma imitação ritualizada do comportamento de troca de contato físico, em que o macaco usa os lábios para pegar insetos ou restos de sujeira do pêlo de outros macacos. Estalar o lábio a distância quer dizer: "Quero cuidar de você, quero ser seu amigo, não sou uma ameaça." Dizemos exatamente a mesma coisa, e quase do mesmo jeito, quando cumprimentamos amigos e colegas de trabalho com um beijo no ar.

11

PREDESTINAÇÃO FACIAL
Como sua expressão facial pode construir ou derrubar sua carreira

Todos vêem o que você parece ser; poucos realmente sabem quem você é.

— NICCOLÒ MACHIAVELLI

A fisionomia é destino.

A fisionomia também não faz sentido.

Essa é uma das contradições mais estranhas que surgem quando nos vemos como animais. Da Grécia antiga à Inglaterra do século XIX, a fisiognomonia sempre foi uma ciência importante, tão sistemática quanto ilógica: os médicos diziam que podiam ler o caráter de uma pessoa não em expressões faciais fugazes, mas nas características faciais permanentes, de carne e osso. Aristóteles acreditava, por exemplo, que o tamanho dos olhos de uma pessoa revelava seu temperamento. Do mesmo modo, o capitão do navio HMS *Beagle* quase perdeu sua chance de se tornar imortal por achar que o nariz de Charles Darwin indicava uma personalidade preguiçosa, inadequada para uma viagem de volta ao mundo.

Hoje, sabemos mais a esse respeito, assim como entendemos que não devemos acreditar muito em astrologia. E, ainda assim, todos continuamos a praticar, inconscientemente, a falsa ciência de julgar o caráter alheio com base nas características faciais. Contratamos (e, às vezes, demitimos) pessoas baseados em discriminações fisionômicas das quais quase não temos consciência. Por isso sua empresa pode ser dirigida por uma pessoa cuja maior qualidade é uma semelhança pronunciada com o tipo Ralph Lauren. Por isso seu rival com expressão madura sobe os degraus da escada gerencial enquanto você, com bochechas gorduchas, é, de alguma forma, escorraçado do departamento de recursos humanos.

Nosso rosto é nosso destino, e a evolução é uma das grandes responsáveis por isso. Somos biologicamente preparados para relacionar algumas expressões faciais com emoções específicas, o que nos leva a generalizar e tratar características faciais permanentes como a marca de um estilo emocional a que essas características acidentalmente nos remetem. Dado que os lábios aumentam durante a excitação sexual, tudo indica que interpretamos lábios grossos como um sinal de prontidão sexual. Assim, agimos como se as pessoas com lábios carnudos vivessem atribuladas em meio a inúmeras paixões, enquanto as que têm lábios finos só gastassem seus colchões quando se inclinassem sobre eles para rezar antes de dormir.

Do mesmo modo, evoluímos como mamíferos para falar com delicadeza quando olhamos o rosto de um bebê; foi como a natureza nos ensinou a cuidar de nossa cria. Quando uma pessoa com feição de bebê torna-se adulta, fenômeno que os biólogos chamam de neotenia, nossa resposta inata também carrega isso. Temos a tendência de nos abrir com uma pessoa desse tipo e de confiar nela. Os que têm feição de bebê podem realmente se dar melhor na área de recursos humanos do que, digamos, uma pessoa com sobrancelhas grossas.

E isso é algo realmente traiçoeiro: dado que as pessoas respondem a nosso rosto de maneiras previsíveis, isso pode gradualmente moldar nosso comportamento e o tipo de pessoa que nos tornamos. Pode, então, parecer que a fisionomia realmente funciona.

SÍMIOS GUERREIROS

Um estudo distribuiu, em categorias, militares universitários de uma turma de 1950 de West Point em uma escala que ia da categoria "aparência mais dominadora" (o que geralmente inclui sobrancelhas proeminentes e mandíbula grande) até uma "aparência mais submissa" (olhos grandes, sobrancelhas altas e finas e rosto redondo). O progresso dos que faziam parte das categorias intermediárias não fez muita diferença – para eles, o avanço na carreira era, muitas vezes, decidido por conselhos de promoção remotos e

214   O GORILA NO ESCRITÓRIO

impessoais. Mas o tipo facial foi um fator importante em determinar quem, por fim, veio a se tornar general. A maioria avassaladora que ocupou a posição mais alta era formada por indivíduos com aparência mais dominadora.

Uma possível explicação – sugerem os pesquisadores Allan Mazur e Ulrich Mueller – é que esses rostos assemelham-se aos dos primatas, humanos e não-humanos, "preparando-se para uma luta: lábios finos, cantos recuados da boca, sobrancelhas caídas, olhos parcialmente fechados (para se protegerem e não serem feridos) e orelhas recuadas, fazendo com que pareçam menores". Em conseqüência, as posições mais altas "talvez acabem sendo entregues àqueles que se apresentam como guerreiros fortes". Ao que tudo indica, os responsáveis por promoções tratam a dominância facial como um indicador confiável da "habilidade de realmente dominar os outros, mesmo que essa habilidade, no contexto social, seja aplicada somente de modo sutil e puramente simbólico". E essa suposição irracional pode estar certa: parece que os subordinados preferem que seus líderes se pareçam com o general Patton, e não com Howdy Doody.*

Ter feição de bebê tem suas vantagens também, embora geralmente em uma ordem de conquista distinta. Um estudo de Boston que rastreou mais de 500 casos em tribunais de pequenas causas descobriu que réus com olhos grandes e bochechas gorduchas eram geralmente absolvidos. As sentenças em casos de delitos intencionais foram, em 92% das vezes, desfavoráveis aos réus com feição madura, comparado a 45% das vezes no caso de réus com feição de bebê. A percepção, segundo a psicóloga Leslie Zebrowitz, da Brandeis University, é que "as pessoas com feição de bebê são muito honestas e ingênuas para cometer delitos premeditados". Podem, assim, livrar-se de um julgamento de assassinato ou, pelo menos, de pequenos furtos. Se você é o autor que sofreu a agressão em tal caso, pode sentir-se tentado a lançar mão da terminologia científica adequada para falar com seu rival: "Olha aqui, seu mentiroso de 'm...' neotênico."

Mas não deixe o juiz escutar seu comentário. Na verdade, talvez seja melhor você abster-se de tal linha de pensamento, pois, mesmo que sua intuição seja contrária, fazer julgamentos sobre as pessoas com base em características faciais acidentais é tolice. Sabemos que é realmente uma tolice quando vemos tantas organizações que escolhem o tipo parecido com o general Patton e

---

*Respectivamente, um dos maiores gênios militares do século XX, único general realmente temido pelos nazistas, e um bonequinho de cara franzida exibido na televisão entre 1947 e 1960. (*N. da T.*)

depois descobrem que, por dentro, o cara é um verdadeiro Howdy Doody. Ele nem faz idéia do que seja uma porca de borboleta, mesmo quando se olha no espelho. Não consegue levar um cão faminto até a sua tigela de comida. Mas, por ter boa aparência na televisão, o bem afeiçoado nada mais é do que um engodo humano perambulante e falante encontrado aos montes em cargos altos de importantes empresas. Zebrowitz credita isso ao "princípio de adequação facial". Há uma tendência de se escolherem pessoas para determinados cargos com base em sua feição, sendo que, até a década de 1940, as empresas faziam isso de modo sistemático, recorrendo ao método Merton de leitura facial para detectar as marcas estereotípicas do estilo executivo.

Hoje, há empresas que contratam defensores da predestinação facial para ajudá-las nesses capciosos julgamentos. Mac Fulfer, ex-advogado de tribunal do Texas, diz que já vendeu seus serviços de leitura facial para empresas como Sprint, Sun Microsystems, Bell Helicopter, Quaker Oats e New York Life. Começou utilizando as linhas do rosto como um guia rápido para detectar a personalidade de possíveis jurados e hoje ensina empresas como a técnica pode ser utilizada no momento de contratar novos funcionários.

Seus clientes pagam por sua assessoria porque a explicação de Fulfer parece, a princípio, fazer sentido. As linhas de seu rosto não existem por acaso, diz. Resultam do modo como você movimenta os músculos faciais, "os padrões habituais de sustentação de pensamento ou sentimento". Ele também evita verdades absolutas: "Não acho que se possa usar algo como o teste Myers-Briggs,* leitura facial, análise de caligrafia ou o que quer que seja para apontar alguém e dizer: 'Este é você.' As pessoas são muito complexas. Não se trata de apontar ninguém. Apenas tento dizer como você vem usando seus músculos."

Quando ele começa a falar, parece que você está escutando uma vidente fugaz e surpreendentemente intuitiva. As sobrancelhas altas em uma foto da ex-presidente da Hewlett-Packard, Carly Fiorina, indica que ela é "uma estrategista, que usa as informações com muita cautela e só depois estabelece um plano. Não gosta de perder o controle". Suas bochechas próximas significam "uma energia enorme para explosões rápidas". Fulfer acrescenta então que a parte interna curvada de suas orelhas revela que ela é capaz de

---

*Desenvolvido por Katharine Briggs e Isabel Briggs Myers, mãe e filha, esse teste baseia-se na Teoria dos Tipos Psicológicos de Carl Jung e é um instrumento para a identificação de preferências de personalidade. (*N. da T.*)

"grande reconhecimento de padrões" e, mais uma vez, voltamos à terra do nariz preguiçoso de Darwin.

Certa vez, Fulfer esteve em um jantar com um eventual futuro vice-presidente de uma empresa de medicina veterinária – o candidato conseguiu o cargo em parte por Fulfer ter dito que ele tinha "sobrancelhas gerenciais". (Quando o executivo da indústria automobilística Robert Lutz estava subindo de posição, um executivo da GM o criticou por ele usar um cabelo muito baixo, do tipo visto em marinheiros, em vez de ter um "cabelo executivo" tradicional. A empresa, evidentemente, seguiu a teoria do Princípio de Dilbert, que explica como as pessoas se tornam gerentes: "Não sabem construir códigos, não sabem projetar uma rede e não têm habilidade alguma para a área de vendas. Mas têm um belo cabelo.")

Fulfer também afirma a seus clientes que pessoas com sobrancelhas contínuas (mais conhecidas como unissobrancelhas) são "pensadores poderosos cuja mente não pára nunca. Deixe-os dar algumas idéias". E: "Este aqui tem papada, ou seja, uma pessoa que se sente à vontade ao exercer o poder e a autoridade, além de ter grande resistência. Uma vez adaptados, são como buldogues." E, por fim, esta jóia fisionômica irresistível: "Aqui, repare em como as narinas são grandes. Isso significa que a pessoa tem uma vida afetiva abundante."

É possível até imaginar o comitê executivo relatando ao conselho da diretoria no Blodget.com: "Este é nosso principal candidato ao cargo de CEO. Recomendamos um pacote de bonificação de opções de ações de $16 milhões com base em suas enormes passagens nasofaríngeas." Explicaria muito a respeito da história empresarial moderna.

ESTÍMULOS-CHAVE

Contratar um novo funcionário dessa maneira é tão prudente quanto o método adotado por uma família na hora de escolher um cãozinho na pet shop do bairro: conquistadas pela inevitável atratividade de tudo que tem feição de bebê, apaixonam-se pelo filhote com grandes olhos castanhos e nariz amassado e arrebitado. Passadas duas semanas, depois que as crianças já criaram laços com o animalzinho, você se dá conta de que a companhia que colocou dentro de casa pelos próximos dez anos é um filho-da-mãe mesquinho de latido alto que não pára de morder seus tornozelos. Parabéns! Você acaba de se tornar a mais nova vítima de uma trapaça biológica conhecida entre os etólogos – especialistas no comportamento animal – como "estímulos-chave", simples sinais visuais ou vocais que levam a uma resposta irracional e automática. No caso da feição de bebê, as respostas incluem comportamento de cuidados excessivos e pouca agressão entre adultos, que provavelmente sabem discernir o que é certo ou errado. Os estímulos-chave são freqüentes no mundo animal e surpreendentes quanto à sua eficácia. Em seu livro *Reading Faces* [Lendo faces], de 1997, Zebrowitz cita um exemplo: o chamado de um filhote de peru provoca um comportamento de cuidados por parte de sua mãe, e isso é uma resposta inata, não algo com o qual ela se preocupe muito. Se ela é surda e não ouve os estímulos-chave, é capaz de matar a própria cria. Por outro lado, se consegue ouvir o mesmo chamado vindo de um furão (ou uma gravação feita por um pesquisador), a mamãe peru cuidará desse animal – que é um predador de perus – como se fosse sua preciosa cria.

Os primatas pensam mais do que os perus, mas também respondem a estímulos-chave. Nos babuínos, por exemplo, os filhotes têm uma pelagem negra até completarem cerca de 12 semanas, que se transforma no marrom-claro dos adultos. A mãe protege o bebê e cuida dele enquanto ele é preto, mas depois que passa a ter a coloração de adulto ela se torna indiferente. Os macacos e símios também lançam mão de características faciais, principalmente a feição de bebê, com olhos redondos e arregalados, como estímulos-chave, assim como os cães, coelhos, pássaros e muitas outras espécies cujos filhotes precisam dos cuidados dos adultos.

A AURA DA ATRATIVIDADE

No ambiente profissional, na maioria das vezes, é prudente não agir feito um peru. A lição que podemos aprender quanto aos estímulos-chave é que devemos prestar *menos* atenção, e não mais, às características faciais permanentes. E o caminho para agir dessa forma é estar atento a nossos próprios preconceitos e predisposições evolucionárias, ou seja, deixar de lado a aparência física de um indivíduo e observar com mais atenção seu comportamento.

Todos somos, por exemplo, perfeitos idiotas quando se trata do que os psicólogos chamam de "a aura da atratividade". Todos temos a idéia, no pensamento e em nossos genes (tudo bem, em nossos jeans também) de que as pessoas atraentes são melhores. Isso é, em parte, o que nos leva a prestar tanta atenção aos eternos e repetitivos programas de televisão que contam como Charlie Sheen ou Drew Barrymore estão aprendendo a levar a vida um dia após o outro (depois de três dias de bebedeira, embora eles não consigam se lembrar de nenhum deles).

Em um estudo realizado, pesquisadores mostraram a fotografia de uma mulher atraente a alguns homens. Outros receberam fotos de uma mulher nada atraente. Conversaram então com uma mulher por telefone. Os homens que pressupunham que ela fosse bonita a trataram como se também fosse cordial, inteligente e sociável. (Os observadores pediram que avaliassem a conversa e eles disseram que ela respondeu de forma mais cordial ainda.) Os homens que achavam que estavam conversando com uma "bruxa" foram menos generosos.

Isso não é muito legal. Mas, antes que você fique furiosa ao pensar como os homens são uns bastardos miseráveis, é bom saber que os bebês também fazem isso, mesmo que você esteja brincando com suas fofíssimas e gorduchas bochechas: crianças com apenas dois dias de vida respondem de forma mais negativa no caso de rostos sem atrativos.

Esse preconceito embutido é totalmente natural. Todas as espécies evoluíram por meio da seleção sexual (indivíduos que competem com seus rivais pela afeição do sexo oposto) e por meio da seleção natural (encontrar meios de não ser morto). Alguns detalhes que tornam as pessoas socialmente atraentes e sexualmente selecionadas são culturais e podem mudar de uma época para a outra, assim como os piercings de nariz e os ternos Armani. Mas outros são biológicos e permanentes.

Evoluímos, por exemplo, para considerar os rostos simétricos ou rostos "médios" mais agradáveis. Isso pode ser porque rostos imperfeitos sugerem um nível arriscado de endogamia. De qualquer forma, os bebês sorriem mais para as pessoas com rosto atraente. Além disso, quando adultas, essas pessoas travam mais relacionamentos do que, digamos, as que têm olhos esbugalhados.

Também costumam conseguir empregos melhores. Inúmeros estudos demonstram que ser feio é um risco para a carreira.

CONTRATAÇÃO DOS SEM-ATRATIVOS

Em alguns casos, a aparência é uma qualificação genuína para determinadas funções. "Se você vende cosméticos, talvez queira que isso seja feito por mulheres bonitas", admite Zebrowitz, "afinal, quem irá comprá-los se a vendedora for feia?" É também inteiramente legal discriminar as pessoas por você achar que elas, em determinado momento, estão feias, desde que sua concepção de feiúra (em inglês, *ugly*, palavra derivada do termo nórdico *uggligr*, "que causa medo") não se baseie em raça, idade, religião ou sexo. Esse, porém, é um campo minado, cheio de armadilhas.

A rede varejista de vestuário Abercrombie & Fitch, por exemplo, pagou recentemente $40 milhões e concordou em contratar recrutadores de diversidades pós chegar a um acordo em uma ação judicial em que era acusada de abarrotar suas lojas com jovens atraentes, em número desproporcional de brancos.

No entanto, o mais importante é que, mesmo que o rosto de uma pessoa lhe cause má impressão, pode ser uma perda de tempo discriminá-la com base na atratividade física, já que tal característica é irrelevante em muitos casos. Com todo respeito, um programador de computadores com marcas no rosto e enormes espinhas amarelas pode fazer seu trabalho pelo menos tão bem quanto um cara bonitinho, e também sentir-se mais motivado a manter seu emprego.

Ainda assim, o preconceito contra as pessoas feias continua enraizado em nós. "Acredito realmente que as pessoas atraentes são melhores", escreveu-me por e-mail um executivo do setor de telecomunicações sem fio. "Elas não nasceram melhores, mas se tornam mais sociáveis, em razão da maneira como são tratadas enquanto crescem. As pessoas feias desenvolvem complexos como resultado das humilhações e abusos que sofrem no decorrer da vida. É como um cão: bata nele e se tornará mesquinho; ame-o e ele será amoroso com todos. De modo geral, acho que os empregadores precisam ser cuidadosos quando forem contratar pessoas feias."

Essa afirmação colocou a questão de um modo tão nu e cru que eu estava elaborando algo entre uma resposta e uma bronca quando outro e-mail chegou, da auditora interna de uma importante empresa de tecnologia: "Não sou do tipo Gisele Bündchen. Não tenho um queixo marcado. Tampouco uma sobrancelha proeminente ou uma arcada forte. Sou uma mulher baixinha. E falo alto." Era impossível não perceber o rancor que se foi acumulando durante toda uma vida em que essa mulher passou despercebida ou sofreu abusos por causa de estímulos-chave: altura, atratividade (ou falta de) e sexo. "Nesses 30 anos, sempre falei alto", escreveu. "Pode ter certeza de que todos sempre me ouvem. Exijo atenção. Quando não me dão atenção, todos sabem, pois até os que estão longe de mim conseguem me ouvir."

220 O GORILA NO ESCRITÓRIO

Acrescentou que foi a autora principal de uma ação judicial de classe contra o plano de pensão de seu empregador. E realmente a decisão de um tribunal lhe foi favorável, com um provável (a apelação ainda não foi julgada) custo para o empregador de bilhões de dólares, que terá de refazer parte da contabilidade de seu plano de pensão, o qual, na década de 1990, foi feito visando o favorecimento próprio. (Investiguei mais a respeito e a sua história confere.) Você pode ler isso de duas formas: é um argumento poderoso em favor da não-contratação de pessoas feias ou foi um lembrete, que saiu caro, de que contadores e executivos espertos devem tomar cuidado com a dissseminação da humilhação e do abuso entre as pessoas feias que inevitavelmente acabam contratando. Eu prefiro a segunda leitura.

Pode ser difícil na prática, mas, como política, faz sentido tentar evitar armadilhas biológicas tais como a atração gerada pelas feições de bebê e pelas auras da atratividade. Como? Zebrowitz aconselha os empregadores a evitar reuniões presenciais e tentar levantar o máximo de informações sobre um possível contratado por outros meios – questionários de requisição de emprego, cartas de recomendação, observações feitas por e-mail, serviços de mensagens instantâneas ou conversas por telefone. O que funciona nas questões amorosas pode funcionar nos relacionamentos profissionais: hoje, as etapas preliminares de um namoro acontecem por meios eletrônicos, como alternativa de saber o que a outra pessoa realmente pensa, sem as distrações carnais de apelo sexual. Estabelecer um bom relacionamento de antemão pode ser uma forma de evitar o deslumbramento ou o desgosto gerado pelas primeiras impressões, muitas vezes enganosas.

Lembrar-se de possíveis preconceitos também pode ajudar, diz Zebrowitz: "Será que realmente acho que essa pessoa não conseguirá lidar com um cargo gerencial? Ou estou sendo preconceituoso devido à sua aparência?" A discriminação não precisa ser explícita para se tornar um fator de peso na contratação. Em um estudo realizado nos anos 70, entrevistadores brancos demonstraram nervosismo e sinais mais marcados de distanciamento social quando se tratava de candidatos negros, levando-os a não apresentar bons resultados. Quando os pesquisadores treinaram os entrevistadores, de modo um pouco perverso, para agirem dessa mesma maneira nervosa e distante com todos os candidatos, os brancos também apresentaram resultados ruins.

Zebrowitz sugere que esse tipo de distorção inconsciente nos processos de seleção pode se estender muito além da questão racial. Entrevistadores podem ser mais abertos com candidatos que têm feição de bebê, por exemplo, ou fazer perguntas específicas a alguém que "pareça um líder".

Em um experimento, Anke von Rennenkampff, estudante universitária que trabalha com Zebrowitz, entregou a indivíduos uma lista com 18 perguntas que eles poderiam fazer para candidatos a cargos de liderança, sendo nove positivas ("Qual foi sua maior conquista na faculdade?") e nove negativas ("Qual foi seu maior fiasco na faculdade?"). Descobriu-se que, quanto mais masculina a aparência do candidato, mais eles fizeram perguntas positivas. "Os participantes não queriam mais informações sobre o candidato", diz von Rennenkampff. "Queriam descobrir se sua primeira impressão estava certa. Queriam confirmar sua opinião, e não obter informações objetivas."

BURLAR A PREDESTINAÇÃO FACIAL

E se os que estão à procura de emprego forem pegos pela armadilha da feição de bebê ou se tornarem vítimas de suas características faciais? E se você for – sejamos sinceros – feio de doer? A tentação é fazer mudanças em si mesmo, e isso pode, vez ou outra, fazer sentido. "Um homem perguntou-me: 'Por que as pessoas sempre acham que sou fraco?'", conta o psiquiatra Paul Ekman. "Observei então seu rosto e vi que suas sobrancelhas cresciam de uma forma que os cantos internos ficavam mais altos." Ou seja, refletiam acidentalmente a expressão facial de tristeza e incerteza. "Respondi: 'Depile suas sobrancelhas.' E funcionou." Os homens podem disfarçar um queixo frágil com uma barba, acrescenta Zebrowitz, e as mulheres podem escurecer as sobrancelhas com cosméticos para conseguir uma aparência mais madura.

A tradição de melhorar a aparência do próprio rosto e de embelezá-lo um pouco é inteiramente nobre. Sir Isaac Newton distribuía retratos de si mesmo com olhos penetrantes e sobrancelha farta e intelectual, dada a observação de um amigo que lhe disse que, na vida real, seu rosto não tinha nada que "deixasse clara sua perspicaz sagacidade". Do mesmo modo, atores de novela e colunistas de jornal apresentam-se, com freqüência, em fotos tiradas há mais de 20 anos. E por que não o fariam? Sinceramente, é perturbador pensar que a fisionomia determina o destino de alguém e que somos vítimas das fobias evolucionárias e dos preconceitos inconscientes herdados de nossos companheiros seres humanos.

222 O GORILA NO ESCRITÓRIO

O rosto que você escolhe "vestir" também deve variar com base no tipo de emprego que está procurando. As pessoas parecem, por exemplo, preferir características masculinas para um líder. Isso pode ser uma predisposição genética que se enraizou em nossa biologia, por sermos uma espécie dominada por machos. Ou simplesmente um péssimo hábito que temos, pois nesses últimos 10 mil anos sofremos mandos e desmandos de homens que, como disse certa vez Carly Fiorina, ex-CEO da Hewlett-Packard, "têm pescoço comprido e cérebro do tamanho de uma ervilha".

Seja resultado da primeira ou da segunda hipótese, o gosto por líderes com aparência masculina existe *mesmo quando todas as possíveis candidatas são mulheres*. A pesquisadora Anke von Rennenkampff pediu a 120 pessoas que imaginassem estar contratando alguém para ocupar uma posição de liderança. Entregou-lhes questionários de solicitação de emprego idênticos, exceto pela foto anexa a eles. Uma candidata era uma mulher com uma feição biologicamente masculina (rosto comprido, testa quadrada, queixo maior, lábios finos, topo das sobrancelhas mais proeminente). Outra candidata era uma mulher com feição feminina (bochechas arredondadas, nariz menor, olhos grandes e redondos). Von Rennenkampff usou duas fotografias de cada uma das mulheres, uma com uma roupa em estilo mais masculino (gola alta preta, nenhuma maquiagem, cabelos presos para trás) e outra com estilo mais feminino (cabelos soltos, batom, colar e um pulôver mais decotado). Previsivelmente, a candidata que parecia mais masculina, tanto do ponto de vista biológico quanto na forma de se vestir, conseguiu o emprego. A que parecia claramente feminina não obteve bons resultados. Foi um caso claro do princípio de adequação facial no trabalho. Quando von Rennenkampff pediu aos participantes que escolhessem candidatos para um emprego na área de recursos humanos que exigia habilidade comunicativa e sensibilidade, eles inverteram a escolha e entregaram o cargo mais alto à candidata com aparência invariavelmente mais feminina, o que era de se esperar, levando-se em conta o princípio de adequação facial.

O lado promissor do estudo foi que, se a candidata feminina estivesse em busca do emprego de liderança, poderia melhorar sua posição do quarto lugar para o primeiro ao se vestir de forma mais masculina. Em outras palavras: com alguns reparos é possível minimizar os efeitos da predestinação facial. Essa é uma lição que von Rennenkampff aprendeu e põe realmente em prática. Ela é uma jovem alta e magra, com grandes olhos castanhos e pele macia. Mas usa o cabelo preso, pouca maquiagem, brincos pequenos, uma blusa marrom-acinzentada de mangas compridas sob um colete escuro, além de calças compridas também escuras.

Também é possível fugir do estereótipo facial mudando o comportamento, ou até mesmo apenas as expressões faciais. O efeito estereotipista de um traço facial geralmente dura somente enquanto o rosto está em repouso. Assim que surge alguma expressão, tudo muda.

Eu, por exemplo, tenho sobrancelhas marcadas, que geralmente são interpretadas como raiva. Não raro, as mulheres hesitam em entrar em um elevador sozinhas comigo. Felizmente, também tenho um sorriso largo e agradável, e gosto de pensar que esse contraste é capaz de desarmar qualquer um. (Imagine um pôr-do-sol radiante sobre as montanhas de lixo de New Jersey, Meadowlands, meu refúgio nativo.)

Ainda assim, as mulheres hesitam em entrar em um elevador comigo quando estão sozinhas. Zebrowitz alega, porém, que esses "efeitos contrastantes" podem tornar alguns comportamentos ainda mais impressionantes, pois são inesperados. Uma mulher pode parecer uma líder melhor, por exemplo, porque seu jeito assertivo contrasta com sua feição de bebê. Um homem que pareça o general Ursus do *Planeta dos Macacos* pode cativar os outros por meio de pequenos e inesperados atos. (Imagine como seria curioso, por exemplo, se algo agradável fizesse Donald Rumsfeld sorrir.)

Embora as cirurgias plásticas possam ser tentadoras, um método mais saudável é ficar com o rosto que a natureza lhe deu e trabalhar, de maneira inteligente, com as formas previsíveis como as pessoas respondem a ele.

- À medida que as papadas e as rugas tomam conta de seu rosto, você pode usá-las como um comunicado público de que sua data de validade está vencendo. Ou, então, lançar mão delas como ferramentas que geram respeito. Advogados mais idosos geralmente empregam uma expressão que um cliente superfaturado descreve como "dobrar os cantos da boca feito um sapo e, simultaneamente, elevar os lábios e forçá-los para a frente, como forma de se fazer passar por uma pessoa sensata. Ou contemplativa. Ou hesitante". A beleza pode ser a verdade; e a verdade, a beleza. Mas na profissão jurídica as horas cobradas são melhores do que a beleza e a verdade juntas, e ter papadas e parecer inteligente é uma boa forma de conquistá-las.

- Se você tem feição de bebê, é provável que tenha facilidade em fazer com que as pessoas confiem em você, o que geralmente é uma vanta-

224 O GORILA NO ESCRITÓRIO

gem útil. Esse foi o efeito que Kenneth Lay despertou na Enron, com seus olhos meigos e aspecto autocrítico. Por outro lado, o efeito contrastante pode gerar um ar sinistro e traidor quando os "caras de bebê" são pegos em algum tipo de comportamento inadequado. Por isso, um assassino com feição de bebê é uma figura tão convincente no momento de relatar um crime.

■ Se você tem um rosto mais maduro e sensato, talvez queira buscar a ajuda de um colega com feição de bebê ou pedir o apoio de um tipo doce e solidário da área de recursos humanos para informar à sua equipe que acabou de terceirizar os cargos e que o trabalho passará a ser feito em Chongqing. ("Alguém estaria interessado em uma transferência de emprego e em um corte de salário de 99%?") Isso porque os indivíduos com feição de bebê têm menos probabilidade de gerar, nos outros, uma raiva sociopática. Trata-se de uma estratégia profundamente enraizada em nosso comportamento primata; qualquer criança também a conhece bem e por isso pede a ajuda do irmão fofinho e mais novo para contar à mamãe que ela acabou de quebrar seu vaso preferido.

Também é possível minimizar os efeitos dos estereótipos faciais com a ajuda do bisturi de um cirurgião. Acreditamos no mito de que quase tudo que é feio pode tornar-se belo – ainda mais depois de ver um *reality show* da televisão, que mostra grandes transformações conseguidas com cirurgias plásticas. Fulfer cita o caso de uma funcionária que trabalhava no balcão de vendas de passagens em uma companhia rodoviária do Texas cuja carreira não progredia por ter um queixo muito pequeno. Então, ela fez um implante e acabou chegando à presidência da empresa.

O problema é que, pelo menos fora do setor rodoviário, as pessoas são altamente habilidosas quando se trata de detectar falsificações. Ou seja, seu rival irá se dar bem, pois contará a todos o nome do cirurgião que deu um jeito em seu nariz. Seus inimigos vão cochichar ao lado do bebedouro que seu lábio superior "é horroroso. Que deve ser por causa do Botox. Que não tem movimento algum". Pior ainda: olharão para os seus lábios cheios de colágeno, como os tablóides britânicos fizeram com a infeliz atriz Leslie Ash, e a apelidarão de "beiçuda". A melhorada que você deu nos seios pode passar pela mesma situação, mas levar a respostas inatas do tipo que incluem refe-

Predestinação facial 225

rências a motéis, e não à diretoria. As injeções de Botox podem minimizar as marcas próximas às suas sobrancelhas, mas também podem fazer com que você pareça paralisada de indiferença enquanto seus colegas de trabalho arqueiam as sobrancelhas quando surpresos ou alegres, a cada vez que o chefe elogia seus feitos.

A promessa esperançosa das cirurgias plásticas é que talvez você venha a se livrar da estupidez dos estereótipos faciais. O risco é que você pode acabar como o Michael Jackson, que parece tão humano quanto um bonequinho de ventríloquo.

A escolha é sua.

> O bumbum dos chimpanzés filhotes tem tufos de pêlos brancos até eles completarem cerca de 3 anos, e os machos adultos mimam os filhotes e toleram suas traquinagens enquanto essa característica existe. Sob a proteção desse estímulo-chave, os filhotes não são punidos mesmo quando tentam separar o papai da mamãe durante a cópula. Esse é um caso em que, se os humanos extrapolam e agem feito animais, correm sérios riscos. Sendo mais claro: até mesmo o funcionário com a feição de bebê mais marcante de toda a empresa não deve se sentir tentado a adotar tal comportamento quando descobrir a secretária e o chefe em *flagrante delicto*. Mas pode esperar uma boa promoção (a uma posição de liderança) no ano seguinte.

12

O MACACO OBSERVA
O poder da imitação

Não reverenciamos deusas gregas como Graces ou Parcae, e sim a Moda...
O líder dos macacos em Paris veste um chapéu de viajante e todos os macacos nos Estados Unidos fazem
o mesmo.

— HENRY DAVID THOREAU

"Não lembro o que as mulheres estavam vestindo", comentou Lou Gerstner em sua primeira reunião com a alta gerência depois de se tornar CEO da IBM, "mas era óbvio que todos os homens presentes estavam trajando camisas brancas, exceto eu. A minha era azul, um grande desvio para um executivo da IBM!" Algumas semanas depois, quando o mesmo grupo se reuniu novamente, Gerstner vestia uma camisa branca como forma de se adaptar à cultura da empresa.

Infelizmente, todos os seus subordinados apareceram com camisas coloridas.

É sempre divertido e fácil demais gozar os tipos empresariais com suas camisas listradinhas, todas idênticas. A verdade é que quase todos os animais sociais imitam-se. O macaco não apenas observa; o macaco faz. "As galinhas que já comeram sua porção começam a comer novamente quando colocadas junto de uma galinha faminta devorando um punhado de grãos", escreve Elaine Hatfield, psicóloga da Universidade do Havaí e co-autora de *Emotional Contagion* [Contaminação emocional]. "As formigas trabalham mais quando acompanhadas de outras formigas trabalhadoras."

E os humanos? Apesar de nos orgulharmos de nosso individualismo, somos os animais mais imitadores da face da Terra. Imitamos o salto do jogador que vemos na tela da televisão ou a feição triste da vítima do tsunami que acabou de perder seu único filho. Gargalhamos com o estímulo de risadas contínuas.

Trata-se de um de nossos impulsos biológicos mais básicos e subestimados: queremos ser como as outras pessoas, ou pelo menos como as pessoas que consideramos parecidas conosco. É por isso que advogados corporativos vestem-se como seus pares e os anarquistas, idem. É por isso que os jornalistas são, em sua maioria, desleixados e nunca percebem a finesse das cinzas espalhadas no peito da camisa. Desviamo-nos realmente de nosso caminho para criar situações nas quais podemos imitar as outras pessoas. De que outra maneira seria possível explicar a forma como um grupo de pessoas se diverte ao ensaiar os mesmos passos de dança na festa da empresa? De que outra maneira seria possível entender o prazer peculiar que os funcionários de uma fábrica em Beijing têm ao praticar *tai chi chuan* em grupo antes do turno matutino?

O poder da imitação é imenso e altamente adaptativo. Ao observar as pessoas ao nosso redor, aprendemos como fazer nosso trabalho bem-feito e como devemos nos comportar como uma espécie social, para nos encaixarmos no grupo e não sermos excluídos. Durante a maior parte de nossa história como animais tribais, não estar em conformidade com a cultura local foi uma forma rápida de morrer ("Aquele cara esquisito não vai pintar o rosto de azul! Vamos jogá-lo aos lobos!"). Com isso, a seleção natural garantiu que a conformidade e a necessidade imitativa passassem a fazer parte de nossa herança genética. Células especiais no cérebro, chamadas neurônios-espelho, ajudam-nos a imitar, inconscientemente, as pessoas com quem convivemos e, nesse processo, compartilhar suas emoções. Nos dias atuais, nem analisamos o objetivo prático disso; a imitação simplesmente nos traz bem-estar. Agir em sincronia com as outras pessoas produz um zumbido profundamente gratificante em algum canto obscuro de nossas mentes.

NASCIDOS PARA IMITAR

As crianças começam a imitar as expressões faciais uma hora depois de seu nascimento, e imitamos palavras, feições, linguagem corporal, estilos de vestir, manias sociais e modismos até morrer. Apenas em termos de vocalizações, Hatfield lista um número "impressionante" de características que

228 O GORILA NO ESCRITÓRIO

as pessoas em uma conversa não apenas imitam, mas o fazem simultaneamente, incluindo o sotaque, o ritmo da fala, a intensidade e a freqüência vocais, as pausas e a rapidez das respostas. Se a pessoa dominante em uma conversa fala com rapidez, os outros seguem o mesmo ritmo. Se fala alto, todos tendem a elevar o tom de voz. Esses comportamentos podem ser vistos não apenas em testes controlados de laboratório, mas também em "entrevistas de emprego cuja estrutura é rígida, em conferências presidenciais, em comunicações entre astronautas e equipes na Terra" e no bate-papo comum do escritório.

Em *Os eleitos* (Rocco, 1988), por exemplo, Tom Wolfe descreve como o piloto de testes Chuck Yeager transformou a forma como uma geração inteira de pilotos aéreos falava, pois todos queriam imitar a frieza de seu tom de voz em situação de pressão. Aquela voz, "que começa em tom alto e vai diminuindo, sobre o alto deserto da Califórnia, diminuindo, diminuindo, diminuindo, dos altos postos da Irmandade até todos os estágios da aviação americana... Pilotos militares e, logo em seguida, pilotos de linhas comercias, pilotos de Maine e Massachusetts, das Dakotas e do Oregon, e de todos os lugares, começaram a adotar aquele tom de jogador de pôquer, o tom de voz arrastado da Virgínia Ocidental, ou tentavam chegar o mais próximo possível que seu sotaque nativo permitisse. Era o tom de voz arrastado do mais virtuoso entre todos que têm a coisa certa: Chuck Yeager".

Aqui embaixo, em terra firme, a imitação lingüística também adota formas básicas. Um executivo cunha um verbo nada correto como *incentivizar*, e logo em seguida lá estão todos os outros executivos jogando conversa fora por aí e falando sobre como podem "*incentivizar*" as pessoas a trabalharem mais, geralmente sem pagar nenhum centavo extra por isso, mas conseguindo bônus atraentes para si mesmos. (Será que a palavra que procuram não seria *insanizar*?)

Imitamos os outros até mesmo quando estamos tentando chegar em casa após um dia de trabalho, diminuindo a velocidade na pista expressa por algo que está atrapalhando o tráfego – por exemplo, todos tentam sair de uma pista parada na hora do rush – e criando, assim, um engarrafamento terrível que persiste, por meio da imitação, por muito tempo, mesmo depois que a causa já não mais existe. Aí vem a experiência enlouquecedora de sair, por fim, da área congestionada e descobrir que não havia nada lá. Nenhum pára-choque amassado. Nenhuma ambulância. Nenhuma maldita razão que possa ter causado o congestionamento. Então aceleramos e reclamamos dos motoristas barulhentos e idiotas que estão à nossa frente. Cinco minutos depois, outros motoristas, induzidos pela imitação, enfrentam a mesma desanimadora situação irreal e pensam o mesmo a nosso respeito.

Seguimos os passos dos outros tão de perto que os exércitos aprenderam a parar ao cruzar uma ponte caso ela esteja balançando a ponto de quebrar. Imitamos os outros até mesmo no nível bioquímico: as mulheres que trabalham juntas envolvem-se, inconscientemente, em um tipo de conversa química que gradualmente vai fazendo com que o ciclo menstrual delas entre em sincronia.

Há inúmeras teorias sobre esses fenômenos gregários, sendo que nem todas abordam o amor fraternal ou a necessidade de refletir sentimentos de unicidade. Pode ser, por exemplo, que esses fenômenos existam porque gostamos de estar em companhia uns dos outros e de sermos iguais, em parte pela segurança que os números trazem. Em um trabalho intitulado "Geometry for the Selfish Herd" [A geometria para a manada egoísta], o biólogo William Hamilton alega que com freqüência os animais formam grandes bandos, cardumes, matilhas e manadas, pois cada indivíduo está tentando manter pelo menos um outro indivíduo entre ele e o lobo que bate à sua porta. (Infelizmente, cada tática defensiva gera uma tática contrária predatória. O robalo, por exemplo, nada apressado em direção ao centro de um cardume de peixes predadores, sendo que o cardume divide-se em dois e os predadores atacam quando divididos. Os peixes que se encontram no centro do cardume são, portanto, os primeiros a morrer.)

Fazer exatamente o que os outros fazem, por mais esquisito que pareça aos olhos de estranhos, é muitas vezes um meio de evitar o perigo. As alcas, pássaros aquáticos da região ártica, fazem seus ninhos em penhascos íngremes. Os pássaros filhotes pulam dos penhascos no mar em massa. Por quê? Se um casal de filhotes salta sozinho, é quase certo que será pego por gaivotas predadoras. Se todos pulam juntos, alguns serão pegos, mas as gaivotas irão se distrair ou estarão satisfeitas demais para perder tempo com os outros pássaros. Um biólogo nomeou isso de a estratégia "alimente-se de nossos vizinhos".

Impulsos defensivos desse tipo estão profundamente enraizados em nossa biologia. Essa é uma das razões que torna tão difícil fazer com que pessoas ou empresas tentem algo novo, ou parem de fazer algo que sempre fizeram em seu trabalho. Temos esse sentimento subconsciente de que, se não estivermos fazendo o mesmo que todos os outros, estamos certamente à beira da morte.

E isso às vezes é verdade. Espelharmos, por exemplo, as expressões faciais das pessoas que nos cercam pode ser um mecanismo de sobrevivência. Digamos que você esteja à toa ouvindo a reclamação de uma colega de trabalho sobre como seu chefe, o Cabeça Pequena, sempre arruma um jeito de fazer com que ela se sinta uma idiota. De repente, você levanta os olhos e vê o Cabeça Pequena caminhando em sua direção. Uma expressão de alarme toma conta de seu rosto. (Decorrem apenas 200 milésimos de segundo, ou um quinto de segundo, entre a ameaça até a expressão facial, como exposto em capítulo anterior.) A mesma expressão que surge em seu rosto aparece no rosto de todos à sua volta, fazendo com que também sintam medo. A conversa pára na hora certa, e tudo isso acontece antes que alguém diga "Ele está vindo aí".

Na verdade, dado que a mente consciente necessita de 500 milésimos de segundo para reconhecer uma ameaça, a troca defensiva pode teoricamente acontecer e garantir que todos manterão seu emprego antes mesmo que qualquer um perceba o motivo da aflição geral. Essa forma subconsciente de comunicação não se limita ao medo. Tente torcer seu nariz como se estivesse com nojo de algo durante o almoço no refeitório da empresa, por exemplo, e note como todos param na mesma hora de comer, com os garfos suspensos no ar. Demonstrações emocionais e respostas rápidas desse tipo – também conhecidas como contágio emocional – são parte do que nos permite ser bem-sucedidos como uma espécie social.

Não nos torna, porém, únicos. Em um estudo realizado, um macaco *rhesus* aprendeu a reconhecer um sinal visual como um aviso de que ele estava para levar um choque elétrico. O macaco poderia evitar o choque ao pressionar uma barra. Um segundo macaco, em uma jaula separada, não conseguia ver o sinal de aviso. Mas conseguia ver uma imagem em preto-e-branco do rosto do outro macaco. Quando o primeiro macaco arregalava os olhos de medo, o segundo pulava para pressionar a barra, evitando, assim, o choque elétrico. Curiosamente, esse mecanismo de sobrevivência nos macacos surgiu no isolamento. Ao que tudo indica, primatas como nós precisamos de uma criação social normal para aprender como as expressões faciais inatas podem nos salvar da forca.

SEXO E ESTACIONAMENTO LOTADO

Tanto no caso dos animais quanto dos humanos, há também motivos mais positivos para agirmos feito pássaros em um bando. Imitar os outros é, muitas vezes, um atalho para o sucesso. Pense na conhecida regra de todos os guerreiros das estradas: nunca pare em um restaurante cujo estacionamento esteja vazio. A lógica de optar por um local lotado não é porque queremos ficar na fila de espera. Simplesmente enxergamos os carros estacionados, o rebuliço das outras pessoas e até mesmo a inconveniência da fila como provas de que vale a pena esperar para comer naquele lugar. Ou, pelo menos, isso serve como prova de que, recentemente, ninguém morreu por envenenamento devido à contaminação por alguma bactéria. Os animais fazem o mesmo. Os estorninhos, por exemplo, gostam de procurar comida onde outros pássaros já estão procurando, e encontrando. Os ratos procuram pedaços de doce depois que sentem o cheiro no hálito de seus colegas de ninho.

A tendência de imitar afeta até mesmo a escolha de parceiros. Os ciprinídeos, algumas espécies de galinhas e as solteiras de Manhattan preferem trocar o macho solitário pelo que já está bem acompanhado.

É a teoria do estacionamento vista de outro ângulo: as fêmeas enxergam a capacidade de um macho de atrair outras fêmeas como prova de que ele realmente tem qualidades atraentes. Um empresário nova-iorquino lançou recentemente um tipo de serviço de companhia "zipado" com base no seguinte pressuposto: os homens pagam $50 por hora para ir a lugares públicos com uma mulher atraente e de boa aparência, pois, segundo afirma a empresa Wingwomen.com, "qualquer homem sabe que é muito mais fácil conhecer mulheres quando se está com outras mulheres".

Também imitamos os outros porque isso gera sentimentos agradáveis de proximidade. Duas pessoas em uma conversa amigável, por exemplo, geralmente copiam a linguagem corporal uma da outra, tal como cruzar as pernas ou balançar os pés. Esse eco postural é uma maneira de comunicar nosso espírito de afiliação e afinidade. Quando isso ocorre inconscientemente, ambas as partes sentem-se bem, como se estivessem dizendo: "Estou com você."

Estudos que mostram esse efeito são geralmente concebidos para que o sujeito não tenha consciência de que está sendo imitado. Mesmo assim, os resultados sugerem que gostamos mais quando o parceiro com quem conversamos nos imita com sutileza. Sermos imitados também faz com que tenhamos mais afeição pelas pessoas em geral; sentimos que estamos formando um laço com toda a raça humana.

Isso pode parecer um sentimento de unicidade irreal, ou uma expressão de um ego delirante e voraz. Céticos podem imaginar o CEO que todos copiam dançando pelos altos cubículos da empresa, espalhando pétalas de ro-

232 O GORILA NO ESCRITÓRIO

sas e recitando Whitman em um sonoro vibrato. (Enquanto isso, vice-presidentes seniores atarefadíssimos olham com respeito e acompanham o poema com os lábios, questionando se também podem soltar seus pés e fazê-los felizes.) Mas o espírito de afiliação que surge quando as pessoas se imitam pode ter efeitos altamente práticos.

A imitação ajuda as pessoas, por exemplo, a sincronizarem seus movimentos. Uma pessoa à mesa pega seu copo e, momentos depois, todos também tomam um gole. Uma pessoa na sala de negociação levanta e espreguiça-se e seus vizinhos fazem o mesmo, sendo que todos desfrutam, unidos, de uma curta pausa social. Um jornalista na sala de imprensa começa a falar com entusiasmo a respeito de um artigo e toda a equipe logo ganha vida, como formigas trabalhadoras, em um frenesi contagioso à medida que o prazo vai ficando mais e mais apertado.

O antropólogo Edward Hall, quando teve pedreiros trabalhando em sua casa, diz que tinha um escritório a mais. "O ritmo da conversa era contínuo. O conteúdo não era altamente relevante. Conversavam por conversar. Se o ritmo ficava mais lento, o do trabalho também ficava. Dois ou três homens podiam estar trabalhando em uma área muito pequena e nem por isso um interferia no trabalho do outro, e trabalhavam realmente unidos. Estivessem os tijolos sendo colocados, o gesso sendo aplicado à parede ou o cimento sendo misturado, a operação inteira era como um balé, com o ritmo da conversa fornecendo a nota inconsciente que fortalecia o vínculo do grupo e não deixava um interferir no trabalho do outro."

Uma equipe que encontra seu ritmo de trabalho dessa forma une-se, fazendo com que as partes de um projeto sejam abordadas de modo homogêneo, como se fosse mágica. Uma pessoa começa uma frase e outra a termina. Um tem uma nova idéia sobre um produto e os outros levam essa idéia para uma nova e brilhante direção. É como quando um jogador de basquete dá um passe por trás e outro jogador surge na hora exata de pegar a bola e dar uma bela enterrada. Ou como quando músicos que seguem cada qual para seu lugar no palco para tocar seus solos movimentam-se sem pressa e, inesperadamente, todos chegam até o seu microfone no mesmo instante, tocando a mesma nota para a primeira estrofe do coro. Você sente um frio na espinha, sente o arrepio nos pêlos de seu corpo, isso porque fomos moldados pela evolução para gostar desses momentos de perfeita harmonia.

O curioso não é apenas o fato de as pessoas se imitarem, mas observarem a imitação e usá-la para tirar conclusões sociais relativamente sofisticadas

O macaco observa 233

sem, aparentemente, ter consciência disso. Em um experimento realizado, indivíduos foram submetidos a um teste: assistiram a 51 tomadas de um minuto, cada uma mostrando um homem e uma mulher diferentes conversando à mesa. Tinham de decidir o quanto cada um gostava realmente do outro. Os indivíduos disseram, posteriormente, ter levado em conta a proximidade entre os parceiros com base na freqüência com que sorriam, faziam sinais com a cabeça, gesticulavam ou tinham outras atitudes que expressavam seus sentimentos. Dois terços afirmaram que não prestaram atenção se o homem e a mulher imitavam um o outro.

Frank Bernieri, pesquisador da Universidade do Estado de Oregon, e sua equipe analisaram novamente as tomadas de um minuto e fizeram observações detalhadas sobre a proximidade das cadeiras, sorrisos, gestos e comportamentos imitativos (ou sincronia). Descobriu-se que os casais que gostaram mais uns dos outros não eram necessariamente os que sorriam ou gesticulavam com a cabeça com mais freqüência – embora os testes tenham se baseado muito mais na sincronia do que qualquer um poderia imaginar.

Nossa tendência de imitar os outros tem uma conseqüência mais séria: aquilo que sentimos na pele repercute no mais profundo nível emocional. Imitar expressões, vozes, posturas e movimentos das pessoas ao nosso redor faz com que sintamos, literalmente, o que elas sentem.

Na década de 1960, quando os psicólogos Paul Ekman e Wallace Friesen estavam usando o próprio rosto para catalogar os movimentos musculares envolvidos em diferentes expressões, descobriram que determinadas expressões os levavam a sentir as emoções correspondentes. Um sorriso que indica felicidade genuína (com o enrugamento dos cantos dos olhos) fazia com que se sentissem realmente felizes. Uma expressão de pesar os levava a sentir as próprias perdas. Desde então, inúmeros estudos vêm definindo essa malha de feedbacks como um fato biológico: as emoções produzem expressões faciais que, por sua vez, produzem ou intensificam as emoções associadas a elas.

Os mecanismos biológicos envolvidos podem ser surpreendentemente simples e diretos. Por exemplo: sorrir, literalmente, esfria o cérebro. Os movimentos musculares necessários para a produção de um sorriso aumentam o volume de ar inalado, reduzindo a temperatura arterial no nariz. Uma temperatura de sangue levemente mais fria que alcança o cérebro faz com que o humor dos indivíduos melhore. Executivos muito severos que adotam expressões carrancudas do tipo "Não estou brincando" po-

234　O GORILA NO ESCRITÓRIO

dem, portanto, estar fazendo exatamente o contrário do que querem, ou seja, fazer com que todos ajam com a cabeça fria na hora de tomar decisões, como eles próprios sugerem.

O AMBIENTE DE TRABALHO CONTAGIANTE

O contágio emocional – absorver as expressões faciais e as emoções das pessoas que nos cercam – é uma força perversa em nossa vida profissional diária e particularmente perigosa, já que, não raro, passa despercebida. Profissionais da área de saúde que passam o dia com pessoas doentes ou com tendência à depressão podem acabar indo para casa deprimidos também. Funcionários do setor de atendimento ao cliente podem se contagiar com a hostilidade de clientes insatisfeitos e, sem perceber, passar isso para o próximo cliente que aguarda na linha.

O oposto também acontece: pessoas que emanam sentimentos positivos têm a tendência de criar ambientes profissionais mais felizes. Mas, mesmo em empregos emocionalmente neutros, emoções desagradáveis podem ser mais contagiantes do que as agradáveis. Isso porque nossa tendência inata à negatividade nos leva a perceber o comportamento ameaçador mais prontamente e responder a ele de forma mais intensa.

Os psicólogos Elaine Hatfield e Richard Rapson tiveram uma paciente, dentista, que era alegre e dinâmica. Conseguia ser cuidadosa sem ser o tipo de profissional que parece realmente sentir a dor de seus pacientes (aqueles que acabam indo para casa para abrir um buraco na própria cabeça). Uma semana, porém, chegou ao consultório sentindo-se deprimida. Seus funcionários andavam discutindo muito e ela começou a ficar acordada até tarde para tentar encontrar soluções para o problema, elaborando um novo plano organizacional com descrições cuidadosamente detalhadas das funções de cada um. Dois funcionários perceberam isso e logo avisaram a ela.

À medida que os psicólogos a questionaram, foram descobrindo que sua sanitarista estava passando por problemas conjugais e chegava ao trabalho em prantos. Sua gerente andava furiosa, pois não conseguia delegar tarefas para a nova secretária de meio período. E a secretária sentia-se humilhada porque a gerente não confiava nela. O problema no consultório não era organizacional, mas emocional. "À medida que a conversa foi se desenrolando, a paciente percebeu claramente que estava a ponto de explodir, como resultado desse turbilhão de sentimentos; estava ficando contagiada... com o vírus da angústia."

Ter ciência do contágio emocional, sugere Hatfield, pode fazer com que um gerente tenha melhor entendimento do que realmente direciona o estado de espírito em um ambiente profissional e também o que pode ser feito a esse respeito. A dentista tirou dois dias de descanso para melhorar o próprio humor. Quando voltou ao consultório, convidou cada um de sua equipe para jantar, em dias diferentes. Em vez de deixar que a sanitarista infeliz transformasse sua tristeza em um estado de espírito padrão, a dentista começou a propagar o próprio contágio emocional positivo e todos foram, aos poucos, animando-se.

A misteriosa capacidade de o comportamento ser contagiante no sentido positivo é o que faz com que alguns líderes sejam tão inspiradores. Em sua biografia *A First-Class Temperament: The Emergence of Franklin Roosevelt* [Temperamento de primeira classe: O surgimento de Franklin Roosevelt], o historiador Geoffrey Ward cita a descrição de um contemporâneo sobre uma visita do secretário-assistente da Marinha a uma das humildes embarcações sob seu comando: "Uma vez a bordo da embarcação, [Roosevelt] deixou claro que, ao navegar, sentia-se em casa. Em vez de se deitar sedado em sua cama como esperado, andava da proa à popa enquanto seguia para o pátio da marinha. Com exclamações de fascinação e claro apreço pela embarcação, visitou cada metro quadrado do navio, desde a cabine do timoneiro até a casa das máquinas. Quando outro navio aproximou-se e gotas de água atingiram seu rosto, apenas abaixou a cabeça, riu e comentou com seus companheiros como o navio tinha experiência com as ondas. Em poucos minutos, havia conquistado o coração de todos a bordo, da mesma forma que, nos anos seguintes, conquistou o coração das tripulações de todos os navios no qual esteve (...) ele demonstrava (...) a qualidade imensurável do entusiasmo contagiante."

As pessoas que não são naturalmente tão carismáticas – a maioria de nós – podem pelo menos parar de vez em quando para analisar como seu estado de espírito está contagiando, inconscientemente, os que as cercam. As expressões faciais e as nuances de nosso tom de voz são como um espirro emocional. O contágio emocional acontece continuamente, por exemplo, em um guichê, entre o caixa e o cliente. Em um estudo realizado em 39 agências de uma instituição bancária regional, o pesquisador da Universidade da Carolina do Norte, S. Douglas Pugh, descobriu que os caixas que sorriam mais e olhavam os clientes nos olhos geravam bom humor, fazendo com que deixassem a agência bem mais satisfeitos.

236 O GORILA NO ESCRITÓRIO

Alguns gerentes irão, sem dúvida, interpretar isso como uma justificativa para mandar que seus funcionários sorriam, como Stan, o irritante gerente de restaurante do filme *Como Enlouquecer seu Chefe*, que inferniza a garçonete Joanna para "usar uma feição mais 'estilosa'". ("Você quer se expressar, não quer? Certo. Ótimo. Maravilhoso. É só isso que lhe peço.")

Ele, porém, estava longe de entender o verdadeiro sentido disso. Os gerentes também geram contágio emocional. Se querem ter clientes mais felizes, o melhor a fazer é dar a seus funcionários razões para que sorriam. (Em vez disso, Stan dá a Joanna razões para ela colocar o dedo na cara dele, na frente de todos os clientes do restaurante. "Tudo bem, aqui está meu estilo", fala, "E é assim que *me* expresso. Aqui está. *Odeio* este emprego. Odeio este *maldito* emprego e não preciso dele.")

Uma pessoa pode facilmente controlar o estado de espírito de um grupo inteiro. Sigal Barsade, professora da Wharton School, da Universidade da Pensilvânia, pediu a pequenos grupos que decidissem, entre si, como alocariam um fundo limitado de recursos salariais. Cada indivíduo em um grupo tinha de falar sobre um candidato de sua unidade de negócios imaginária. Barsade colocou um ator em cada grupo que sempre fazia o mesmo discurso a favor de seu candidato. Mas, dependendo do grupo, fazia usando um entre quatro tipos diferentes de estados de espírito: agradável e dinâmico, agradável e pouco dinâmico, hostil e pouco dinâmico e hostil e dinâmico. O ator foi o primeiro a falar em cada grupo, e seu estado de espírito influenciou profundamente a dinâmica subseqüente de todos.

Barsade não estava particularmente interessada no resultado de cada tipo de humor, ou seja, ser bem-sucedido e levar o ator a conseguir o que queria. Mas ser agradável e dinâmico previsivelmente fez com que todo o grupo ficasse mais feliz e cooperativo. A professora admite que ainda é preciso "analisar mais a fundo se o fato de uma pessoa ser feliz a leva a tomar decisões melhores". Mas cita outros estudos que indicam que uma atmosfera positiva faz com que as pessoas mostrem mais disposição para analisar um problema em detalhes e dedicar-se mais ativamente a eventuais soluções.

EVITAR O CONTÁGIO EMOCIONAL

A tecnologia pode, às vezes, servir como uma ferramenta que evita os riscos do contágio emocional. Em uma seguradora, por exemplo, um chefe de departamento foi demitido por ter perdido participação de mercado, resultado de não abrir mão de sua prática de investimentos diante da política de grandes cortes de preço adotada pelos concorrentes. O novo chefe tinha um ótimo histórico nessa área de negócios, mas chegou ao cargo sendo visto como o filho de um amigo do CEO. Também tinha um espírito predisposto a brigas e tendência à arrogância. A equipe sênior continuava fiel ao antigo chefe, e as reuniões logo se transformaram em disputas feitas aos gritos. Ninguém cedia. A raiva era contagiante e perpetuava-se.

Com isso, um dos executivos sugeriu que fossem utilizados e-mails para que todos pudessem conduzir seus negócios com menos proximidade. Os e-mails ganharam a péssima reputação de se tornar um palco de "inflamações", de troca de hostilidades geralmente minimizadas pelo constrangimento existente nas conversas presenciais. Nesse caso, porém, serviram como um mecanismo de "esfriamento". Dado que não se viam mais pessoalmente, a equipe sênior começou a pensar de modo mais objetivo sobre as questões abordadas pelo novo chefe.

Deixar o corpo humano de fora das dinâmicas de uma reunião também pode ser uma forma de lidar melhor com alguns dos riscos da dominação social. "Apesar de os e-mails mostrarem o destinatário, há algo no ato de se digitar uma mensagem na tela que equipara as pessoas", diz um executivo da área de tecnologia do Vale do Silício. Em grupos dominados por machos, é mais provável que as idéias das mulheres e dos que ocupam posições inferiores na hierarquia sejam mais consideradas via e-mail. As pessoas cuja abreviatura do nome é ambígua, tal como Alê ou Cris, podem trabalhar com um grupo durante meses sem que ninguém saiba o primeiro fato visível em uma reunião presencial ou por telefone – se é homem ou mulher.

A MÍMICA PELO DINHEIRO

O valor de uma demonstração positiva, como o caixa do banco sorrindo para os clientes, pode parecer óbvio. Mas, além disso, a imitação deliberada de consumidores e clientes também tem sido uma prática empresarial muito utilizada, pelo menos desde que a linguagem corporal tornou-se assunto conhecido na década de 1960. No mercado de vendas de automóveis, por exemplo, todos sabem que imitar a linguagem corporal de um cliente gera um bom relacionamento. É também uma técnica perturbadora utilizada por terapeutas para combinar os sinais visuais, auditivos e cinéticos passados pelo paciente. O paciente diz: "Simplesmente não consigo entender." O terapeuta responde: "Você está confuso."

Alguns estudos sugerem que o comportamento consciente de espelhamento pode ser realmente eficiente. Pode também ajudar o paciente a se abrir com o terapeuta. Como o pessoal da área de vendas de automóveis suspeita, tal comportamento pode, muitas vezes, gerar um valor em dinheiro instantâneo. Em um estudo intitulado "Mimicry for Money" [A mímica pelo dinheiro], realizado em 2003, pesquisadores alemães descobriram que uma garçonete conseguia gorjetas mais altas quando imitava verbalmente os pedidos de seus clientes, repetindo palavra por palavra, do que quando não agia assim. Os autores especularam que "a mímica pode ser uma ferramenta poderosa na construção e na manutenção de relacionamentos positivos entre os indivíduos" em todos os contextos.

Mas a mímica também envolve perigos. Na maioria das vezes, quando estamos tendo automaticamente comportamentos e emoções iguais aos das pessoas que nos cercam, isso se torna tão natural e inconsciente quanto respirar. Na verdade, parece estranho apenas quando temos consciência de nossas atitudes – por exemplo, quando percebemos, no meio da conversa, que acabamos de cruzar as mãos atrás da cabeça em uma imitação precisa do chefe. ("Quando será que me transformei em um idiota assim?")

Tudo fica pior quando, ao suspeitarmos que alguém está nos imitando, sentimo-nos desconfortáveis por achar que estão zombando de nós ou que estamos sendo manipulados. Quando alguém gagueja, por exemplo, as pessoas ao redor geralmente movem os lábios e podem até mesmo gaguejar também. Mas, quando uma pessoa repentinamente reconhece que é objeto de imitação deliberada e calculada, como o cliente sendo copiado pelo vendedor de carros, isso pode ser o fim claro de uma oportunidade de negociação. (Aproveite também, meu amigo, as vantagens do contágio emocional: levante-se e siga em direção à porta. O vendedor irá se levantar e segui-lo, provavelmente com um preço melhor.) A psicóloga Elaine Hatfield sugere que a mímica deliberada pode produzir facilmente a discórdia, e não um bom relacionamento. "Você pode imitar três gestos", diz. "Mas, enquanto você estiver imitando esses três gestos, outros 8 mil estarão acontecendo. O ritmo fica estranho. Não será um balé, mas um robô fingindo-se humano."

Do mesmo modo, imitar o chefe pode parecer uma boa idéia. Mas só até certo ponto. Desmond Morris previne contra os riscos das mímicas muito diretas: "Um subordinado pode, se assim desejar, irritar o indivíduo de uma posição superior ao copiar seus gestos corporais. Em vez de se sentar na beira da cadeira ou inclinar-se para a frente, pode esticar as pernas e reclinar o corpo, imitando a postura de alto *status* à sua frente. Mesmo que seja educado verbalmente, tal atitude terá forte impacto e é melhor reservar o experimento para as ocasiões que precedem imediatamente a entrega de seu pedido de demissão."

O produtor de Hollywood Brian Grazer, por exemplo, tem um estilo de cabelo característico, espetado. Certo dia, um funcionário apareceu para trabalhar com um estilo improvável e idêntico. Beirava o ridículo. Acabou sendo mandado de volta para casa.

E até que ponto você quer ser parecido com seu chefe? Quando Melville Bell Grosvenor foi editor e presidente da National Geographic Society, nos anos 60, sua equipe o chamava orgulhosamente de "o capitão", em razão de seu histórico na Academia Naval e por ser um entusiástico navegador. Os subordinados passaram a comprar barcos e a demonstrar sua lealdade indo trabalhar com sapatos Top Siders e chapéus de marinheiro. Luis Marden, fotógrafo e escritor, também comprou um barco, mas comentou: "Que bom que o capitão não está interessado em sair por aí abrindo fogo."

A necessidade de imitar, em vez de inovar, é um dos fatos centrais de nossa vida profissional, não apenas para os indivíduos, mas também para as empresas. Qualquer novo produto de sucesso gera um enxame de clones – o gravador de vídeo digital TiVo, o tocador de música digital iPod e o Viagra estão entre os exemplos mais notáveis. Algumas empresas adotam a estratégia de copiar seus concorrentes. A Matsushita, por exemplo, era conhecida no Japão como "Maneshita", que significa algo como "copiassônica", isso porque seu plano de negócios era produzir imitações de alta qualidade dos produtos que a Sony lançava no mercado.

Empresas inteligentes também imitam a si mesmas, pegando suas grandes invenções e fazendo com que funcionem um pouco melhor, ou lançando mão de uma idéia bem-sucedida e traduzindo-a em uma linha de produtos completamente distinta. (Veja só a glória da imaginação humana: um tipo de pirulito que gira, chamado Spin Pop, é o pai da SpinBrush, um modelo de escova de dentes que funciona com pilhas, que, por sua vez, é a mãe da bucha de pratos chamada Dawn e da escova de lavanderia, que também gira, chamada Tide. Esse caso específico de imitação foi realmente proveitoso: a Procter & Gamble embolsa $200 milhões anuais somente com as vendas das escovas de dentes.)

Algumas empresas resistem bravamente à técnica da imitação. Por meio de processos judiciais, acordos confidenciais e poder de lobby, o grupo farmacêutico Wyeth conseguiu proteger por décadas além do prazo usual de patentes seu monopólio sobre o Premarin, medicamento terapêutico à base de hormônios e fabricado a partir da urina de éguas prenhes, que garante à empresa vendas anuais de $800 milhões.

Outras empresas abrem deliberadamente suas portas para a imitação. A IBM fez isso, por exemplo, a fim de conseguir que o computador pessoal que fabricava se tornasse o padrão do setor. Hoje, está tentando novamente fazer o mesmo com a arquitetura de sua placa-mãe BladeCenter, com o lançamento recente de 500 patentes para uso por desenvolvedores de software de código aberto.

Algumas empresas ostensivamente criativas vivem e morrem imitando. Os produtos cinematográficos de Bollywood e Hong Kong imitam Hollywood, e Hollywood, por sua vez, os imita. Nesse meio tempo, todos imitam a si mesmos, com projetos seqüenciais, filmes que contam a história anterior de personagens de outros grandes sucessos, trabalhos que chegam a dar enjôo, tamanha a sua duração, e por aí vai. Seqüestros e roubos a banco bem-sucedidos são cópias idênticas de outros seqüestros e roubos, e os elevados salários dos executivos são a cópia perfeita de seus contratos. Dois meses depois que Jack Welch assinou seu contrato com a General Electric, com um pacote salarial que englobava benefícios vitalícios, seu amigo e ex-colega CEO da GE, Larry Bossidy, assinou um contrato similar com a AlliedSignal. Seis meses depois, Charles Knight, que votou a favor da transação com Welch como diretor da GE, negociou um pacote salarial idêntico para si mesmo na Emerson Electric, e, passado um mês, a IBM (lá está Knight mais uma vez entre os que não demonstraram oposição alguma) ofereceu a Lou Gerstner uma transação para se equiparar a Welch, com acesso aos aviões, carros, escritórios e apartamentos da empresa, idêntico também quanto às condições de aposentadoria. Por fim, há os acionistas que não ficam passeando aleatoriamente em Wall Street. Compram e vendem o que os outros corretores estão comprando e vendendo e, conseqüentemente, segundo uma análise recente publicada pelo jornal *Physical Review Letters*, movimentam-se como uma manada de gnus nas planícies africanas.

ADVERTÊNCIA

Desde que se consiga evitar o plágio, o não-cumprimento de cláusulas sobre a concorrência e as ações judiciais por violação de patentes ou direitos autorais, há alguma razão para dizer não à imitação? Ou para se arrepender, exceto talvez no caso dos acionistas, que acabam pagando o pato?

A imitação é algo natural. É nosso modo-padrão de funcionamento. O único truque é evitar a imitação exagerada, o que parece sensato, já que imitamos o que dá certo, como na teoria do estacionamento do restaurante. No entanto, nossa necessidade natural de evitar deliberadamente o fracasso e imitar o sucesso alheio pode ser algo perigoso. Em um trabalho intitulado "In Search of Excellence: Fads, Success Stories, and Adaptive Emulation" [Em busca da excelência: modismos, histórias de sucesso e emulação adaptativa], dois pesquisadores da Universidade Cornell dizem que a fascinação crônica pelas histórias empresariais de sucesso é a responsável pela tendência de as teorias de gerenciamento empresarial chegarem fazendo estardalhaço e caírem em descrédito em ciclos selvagens de modismo (para não dizer de tolices).

"As histórias de sucesso dominam o discurso corporativo, acabando com as análises teóricas ou comparativas detalhadas", especialmente quando uma nova teoria está começando a decolar, alegam os autores David Strang e Michael W. Macy. "Sugerimos que uma preocupação com o desempenho pode, paradoxalmente, gerar ondas de adoção de inovações sem valor algum – ou de pouco valor –, seguidas de ondas de abandono."

A idéia de círculos de qualidade, por exemplo, cujo objetivo era fazer com que os funcionários da linha de montagem se envolvessem ativamente na melhoria do controle de qualidade, decolou no início da década de 1980. Esse foi o suposto "segredo gerencial" que possibilitou que as empresas japonesas superassem as rivais americanas. Artigos vendiam a idéia de que foi isso que levou as primeiras empresas americanas a adotarem a técnica, tal como a Lockheed, a alcançarem um sucesso quase milagroso. Segundo elas, teriam alcançado "uma redução de custos de $3 milhões, uma diminuição na ordem de dez vezes nos defeitos, um retorno de 6 para 1 nos investimentos e uma satisfação entre os funcionários de 90%".

Durante o período em que os círculos de qualidade eram o assunto em voga, "nenhum artigo traçava as falhas desses círculos", segundo Strang e Macy. E durante o período em que muitas empresas adotaram essa prática, dentre as quais todas as da Fortune 500, no início dos anos 80, ninguém parece ter se dado conta de que a própria Lockheed havia, na verdade, extinguido os círculos de qualidade em 1979. Até 1988, quase todos os esforços entre as empresas da Fortune 500 haviam falhado ou desaparecido.

O que deu errado? Strang e Macy elaboraram uma série de modelos matemáticos que demonstraram, na essência, como quase todas as idéias estúpidas podem se tornar a mais nova tendência empresarial por meio da imitação. Ou, como eles próprios dizem: "Suponhamos que todas as empresas adotem uma inovação diferente, todas inúteis, e que todas essas empresas alcancem um sucesso similar em um mercado altamente competitivo (...) será apenas uma questão de tempo até que, por acaso, todas as empresas bem-sucedidas estejam adotando a mesma inovação."

Os observadores pressupõem que, se algo – nesse caso, o sucesso – ocorreu após a inovação, então isso se deve a ela mesma. "Mesmo que apenas algumas poucas empresas ousadas copiem os líderes, as chances agora estão levemente mais voltadas a um terceiro vencedor que use a mesma inovação. Por fim, haverá três vitórias consecutivas, que podem confundir até mesmo os céticos."

Nesse momento, no mundo real, consultores com honorários bem salgados começam a circular por aí em busca da nova Grande Idéia que acaba de surgir (a ex-inovação inútil). Strang e Macy nos chamam de os "portadores", os quais, como os vetores de uma doença, espalham a Grande Idéia pelo mercado corporativo. No caso dos círculos de qualidade, por exemplo, "as atividades de consultoria cresceram, a princípio, significativamente, de duas empresas de consultoria com 11 consultores trabalhando em período integral em 1980 para 60 empresas que empregavam 469 consultores em 1983. Passados cinco anos, dois terços haviam deixado o mercado". Alguns consultores simplesmente mudaram e foram trabalhar com a próxima onda de modismo de Grandes Idéias, tais como "enriquecimento de cargo", "gerenciamento total de qualidade" ou "reengenharia".

Strang e Macy pensam "que gerentes são excepcionalmente inteligentes e vivem sob pressão intensa para entender isso, razão pela qual os consultores cobram um valor elevado para implantar as grandes inovações". Por isso, o modismo que domina a comunidade empresarial é difícil de entender. Mas concluem que "esse comportamento voltado ao modismo pode ocorrer não obstante essas pressões de desempenho e as altas taxas de consultoria, mas *em decorrência* delas. Os consultores fazem propaganda dos vitoriosos, não dos fracassados. E os gerentes são pressionados pelos comitês executivos e acionistas a imitar o sucesso de seus pares". A Grande Idéia acaba perdendo seu brilho e aqueles que a adotam descobrem que não conseguem fazer com que a própria empresa alcance o sucesso propagandeado. Mas, nesse momento, os que originalmente propuseram a idéia já se foram há muito e o funcionário comum ignora toda a experiência e volta a se dedicar às suas tarefas concretas.

Assim, se imitar o sucesso é algo inteiramente natural e se os gerentes enfrentam uma pressão contínua para encontrar novos caminhos para que a própria empresa seja bem-sucedida, como podem evitar pagar um alto preço pela próxima Grande Idéia/inovação inútil? Strang e Macy destilam as implicações de sua pesquisa no que chamam de "heurística de Montaigne" – onde a heurística é uma regra rápida para se escolher o melhor programa de ação em um mundo incerto.

Essa heurística se inspira em um incidente descrito pelo ensaísta francês Montaigne, do século XVI: um ateu que visitava a ilha grega de Samotrácia estava admirando as oferendas deixadas pelos que haviam sobrevivido aos naufrágios, e um crente o desafiou a explicar seu ateísmo diante de tantas vidas claramente salvas pelos deuses. A resposta do ateu foi simples: o número dos que afundaram foi bem maior; eles não eram tão bons assim em fazer oferendas.

O que a heurística de Montaigne sugere é que, na próxima vez em que um consultor chegar fazendo alarde sobre a mais nova Grande Idéia "observe não apenas os crentes que foram salvos, mas também o número muito maior dos que afundaram. Ou, em termos mais contemporâneos, procure a melhor prática não apenas entre as Intels e as Microsofts, mas também entre as Wangs e as Digitals".

Faça com que o consultor vá além do discurso de vendas modelo: "Tudo bem, mas agora fale sobre as empresas em que a idéia não deu certo e por quê." Observe se o sucesso anterior é algo que qualquer um é capaz de imitar. Dá certo apenas em certas condições? Ou somente sob a liderança de alguns poucos e verdadeiros crentes? Imitar o sucesso pode vir a ser uma estratégia útil, desde que essa imitação se baseie em um questionamento cético.

Infelizmente, Strang e Macy concluem: "A tendência da comunidade empresarial contemporânea (...) é seguir a direção oposta."

Mas talvez isso não tenha, hoje, tanta importância quanto já teve no passado. Talvez as ondas de pensamentos baseados em modismos por parte de altos executivos e seus consultores já não façam tanta diferença – elas surgem e desaparecem como uma onda que toma conta das arquibancadas de um estádio de futebol lotado. O jogo não pára. Os observadores vêem, cada vez mais, o comportamento tanto dos consumidores quanto dos funcionários menos em termos do que as gerências e outras elites ditam e mais em termos de redes auto-organizadas, um fenômeno que pode ser entendido com mais facilidade a partir do mundo natural.

244 O GORILA NO ESCRITÓRIO

SEM VICE-PRESIDENTES

É uma tarde de inverno em um poço d'água no delta Okavango, em Botswana. Os hipopótamos descansam, com o olhar atento. O Sol se põe, criando uma faixa laranja no horizonte. Repentinamente, surge um bando de pequenos pássaros, dezenas de centenas deles juntos, mudando de direção e formando ondas, como se fossem um organismo único e fluido. Um falcão de pescoço vermelho mergulha na corrente para se servir de um pássaro para o jantar, e o bando muda de direção. Essas manobras evasivas repentinas acontecem, como todos os movimentos do bando, em uma união absoluta, e os pássaros, uma espécie chamada *quelea*, que têm a reputação de gafanhotos voadores, não param de chegar. As pontas dos caniços no poço se levantam no primeiro raio inflamável e assim se mantêm até os últimos resquícios de Sol, exceto quando se curvam na escuridão por causa do peso dos pássaros que chegam para descansar.

Como eles fazem isso? Como um bando de pássaros, um cardume de peixes, uma manada de gnus ou um enxame de insetos consegue uma coreografia tão perfeita? Quem dá o tom? Onde está o mestre da dança? Observadores humanos invejosos há muito já admitiram que tal sincronia precisa de um controle centralizado, algum vice-presidente subestimado para unir os esforços e mudar de direção – ou, dado que um cardume de arenques pode percorrer cerca de 30 quilômetros e incluir milhões de indivíduos, talvez seja necessário toda uma hierarquia de controladores de vôo, inspetores de ensino, chefes de enfermarias e mordedores de rabo. Mas essa suposição é errônea.

Os indivíduos em bandos e cardumes descobrem o que devem fazer por conta própria, sem que ninguém tenha de lhes falar como e quando. Os cientistas chamam isso de comportamento de auto-organização: estruturas complexas são formadas pelos animais que obedecem, cegamente, a algumas poucas regras básicas codificadas em seus genes. A harmonia perfeita surge, de algum modo, entre milhares de indivíduos que agem de forma independente, respondem às informações locais, geralmente imitando seus vizinhos. Talvez isso não seja tão surpreendente quanto pareça. Que tipo de hierarquia, afinal, é rápida o suficiente para orquestrar reações sincronizadas e instantâneas a ameaças momentâneas como, por exemplo, um falcão mergulhando no bando feito uma bomba?

No passado, ninguém conseguia descobrir um mecanismo, exceto o de controle central, para explicar essa sincronia. A idéia alternativa – ou seja, que comportamentos complexos poderiam ocorrer sem controle, por meio da auto-organização – começou a evoluir apenas na década de 1950. Alguns cientistas começaram a observar as maneiras pelas quais reações químicas e físicas simples podem criar padrões complexos, como o vento varrendo dunas ou uma série de células hexagonais na superfície do óleo em uma panela aquecida uniformemente. Outros pesquisadores, em seguida, estenderam a busca de tais comportamentos auto-organizados para o mundo animal, começando pelas formigas, abelhas e outros insetos sociais.

Um momento de descoberta para o entendimento popular aconteceu em meados dos anos 80, quando Craig Reynolds, especialista em animação por computador de comportamentos complexos, decidiu replicar a forma como um bando de pássaros movimenta-se com rapidez pelos céus. Até então, biólogos achavam que os indivíduos em bandos não respondiam a uma autoridade maior, mas aos movimentos dos outros indivíduos próximos. Reynolds descobriu que poderia fazer com que os *bird-oids*, ou *boids*,* demonstrassem todos os comportamentos de vôo de um bando programando-os para seguir três regras básicas: evitar colidir com seus vizinhos, equiparar a velocidade e a direção e manterem-se próximos.

O que Reynolds conseguiu foram demonstrações extremamente realistas quando o bando fazia curvas e mergulhava, e também no caso dos flashes de movimentos voláteis, perfeitamente coreografados; realistas a ponto de enganar até mesmo os ornitólogos. Entre outras aplicações, o software dos *boids* tem permitido, desde então, que bandos de pingüins e cardumes animados sejam utilizados em filmes que vão desde *Batman, o Retorno* até *Procurando Nemo*, com pouca intervenção humana. Nesses últimos anos, tem havido muitas descobertas de comportamentos de auto-organização em todo o mundo natural.

ARRANHA-CÉUS AUTO-ORGANIZADOS

Os montes de cupíns são um dos produtos mais surpreendentes quanto à sua auto-organização. Posicionam-se, alguns com 5 metros de altura, como estranhos monumentos druídicos no cenário africano. Cada monte sobe a partir de uma ampla base em forma de pirâmide, estreitando-se em uma ponta de argila do tamanho de um dedo, levemente curvada, como se estivessem reverenciando o céu. Se os cupíns fossem do tamanho dos humanos, seus

---

*Membros de um bando. (*N. da T.*)

montes maiores seriam três vezes mais altos do que nossos maiores arranha-céus, e quase tão complexos quanto eles.

No interior do monte, a câmara central é como a fábrica de montagem de alguns gênios dementes em um filme de James Bond. Trabalhadores pálidos e minúsculos movimentam-se apressadamente, e soldados com grandes cabeças em tom de cobre e abdomens acastanhados apressam-se para defender o ninho, colocando para fora suas mandíbulas curvas. A câmara contém cerca de meia dúzia de prateleiras de argila, onde ficam estruturas alaranjadas e fibrosas, feito colméias de abelhas, sobre bases pequenas e redondas. É um jardim sem luz solar. Lá, os cupins cultivam um fungo que usam para pré-digerir a grama dura e seca que lhes serve de alimento.

Essas estruturas incrivelmente complexas, cada qual servindo de abrigo para uma pequena cidade de mais de 1 milhão de habitantes, permitem que os cupins tenham domínio sobre os selvagens africanos que os cercam. Os cupins comem mais grama do que todos os gnus, búfalos e outros mamíferos da savana juntos. Mas o que realmente impressiona é o fato de que não há nenhum gênio demente comandando o espetáculo. Os cupins fazem tudo isso sem planos, sem supervisores.

Como um monte de cupins começa a ser construído? Coloque cupins em um prato com uma pequena camada de terra e eles começam a se movimentar de um modo que um pesquisador francês chamou de *"la phase d'incoordination"*, com trabalhadores empilhando grãos de pó e trazendo-os novamente para baixo – quem observa não entende muito bem o que eles estão fazendo. Por fim, acumulam-se montinhos de grãos suficientes em um local e todos começam a contribuir para aumentar a pilha, em um esforço coordenado.

Os cupins ainda não sabem o que estão fazendo ou aonde irão chegar. Mas os trabalhadores cimentam os grãos de areia no local correto com sua saliva, que contém um feromônio que atrai os outros trabalhadores, os quais também passam a participar da construção da pilha. Essa curva de feedback positivo transforma-se em um frenesi de construção. Colunas de poeira alcançam as paredes e pairam sobre a construção, e assim o monte começa, aos poucos, a se formar. O formato verdadeiro das diversas estruturas surge espontaneamente; não segue um plano, ao contrário, depende da influência de fatores físicos e químicos e do tamanho do corpo dos próprios cupins.

Se um intruso quebra uma parede do monte, a mudança no cenário faz com que os trabalhadores apressem-se em empilhar pedacinhos de pó na parede estragada. Conforme os túneis vão recebendo o revestimento, a concentração do próprio feromônio dos trabalhadores aumenta e os cupins enchem a área de pó. Uma ou duas semanas depois, a parede do monte está novamente firme, como se nada tivesse acontecido, sem que haja necessidade de algum chefe chegar e dizer: "Conserte isto."

DEMOCRACIA EM AÇÃO

Mesmo entre as espécies com hierarquias claras e nível de inteligência relativamente alto, os animais parecem ter um dom surpreendente para a auto-organização. Alguns pesquisadores chamam isso de democracia. Os veados vermelhos, por exemplo, não se movem quando o veado alfa manda, mas quando cerca de 60% dos adultos "votam", levantando-se e demonstrando impaciência. Os cisnes *whoopers* assinalam a necessidade de voar fazendo movimentos com a cabeça, sendo que a decolagem realmente acontece quando esses sinais alcançam certo limiar de intensidade. Até mesmo os gorilas decidem se locomover com base na ordem de uma maioria dos adultos em um grupo. (Isso também ocorre no caso do lendário autocrata, o gorila de 300 quilos.) Todas essas espécies têm hierarquias claras. Mas os pesquisadores Larissa Conradt e Tim Roper, da Universidade de Sussex, sugerem que, na maioria das vezes, os indivíduos dominadores pagam caro para fazer valer sua própria vontade no grupo. Animais em posições superiores podem, vez ou outra, conseguir controlar os comportamentos grupais em determinada direção ou explorar os comportamentos de um grupo, mas raramente determinam quais serão esses comportamentos.

E nos humanos? Não somos bandos de pingüins nem cardumes de peixes. Temos a capacidade de analisar o que estamos fazendo e inventar, continuamente, novas formas de agir. No entanto, também nos auto-organizamos em certas situações – por exemplo, por meio de comportamentos imitativos, tais como o fantasma dos engarrafamentos descrito neste capítulo. É também uma forma de auto-organização, sugere Tim Roper, quando as pessoas em uma reunião começam a mexer em sua papelada ou colocar as mãos sobre a mesa. A mensagem é tão simples quanto a votação em uma manada de veados vermelhos: *Esta reunião já deu o que tinha de dar*. Os gerentes que optam por ignorar tais sentimentos não-verbais sabem dos riscos que estão correndo.

O equilíbrio delicado entre a hierarquia e a auto-organização geralmente muda à medida que o porte da organização aumenta. Uma pequena colônia da espécie de vespa *Polistes*, com a população de cerca de uma dúzia de seres, é, provavelmente, hierárquica e rigidamente controlada. A rainha conhece todos os seus subordinados e é capaz de examinar toda a colméia, a fim de descobrir o que precisa ser feito. Mas colônias maiores tendem a ser menos hierárquicas e mais auto-organizadas. A rainha não tem como estar em todos os lugares ao mesmo tempo. O policiamento da colméia não é feito por ela, mas pelos próprios trabalhadores.

O mesmo acontece naturalmente no ambiente profissional. Nos primeiros anos de operação da Southwest Airlines, o fundador Herbert D. Kelleher era a alma da empresa. "Adorava brincar com os funcionários e cumprimentá-los distribuindo abraços e beijos", segundo o *Wall Street Journal*. "Os primeiros que lá trabalharam – muitos dos quais dizem que o consideravam mais um pai do que um chefe – gostavam de agradá-lo e imitá-lo." Porém, quando ele se aposentou, em 2001, a empresa tinha 35 mil funcionários. Hoje, uns policiam os outros, interpelando os telefonemas questionáveis, o uso indiscriminado de materiais de escritório e os pedidos de pagamento de horas extras para "a realização de tarefas tolas".

Quando as pessoas falam sobre auto-organização no ambiente profissional, referem-se, em geral, à forma como os indivíduos escolhem participar e colaborar em conjunto. A hierarquia não visa mais controlar os comportamentos individuais. Os ambientes profissionais construídos com base nesse modelo parecem menos uma orquestra sinfônica, em que cada participante realiza uma parte preestabelecida, diz o sociólogo de Cornell, Michael Macy, e mais um grupo de jazz improvisado, em que cada membro encontra a própria maneira no decorrer da música e alcança algo em conjunto que vai além de um som aleatório. "É necessário prestar atenção ao que os outros artistas estão fazendo – você tem de se encaixar no que eles estão fazendo, e não fazer exatamente o mesmo." As forças impressionantes da imitação, sincronia e contágio emocional voltam a ficar sob controle.

A hierarquia serve, principalmente, para estabelecer as regras soltas do jogo. Os cientistas que estudam a auto-organização falam sobre "sintonizar parâmetros" – ou seja, realizar mudanças sutis que produzam uma "bifurcação", uma mudança para um padrão ou comportamento auto-organizado notadamente diferenciado. No mundo natural, os parâmetros tendem a entrar em sintonia, como resultado dos fatores ambientais. Quando a temperatura cai abaixo de certo ponto, por exemplo, ocorre uma bifurcação, e a água repentinamente vira gelo. Nos grupos humanos, no entanto, o ambiente geralmente é criado e modificado pelos gerentes. Por exemplo, os gerentes de tráfego modificam os parâmetros quando levantam as barreiras de um pedágio em uma via expressa movimentada na hora do rush, produzindo uma mudança repentina em seus padrões. Os arquitetos sintonizam os parâmetros quando projetam um ambiente profissional que estimula um elevado nível de contato social, ou de isolamento. Nossos comportamentos se auto-organizam, geralmente de maneira inconsciente, com base nesses novos parâmetros.

Algumas das novas empresas mais bem-sucedidas da década passada exploraram a Internet para criar o que parecem ser redes auto-organizáveis. Amazon, Apple iTunes e Netflix tentaram criar comunidades de opinião, com consumidores comuns revisando livros, canções e filmes e, conseqüentemente, ajudando a alavancar as vendas entre outros consumidores.

As redes auto-organizáveis também demonstraram sua capacidade de criar e aperfeiçoar os produtos mesmo quando não havia nenhuma empresa no controle. O exemplo mais destacado é o sistema operacional Linux, que Linus Torvalds inventou e colocou na Internet para ser modificado e aperfeiçoado por qualquer um da comunidade de código aberto. Em um e-mail de 1991, Torvalds comentou que o Linux "é apenas um hobby que não será nem grande, nem profissional".

Hoje, o Linux é concorrente da Microsoft no mercado de sistemas operacionais de servidores de Internet e impulsiona uma ampla gama dos chamados dispositivos integrados em produtos tais como caixas eletrônicos, gravadores TiVo, roteadores sem fio Linksys e assistentes digitais pessoais. A rede auto-organizada do Linux engloba voluntários no mundo todo, motivados, em grande parte, pelas antigas forças sociais tribais de prestígio, confiança e reciprocidade. Recentemente, a *Harvard Business Review* elogiou o Linux dizendo que ele é "a primeira e única força de mercado capaz de desafiar o método hierárquico adotado pela Microsoft no desenvolvimento de software".

Redes e comunidades auto-organizadas também florescem fora da Internet. Trata-se de um comportamento humano básico, assim como o comportamento animal básico. Tais esforços informais e altamente participativos geralmente são uma característica de todas as empresas recém-iniciadas, segundo Kathleen Carley, professora da Carnegie-Mellon University, que estuda a auto-organização. Também representam a regra em microempresas dependentes de contratos, que podem mudar de direção quase tão rapidamente quanto um bando de pássaros, principalmente em setores como os de defesa e saúde. Um ou dois funcionários discutem uma idéia, decidem que podem conseguir umas três outras pessoas para trabalhar com eles em algo produtivo, diz Carley, e então saem por aí para conseguir crédito. De uma hora para outra, a empresa está contratando outras pessoas para trabalhar com os recursos angariados e pode até mesmo mudar em uma direção totalmente inesperada.

250 O GORILA NO ESCRITÓRIO

Como exemplo, ela cita a BBN, de Cambridge, Massachusetts, uma empresa de pesquisa e desenvolvimento que começou prestando consultoria acústica. Acabou criando a ARPAnet, precursora da Internet, e foi a primeira a enviar um e-mail de rede de uma pessoa para outra. Mais recentemente, desenvolveu um sistema para a criação de transcrições em tempo real e indexação de qualquer fonte de áudio, em espanhol, inglês, chinês ou árabe, utilizando hardware-padrão de computadores portáteis.

Mesmo dentro de algumas grandes corporações, os gerentes têm começado a encarar seu trabalho menos em termos de comando e controle e mais em função de apoio aos comportamentos informais e auto-organizadores dos funcionários. David Ticoll, estrategista de negócios de Toronto, cita o Cassino Harrah's como exemplo. Hoje, a empresa distribui informações minuto a minuto sobre a situação, o paradeiro e o comportamento de apostas dos convidados VIP, o que permite que os funcionários ofereçam regalias e outros agrados aos bons e gentis clientes segundo critérios próprios, embora "orientados com base em regras bem definidas e objetivos de desempenho".

Da mesma forma, quando a British Petroleum estabeleceu a redução das emissões de gás causador do efeito estufa no final da década de 1990, evitou adotar um gerenciamento convencional dos níveis de poluição e, em vez disso, criou um mercado interno em que unidades de negócios podiam comprar e vender créditos de poluição exclusivamente a seu critério. Ao utilizar uma auto-organização, a BP conseguiu superar as metas de redução de emissão de gases causadores do efeito estufa a custos menores. Atualmente, a empresa está mudando para os mercados externos de negociação de crédito de poluição, onde há mais empresas atuantes e, portanto, mais oportunidades. Mas o princípio da auto-organização continua o mesmo.

Para Ticoll, esses casos sugerem a urgência de um novo modelo de negócios: "o sistema de distribuição ou produção hierárquica rigidamente controlado, com características de auto-organização caótica." Ele alega que a Amazon, a Apple iTunes e a Netflix "facilitaram, de maneira perspicaz, o intercâmbio auto-organizado", mas "as três projetaram brilhantemente as experiências do cliente de ponta a ponta, até mesmo melhor do que as típicas lojas varejistas hierárquicas".

Carley destaca que as técnicas de auto-organização não são adequadas a todos os tipos de empresas. Essas técnicas deixam os gerentes apavorados, pois envolvem um controle menos rígido, principalmente no setor de tecnologia, em que as linhas de poder e informações são, na maioria das vezes, profundamente interligadas. Um ambiente aberto e participativo, no qual todos têm acesso a tudo, é também um ambiente em que qualquer funcionário pode sair pela porta com dados vitais de propriedade intelectual. "Essas técnicas não são boas em todos os aspectos", acrescenta.

Mas também afirma que o comportamento auto-organizado "atraiu a imaginação das relações públicas". A tecnologia possibilitou que os defensores "apresentassem e simulassem esse comportamento" com gráficos fascinantes que levaram os outrora desatentos executivos a despertar para a questão. Consultores empresariais já estão começando a vender essa idéia.

Em outras palavras, as redes auto-organizáveis podem vir a se tornar a próxima Grande Idéia. Os imitadores devem, como sempre, ficar atentos.

Quando era psicólogo em Yale, na primeira metade do século XX, Robert M. Yerkes colocou nas salas de espera dos chimpanzés um bebedouro que era acionado por um botão, como os encontrados em qualquer ambiente profissional. A princípio, achava que a equipe teria de ensinar cada animal, individualmente, a usá-lo. Mas, na verdade, todos os que chegavam apreendiam a tecnologia simplesmente observando e imitando os outros chimpanzés. Yerkes descreveu os eventos no bebedouro como um exemplo da vida cultural dos chimpanzés.

Mas isso não parece, de algum modo, mais majestoso do que é de fato? O momento em que aquele dedo peludo tocou, pela primeira vez, o botão do bebedouro do escritório não seria digno de um clássico de Wagner, *fortissimo*, para anunciar o despertar do primata corporativo?

Logo depois, um grupo de chimpanzés se reuniu e inventou a hora do cafezinho.

13

COELHO PARA O ALMOÇO
Sobre o predador corporativo

Tenho um coelhinho. E é um coelhinho de pelúcia original. Mas não gosto dele. Não o suporto – sempre me sinto muito mais atraído pelos predadores. Nasci assim.

— PETER OLSON, executivo da área editorial,
sobre sua coleção de animais de pelúcia Steiff

Para o inferno com a neuroeconomia e a psicologia evolucionária.

A verdade é que você quer ser um maldito predador. Quer que os executivos seniores tremam à sua passagem. Lá no íntimo de seu ser, seu bichinho de pelúcia é um leopardo de Rudraprayag devorador de homens, mulheres e criancinhas. Seu desejo mais profundo é ser tão monstruoso quanto ele. *Grrrrr*.

Meu amigo, posso ajudá-lo com isso. Mas será que você precisa realmente se tornar lugar-comum nesse processo? As empresas gastam milhões no desenvolvimento de logotipos eloqüentes e emblemáticos para cultivar sua imagem e então seus executivos saem por aí dizendo que são leões, raposas, tigres e tubarões. Isso é algo tão batido! É como almoçar na conhecida churrascaria de um famoso hotel e pedir ketchup para colocar em seu carpaccio de búfalo.

Quem quer se tornar um predador tem de demonstrar habilidade para tal – certo impulso cruel de devorar tiras de carne crua e sangrenta *au naturel*, da mesma forma como um correspondente de guerra, após presenciar o fim de uma carnificina em um campo de batalha, acompanhado de um novato que quase colocou tudo para fora com o que viu, vai a seu restaurante preferido em Saigon e pede casualmente *"Un steak tartare et un vin rouge"*.

Afinal, não é essa a idéia? Predadores memoráveis não demonstram, realmente, um traço repulsivo de deleite, como Hannibal Lecter* deliciando-se com seu prato de feijão acompanhado de um Chianti?

É provável que os entusiasmados garotos da sala de reunião do conselho executivo fiquem muito desanimados com o que direi: no mundo animal, as coisas não são bem assim. Mesmo no caso de predadores realmente cruéis, quando se trata de conseguir o que precisam para viver, eles são altamente metódicos. Os animais podem, logicamente, ensinar lições úteis sobre como arrancar alguns corações ainda batendo ou alguns fígados brilhantes. Mas as lições estão menos associadas a ser sangrento e mau e mais em ser um oportunista perspicaz. Vamos começar pela derrubada de alguns mitos sobre modelos famosos do mundo animal.

■ *Você não quer ser um gorila de 300 quilos.* Na verdade, nunca existiu um animal desse porte. O papai gorila médio chega a ter cerca da metade desse peso lendário. E, de qualquer maneira, os gorilas não são predadores, mas vegetarianos, com um apetite praticamente insaciável para frutas e brotos de bambu.

Certa vez, trabalhei em um documentário para o Discovery Channel sobre gorilas que vivem em áreas baixas. Os episódios mais impactantes que aconteciam em um dia comum consistiam no alfa macho soltando gases, limpando o nariz e bocejando. Então, ele fazia as mesmas coisas, mas na ordem contrária. Reiteradamente. Muito semelhante ao que ocorre em alguns escritórios. Mas essa não é, provavelmente, a imagem que você deseja passar para o público. Tampouco foi o que um alto executivo da BBC tinha em mente, por exemplo, quando descreveu sua organização e a BSkyB, de Rupert Murdoch, como gorilas de 300 quilos entre as empresas de transmissão britânicas.

■ *Segure esse leão.* Você também não vai querer passar indiscriminadamente a idéia de que é um leão, embora se orgulhe de seu rugido ou mordida. Certa vez, viajando em Botswana, vi um leão macho cortejar uma fêmea, rosnando e dando-lhe beliscões. Por fim, como uma esposa cansada, ela se posicionou para o sexo, e ele montou sobre ela. Uma das

---

*Personagem dos livros de Thomas Harris interpretado no cinema por Anthony Hopkins. (*N. do E.*)

pessoas que me acompanhavam, um fotógrafo da *National Geographic*, começou a fazer um zumbido e clicar (digo, com sua câmera – embora nesse tipo de viagem nunca se saiba). O grande momento de amor leonino durou, ao todo, dez segundos. "Sem dúvida, uma imagem motorizada", comentou o fotógrafo.

Pense nisso e responda com um gesto de respeito, ou até de admiração, na próxima vez em que CEOs engomados em uma festa de gala de premiação se compararem mutuamente a leões. E lembre-se de que, tanto no ambiente profissional moderno quanto no período de nossa evolução no Serengeti, realmente vale a pena conhecer nossa história natural.

- ■ *As piranhas não são más.* A piranha é outro modelo comum para o comportamento empresarial acirrado, como quando o *Wall Street Journal* elogiou o gênio das aquisições canadense, Gerald W. Schwartz, por "perseguir negociações feito uma piranha perseguindo um peixe-dourado". Os atos predatórios das piranhas raramente têm as características de banhos de sangue gloriosos e chocantes, como afirma a crença popular, e nunca foi documentado sequer um caso em que piranhas tenham realmente matado um ser humano.

No decorrer de vários trabalhos, já mergulhei em um tanque com piranhas famintas na hora do almoço delas, já nadei com elas no rio Negro e já peguei e soltei algumas enquanto pescava, de pé, nas margens de rios na Amazônia. Nunca levei nem mesmo um beliscão.

O animal mais perigoso com o qual já deparei ao longo do caminho foi uma produtora-assistente maníaca por orçamentos da National Geographic Television que havia comprado uma sunga vermelha para filmar uma seqüência em um tanque. Depois da gravação, ela praticamente arrancou a sunga de mim para poder pedir reembolso. Foi uma situação bem estranha, já que eu não estava morto.

Os cardumes de piranhas são, na verdade, uma ilusão popular e uma sandice das massas. As piranhas se agrupam sob duas circunstâncias apenas: em locais onde há colônias de pássaros e peixes, quando se reúnem e disputam entre si quem se sairá melhor frente a uma oferta tão estável de alimento, e em planícies inundadas onde as correntes acabam deixando-as presas em pequenos lagos que secam rapidamente. No primeiro caso, elas se arriscam e

Coelho para o almoço **255**

podem acabar virando o jantar de outras piranhas. No segundo, estão todas juntas para morrer. Moral da história: quando estiver seguindo a multidão, atente para onde está a saída.

O que piranhas espertas fazem é ficar à espreita e só então abocanhar seu alimento. Ficam escondidas em locais escuros, saem rapidamente, mordem o rabo da vítima e, em seguida, desaparecem. Um pesquisador do contra alegou que atacar as barbatanas do rabo é uma cena equivalente à de lobos picotando o tendão de um veado, ou seja, aleijando a presa para que seja mais fácil matá-la. A verdade, porém, é que as piranhas quase nunca procedem à matança.

O que elas realmente procuram é um pedaço da barbatana do rabo ou um punhado de escamas posicionadas como telhas. Escamas e barbatanas podem conter até 85% de proteína e – essa é a melhor parte – *crescem novamente*. Dessa forma, as piranhas ficam aguardando nas redondezas, escondidas e, algumas semanas depois, agem da mesma forma.

Algumas piranhas chegam até mesmo a se disfarçar e acompanhar cardumes de outras espécies de peixes. Vez ou outra, elas arrancam um pedaço da cauda de um vizinho desatento e saem nadando inocentemente, como se nada tivesse acontecido.

Esse tipo de estratégia branda das piranhas funcionaria também em um ambiente profissional humano? É lógico que sim. E é rotineira. Basta citar a PayPal, que pega alguns centavos de todas as transações do eBay, ou os investidores que lucram com as diferenças de arbitragem nos preços das ações ou títulos em diferentes mercados. Não se trata de ser um monstro. Trata-se de ser esperto e, talvez, de agir um pouco às escondidas.

Às vezes, esse tipo de comportamento pode ser ilegal. Gerentes de alguns restaurantes da rede Taco Bell e dos centros de impressão da Kinko foram condenados por reduzirem custos apagando horas dos registros das horas trabalhadas de seus empregados. Funcionários também acusaram gerentes da Family Dollar, Pep Boys, Wal-Mart e Toys 'R' Us de recorrerem à mesma prática, comumente chamada de "raspagem de horário".

- *Seja um predador que senta e espera*. Certa vez, Mark Twain escreveu: "A aranha procura o comerciante que não faz propaganda para que possa construir sua teia na porta dele e levar uma vida de paz absoluta." Twain, no entanto, não estava certo quanto à pretensão de paz das aranhas. Uma aranha precisa comer, diariamente, uma quantidade de alimento

256 O GORILA NO ESCRITÓRIO

que corresponda a cerca de 15% de seu peso. Imagine o equivalente humano em uma descrição de seu novo emprego: *O candidato ideal tem de pegar, matar, despelar e preparar entre quatro e cinco coelhos diariamente, sem o uso de armas.* Você só será bem-sucedido nessa empreitada se perseguir a presa e for suficientemente rápido, e também, no mínimo, melhor do que um completo idiota.

A maioria das aranhas prefere construir uma teia e esperar que o jantar venha até elas. A estratégia de sentar e esperar já é inteligente, e as aranhas a aperfeiçoam ainda mais aprendendo a construir suas teias de modo assimétrico, com uma superfície de captura maior na metade inferior, onde é mais fácil chegar até a presa. (Para que ficar subindo e descendo escadas sem necessidade?) Felizmente, essa estratégia funciona para nós. Um pesquisador britânico calculou que o número de insetos consumidos pelas aranhas a cada ano, em um país inteiro, supera de longe o de habitantes humanos no país.

A estratégia de sentar e esperar poderia também dar certo no ambiente profissional humano? O mecanismo de busca do Google opera como uma teia de aranha. A presa – você – digita um termo de pesquisa no qual está interessado (por exemplo, sistemas de aquecimento central ou jovens atrizes hollywoodianas nuas). Como resposta, surgem, em um lado da tela do computador, "links patrocinados" de fabricantes e varejistas que esperam atraí-lo para as suas redes. Diferentemente de alguns outros mecanismos de busca, o Google não permite que os links atrapalhem os resultados da busca editorial que aparecem no lado esquerdo da tela. Essa distinção aumenta a confiança do usuário no momento em que ele opta por acessar o que deseja na rede.

Por outro lado, tentar fazer negócios enviando e-mails indesejáveis é como perseguir coelhos desarmado. Você deixa os coelhos irritados e, na maioria das vezes, acaba faminto e na lama. (Talvez seja por isso que as pessoas que enviam esses tipos de e-mails pareçam caipiras desesperados tentando conseguir um lugar melhor nas áreas reservadas para seus trailers.)

Sem querer criticar novamente Mark Twain, outra situação da estratégia de sentar e esperar sugere que ele também possa ter se equivocado quanto ao valor universal da publicidade: alguns varejistas deixam que a publicidade em massa seja feita pelas grandes empresas e colocam os produtos de sua marca, sempre mais baratos, nas prateleiras bem ao lado das marcas famosas, sendo que não precisam esperar muito até que os compradores conscientes cheguem até eles.

Melhor ainda: alguns negócios familiares estão aprendendo a explorar as redes nacionais, em vez de simplesmente se sentarem e serem atropelados por elas. Ao enfrentar a concorrência da Lenscrafters, Pearle Vision e Target, por exemplo, uma loja em Lafayette, na Califórnia, chamada Art and Science of Eyewear, conseguiu sobreviver por ter, entre outras táticas, se mudado para um novo local, entre duas grandes redes, a Starbucks e a Cold Stone Creamery. A proprietária, Anna Fuentes, diz: "Esses caras são espertos, fazem pesquisa de mercado. E nós tiramos proveito disso."

A TEORIA DA BUSCA DE ALIMENTOS

Quanto mais se observam os animais, mais se percebe que não é necessário ser um figurão para sobreviver. Os animais, em geral, não passam 10 ou 12 horas por dia trabalhando para viver. São espertos demais para isso. Os leões, na verdade, passam até 20 horas por dia ociosos e, às vezes, deixam ótimas presas passearem a poucos metros de distância sem ao menos levantar a cabeça para fazer *boo*. O que parece ociosidade é geralmente uma questão de colocar os riscos e as recompensas na balança e fazer escolhas prudentes.

Nesses últimos 30 anos, biólogos vêm-se baseando, cada vez mais, na teoria econômica para entender as escolhas que os animais fazem quando procuram o pão de cada dia. É um pouco desconcertante, a princípio, ver o comportamento animal descrito em termos de taxa de rendimento *per capita*, teoria da decisão estatística ou princípio de proteção de ativos, ou, então, ler uma frase como esta: "Quando estão em busca de alimentos, os animais têm de exigir e realmente exigem um pagamento pelo risco que correm."

No entanto, tanto biólogos quanto economistas descobriram que os animais não são tolos quando se trata de tomar decisões. Não são apenas grandes estômagos vazios que se amontoam em locais onde há comida. Eles podem até mesmo ser melhores do que nós quando se trata de escolher o melhor plano de ação para uma dada circunstância. Isso porque os animais, diferentemente da maioria dos executivos, estão acostumados a trabalhar sem uma rede de segurança.

Até mesmo uma modesta víbora tem de fazer julgamentos altamente sofisticados sobre os riscos enfrentados e as possíveis recompensas, e ela tem de ponderar isso com mais freqüência do que um funcionário mediano com MBA por uma razão simples: quando um profissional com MBA faz uma

258 O GORILA NO ESCRITÓRIO

bobagem, está apenas perdendo o dinheiro de alguém. Quando uma víbora calcula mal a equação risco-recompensa, provavelmente morrerá. É um mecanismo altamente eficaz e que talvez devesse ser utilizado com mais freqüência entre os graduados com MBAs. Torna os animais intensamente sensíveis às nuances do mercado.

Em 1986, os biólogos David W. Stephens e John R. Krebs reuniram as várias abordagens econômicas sobre o comportamento animal no respeitado livro *Foraging Theory* [Teoria da procura de alimento]. Não foi escrito para leitores que têm fobia de matemática, categoria na qual me incluo. A equação mais simples no livro expressa o comportamento de caça de uma raposa da seguinte forma:

$$R = E_f / (T_s + T_h)$$

em que R é a taxa de ingestão de alimentos, E_f é a energia líquida conseguida, T_s é o tempo gasto na busca e T_h é o tempo gasto para lidar com o animal.

É uma receita completa para deixar qualquer rato apavorado. Também sugere que a sobrevivência no mundo natural, como a sobrevivência no mundo empresarial, depende de uma atenção redobrada com os custos.

O livro tornou-se um manifesto para o estudo sobre como os animais procuram alimento e ajudou a esclarecer alguns pontos obscuros sobre os fatores de sustentação, inesperados do ponto de vista biológico, que moldam inconscientemente o ato de "ganhar e gastar" humano.

Krebs e dois colegas zoólogos da Universidade de Oxford, Alex Kacelnik e Edward Mitchell, abriram posteriormente uma empresa de consultoria chamada Oxford Risk Research & Analysis (ORRA) para aplicar as idéias da teoria da busca de alimentos e da economia experimental no mundo comercial. Em um caso, a análise de como os estorninhos procuram minhocas levou diretamente a um exame revisado de como o conglomerado britânico de energia busca novos locais para a perfuração de poços de petróleo. O que os estorninhos ensinaram a geólogos e engenheiros ajudou na formulação de um novo método de gerenciamento do portfólio de poços de petróleo do conglomerado, com uma diferença esperada nos lucros, segundo estimativa da ORRA, de $519 milhões em cinco anos.

Trata-se de um belo salto de um grupo animal que, até então, nos havia ensinado apenas a lição dúbia de que mais vale um pássaro na mão do que dois voando. Kacelnik explica isso da seguinte forma: "Um estorninho pode

Coelho para o almoço 259

escolher uma área 'fixa' na qual ele tem quase certeza de que conseguirá uma quantidade razoável de minhocas, ou uma área de 'risco', em que ele poderia conseguir muito mais minhocas, mas também não encontrar nenhuma. Por qual delas optaria? Um executivo do setor petrolífero, quando soube como fazíamos para formular tais decisões, disse: 'Nossa, essa situação parece exatamente a mesma que enfrentamos quando estamos à procura de petróleo.'"

Os biólogos de Oxford concordaram em analisar, juntamente com a empresa, como as idéias biológicas poderiam ajudar a companhia a pensar no risco de maneira diferente. Por exemplo, tanto o pássaro quanto a empresa queriam fazer as melhores escolhas possíveis diante de uma incerteza considerável. Quando Kacelnik e Drebs estavam estudando os chapins e, depois, os estorninhos, idéias sobre o comportamento ideal de procura sugeriram que os pássaros optariam, invariavelmente, pela forma segura e estável. A lógica também sugeria que a companhia deveria concentrar a exploração nas áreas em que sabia que o rendimento seria maior.

Na verdade, porém, os pássaros tendem a combinar a exploração em uma área fixa e aventurar-se em outras áreas de risco, ao que tudo indica para monitorar as possibilidades de sucesso. Tais incursões fazem sentido, pois os estorninhos e outros animais vivem em um mundo no qual as chances mudam constantemente. "Ao se ampliar o conhecimento, conquista-se certo valor", diz Kacelnick, "mesmo que você não esteja conseguindo a maximização imediata da recompensa."

Parece que a empresa petrolífera esqueceu essa lição. As equipes de exploração foram cautelosas demais na hora de explorar regiões desconhecidas. Por outro lado, superestimaram a possibilidade de sucesso em regiões onde já haviam desenvolvido certo nível de conforto. Perfuraram poços ao custo unitário de $20 milhões em áreas conhecidas, quando uma estimativa mais realista das reservas disponíveis poderia ter mostrado que eles nunca seriam comercialmente viáveis.

Pesquisadores da Xerox também já estão explorando as aplicações comerciais da teoria da busca de alimentos como uma ferramenta para aperfeiçoar a busca de informações na Internet. Argumentam que o fato de sites não atenderem ao comportamento de busca de alimentos, ou forrageio, desenvolvido pelos humanos é uma das razões de cerca de 65% das navegações de compras na Internet não resultarem em grande coisa. Mas, antes de abordarmos esse assunto, analisemos algumas lições simples que a teoria pode nos ensinar:

- *Escolher a presa certa.* Em um dos experimentos clássicos da teoria da busca de alimentos, John Krebs estudou uma espécie européia de pássaros chamada "o grande chapim". Ele colocou os animais sozinhos em uma gaiola com um pequeno orifício no fundo. Uma esteira transportadora carregando minhocas grandes e pequenas passava por essa abertura. As minhocas pequenas tinham metade do tamanho das grandes, além de uma fita grudada nelas, o que significava que o pássaro tinha de removê-la para, só então, poder comer. Alguns pássaros conseguiam comer as minhocas pequenas em apenas cinco segundos, enquanto outros levavam quase o dobro do tempo. Os pássaros mais adaptados conseguiam comer tanto as minhocas grandes quanto as pequenas, independentemente da velocidade da esteira. Mas, em um dado momento, quando as minhocas grandes começaram a aparecer a cada 6,5 segundos, o custo de ter de lidar com as pequenas fez com que elas deixassem de ser algo lucrativo para os pássaros menores, razão pela qual eles desistiram desse segmento de negócios.

Ter sensibilidade quanto ao custo das oportunidades parece ser um comportamento animal básico: não se deve atacar uma presa ou perseguir uma oportunidade se isso for um fator de distração para a busca de uma oportunidade melhor. Isso não significa, necessariamente, deixar as pequenas oportunidades passarem. Mesmo os pássaros pequenos voltavam algumas vezes para pegar uma minhoca menor, simplesmente para se certificarem de que não estavam perdendo nada. Isso significa avaliar as próprias habilidades e a natureza das oportunidades que se apresentam a você.

Para uma grande empresa como a General Electric, comandada por Jack Welch, escolher a presa certa significava concentrar-se em mercados importantes e com alto índice de crescimento, e poder estar entre as maiores de seu segmento. Por outro lado, as companhias menores com custos mais baixos ou expectativas mais modestas conseguiam viver muito bem com o que era descartado pela GE.

Para um animal, escolher a presa certa envolve questões fundamentais, como o grau de dificuldade de encontrá-la, matá-la e consumi-la, até que ponto a presa saciará sua fome e, antes de mais nada, o tamanho de seu apetite. As pessoas no mundo desenvolvido têm a tendência de se distrair com padrões de sucesso menos importantes, ou seja, acabamos nos concentrando na presa errada.

Quando Al Dunlap, o "Rambo de Gravata", chegou à Scott Paper, no início da década de 1990, por exemplo, talvez não tivesse conseguido fazer muito para melhorar a situação se não tivesse percebido claramente que toda a empresa estava atrás da presa errada. Os gerentes achavam que seu negócio era a venda de papel, um produto de primeira necessidade sujeito a altas flutuações cíclicas de preço: "Enquanto eu falava sobre marketing, eles falavam sobre toneladas (...) Todas as vezes em que conseguia um aumento nos lucros, sempre havia alguém que dizia: 'Vendemos este tanto de toneladas.'" Todos na Scott eram tão obcecados pela questão de quantas toneladas eram vendidas que a prática rotineira era vender o papel para marcas genéricas, quando poderiam estar alcançando o dobro dos lucros alavancando os próprios produtos.

De certa forma, do ponto de vista individual, os gerentes estavam perseguindo a presa certa. A quantidade de toneladas era garantida; conseguiam alcançar as metas trimestrais; as máquinas não paravam nunca, os funcionários estavam empregados e todos estavam felizes – exceto os acionistas.

Nessa mesma linha, um estudo recente realizado em uma empresa de serviços de alta tecnologia descobriu que os vendedores perseguiam as pequenas contas pela facilidade de serem obtidas e controladas. Um rastreamento cuidadoso de vendas via notebook, porém, possibilitou que se calculassem os custos reais e as recompensas conseguidas ao se adotar um enfoque desse tipo. Se o gerente de vendas tivesse prestado atenção à oportunidade de custos, como faria um leão, teria descoberto que o rendimento das contas maiores apresentava uma taxa de $2 mil em receita por hora de venda – o dobro do das contas menores.

Nesse caso, talvez não valha a pena a empresa levantar a cabeça e dizer *boo* todas as vezes que surgir uma pequena oportunidade.

- *Escolher a área certa.* Durante anos, os ursos *grizzly* do Parque Nacional de Yellowstone se alimentaram somente dos montes de lixo que encontravam e das sobras de comida deixadas pelos turistas. Tratava-se de uma política moderada e flexível. As pessoas achavam que os ursos estavam ficando muito obesos e preguiçosos, pois não faziam mais nada. Quando, então, o serviço do parque decidiu proibir que as pessoas entrassem com comida, nos anos 70, alguns críticos argumentaram que eles morreriam de fome. Realmente, os guardas do parque tiveram de matar vários ursos que não desistiam de procurar bolinhos Twinkies.

Os sobreviventes, no entanto, voltaram a lançar mão do repertório de truques que haviam guardado na memória para explorar o mercado natural. Em vez de fazer as mesmas coisas repetidamente, andavam de uma área para outra em busca de novas oportunidades, de acordo com as mudanças das estações e circunstâncias.

Pareciam calcular onde poderiam obter lucros maiores a custos menores em dado momento. Durante o período úmido da primavera, por exemplo, as minhocas se acumulam sob tufos de grama e os ursos passam mexendo nelas para pegá-las. Na estação de desova das trutas, ficam o tempo todo perto dos rios e enseadas apanhando uma quantidade diária de cerca de uma centena desses peixes. Na estação de nascimento de alces, observam de perto, através das artemísias, os locais onde a Mamãe Alce deixou o Bambi dormindo durante o dia. (Por que não pensam, em vez disso, em pegar a Mamãe Alce para o jantar? Aí está a teoria da busca de alimento, ou forrageio, em ação e outro caso de se optar pela presa certa: os adultos são relativamente rápidos e se protegem em manadas, ou seja, os ursos podem perseguir os alces o dia todo e acabar sem ter o que jantar. Os filhotes, no entanto, não têm como acompanhar os adultos, e por isso adotam a estratégia de sobrevivência de ficarem deitados e absolutamente estáticos, torcendo para que um urso não os encontre antes que a mamãe volte, no final do dia. Os ursos fazem uma estimativa de suas chances e saem à procura dos filhotes. Nesse caso, a estratégia de perseguir várias refeições menores com uma probabilidade maior de sucesso parece valer a pena, pelo menos durante uma ou duas semanas de junho. Em um campo em Yellowstone, vi certa vez um urso matar cinco filhotes em pouco mais de uma hora.)

Quando as possibilidades de caçar os filhotes de alce acabam, os ursos fazem uma opção mais modesta. Em agosto, por exemplo, sobem para as regiões mais altas das montanhas, onde descobriram haver punhados de bandos de larvas de mariposas que podem servir-lhes de jantar.

O que isso tem a ver com o comportamento no ambiente de trabalho? Os humanos, como os ursos *grizzly*, às vezes têm de deixar o terreno confortável e partir para um menos confortável e mais flexível. Antes que as ofertas na área em que estamos trabalhando acabem, precisamos dar o difícil salto em busca de uma nova área, mais lucrativa.

No início da década de 1990, por exemplo, a era dos computadores pessoais estava decolando e a IBM continuava presa ao modelo de negócios de arquitetura centralizada do System/360, o qual, embora lucrativo, envelhecia com muita rapidez. Para Lou Gerstner, o novo CEO, o maior desafio foi fazer com que sua mão-de-obra, acostumada ao sucesso fácil e totalmente imune à concorrência normal, se tornasse "viva, competitiva e capaz de vencer no mundo real. Foi como tirar um leão que viveu a vida toda em cativeiro e ensiná-lo a sobreviver na selva".

Gerstner convocou várias reuniões com sua equipe em que realmente lhes mostrava fotos do inimigo (os notórios predadores Bill Gates, da Microsoft, Scott McNealy, da Sun Microsystems, e Larry Ellison, da Oracle), além de ler citações sobre como eles tripudiavam sobre o declínio da IBM: "A IBM? Nem lembramos mais desses caras. Não estão mortos, mas são inofensivos." Era como realizar um seminário para gatos domésticos e mostrar-lhes fotos de devoradores de humanos. A IBM continua a fabricar computadores de arquitetura centralizada, mas hoje é uma das maiores empresas de consultoria do mundo, com capacidade de mudar de foco segundo as necessidades dos clientes de sistemas de informação.

Outras empresas ficam presas a montes de lixo mais ou menos lucrativos. A Polaroid estava tão concentrada em sua tecnologia de fotos de imagem instantânea que seus gerentes, em meados dos anos 90, deixaram passar completamente a revolução da fotografia digital. Com isso, a Polaroid deixou, em algumas décadas, de ser uma das 50 maiores empresas do Dow Nifty para virar uma concordatária (embora tenha conseguido oferecer a seus nada espertos executivos seniores e diretores $6,3 milhões em bônus e outras regalias à medida que cambaleava em direção ao tribunal de falências).

Hoje, a maior parte dos lucros da Chrysler, GM e Ford vem de seus modelos SUVs e picapes, outro depósito de lixo tentador. A procura foi tão alta em 2003 que a GM fabricou 200 mil novas picapes pagando horas extras de salário, ao mesmo tempo que dispensava funcionários de outras fábricas onde havia fabricado 200 mil carros de modelos convencionais. Além disso, os funcionários dispensados continuavam a receber 90% do valor de seu salário.

Um ano depois, com a alta no preço da gasolina, a procura pelos modelos SUVs despencou. Mas as Três Grandes fabricantes de automóveis de Detroit continuaram a produzir SUVs em grande quantidade, quando poderiam ter desovado seus estoques com descontos de $5 mil por unidade. Equipamentos caros, acordos sindicais e fixação em um enfoque de gerenciamento de pouca visão fizeram com que as empresas ficassem inflexíveis diante de uma demanda flutuante. Os fabricantes japoneses não ficaram presos a essa realidade, em parte, porque não haviam atingido resultados tão bons com seus SUVs.

Além disso, a Toyota fabrica 80% de seus veículos em linhas de montagem flexíveis, em comparação aos 30% da Ford e da Chrysler, sendo que essas linhas podem mudar de um modelo para outro em apenas um fim de semana. A Nissan determinou para si mesma o objetivo de conseguir "fabricar qualquer coisa, em qualquer momento, qualquer que seja o volume, lugar e quem quer que esteja fabricando", o que significa que conseguirá alterar sua produção instantaneamente, a fim de se adequar à demanda no mundo todo.

Aprender a ser flexível, identificar a presa certa e ser sensível quanto ao valor da mudança quase nunca é fácil. Mas isso está se tornando uma questão de sobrevivência no mundo desenvolvido, como sempre foi nos países em desenvolvimento. Com bons empregos sendo terceirizados para o Terceiro Mundo, você poderia facilmente imaginar-se na posição de um urso de Yellowstone atirado em um monte de lixo: viver de um modo confortável e fácil deixou de ser uma opção. A rede de segurança não existe mais.

E para piorar a situação você está sendo perseguido por um guarda florestal armado. Então? Você é mais esperto que um urso mediano?

- *Saber quando mudar*. Na verdade, os animais em geral não precisam de guardas florestais que lhes digam a hora de desistir de algo bom, em busca de novas oportunidades. Estudos têm demonstrado que eles calculam as possibilidades em termos do montante de alimento comparado ao esforço que têm de fazer para consegui-lo, ou seja, se o esforço está aumentando ou mantendo-se estável.

Os animais têm sensibilidade para perceber o que os economistas chamam de valor marginal. Se o caminho para a próxima área é longo (como a viagem do urso *grizzly* de Yellowstone ao topo das montanhas para o festival de larvas de mariposa), então o animal ficará com o que tem em mãos por um pouco mais de tempo, mesmo que os retornos sejam menores. Se a área seguinte a ser explorada é próxima, ou se um rival está fazendo com que o local onde ele está torne-se perigoso, então o animal chegará ao que os biólogos chamam de "tempo de desistência" ou "densidade de desistência".

Em suas viagens, Joel Brown, biólogo da Universidade de Illinois, em Chicago, não raro usa a densidade de desistência para medir a pobreza local. As pessoas que vivem em áreas prósperas geralmente desistem de aproveitar melhor um osso de galinha quando ainda existe carne, pois sabem que podem encontrar, logo ali, asas e mais asas de galinha. Em circunstâncias mais extremas, as pessoas aproveitam até a cartilagem do osso, deixando-o completamente limpo. E, na pobreza extrema, quebram os ossos para aproveitar o tutano.

A densidade da desistência também modela, inconscientemente, nossas compras, o que, em essência, é uma atividade de forrageio. Vamos ao shopping ou a um local onde há um conglomerado de lojas de automóveis para poder reduzir o custo de ter de viajar de um lado para outro. Vamos de revendedora em revendedora comparando preços até chegarmos ao valor marginal, quando as informações que provavelmente conseguiremos a partir de então não justificam mais conversar com outros vendedores. E então damos nossa mordida.

O computador encurtou significativamente esse processo, mas nossos comportamentos básicos de forrageio continuam os mesmos. Pesquisadores do Palo Alto Research Center (PARC), da Xerox, na Califórnia, acreditam que as pessoas buscam informações na Internet do mesmo modo que os animais procuram comida. Tentamos encontrar uma área produtiva, trabalhar nela até o ponto em que estão os menores retornos e então saltar para outra área promissora ou desistir e começar tudo novamente, recorrendo a um novo mecanismo de busca.

Um professor de administração, por exemplo, faz hoje todas as suas compras de veículos em uma única área produtiva, a www.autobytel.com, que permite que ele compare os modelos disponíveis em sua área e os preços que outras revendedoras estão oferecendo. Como ele tem exata consciência do valor de seu tempo e também da importância da territorialidade, liga para um revendedor de sua preferência, dá o número de seu cartão de crédito, informa o preço que pagará pelo carro e diz para o vendedor entregá-lo caso concorde com a proposta. Se o vendedor aparece com tarifas extras no contrato, o professor dá de ombros e diz: "Desculpe, mas não foi isso que combinamos." E pode seguir adiante na busca, pois seu investimento total – o tempo gasto com a busca mais o tempo gasto para tratar da compra – soma 15 minutos.

Aqueles que não entendem os comportamentos evoluídos de forrageio podem ter de pagar um preço alto na era atual da Internet, segundo os pesquisadores Stuart Card, Ed Chi e Peter Pirolli, do PARC. Os trabalhadores americanos com acesso à Internet passaram quase metade de seus dias úteis on-line – 18 horas por semana em 2003. Com aproximadamente 55 milhões de sites na rede e mais de 500 bilhões de documentos, é fácil perder-se, distrair-se ou ser enganado por informações não-confiáveis. Do ponto de vista do vendedor ou do provedor, é mais fácil ainda perder possíveis clientes, pois o custo incorrido para acessar um site é muito baixo, ou seja, os usuários têm condições de desistir e procurar outro lugar com um mínimo de frustração.

Os pesquisadores do PARC descrevem o processo de busca em termos de "rastro de informações". Digamos que uma analista de benefícios peça que seu mecanismo de busca preferido encontre "curas alternativas de câncer". A busca produz uma lista de sites relevantes, e as palavras-chave que aparecem na descrição de cada um deles funcionam como pistas de rastro que apontam se vale ou não a pena navegar por ele. Nesse caso, quase todos os sites oferecem o rastro errado; não parecem confiáveis e soam até mesmo fraudulentos. Assim, como alternativa de buscar rapidamente um caminho mais produtivo, a analista decide não visitar os sites comercias que terminam em *.com* (adicionando "-.com" a seu termo de busca) e concentrar-se somente em sites universitários terminados em. *edu*. Ou pode optar por ignorar sites que mencionem "sementes de damasco" ou "laetrile" e seguir a trilha do rastro que inclui palavras-chave como "experimento do INCA".

Hoje, a importância do "rastro de informações" é amplamente aceita entre os projetistas de sites. Isso deu ao setor "uma forma inteiramente nova de como pensar nas coisas", afirma Jared Spool, da User Interface Engineering, empresa de pesquisa de Massachusetts cuja principal atividade são os projetos de sites. "Antes da idéia do rastro de informações, ninguém conseguia entender e descrever por que alguns sites se saíam melhor do que outros. Apenas sabíamos que isso acontecia. Hoje, podemos recorrer ao rastro de informações e dizer: "*Veja* isto."

Mas Spool acrescenta que a teoria da busca de alimentos, ou forrageio, ainda não forneceu ferramentas capazes de possibilitar que os projetistas implantem sites com um bom rastro de informações. Pesquisadores do PARC usaram dois programas de software a fim de buscar meios para a implantação dessas ferramentas. O ScentTrails faz o acompanhamento dos passos que um usuário dá no processo de busca e usa essas informações para procurar vestígios desse rastro em sites potencialmente relevantes. Em seguida, com base na relevância, o programa destaca os diversos links com maior ou menor intensidade.

Ed Chi, do PARC, descreve a idéia da seguinte forma: "Em vez de cortar todas as árvores da floresta até que reste apenas uma com todas as frutas, que é o que a filtragem em um mecanismo de busca faz, por que não amarrar fitas nas árvores que têm frutas?" Aprimorar a trilha de rastro dessa forma acelera o processo de busca, diz Chi, em mais de 50%.

O Bloodhound, outro programa de software experimental desenvolvido no PARC, utiliza a teoria do forrageio para testar sites quanto a problemas de navegação em levar os visitantes aonde eles querem. Empresas de grande porte geralmente contratam consultores para realizar tais testes, o que pode custar até $30 mil. O Bloodhound cumpre a mesma tarefa automaticamente, sendo que pode testar um site vezes e mais vezes para ver que pequenas mudanças afetam sua funcionalidade. O Bloodhound começa com um termo de pesquisa, o equivalente a uma peça de roupa ou item pessoal mostrado a um cão farejador. O programa então usa o "faro" para percorrer seu caminho pelo site e chegar à fonte de informações.

Sites projetados de modo inteligente (por exemplo, www.landsend.com) reúnem suas ofertas de uma maneira lógica e usam palavras-chave boas e informativas que dão aos visitantes trilhas de rastro claras que levam a diversos produtos e serviços. Sites mal projetados (www.macys.com, por exemplo) criam uma confusão olfativa; não têm trilhas de rastro claras. Um revendedor pode colocar muitos produtos em sua página principal, fazendo com que o visitante fique saturado e vá para o site de outro revendedor. Ou então a trilha de rastro pode desaparecer, o que faz com que o Bloodhound "pare e fique desanimado" e o cliente acabe indo para outro lugar.

É triste ver toda a nossa rica e sangrenta história como predadores reduzida a cliques em um mouse de computador e à caça de pixels de informações feita em uma barra de rolagem na lateral da tela. Não é o que os executivos geralmente têm em mente quando falam sobre serem predadores, concorda?

O que eles ainda têm em mente – e, por mais que se fale sobre a teoria de forrageio ou sobre o comportamento animal verdadeiro, isso não vai mudar – é irritar as pessoas e zombar delas. O impulso é forte. Vamos então, pelo menos por um momento, fazer o papel de advogado do diabo e questionar se, em alguns casos, usar o medo também pode ser estrategicamente útil.

Em um cenário povoado por predadores enormes e aterrorizantes, você tem de ser um vigilante muito atento para continuar vivo. Uma espécie de sapo neotropical da família *Hylidae* põe os ovos em locais relativamente seguros, na folhagem ao longo das margens de pequenos lagos. Quanto mais tempo os filhotes puderem levar para adiar o momento de chocar os ovos e mergulhar na água, maiores são suas chances de sobrevivência. Ter um pouco mais de tempo para se desenvolver os torna mais aptos a evitar as garras dos predadores aquáticos. No entanto, adiar demais esse momento também pode ser perigoso, já que cobras, às vezes, chegam para brincar com os bebês.

A resposta do sapo *Hylidae* é uma forma de vigilância pré-natal. Mesmo dentro dos ovos, os embriões conseguem reconhecer as vibrações produzidas por uma cobra. Assim, quando os primeiros ovos começam a ser devorados, os irmãos quebram os ovos prematuramente e mergulham na água para escapar do predador.

14

UM CENÁRIO DE MEDO
Por que parece que os carrascos sempre se dão bem

Se você der um soco no focinho de um pônei que acabou de conhecer, ele pode até não amá-lo, mas passará a se interessar profundamente por todos os seus passos.

— RUDYARD KIPLING

Há alguns anos, o CEO de uma renomada rede varejista estava fora, inspecionando lojas na Carolina do Norte. Ele, que na época tinha cinqüenta e poucos anos, recuperava-se de uma cirurgia plástica no rosto e, como era de se esperar, desrespeitou as ordens de seu médico de não viajar. Seu rosto estava coberto de vaselina, os cantos dos olhos inflamados, a pele recém-esticada tinha uma coloração amarela doentia e ele estava irritadíssimo. Irritado com o piso, com a forma como as mercadorias haviam sido organizadas, com a cor do primeiro item em cada pilha de camisas. "Gritava com todos", conta um ex-funcionário. "Berrava: esta cor não deveria estar aqui! Estou ficando furioso. Isso tudo é de péssimo gosto!"

Os funcionários jovens ficaram atordoados e perplexos. Olhavam o chefe fixamente. Tudo bem, as cores. E corriam para mudá-las.

"Não importava a razão", relembra o ex-funcionário. "Talvez chegasse no dia seguinte e mandasse colocar novamente determinada camisa na frente da pilha."

O CEO era o tipo de líder empresarial admirado e descrito pela imprensa como extremamente exigente. Após assumir o controle, transformou a rede, outrora arruinada e antiquada, em uma empresa da área de vestuário

270 O GORILA NO ESCRITÓRIO

famosa entre a multidão de universitários. Praticamente quadruplicou o número de lojas ao mesmo tempo que conseguiu atingir um bom índice de crescimento nos lucros. Seus métodos foram descritos em um livro sobre gerenciamento.

Ninguém ousaria dizer que o CEO obteve tais resultados por ser bonzinho. Palavras como *obstinação* e *determinação* vêm mais prontamente à mente. Ele tinha idéias definidas sobre como certas coisas deveriam ser feitas. Todas as manhãs, seguia, por exemplo, o ritual de estacionar seu carro perpendicular-mente à sede da empresa, entrar no prédio por uma porta giratória, jogar fora um pedaço de papel na lixeira do prédio, sair por outra porta giratória e entrar novamente pela primeira. Quando estava no escritório, usava seus sapatos da sorte, um par de mocassins de couro que, de tão velhos e decrépitos, deixavam seus dedos à vista. Fazia anotações com uma caneta da sorte que manchava suas mãos de tinta. Exigia que os funcionários vestissem os produtos da empresa, mas nunca a cor preta. Os que apareciam de preto corriam o risco de ser mandados de volta para casa depois de terem de ouvir o discurso motivacional padrão, proferido aos berros: "Quem você pensa que é, seu idiota?"

As reuniões com a equipe de vendas começavam às 8 horas da manhã, nas segundas-feiras, e às vezes se estendiam até a meia-noite, em parte porque os funcionários que não tinham determinada resposta eram obrigados a sair e encontrá-la, enquanto todos os outros ficavam aguardando. Independente-mente do motivo, fazer horas extras e não receber nada por isso era uma prática obrigatória. "Indo para casa mais cedo?", ouviam os que saíam às 18h30. Quando os funcionários usavam a mesma roupa dois dias consecuti-vos, isso não significava que tivessem passado a noite fora, com algum parceiro eventual, mas que haviam ficado presos à sua mesa de trabalho, concentrados em algum projeto.

"Você desiste de sua própria vida e de toda a auto-estima e respeito que tem por si mesmo", comenta um ex-funcionário. "Eles se apoderam de tudo. Você não passa de um idiota." O retorno que se tem é uma experiência de aprendizado. "Dado que os prazos são sempre mínimos, acabamos aprendendo o que as fábricas e os fornecedores de tecidos podem realmente fazer. Aprendemos como um negócio deve ser gerenciado, e como gerenciá-lo bem. Isso, eles sabem fazer. Aprendemos como se deve tratar as pessoas, pois elas tratam todos de uma maneira totalmente equivocada."

Muitos funcionários largam o emprego, levando consigo os muitos epíte-tos ou regras legais enraizadas na mente. Largam o emprego mesmo quando isso significa ter de desembolsar $6 mil para arcar com os custos de recolocação. Os funcionários que se casam e têm filhos também desistem porque a mensagem oculta é que, a essa altura da vida, não fazem mais parte do mercado jovem. Tudo isso parece perfeito para a empresa. Como, certa vez, disse um porta-voz: "Nossa intenção não é envelhecer com nossos clientes."

Muitos símios alfa aprovariam isso e, na verdade, alguns deles estão na folha de pagamento das empresas da Fortune 500. Muitos são cautelosos e não falam abertamente sobre o valor estratégico de agir como um carrasco. Sabem que aqueles que falam, como Al Dunlap, o "Rambo de Gravata", geralmente acabam enforcados em sua própria gravata. Sabem também que muitas formas conhecidas de mau comportamento violam a política empresarial, embora líderes corporativos as ignorem ou condenem tacitamente o mau comportamento, desde que os resultados finais sejam bons. Não obstante a política da empresa, parece que os praticantes do estilo primitivo de gerenciamento do macho demoníaco se dão bem, enquanto os mais bonzinhos não progridem.

No fim dos anos 80, um vice-presidente sênior de uma empresa de telecomunicações americana, por exemplo, passou a impressão memorável sobre um colega como "o maior carrasco do cenário corporativo. Gostava de começar qualquer interação com um sorriso desdenhoso e um insulto – geralmente como maneira de lembrar, sem delicadeza alguma, que ele era importante e você, não". Mesmo quando solicitava que seu assistente fosse à sua sala, a primeira pergunta era sempre a mesma: "O que você está fazendo aqui?"

Se você tivesse o azar de ser o primeiro a falar em uma reunião, ele se virava para o seu computador para fazer algo presumivelmente urgente enquanto perguntava: "Você tem idéia de quanto esta reunião está custando para a empresa?" Referia-se ao salário *dele*, não aos trocados que os outros recebiam.

"As pessoas que trabalhavam para ele brincavam que a pauta das reuniões deveria incluir alguns poucos minutos para 'o jogo de quem manda aqui sou eu'." Certa vez, o vice-presidente de vendas comentou em particular: "Puxa, preferiria que ele urinasse em cima de mim e parasse com isso."

Embora as constantes manobras de superioridade deixassem todos descontentes, parecia que elas não afetavam a carreira do carrasco. Ele comandava uma organização eficiente que alcançava bons resultados, diz o colega, e era nisso que todos estavam interessados, desde que as atitudes do malvado nunca fossem presenciadas por estranhos. O vice-presidente sênior transformou-se depois no CEO de uma importante empresa na área de saúde. Apesar do mau desempenho das ações, ele recebeu, no total, $4,2 milhões por seu trabalho, sem incluir 450 mil ações do capital da empresa. Ao que tudo indica, essa é a recompensa da crueldade.

De onde essas pessoas vêm e por que agem dessa maneira? Às vezes, cientistas fazem experimentos utilizando um rato experimental do qual retiram o gene da oxitocina. O chamado rato geneticamente modificado sofre de amnésia social, como resultado da ausência do gene; não consegue guardar lembranças sociais ou ter relacionamentos sociais normais. Torna-se um número focado somente em comida, sexo e abrigo. É tentador pensar que algo parecido poderia acontecer com muitos ratos gerenciais no mundo corporativo – por exemplo, com o executivo que diz "Prazer" para a esposa de um subordinado como se eles já não tivessem se encontrado 17 vezes anteriormente. (Na próxima vez em que isso acontecer, a esposa sincera deveria responder: "O prazer é todo meu, sr. Rato Geneticamente Modificado." Ele, provavelmente, irá se lembrar dela da vez seguinte, mas não necessariamente de um modo que ajudará na carreira de seu marido.)

Há, sem dúvida, muitas maneiras distintas de se formar uma personalidade focada em resultados, e a mutação genética seria a última opção. O intrigante é entender por que essas pessoas sobrevivem e até mesmo progridem ao final do processo.

Entre as teorias plausíveis comumente colocadas pelos colegas insatisfeitos: os carrascos não têm amigos nem uma vida fora da empresa; assim, canalizam toda a sua obscura energia para o trabalho. Os carrascos sugerem seu nome para as promoções, atitudes que tipos mais amigáveis não têm. Adoram mostrar seu lado luminoso para os superiores, mesmo quando maltratam seus subordinados (a estratégia "*Strassen Angel, Haus Teufel*"). Ou percebem que o cara lá do topo não vê problema algum no fato de seu subordinado agir feito um ser totalmente cruel, razão pela qual ele pode fingir ser um cara legal (a parceria cachorro louco/cara fraternal). Por fim, o que mais incomoda é que eles, não raro, progridem porque geralmente comandam organizações eficientes. Ao que tudo indica, o medo motiva mais do que gostaríamos de admitir.

ATOS ALEATÓRIOS DE CRUELDADE

Inspirar medo por meio de atos aleatórios de hostilidade na ausência de provocação pode até ser uma estratégia que faz sentido. (Lembre-se de que estamos falando do ponto de vista do advogado do diabo.) O conflito é esperado quando há algo valioso em questão – por exemplo, alimento, território, um degrau para subir de posição ou um provável parceiro sexual. E, nessas circunstâncias previsíveis, também esperamos que haja conflito quanto à obediência das regras de escalada gradual, com os rivais dando demonstrações ritualizadas de força e agressividade: uma das partes encara a outra, que, por sua vez, também devolve o olhar fixo. Analisam-se mutuamente. Se necessário, passam ao próximo estágio (aproximam-se) e, então (trombando e empurrando-se), em um round de sinais e respostas cuidadosamente coreografadas, um diz: "Humm... acho melhor deixar isso pra lá." Dessa forma, a dominância fica definida sem que haja mortos ou feridos.

No mundo real, porém, a situação nem sempre se desenrola desse modo. Os babuínos e certos tipos gerenciais, por vezes, lançam-se em ataques vigorosos sem que haja uma boa razão aparente. É uma tarde tranqüila na savana. Todos estão sentados, trocando contatos físicos ou procurando restos de alimento na grama. Uma fêmea de posição inferior está, tranqüilamente, concentrada em seu trabalho. De repente, uma fêmea alfa chega e começa a gritar com ela, sem que haja algo que possa ter provocado isso, demonstrando uma fúria irracional. A subordinada, surpresa, sobe pelos ares e tem uma reação explosiva, arregala os olhos, seus pêlos ficam eriçados e ela sai correndo como louca em busca de abrigo, sendo perseguida de perto por sua rival. O que aconteceu? E como isso pode nos ajudar a entender o mesmo tipo de comportamento no ambiente profissional dos humanos?

Joan B. Silk, antropólogo da UCLA, descreveu as vantagens de se agir feito um carrasco imprevisível em um trabalho com o título irônico "Pratique atos aleatórios de agressão e atos sem sentido de intimidação: a lógica das disputas de posição em grupos sociais". Silk alega que, para os babuínos, "ataques sincronizados aleatoriamente a subordinados também selecionados aleatoriamente são parte de uma estratégia evolucionária que foi beneficiada pela seleção natural", pois tais ataques "permitem que os agressores causem os maiores danos possíveis a suas vítimas a um custo mínimo para si mesmos". O subordinado, quando pego de surpresa, não tem tempo para escapar nem para reunir forças direcionadas a um eventual contra-ataque; tampouco tem tempo de buscar aliados para agir em sua defesa e, portanto, o agressor corre um risco pequeno.

O custo para a vítima pode, no entanto, ser devastador. A punição pode ser ainda mais estressante quando o ataque é imprevisível. A vítima nunca sabe

274 O GORILA NO ESCRITÓRIO

quando está realmente a salvo e quando pode relaxar. Seus níveis hormonais de estresse mantêm-se elevados o tempo todo. Em longo prazo, isso tende a suprimir seu próprio comportamento agressivo. Ela nem tenta revidar, e é isso que o grande carrasco aparentemente deseja: que os rivais saiam de seu caminho e os subordinados façam o que ele manda, sem questionamento.

A CALIGRAFIA DELE IMPRESSA EM SEUS NEURÔNIOS

Gerentes novos são geralmente ferozes no início de um relacionamento; parece que eles concordarm com a idéia de Kipling sobre o valor de se dar um soco no focinho de um pônei logo no primeiro encontro. E, ao que tudo indica, no nível biológico mais rudimentar, isso traz resultados porque o próprio cérebro das vítimas conspira para perpetuar a lição que lhes é ensinada.

Um experimento malicioso realizado há quase um século demonstrou como chefes maus e outras personalidades perturbadas conseguem se apoderar do sistema nervoso autônomo de suas vítimas: o psicólogo suíço Édouard Claparède tinha uma paciente com um dano cerebral que a incapacitou de guardar lembranças conscientes. Todas as vezes que Claparède entrava na sala, tinha de se apresentar novamente. Ele tinha curiosidade de saber o que se passava na mente dela. Ou talvez tenha se cansado da situação. De qualquer modo, certo dia entrou na sala onde ela o aguardava e apresentou-se como sempre, dando-lhe um aperto de mão. Ela imediatamente soltou a mão dele, pois Claparède estava segurando um alfinete entre os dedos. Na vez seguinte em que Claparède tentou cumprimentá-la com a mão, a paciente se recusou a fazê-lo. Alguma parte dela sabia que Claparède lhe causara dor, embora não se lembrasse de nada.

Claparède descobriu que o cérebro recorda coisas diferentes, de modos distintos. Nomes, lugares e os últimos resultados trimestrais da divisão da Cheez Whiz pegam o que o neurocientista Joseph LeDoux chamou de "a auto-estrada" do córtex cerebral, a parte da mente voltada a questões relevantes, tais como a linguagem, a resolução de problemas e o controle de impulsos. O córtex é o que nos torna humanos, sendo que, no decorrer da evolução, ele triplicou de tamanho a partir de algum ancestral símio. Apertos de mão acompanhados de alfinetes e outras situações de dor, medo e perigo também pegam a "auto-estrada", e ficam registrados na consciência – exceto no caso de pessoas, como a paciente de Claparède, que sofreram danos no córtex.

Em todos nós, porém, os sinais de medo e perigo pegam primeiramente a "baixa estrada" e o cérebro envia informações rápidas e imprecisas a uma pequena região cujo formato se assemelha ao de uma amêndoa, a amígdala, que deriva do vocábulo em latim para "amêndoa". Se o córtex é a parte do cérebro que nos torna humanos, a amígdala é uma das partes que nos faz animais. Nesse local, concentram-se todos os medos.

No início do século XX, quando se acreditava erroneamente que o córtex sensorial e motor controlava as respostas ao medo, pesquisadores realizaram um experimento macabro em que removeram todo o córtex cerebral de gatos de laboratório. Para sua surpresa, os gatos continuaram a responder a uma ameaça agachando-se, arqueando as costas e retraindo as orelhas, mostrando as garras, rosnando, sibilando e mordendo. A explicação, acredita LeDoux, é que a amígdala estava intacta e continuava a receber e enviar sinais na "baixa estrada".

A amígdala responde automaticamente ao que LeDoux chama de "gatilhos naturais", tais como as cobras, que eram ameaças significativas no início de nossa evolução. Quando vemos uma cobra, a amígdala libera instantaneamente um sinal que nos deixa paralisados. Esse sinal libera uma seqüência de outros efeitos psicológicos. As glândulas adrenais liberam hormônios do estresse. As sobrancelhas levantam-se, os olhos ficam arregalados para que possamos enxergar a ameaça com mais clareza. As veias sangüíneas contraem-se e o coração começa a bater mais forte para antecipar uma fuga rápida. A bexiga e o cólon preparam-se para se esvaziar. Nosso corpo todo se prepara para lutar ou fugir. Esse é o momento em que sua consciência começa a trabalhar e, por fim, diz: "Nossa! Uma cobra!" Se você dependesse dela para sobreviver, estaria morto.

A amígdala também responde a "gatilhos aprendidos" com a vida diária. Se alguém ou algo já o deixou muito apavorado, a amígdala certifica-se de que você não apenas se lembre disso, mas que também responda instantaneamente a essa mesma ameaça no futuro. É um mecanismo de sobrevivência. A amígdala não armazena lembranças detalhadas como, por exemplo, por que tal pessoa é uma cobra. O gatilho aprendido – o som da voz, o formato do rosto, o cheiro da loção pós-barba – simplesmente dispara a resposta de luta ou fuga.

O sinal da amígdala também pode fazer com que grupos de neurônios em outras partes do cérebro disparem simultaneamente, liberando um fluxo de lembranças conscientes do córtex e aumentando, assim, o grau e a complexidade da resposta automática. Apagar as conexões entre essas células pode ser uma tarefa extremamente difícil. Assim, mesmo quando conselheiros de carreira o convencem da necessidade de reforma, um chefe abusivo pode perceber que, apesar de se terem passado meses ou anos, a hostilidade persiste quando ele entra na sala. Na verdade, ele imprimiu a lição de seu mau comportamento nos neurônios de seus associados.

Essa é uma das razões de a agressão aleatória ser uma ferramenta tão perigosa no mundo empresarial comum, principalmente dentro de grupos de pessoas que precisam trabalhar em conjunto. Embora talvez não perceba, até mesmo o carrasco sofre as conseqüências da confiança perdida. Entre os babuínos, segundo Silk, o maior retrocesso da estratégia agressiva aleatória é que ela "dificulta, para a parte dominadora, a interação com seus subordinados, mesmo quando suas intenções são pacíficas". Os subordinados retraem-se e esboçam um sorriso fixo de medo como forma de apaziguamento.

Essa mesma tendência de evasiva receosa pode também envenenar o ambiente profissional humano. Na Parmalat, conglomerado italiano da área de laticínios, por exemplo, o CEO Fausto Tonna era conhecido por seu temperamento furioso. Depois que a empresa declarou falência como resultado de uma enorme fraude financeira, um funcionário da Parmalat comentou: "Se o gerente de uma divisão tivesse de optar entre cometer um erro ou pedir um conselho a Tonna, seguiria adiante e cometeria o erro."

A NECESSIDADE DE OUTRO RATO PARA MORDER

Uma vez que se inicia um comportamento agressivo aleatório em uma organização, ele tende a ser contagioso e espalha-se rapidamente, em virtude de um dispositivo que todos os mamíferos têm e cuja função é aliviar o estresse, denominado "agressão redirecionada". O psicólogo Robert Sapolsky, de Stanford, descreve isso da seguinte forma: "Inúmeros estudos psicoendócrinos mostram que, em uma circunstância estressante ou frustrante, a magnitude de resposta ao estresse subseqüente diminui se o organismo tiver uma saída para a frustração. Por exemplo, a secreção [glucocorticóide] disparada por um choque elétrico em um rato diminui se o animal tiver uma barra de madeira para morder, uma roda giratória ou, uma das saídas mais eficazes, outro rato para atacar."

Em geral, as empresas não dão a seus chefes maus outro rato para eles morderem. Dão seus funcionários, e o resultado altamente previsível disso é, com freqüência, uma situação estressante. Digamos que o chefe de seu chefe tenha praticado contra ele um ato de agressão aleatória ("Quem você pensa que é, seu idiota?"). Seu chefe transfere isso para você, que por sua vez grita com seu secretário, que, então, explode com a namorada dele e assim por diante, gerando uma corrente de sentimentos feridos. O fato diabólico de nossa natureza como mamíferos sociais é que passar isso adiante, mesmo que seja chutando o idiota do nosso cachorro, faz com que o próprio nível hormonal de estresse diminua. Observe o cão que você acabou de chutar: é provável que ele vá descarregar isso no idiota do gato, ou talvez apenas pegue um pauzinho e despedace-o.

Em uma empresa, uma gerente de nível mediano sem muito poder pratica a agressão redirecionada ao recortar uma foto de sua rival do informativo da empresa ou qualquer outro talismã, como, por exemplo, uma assinatura, e colocando-a no congelador de sua geladeira. Às vezes, ela também pode picotar o papel em pedacinhos e congelá-los em cubos de gelo que costuma adicionar a uma boa dose de uísque ingerida antes do jantar, embora, em momentos tais, um chá gelado já seja suficiente, pois quem está no comando é ela. É praticamente o equivalente a um rato que tem uma barra de madeira para morder.

"Congelar alguém em cubos de gelo é uma medida drástica", aconselha, "que deve ser tomada somente em casos mais sérios ou quando há grandes ameaças que podem trazer prejuízo físico ou mental." Questionada se ela morde o gelo com seus dentes de trás, ela responde: "Isso seria muito estranho." Pausa. "Às vezes." Em seguida, acrescenta: "No momento, não há ninguém no meu congelador."

A biologia não dita a agressão direcionada, tampouco a justifica. Simplesmente ajuda a explicá-la. Entender o impulso natural também pode ajudar a evitá-la. Alguns estudos mostram que, com o passar do tempo, até mesmo um gerente de nível mediano decente e compassivo tenderá a adotar o estilo gerencial de um chefe abusivo. Quando se tem consciência dessa tendência, uma boa válvula de escape pode causar um curto-circuito no processo e proteger os subordinados de sentimentos ruins. Se for inteligente quanto a seu próprio bem-estar, o gerente liberará o impulso dando socos em um saco de boxe, fazendo caminhadas em uma esteira elétrica ou até mesmo usando um cubo de gelo. Uma chefe mulher inteligente pode saber lidar melhor com a dor ao buscar uma espécie de apoio de "cuidado e intimidade" entre suas amigas mais próximas.

De qualquer modo, "é mais do que desejável", observa Sapolsky, "viver em um grupo social no qual a forma predominante de gerenciar o estresse consiste em evitar úlceras passando-as adiante".

O CULTO DO MEDO

Chefes bons geralmente sabem que o medo é algo prejudicial no ambiente profissional. Quando não descobrem esse fato por si mesmos, eles ouvem os consultores repetindo isso continuamente. O medo causa absenteísmo, moral baixo, doenças físicas e psicológicas, rotatividade de pessoal, comportamentos subversivos e outras coisas muito piores. O pônei que leva um soco no focinho no início de um relacionamento é, na maioria das vezes, aquele que fica esperando a hora certa para dar um coice no estômago de quem o maltrata.

Mas em algum cantinho primitivo do cérebro muitos executivos corporativos e até mesmo seus subordinados não acreditam nisso. Andy Grove, da Intel, escreve: "O guru da qualidade W. Edwards Deming defende a idéia de que se deve acabar com o medo nas empresas. Tenho problemas com a simplicidade dessa afirmação. O papel mais importante dos gerentes é criar um ambiente em que as pessoas se dediquem apaixonadamente a fim de serem bem-sucedidas no mercado. O medo cumpre o papel principal de criar e manter tal paixão. O medo da concorrência, da falência, de estar errado e de perder podem ser forças motivadoras poderosas."

Desse modo, líderes corporativos não raro estimulam o culto do medo usando uma linguagem de ameaças e intimidações, com a esperança de levar suas tropas a atingir frenesi motivacional. Parece uma alternativa eficaz de reunir meros escravos assalariados em busca de uma força batalhadora. Acabar com o inimigo, alega o professor de Dartmouth, Richard D'Aveni, em seu livro *Hipercompetição: Estratégias para dominar a dinâmica do mercado* (Campus, 1995), é uma missão mais envolvente do que simplesmente tornar-se o número 1. Mas esse tipo de frenesi motivacional também pode se assemelhar mais a um bando de chimpanzés em grupo saltando para cima e para baixo, gritando e soltando excrementos a fim de se preparar psicologicamente para o ataque.

Como presidente da Pepsi USA nos anos 80, por exemplo, Roger Enrico nomeou a campanha de desenvolvimento de um refrigerante à base de limão de "Overlord" (em português, senhor feudal) porque, como ele mesmo colocou, "se der certo, a 7-Up e a Sprite irão se sentir como se estivessem nos momentos finais da invasão da Normandia". Ao que tudo indica, Enrico enxergava-se como um sargento atacando a praia de Utah com bandoleiras penduradas em ambos os ombros.

Leslie Wexner, da The Limited, também lançou certa vez uma campanha de vendas chamada "Win at Retail" [Vença no varejo], ou WAR (que também significa guerra). Após uma apresentação em uma enorme tela que exibiu tomadas reais de uma guerra, Wexner ficou andando de um lado a outro do palco como Patton e falando a seus representantes de vendas que "O varejo é uma guerra!". Trata-se de uma empresa voltada à "moda para a mulher que se sente sexy e confiante em todos os aspectos de sua vida" e que, aparentemente, inclui o aspecto que envolve granadas disparadas por foguetes. Posteriormente, a empresa passou a chamar a campanha de "Must Win" (Temos de vencer) (palavras pronunciadas com os dentes cerrados e com uma urgência silenciosa de extermínio), ao que tudo indica em virtude do reconhecimento tardio do potencial da dissonância cognitiva.

Na verdade, vender penhoares não é uma guerra. Os negócios não são uma guerra, e o grande risco de fazer com que as pessoas entrem em um frenesi semelhante ao daqueles que estão em um campo de batalha é que as emoções animais afetam a capacidade racional de examinarmos os comportamentos com inteligência. Os lemas agressivos de "esmagar", "matar" ou "enterrar" os rivais geralmente se traduzem em um comportamento hostil também dentro da empresa.

Na WBBM, afiliada da CBS em Chicago, a gerência começou, em dado momento, a estimular um espírito de rivalidade no jornalismo de notícias não apenas contra os rivais, mas também entre as diversas equipes de diferentes programas. Se uma produtora do noticiário das 6 conseguia alguma pauta, mandava prontamente sua equipe sair em busca de informações sobre o acontecimento. O produtor do noticiário das 5 ficava sabendo da notícia somente pela televisão, além de descobrir que seus colegas de trabalho haviam escondido uma notícia importante dele.

O produtor executivo colocava as pessoas umas contra as outras tanto do ponto de vista pessoal quanto profissional. Chamava um dos membros de sua equipe aos berros e humilhava-o na sala de imprensa, na frente de vários colegas: "Nunca vi nada igual. Se você não fosse prudente, poderia acabar no noticiário do fim de semana." (Um insulto ao estilo "Matar dois coelhos com uma única cajadada", com o valor agregado de desmoralizar qualquer apresentador de noticiários de fim de semana que podia ser ouvido por todos.) Relacionamentos sexuais entre executivos e talentos das telas transigiam as decisões sobre quais matérias seriam ou não realizadas.

Ainda assim, o culto do medo continua a existir em tais organizações, pois parece trazer resultados. Um veterano da WBBM fala que a empresa "era a melhor sala de imprensa do mundo e o lugar mais disfuncional da Terra. Era mesquinho e competitivo, mas a vida de todos estava envolta na qualidade e reputação do produto. Nas festas, não diziam: 'Sou produtor de televisão.' Diziam: "Sou produtor dos noticiários da WBBM.'" Um ex-produtor comenta: "As pessoas viviam tão envolvidas naquele frenesi que acabavam produzindo trabalhos de alta qualidade e em uma quantidade surpreendente. Simplesmente em razão do medo."

Ex-funcionários da Miramax também dizem, com freqüência, que trabalhar lá foi uma das experiências mais estimulantes de sua vida profissional, apesar de os chefes Bob e Harvey Weinstein terem ficado conhecidos como a encarnação da raiva e intimidação mesmo em um setor que tem por base o espírito da agressão redirecionada. Dennis Rice, ex-chefe de marketing da Miramax, disse ao escritor Peter Biskind: "As pessoas odeiam trabalhar lá, mas amam o que a Miramax representa, amam a mágica que criam no mundo de filmes independentes. É um sentimento inebriante. Fazer parte disso é estimulante, o que leva os funcionários a encontrarem um meio de fazer vista grossa quando se trata de como as coisas são feitas e como as pessoas acabam se acidentando ao longo do caminho." Jack Foley, vice-presidente da área de distribuição da Miramax, lembra-se de seu trabalho com os Weinstein desta forma: "Tinham uma energia e raiva nucleares. Eles eram nucleares até mesmo em sua malevolência, mas estar com eles era melhor que tudo."

O que acontece? Será que o culto ao medo realmente faz sentido?

UM CASO PARA TIRANOS?

Todos nós sabemos que trabalhar para um chefe abusivo pode ser profundamente doloroso. Há também várias evidências de que o comportamento abusivo é uma prática comum e onerosa. Em estudos recentes, a porcentagem de trabalhadores que relataram terem sofrido intimidações no último ano variou de meros 4% entre os trabalhadores do setor siderúrgico a 38% entre os funcionários do Serviço Nacional de Saúde da Grã-Bretanha.

(A grande disparidade pode refletir as diferenças na definição de "intimidar", que pode englobar tudo o que está relacionado à violência física até um mero olhar de raiva, segundo Joel H. Neuman, que estuda a questão na Universidade Estadual de Nova York, em New Paltz. Setores e países diferentes também percebem a questão da intimidação de maneiras distintas. Por fim, as pessoas são certamente mais cautelosas quando se trata de trabalhadores siderúrgicos do que técnicos em patologia.) Em algum momento da vida, uma porção estimada em 20% da população trabalhará para um chefe violento.

Quase ninguém relata a experiência como "mágica", "estimulante" ou "a melhor de todas". Essas podem ser palavras que ocorram, se ocorrerem, somente mais tarde, quando o funcionário intimidado tiver conseguido fugir com segurança. Em um estudo realizado, aproximadamente metade das vítimas de insultos no ambiente profissional perdeu tempo preocupando-se em analisar como foi tratada e em como encontrar maneiras de evitar a situação. Desse índice, 12% mudaram de emprego.

Os custos médicos embutidos tornam a questão econômica e moral contra a intimidação ainda mais complexa. Maus-tratos físicos são raros, segundo Neuman. "Mas as outras coisas...", ri em tom de pesar. "É como uma tortura de gotas d'água pingando, pingando, pingando. Se as pessoas sugerem que você é idiota, ou não lhe dão tarefas significativas para cumprir, não o vêem sangrar. Não vêem que sua pressão arterial está nas alturas. Mas como seria possível contabilizar o número de supervisores responsáveis pelos ataques cardíacos?"

A beleza diabólica da agressão aleatória, do ponto de vista do chefe mau, é que o dinheiro gasto para pagar tais custos raramente sai de seu bolso ou afeta sua reputação. Pode levar anos até que os sintomas se manifestem na forma de pressão alta, função imunológica reduzida, baixos níveis de colesterol HDL ("o colesterol bom"), problemas cardiovasculares, aterosclerose, problemas de fertilidade e outras doenças. O custo para a empresa, no entanto, é real: gastos com saúde e perda de produtividade de uma mão-de-obra desmoralizada e fisicamente debilitada.

Infelizmente, é muito mais difícil calcular se o culto ao medo também é capaz de melhorar a produtividade. Mas continuemos a brincar um pouco mais de advogado do diabo: a Intel teria alcançado o sucesso que alcançou se não estivesse sob o comando de um Andy Grove que não fosse paranóico? A Miramax teria se tornado a produtora mais importante e influente

282 O GORILA NO ESCRITÓRIO

da década de 1990 na área de filmes independentes se Hervey Weinstein tivesse sido bonzinho? É quase a mesma coisa que perguntar como seria a vida se uma hiena virasse vegetariana. Mas pelo menos vale a pena considerar algumas poucas razões plausíveis do porquê de o comportamento mau – ou, digamos, difícil – às vezes dar certo, pelo menos a curto prazo, e garantir lucros para todos.

OS PREDADORES GERAM BOAS MANADAS

Diferentemente de nossas expectativas, trabalhar com pessoas muito boazinhas pode ser desmoralizante. Quando Lew Platt tornou-se CEO nos anos 90, sua prioridade era transformar a Hewlett-Packard em um local de trabalho maravilhoso. Estava tão concentrado em fazer com que seus funcionários se sentissem valorizados e seguros que a empresa começou a parecer o serviço público.

"As pessoas podiam ter um nível de desempenho medíocre por quatro ou cinco anos seguidos", comentou posteriormente um executivo da HP ao jornalista de negócios George Anders. "Mas se tornou tão difícil livrar-se delas quanto seria livrar-se de um professor com um cargo vitalício. As pessoas achavam que tinham um emprego para toda a vida." Platt acreditava – o que é relativamente razoável – que se comportar de modo muito severo com os próprios funcionários era algo destrutivo. O mundo natural, porém, sugere que isso é verdade até certo ponto.

As comunidades animais dependem tipicamente da disciplina imposta por predadores famintos que não vêem a hora de arrancar seu pescoço. Com certeza, não gostam disso e sofrem de ansiedade a curto prazo quando são desprezados por serem os mais fracos da manada. Mas um espírito moderado de ameaça é saudável; faz com que se mantenham alertas, com os olhos sempre atentos, observando. Em longo prazo, a manada fortalece-se por meio do doloroso processo de os membros menos ágeis e mais desatentos serem escolhidos e arrancados do grupo pelos predadores. Quando não há predadores, todos engordam e tornam-se preguiçosos.

Em um estudo recente, por exemplo, cientistas observaram uma população de lebistes retirados de uma área repleta de predadores e transferidos para uma área com poucos predadores – ou mesmo nenhum. A ausência repentina de seleção natural causou uma "perda surpreendente da capaci-

Um cenário de medo 283

dade de fuga" num período de pouco mais de 15 anos, ou cerca de 30 gerações desses peixes. Manter-se atento é, evidentemente, um comportamento oneroso, e com isso os peixes ganharam a inesperada oportunidade de relaxar. Por fim, porém, tornaram-se mais fracos e vulneráveis. Do mesmo modo, os funcionários da Hewlett-Packard certamente desfrutaram do sentimento de segurança oferecido por Platt. No longo prazo, porém, a empresa deixou de crescer.

Logicamente, é ilusório caracterizar líderes corporativos como predadores dentro das próprias empresas. São mais parecidos com pastores que ficam trazendo, continuamente, os animais mais fracos para perto da manada e enviando-os à sala de demissão. São como cães de pastoreio que ficam protegendo seus funcionários e, ao mesmo tempo, beliscando seus tornozelos para que se mantenham na direção correta.

E Platt foi um cão de rebanho ineficaz. Em seu livro *Perfect Enough*, George Anders descreveu a incapacidade de Platt de implantar mudanças durante uma conferência com gerentes em Monterrey, na Califórnia: "Seis anos nutrindo o lado mais terno da HP fizeram com que os funcionários e gerentes não se mostrassem dispostos a dar passos repentinos até que todos tivessem discutido tudo e decidido, em grupo, que concordavam com a nova direção a ser seguida. Uma 'bondade terminal' tomou conta da empresa. Nesse ambiente, Platt também poderia ter tentado espantar as gaivotas da região costeira na área externa do centro de conferências. Poderia criar um movimento momentâneo, mas não conseguiria realizar mudanças efetivas."

A ESTRANHA ATRAÇÃO EXERCIDA PELO CHEFE CRUEL

Em geral, as pessoas preferem, paradoxalmente, conviver com indivíduos que se aproveitam delas. Isso pode parecer, a princípio, um dos aspectos mais tristes da natureza humana. Pesquisadores que estudaram o comportamento maquiavélico nas décadas de 1970 e 1980 não raro ficavam consternados ao descobrir que os sujeitos que estudavam sentiam-se extremamente atraídos por indivíduos manipuladores e exploradores. Em um caso específico, os próprios pesquisadores admitiram, decepcionados, que sentiam uma "admiração perversa" pelos chamados *high-Machs*.*

---

*Pessoas com personalidade manipuladora. (*N. da T.*)

No começo, consideravam que os *high-Machs* eram meros adeptos do "gerenciamento de impressão" – ou seja, eram charmosos ou inteligentes o suficiente para conseguir o que queriam sem demonstrar isso de forma óbvia. Assim, os pesquisadores elaboraram testes escritos para anular a influência da atratividade presencial. Em um estudo, por exemplo, pediram às pessoas que escrevessem o que aconteceria se ficassem isoladas em uma ilha deserta com outros dois indivíduos do mesmo sexo. Os tipos *low-Mach** escreveram histórias doces sobre compartilhar os recursos limitados. Uma mulher do tipo *high-Mach*, por outro lado, escreveu: "Maria e Joana são duas filhas-da-mãe calculistas que vivem reclamando (...) Quando eu estava com muita fome, ficava tentando encontrar maneiras de fritá-las com os poucos utensílios de cozinha que tínhamos."

Os sujeitos submetidos aos testes classificaram, como era de se esperar, os personagens nas histórias dos *high-Machs* como "mais egoístas, negligentes, arbitrários, dominadores, menos dignos de confiança, agressivos, independentes e mais suspeitos". Disseram que não gostariam de dividir um apartamento com pessoas desse tipo, muito menos estar em sua companhia em uma ilha deserta, segundo o biólogo e teórico David Sloan Wilson. Mas aceitaram os personagens *high-Machs* para "relacionamentos que envolvessem trabalhos em grupo a fim de manipular os outros" – ou seja, relacionamentos como os que estabelecemos no mundo profissional.

Esses indivíduos não sentiam, necessariamente, admiração por pessoas intimidadoras. Sentiam-se atraídos por conspiradores e cúmplices, pessoas espertas o suficiente para se aproveitar deles, sem, no entanto, ser muito cruéis. Em geral, os sociólogos traçam uma linha divisória entre indivíduos intimidadores, que lançam mão da dominância coerciva, e indivíduos mais habilidosos, ou "pró-sociais", que encontram alternativas mais serenas de conseguir o que querem.

No entanto, essa linha pode ser muito sutil. Chefes no ambiente profissional humano freqüentemente alternam seu estilo de dominância do pró-social ao coercivo e vice-versa, dependendo do público, das circunstâncias ou do que beberam na hora do almoço. Um chefe pró-social, o chefe decente e admirado de um pronto-socorro, pode gritar agressivamente ou repreender um funcionário desatento quando as vítimas de um engavetamento de cinco carros chegam em cadeiras de rodas em um sábado à noite. O gerente

---

*Pessoas de temperamento complacente. (*N. da T.*)

de vendas de uma empresa de software pode tornar-se hostil e exigente à medida que o final do trimestre se aproxima, e, na maioria das vezes, as pessoas respondem a isso trabalhando mais.

Em um estudo recente realizado com adolescentes, Patricia Hawley, da Universidade de Kansas, categorizou indivíduos dominantes não apenas como coercivos ou pró-sociais, mas também como "biestratégicos". Os biestratégicos utilizavam técnicas pró-sociais tais como oferecer ajuda mesmo quando não solicitada, devolver favores e formar alianças. Quando se mostrava conveniente, também empregavam técnicas clássicas de intimidação, incluindo ameaças, exclusão social, fofocas destrutivas e agressão física. Como esperado, os pares e subordinados classificaram os tipos pró-sociais como os mais agradáveis. Mas os tipos biestratégicos também se mostraram surpreendentemente mais populares e admirados do que qualquer subordinado lento, embora aqueles que participaram da pesquisa tenham mostrado total consciência da pressão ou manipulação sofrida.

A "atração exercida pelo colega cruel", ou pelo chefe cruel, não é puro masoquismo. Tampouco é apenas produto de nossa predisposição evolucionária de seguir indivíduos dominadores. O que os biestratégicos trazem para o relacionamento, sugere Hawley, são habilidades sociais genuínas; é empolgante tê-los por perto. "Esses garotos, que supostamente seriam rejeitados, são aceitos. Fazem bons amigos (exceto se você passar para o lado mau)." Ninguém estudou as vantagens materiais de viver cercado de indivíduos manipuladores, exploradores ou até mesmo ocasionalmente abusivos. Mas talvez as vantagens superem, vez ou outra, as desvantagens. Principalmente quando o assunto é profissional, pode valer a pena trabalhar com alguém que fará o que for preciso para conseguir o que quer.

Mesmo em termos de nosso próprio desempenho individual, geralmente trabalhamos melhor quando temos um chefe mais crítico e exigente. Mas é possível, logicamente, motivar as pessoas sem maltratá-las. Porém, também há momentos em que aceitamos a intimidação se isso for adequado em determinadas circunstâncias. Quando a equipe favorita está quase completando os últimos 500 metros de uma disputa de remo, por exemplo, o timoneiro, outrora gentil, questionará, aos berros, a masculinidade ou feminilidade de cada remador e pode até mesmo disparar insultos individuais. O barco ganhará velocidade, como resultado desse esforço renovado. É bem provável que um timoneiro que continue sendo gentil em um momento como esse não seja convidado a participar da competição seguinte.

286 O GORILA NO ESCRITÓRIO

Do mesmo modo, o que os ex-funcionários da WBBM e da Miramax lembram não é a dor que sentiram quando sofreram intimidações ou foram forçados a fazer algo, mas a satisfação peculiar de terem alcançado êxitos que pareciam estar além de seus próprios limites. Isso porque foram orientados para tanto e também porque sentiram medo.

Certa vez, no Quênia, um primatólogo estava viajando em uma área remota quando seu carro quebrou. Não tinha outra opção exceto andar horas e horas pela savana antes do anoitecer. Infelizmente, um grupo de leões o encontrou antes que ele conseguisse chegar ao acampamento. Então, agarrou-se à árvore mais próxima e ficou a uma altura que não podia ser alcançado até que os leões ficaram entediados e resolveram deixá-lo. Mais tarde, quando voltou para resgatar o carro, parou para observar a árvore. Era praticamente um pau, sem galhos nem apoios. Percebeu que nunca teria conseguido subir nela se não houvesse um leão seguindo-o de perto.

HORA DE SE COMPORTAR

Basta! Vamos tirar a máscara de advogado do diabo e voltar à realidade. Chefes que dominam com base no medo podem ganhar batalhas, mas geralmente perdem a guerra, levando sua empresa ao declínio ou até mesmo à falência, como aconteceu com a Sunbeam, a Enron e a Kmart. Indivíduos que adotam o estilo confrontador de modo muito aberto geralmente têm um fim triste, ou pelo menos uma parada inesperada no meio da carreira. Como diz o pesquisador da SUNY, Joel Neuman, com precisão catedrática: "Essa porcaria acaba pegando as pessoas."

■ Quando Durk Jager assumiu o cargo de CEO na Procter & Gamble, em 1999, criticou publicamente a tendência de a empresa "Procter-izar os funcionários", fazendo com que todos soassem iguais, pensassem da mesma forma e parecessem iguais. Ao que tudo indica, ele queria Jager-izá-los. Quando o *Wall Street Journal* perguntou-lhe se sua crueldade era tão grande quanto sua reputação, sorriu e respondeu: "Muito pior." Jager, um veterano da Força Aérea da Holanda, brincava que as lições holandesas logo iriam se tornar a política da empresa. Analistas de Wall Street elogiavam Jager e diziam que ele "era um pensador estratégico e talentoso", com o dom de encontrar a essência dos problemas e solucioná-los com precisão. No entanto, as tentativas de Jager de transformar a empresa foram tão repentinas e abruptas que ele acabou criando uma confusão global. Quando o conselho tirou-lhe do cargo, depois de ocupá-lo por apenas 17 meses, o valor das ações da P&G havia despencado 37%.

■ John J. Mack, conhecido como "Mack, a Faca", dada sua competência em cortar custos e também em virtude de seu estilo prepotente, perdeu uma batalha brutal ao conduzir o Morgan Stanley. Depois, foi para o Credit Suisse Group, onde conseguiu rapidamente recuperar a lucratividade. Mas seus modos rudes logo se espalharam. Em um dado momento, Mack solicitou ao conselho da diretoria, em Zurique, um aumento para os executivos do banco de Nova York. Quando os diretores questionaram as razões, ele revidou: "Não estou fazendo isso pelo dinheiro. Não preciso de dinheiro. Sou muito mais rico do que qualquer um de vocês. O que preciso é de dinheiro para manter nossa equipe como está."

É provável que ele estivesse certo. Mas logo depois o conselho demitiu Mack do cargo de co-CEO sem cerimônia alguma. A empresa fez referência a diferenças estratégicas. Três fontes distintas, porém, mencionaram a observação "mais rico do que vocês" ao *Wall Street Journal*, sugerindo que a afirmação crua sobre sua dominância deixou seus discretos colegas europeus extremamente descontentes.

■ Sanjay Kumar, filho de um pesquisador do comportamento animal do Sri Lanka, construiu um império na Computer Associates com base no que ele considerava ser um modelo "darwiniano", promovendo uma cultura de mudanças extremas, sérios desentendimentos e demissões repentinas para os que não tivessem bom desempenho. Até mesmo os clientes acabaram entrando na dança. Quando, em 1999, a Albertson's resistiu à pressão de assinar uma licença plurianual, Kumar e seus associados ameaçaram interromper a produção do software do qual toda a cadeia de supermercados dependia. Em um ano bom, a receita da Computer Associates aumentou 33%. Mas, por fim, a empresa se tornou sinônimo de rancor, desconfiança e práticas de maus negócios. Um escândalo contábil forçou Kumar e outros altos executivos a renunciar, alguns promotores fizeram acusações criminais e os investidores estão processando a empresa visando recuperação de mais de $1 bilhão em bônus pagos a executivos com base em contabilidade ilícita.

As oportunidades perdidas com o comportamento rude e desagradável raramente vêm a público. As pessoas simplesmente guardam as informações para si. Isso acontece todos os dias, centenas de milhares de vezes, o que faz com que a parte culpada nunca perceba. Às vezes, a perda é trivial: na Red Bank, uma famosa loja de CDs em New Jersey, um cliente mal-humorado pediu ao vendedor que procurasse um determinado artista em seu computador. O vendedor, irritado, digitou no campo de busca: "Vai embora, me deixe em paz, morra, morra, morra!" Fez, então, uma expressão de lástima e disse: "Desculpe, senhor, mas hoje não temos o produto em estoque."

Outras vezes, a perda pode ser incalculavelmente grande, como quando subordinados têm opiniões opostas a respeito de um chefe dominador. Durante o último vôo do ônibus espacial Columbia, em fevereiro de 2003, por exemplo, os membros da equipe da NASA não falaram sobre as reais preocupações que tinham sobre a nave danificada porque ficaram com receio de "fazer um papel ridículo frente a seus pares e superiores", que queriam, desesperadamente e como sempre, dar prosseguimento ao trabalho. A gerência havia deixado essa cultura de pouca visão seguir adiante, apesar do trágico histórico da NASA de ter omitido a falta de consenso antes do desastre com o ônibus espacial Challenger, em 1986. Em ambos os acidentes, morreram 14 astronautas.

Criar uma cultura de medo também leva à retaliação entre os funcionários. Em uma empresa química de New Jersey, a gerência demitiu 50 empregados. Um deles, um executivo com salário de $186 mil e 30 anos na empresa, ficou profundamente incomodado com os seguranças "que nos acompanharam, como se fôssemos criminosos, até o lado de fora dos portões". Chegou em casa e cometeu um ato de sabotagem pelo computador que custou à empresa $20 milhões.

A liderança abusiva talvez possa trazer resultados, ou pelo menos *parecer* que traz resultados. Na Miramax ou na WBBM, isso acontece porque as pessoas estão trabalhando em projetos criativos de duração relativamente curta. Assim, é fácil para elas "se identificarem com o grupo criativo e lidarem com uma má liderança", sugere Terry Pearce, especialista em treinamento para executivos. "E então, se o produto é bom, você pode dizer, pelo resto da vida, que participou de sua elaboração." Mas a vida profissional da maioria das pessoas não é assim. "Se você trabalha, digamos, na área de serviços financeiros ou fabrica batatas fritas como forma de ganhar o pão de cada dia, fica realmente difícil identificar-se com um projeto específico que lhe deixou entusiasmado e que você não vê a hora de ser concluído." No dia-a-dia dos empregos comuns, em que as oportunidades de expressão criativa são mínimas, as pessoas precisam de um chefe que goste de seu trabalho, não de um carrasco ou de um canalha. "Fica difícil quando você fabrica gravatas ou vende hambúrgueres."

Pearce é especialista em ensinar timoneiros corporativos a acabar com suas tendências antagonistas e dominadoras. Ele começa com uma pesquisa de 360° e uma rodada de entrevistas com os subordinados, e então deixa o chefe ouvir, anonimamente, o que as pessoas que o cercam acham de seu estilo de gerenciamento. Pode ser um choque. A maioria dos líderes não reconhece até que ponto são dominadores. "Eles simplesmente são assim."

Em seguida, Pearce ajuda o chefe a entender como seu comportamento distorce a organização. Você pode usar o medo para conduzir as pessoas, ele diz, se quiser uma organização "repleta de pessoas que fazem o que lhes é mandado e que só dedicam 75% de si mesmas ao trabalho", que estão de acordo mas não se comprometem, que evitam emitir idéias criativas e que, na maioria das vezes, estão sempre espalhando seus currículos no mercado, o que gera uma elevada taxa de rotatividade.

A maioria dos clientes reconhece que não é esse o tipo de organização que quer conduzir. Ou pelo menos que não é o tipo de empresa que o conselho da diretoria deseja. E dão início a um doloroso processo de mudança. Mas nem sempre. Um cliente ouviu uma revisão destruidora de seu método gerencial ao estilo "Rambo de Gravata" e perguntou:

— Preciso mudar?

— Não, a não ser que você queira continuar onde está – respondeu o sócio de Pearce.

— Certo, parece justo – retrucou o cliente.

— Ao adotar esse estilo, você consegue resultados a curto prazo. Mas as pessoas não trabalharão com você por muito tempo – explicou o sócio. – Se você quiser ser especialista em rotatividade pelo resto de sua vida e não tiver a intenção de realmente chefiar, então não precisa mudar.

Pearce conta: "E foi o que ele fez. Saiu da empresa dois ou três meses depois. É um indivíduo rotativo. Chega, fica por dois ou três meses, faz o que tem de ser feito, corta algumas cabeças e muda de cidade. É um vitorioso? É rico. As pessoas pagam bem para que ele faça o trabalho sujo delas. Mas não é um líder."

290 O GORILA NO ESCRITÓRIO

SE UM BABUÍNO CONSEGUE...

Aprender a ter um estilo gerencial oposto pode representar uma luta interior. Um indivíduo que chegou ao topo por ser cruelmente agressivo descobre, repentinamente, que precisa ouvir, aprender, demonstrar sofrimento, ligar-se às pessoas no nível emocional (e não no nível do terror) e incitar confiança. É como um vereador de Chicago que um dia acorda e descobre que tem de agir como Jimmy Carter. Ou como um terrorista afegão tentando ser Kofi Annan.

Talvez não sirva de consolo, mas até mesmo babuínos mal-humorados e hostis parecem não gostar muito de carrascos e passar muito bem sem eles quando isso é possível. E, mesmo entre os babuínos a cultura de um grupo parece ser capaz de levar o alfa a ter um bom comportamento, o qual, se não agisse assim, seria um perfeito canalha. Robert Sapolsky e Lisa J. Share, ambos psicólogos de Stanford, estudaram babuínos da savana na Masai Mara Reserve, no Quênia, por mais de 25 anos. Em meados dos anos 80, todos os maiores e mais cruéis machos da Forest Troop de lá comeram carne infectada com tuberculose bovina em um depósito de lixo de uma pousada turística e acabaram contraindo a doença. As fêmeas e os machos de temperamento mais ameno sobreviveram, pois não ousaram entrar no depósito.

Os pesquisadores pararam de observar a Forest Troop durante algum tempo. Quando retornaram, em 1993, descobriram, para sua surpresa, que o local havia se tornado algo raro na história dos babuínos, ou seja, uma cultura tranqüila, de apoio mútuo e até mesmo sociável. Os machos dominantes passavam grande parte do dia perto de fêmeas adultas, crianças, adolescentes e jovens. Em vez de viverem brigando e se mordendo para tirar todos de seu caminho, pareciam confiar mais na afeição e na troca de cuidados mútuos.

Isso não quer dizer que tenham, de uma hora para outra, se tornado bonzinhos. "Estamos, como sempre, falando de babuínos", diz Sapolsky. (Certa vez, ele resumiu a vida social dos babuínos da seguinte forma: "Se os babuínos passam somente quatro horas por dia enchendo a barriga, isso quer dizer que lhes sobram oito horas diárias para ser cruéis entre si.") Tornaram-se, porém, mais seletivos – há a tentação de dizer mais racionais – sobre quando lançar mão da crueldade. Na maioria dos bandos de babuínos, machos dominantes passam grande parte do tempo aproximando-se de subordinados inferiores e afastando-os. Isso nada mais é do que assédio, já que esses subordinados não representam nenhuma ameaça competitiva. A intimidação constante faz com que os subordinados sofram de níveis elevados e crônicos do hormônio do estresse, o cortisol.

Na nova e aperfeiçoada Forest Troop, os machos dominantes também tinham um comportamento de aproximação-afastamento. Mas era quase sempre voltado aos machos de posições parecidas, que na verdade nunca haviam sido seus rivais. Com isso, os subordinados deixaram de apresentar a maioria dos problemas de saúde relacionados ao estresse crônico que tinham até então. Os pesquisadores injetaram neles uma droga que produz um estado passageiro de ansiedade e, mesmo assim, eles se mantiveram visivelmente mais calmos. Em termos humanos, isso sugere que subordinados que não sofrem intimidações podem ser mais produtivos e capazes de responder melhor a ameaças reais.

Para Sapolsky e Share, o mais surpreendente a respeito da Forest Troop foi que esses machos dominantes benignos não eram sobreviventes de temperamento mais fácil da época pré-tuberculose. Quando babuínos machos se tornam adolescentes, geralmente abandonam o grupo no qual nasceram e saem em busca de um lugar em um bando vizinho. Assim, todos os machos sensíveis eram, na verdade, novatos no grupo. Algo especial sobre Forest Troop os induziu a não seguir a carreira comum dos babuínos e se tornarem carrascos cruéis.

Sapolsky e Share notaram que as fêmeas, que são as responsáveis pela manutenção da cultura dos babuínos, tratavam os que chegavam da mesma maneira que tratavam os machos residentes, embora os novatos geralmente demonstrassem hostilidade ao lidar com elas. Parece que o "capital social" de se viver em uma comunidade mais saudável e onde há mais apoio mútuo fez com que as fêmeas tolerassem os maus-tratos até que "esses imbecis que acabaram de chegar" fossem descobrindo, aos poucos, que "aqui não agimos desse jeito".

Em termos humanos, é como a assistente do executivo que, confiante quanto à própria capacidade e quanto ao apoio da comunidade no ambiente profissional, faz, delicadamente, com que o CEO cruel perceba que "é simplesmente impossível trabalharmos juntos dessa maneira". É como as enfermeiras em um hospital que respondem ao que chamam de "Código Cor-de-rosa" quando um médico briga com uma enfermeira aos berros. As enfermeiras saem e posicionam-se ao lado do objeto da ira. Então, encaram o médico com um olhar perplexo e silencioso.

A maioria dos médicos (como os babuínos da Forest Troop) acaba descobrindo que demonstrações públicas grosseiras e agressivas não representam, por fim, a melhor alternativa de conseguirem o que querem em uma sociedade civilizada.

292 O GORILA NO ESCRITÓRIO

Quando os humanos usam uniformes de gala, ou fardas militares, seu objetivo é parecerem maiores e mais poderosos do que realmente são. O pássaro negro de asa vermelha usa essa roupagem justamente com o intuito contrário, ou seja, como forma de mostrar que é inofensivo. O macho é totalmente capaz de fazer uma exibição severa, ao estilo militar. Ele tem "almofadas" vermelhas nos ombros, que usa quando precisa mostrar que é ele quem controla determinado território. Esse distintivo de *status* também pode gerar um ataque violento por parte de seus rivais.

Com isso, esses pássaros evoluíram e desenvolveram uma roupagem que cobre a região com pêlos vermelhos, escondendo-os completamente. Isso possibilita que eles saiam por aí usando roupas comuns, quando estão procurando um território melhor ou quando estão bisbilhotando um território vizinho para se juntarem ao harém de fêmeas de outro macho.

Mesmo quando estão em seu território, os machos parecem reconhecer o valor de não ficar exibindo seu *status*. Quando pesquisadores apararam a pelagem de alguns pássaros como parte de um experimento, os machos eram obrigados a "sinalizar uma combatividade permanente" e tiveram de dedicar mais tempo para se livrar de intrusos da vizinhança. Esses machos passaram a ser tratados "como se tivessem quebrado o contrato da boa vizinhança, já que sinalizavam um excesso de combatividade, e deixaram de ser aceitos como parceiros para compartilhar, pacificamente, as zonas fronteiriças".

Às vezes, simplesmente não vale a pena agir de modo muito exuberante.

15

UNINDO-SE À MULTIDÃO
Por que os lobos solitários fracassam

É uma colônia de formigas. Quando surge uma nova oportunidade de negócios, 5 mil pessoas correm na mesma direção; e quando essa oportunidade acaba, todos desaparecem por conta de algum outro projeto.

— Funcionário da Intel, sobre a cultura da empresa

Por que, então, há tantas pessoas infelizes no trabalho? Por que são ineficientes?

Em parte, porque muitos funcionários não sabem o que estão fazendo lá. Não têm noção de como o trabalho deles se encaixa no esquema maior.

Pior ainda: em geral, não sabem a quem devem se unir para realizá-lo.

E ambos os problemas não surgem apenas como resultado da escala desordenada da vida moderna, mas porque pressupomos que podemos ignorar nossa natureza fundamental como animais sociais e emocionais e escaparmos imunes.

QUEM É VOCÊ, MEU DEUS?

No mundo natural, a maioria dos animais sociais passa a vida em um grupo e descobre rapidamente quem é quem e como cada um se encaixa nesse cenário. Até mesmo as ovelhas conseguem identificar 50 feições diferentes (de outras ovelhas). Os humanos corporativos modernos, porém, mudam de emprego

294 O GORILA NO ESCRITÓRIO

com tanta freqüência e viajam tanto, mesmo quando não mudam de emprego, que muitas vezes não sabem o nome da pessoa que habita o cubículo ao lado do seu ou que está sentada à sua frente na sala de conferências. Às vezes, erram até o nome de seus filhos ou enteados em suas passagens rápidas pela sua casa.

A sensação de ser apenas uma pequena peça intercambiável em uma grande engrenagem tornou-se fato corriqueiro na vida dos operários, pelo menos desde que Frederick Taylor implantou, no início do século XX, seus métodos de "tempo e eficiência" às linhas de montagem. A sensação desorientada de anonimato, porém, afeta hoje até mesmo os altos executivos, que podem ter divisões inteiras de várias localidades do mundo reportando-se a ele. Uma descrição honesta dos cargos gerenciais nos dias de hoje poderia ser algo assim: *O candidato saltará de pára-quedas do topo de prédios altos e, à medida que passa rapidamente por cada andar, deve analisar o que está acontecendo e implantar métodos com ótimo custo/benefício para conseguir maiores níveis de eficiência antes de chegar ao chão. Deverá, então, dobrar novamente o pára-quedas, seguir para o próximo prédio alto e repetir a operação.*

Quando Michael Capellas tornou-se CEO da WorldCom, a empresa falida de telecomunicações (desde então, rebatizada de MCI e programada para se tornar parte da Verizon), reuniu-se com seus 100 altos executivos e perguntou se alguém saberia identificar todos na sala. Ninguém levantou a mão, nem mesmo quando ele perguntou se alguém sabia o nome de metade dos presentes. Capellas poderia muito bem ter dito: "Pessoal... até mesmo as ovelhas conseguem!" Em vez disso, decidiu concentrar a alta gerência em sua sede na Virgínia, pois assim os executivos iriam se esbarrar com mais freqüência e, conseqüentemente, sentir mais responsabilidade uns com os outros e a necessidade visceral de não decepcionar seus colegas de trabalho, realidade até então inexistente na antiga WorldCom.

Capellas estava no caminho certo. Nenhuma organização humana consegue ser eficiente, ou mesmo sobreviver no longo prazo, se não reconhecer que seus funcionários são animais sociais. Isso não significa necessariamente que se deva colocá-los no mesmo local. Todas as organizações, porém, têm de encontrar alternativas, em meio às mudanças e ao corre-corre da vida moderna, de fazer com que seus funcionários percebam o poder da afinidade. Os humanos evoluíram para passar a maior parte da vida na mesma família, no mesmo clã, na mesma tribo, no mesmo cenário, entre rostos familiares unidos por um histórico de experiências compartilhadas e geralmente por laços de sangue. Era comum saber quem trabalhava a seu lado e confiar nessa pessoa, e essa ligação era, vez ou outra, uma questão de vida ou morte. Tudo em nossa personalidade primordial continua funcionando melhor nesses grupos pequenos e intimamente unidos.

No mundo moderno, em geral, o emprego é o principal local onde suprimos essa necessidade social, já que as outras formas mais tradicionais de comunidade desapareceram. Quando estamos acordados, passamos mais tempo no trabalho do que em casa. Romances, amizades e quase 40% dos casamentos começam no trabalho. Ainda assim, nossos relacionamentos com a comunidade profissional são muitas vezes passageiros. As empresas dizem ser "uma grande família feliz", mas todos sabem que não são um bom substituto da família verdadeira. No passado, uma empresa tinha como manter a promessa do emprego vitalício e dos benefícios para toda a vida, razão pela qual conseguiam fazer com que seus funcionários tivessem sentimentos genuínos e quase familiares de lealdade.

Os relacionamentos, porém, perderam muito com a economia globalizada e, hoje, a primeira pergunta que tanto as empresas quanto os clientes têm em mente é: "Será que consigo isso mais barato em outro lugar?" Na maioria das grandes famílias felizes, os pais não fazem afirmações como: "Filho, se você não comer sua salada, podemos repassar essa tarefa para alguma criança faminta na China."

O QUE É GRANDE É DIFÍCIL; NÃO IMPOSSÍVEL

Conhecer os colegas de trabalho ou ter algum relacionamento com eles, isso sem falar de ter discernimento quanto à obrigação mútua, pode parecer impraticável quando se trata de empresas espalhadas por inúmeros países e que empregam multidões de pessoas que talvez nunca venham a se conhecer. Um indivíduo que evoluiu para viver na presença de um grupo com cerca de 150 pessoas pode facilmente ficar perdido em uma corporação cujo tamanho pode ser 10 mil vezes maior do que esse. Daí a ansiedade que sentimos diante de tantos eventos que estão além de nosso controle.

Nossa salvação, mesmo nas mais distantes organizações, está dentro do grupo. No caso de grandes multidões, somos pouco mais do que números. No entanto, em pequenos grupos, mesmo no interior de corporações imensas, tornamo-nos humanos. "Podemos fazer com que as pessoas sintam-se bem quanto à marca da empresa", afirma o professor Nigel Nicholson, da

London Business School, "mas elas se identificam, antes de mais nada, com o pequeno grupo ao qual pertencem. As pessoas só se sacrificam pela empresa como um todo por meio de grupos desse tipo."

Na Segunda Guerra Mundial, a Easy Company, 506º Regimento, 101ª Divisão Aérea, deu início às suas atividades como mais um grupo aleatório de jovens. O laço que esses homens formaram, porém, durante os quase dois anos de preparação, muitos dos quais sob a liderança modesta, competente e sacrificante de seu oficial, Richard Winters, fez com que a companhia continuasse a lutar, apesar da elevada taxa de acidentes, que girava em torno de 150%. Os indivíduos se tornaram parte do grupo. Deixar um ou outro para trás passou a ser algo impensável. A força desse laço foi o que tornou o livro e a série de televisão *Band of Brothers* um sucesso tão estrondoso – e, não por acaso – que ajudou a derrotar Hitler. "Você foi um herói?", perguntou posteriormente um neto a um veterano da Easy Company, que respondeu: "Não, mas servi em uma companhia de heróis."

Mesmo na entediante realidade do dia-a-dia profissional, o laço social entre colegas de trabalho é o que faz com que um grupo prospere. Nos melhores grupos, é o laço social que possibilita que as pessoas façam mais ou se tornem melhores do que algum dia já imaginaram fazer ou ser. O laço forma-se espontaneamente, e não necessariamente de cima para baixo, mas lado a lado, por meio de bate-papos eventuais e momentos de convivência espontâneos. Gerentes inteligentes reconhecem que as interações sociais entre seus subordinados podem ser o principal instrumento para o sucesso deles. Gerentes fracos geralmente desprezam essas interações e chegam até mesmo a tentar evitá-las.

Na empresa regional de telefonia NYNEX, por exemplo, o sistema de entrega de linhas de transmissão T1 de alta velocidade no início da década de 1990 estava deteriorado. Sem consultar as pessoas envolvidas, a gerência havia instalado um sistema computadorizado para automatizar o trabalho e torná-lo mais racionalizado e eficiente. O processo, porém, estava levando 31 dias entre o pedido e a instalação da linha. A empresa (hoje, parte da Verizon) estava deixando importantes clientes insatisfeitos e perdendo participação de mercado.

A gerência achou que a solução seria um novo sistema de computadores. Mas quando uma antropóloga corporativa chamada Patricia Sachs analisou o problema, descobriu um caso típico de uma empresa concentrada nas questões de tempo e custo que deixava totalmente de lado o modo como as pessoas realmente realizam seu trabalho. O "sistema de checagem de problemas" da empresa era, em essência, uma versão de última geração de um taylorismo antiquado. Quebrava o trabalho em partes lógicas, digitalizava-os e tratava os funcionários individuais como pouco mais do que mecanismos de entrada/saída de dados.

Os funcionários explicaram a Sachs que, anteriormente, quando um problema surgia, pegavam o telefone e diziam: "Oi, João... então... estou com um problema, será que você pode me ajudar?" E os dois conversavam por alguns instantes e encontravam uma solução. A gerência via isso com desconfiança, como se os funcionários estivessem tentando tirar proveito da situação. O sistema de alta tecnologia foi projetado especificamente para eliminar essas conversas. Hoje, quando um funcionário tem um problema, emite um "ticket", ou seja, uma solicitação respondida anônima e eletronicamente por outro funcionário algumas horas depois. As conversas foram eliminadas. Mas a "linha histórica do problema" também foi perdida, segundo Sachs, "o mesmo acontecendo com a comunidade de trabalho", já que ninguém mais sabe quem está trabalhando na solução do problema. Com isso, deixaram de se importar com os novos funcionários que precisam de ajuda, pois isso não lhes traz mais nenhum benefício.

Como resultado do processo automatizado, o trabalho passou a levar mais tempo, e não menos. A solução era reconstruir a antiga rede social informal para a solução de problemas. Entre outros fatores, isso significava colocar o pessoal de vendas e os engenheiros no mesmo escritório, uma ação que, a princípio, não foi bem aceita, dado que sindicalistas iriam trabalhar lado a lado com a gerência. A fim de atender às noções convencionais de hierarquia, os dois grupos acabaram sendo colocados em salas adjacentes. Mas pelo menos passaram a trabalhar próximos, o que lhes permitia conversar.

Isso facilitou a coordenação dos elementos de uma tarefa e ajudou todos a se unirem em equipe. A solução também incluiu a contratação de um "coordenador de território", profissional que garante que as pessoas em campo, na ocorrência de problemas, trabalhem em parceria com os colegas apropriados. Funcionários insatisfeitos recuperaram o espírito de propósito e identidade de grupo. E os clientes passaram a receber suas linhas T1 três dias após a solicitação.

ATIRAR A MAMÃE NA FRENTE DO BONDE?

Faz realmente alguma diferença conhecer as pessoas com quem você trabalha? Vale a pena preocupar-se com isso, por exemplo, quando a natureza do trabalho dita que o relacionamento será breve (quando você passa rapidamente, usando seu pára-quedas)? Formamos um laço social mesmo quando os motivos que unem as pessoas são meramente convenientes?

Talvez seja melhor abordar isso de um modo que seja facilmente compreendido por qualquer gerente. No Centro de Estudos do Cérebro, Mente e Comportamento da Universidade de Princeton neurocientistas gostam de apresentar aos indivíduos testados o que eles chamam de "o dilema do bonde". Em uma versão, há um bonde em alta velocidade que, se seguir adiante, matará cinco pessoas. Mas se você acionar um botão, o bonde mudará de direção e matará apenas uma pessoa. Você acionaria esse botão? A maioria dos indivíduos responde automaticamente que sim.

Vamos, porém, imaginar que, dessa vez, você esteja em uma ponte de pedestres. Não há botões nos trilhos, apenas cinco pessoas adiante destinadas à morte, exceto se você conseguir fazer com que o bonde em alta velocidade pare. A seu lado, há uma pessoa enorme que, se for jogada na frente do bonde, poderia, devido à sua corpulência, pará-lo e salvar cinco vidas inocentes. É claro que essa pessoa não tem nenhuma intenção de agir da forma adequada, lançar-se na direção do bonde e morrer heroicamente. Seria certo, então, empurrá-la? Quase todos os indivíduos responderam que não.

De maneira geral, filósofos consideram que fazemos julgamentos morais desse tipo com base em análises intelectuais. Mas a razão mostra que a conseqüência em ambos os casos é a mesma: sacrificar uma vida para salvar cinco. Qual é a diferença, então?

Os neurocientistas de Princeton usaram tomadas de imagens por ressonância magnética para estudar a atividade cerebral conforme os indivíduos respondiam às duas situações alternativas. Quando as vítimas estavam paradas em algum lugar dos trilhos, como na primeira situação, as áreas do cérebro associadas à inteligência social e emocional mantiveram-se inativas e, ao que tudo indica, o problema era visto de modo racional. Mas nossas emoções mudam quando há uma ligação pessoal. As mesmas áreas do cérebro (o giro cingulado posterior, o sulco temporal superior e o giro frontal medial) mostraram-se muito mais ativas na situação da ponte. Segundo especulações do cientista-chefe Josh Greene, nossa longa evolução em pequenos grupos pode ter nos preparado biologicamente "não para nos interessarmos por informações estatísticas, mas pelas pessoas com as quais mantemos interações pessoais".

Qual seria a importância disso? O dilema do bonde traz uma nova luz à questão do tempo de contato pessoal, pois sugere como nossas relações emocionais afetam todos os aspectos de nossa vida profissional. Se um minerador ficar preso em um poço, diz Greene, a empresa "poderá gastar milhões para conseguir resgatá-lo". Mas a mesma empresa pode ter deixado de gastar centavos com simples precauções de segurança que, a princípio, poderiam ter evitado o acidente. A moral é que, independentemente do que você queira que seja feito, é preciso mostrar sua cara, ou seja, expor-se.

Mais do que isso: você deve se fazer presente em todo o escritório. Deve bater papo (mas não perder tempo). Deve construir uma rede (mas não com um intuito descarado). Deve ser cauteloso em não se tornar muito complacente quando se trata de trabalhar em sua casa. O exemplo da NYNEX sugere que, para que um trabalho seja feito, a melhor alternativa é por meio de relacionamentos pessoais. E, eventualmente, quando ocorrem cortes no orçamento, a demissão de 300 funcionários ou a transferência de alguns empregos da área de engenharia para outro país, você não será apenas mais um número no processo. Você será um rosto que os responsáveis pela tomada de decisões terão de atirar no bonde com suas próprias mãos sangrentas.

Estamos, mais uma vez, tentando falar sobre comportamentos cooperativos.

LUA-DE-MEL VIRTUAL

Além de se reunirem para trabalhar mais próximos, o que gera tempo de contato pessoal, acredita-se que os grupos alcançam melhores resultados quando conseguem se manter pequenos. O consultor e psicólogo Richard Hackman, que se especializou no estudo de equipes, com o tempo passou a adotar "uma regra prática utilizada implacavelmente quando se trata de grupos de projetos de estudantes em cursos da Harvard: uma equipe não deve ter mais de seis membros". Acrescentar um ou dois membros pode parecer insignificante, mas cada pessoa extra aumenta significativamente o número dos relacionamentos individuais e, assim, as exigências quanto à atenção emocional ou intelectual. "Até mesmo uma equipe de seis pessoas tem 15 pares entre os membros", diz Hackman, "mas uma equipe de sete pessoas tem 21 pares, e a diferença em como cada um desses grupos opera e o resultado disso são bem visíveis."

Quando um grupo alcança 20 pessoas, o antropólogo Robin Dunbar, da Universidade de Liverpool, destaca: "Tenho de acompanhar 19 relacionamentos entre mim mesmo e alguns companheiros do grupo, e 171 relacionamentos de terceiros envolvendo os outros 19 membros do grupo." A mente fica confusa. Dunbar usa considerações anatômicas para chegar ao mesmo tamanho ideal de equipe que Hackman. Aponta que a capacidade de entender a fala diminui e se mantém a uma taxa fixa à medida que a distância entre o falante e o ouvinte aumenta. Isso sugere que, "sob condições mínimas de barulho, há um limite absoluto de cerca de 1,5 metro a partir do qual o ouvinte simplesmente não consegue ouvir o que a outra pessoa está falando (...) Mesmo considerando uma distância mínima de 15 centímetros, um círculo com um diâmetro de 1,5 metro determinaria um limite máximo de cerca de sete pessoas conseguindo ouvir o que o falante diz". (Para o executivo que acha que as mesas em formato redondo na sala de conferência servem apenas para que todos possam ver quem será trucidado, também seria uma questão de se conseguir ouvir o som da carne sendo rasgada?) Outros estudos também afirmam, em geral, que, para que um grupo seja eficiente, deve conter no máximo seis ou oito pessoas, incluindo os diretores do conselho.

Por que então as equipes no trabalho são geralmente muito maiores? Não para torná-las mais eficientes, segundo Hackman, mas para distribuir a responsabilidade e a obrigação de prestar contas (ou seja, para apontar o culpado) ou para, com base no politicamente correto, todos os membros estarem representados. É o instinto de manada. Ele adverte que, na maioria das vezes, tais equipes acabam se mostrando "incapazes de gerar um resultado que atenda até mesmo aos padrões mínimos de aceitabilidade, isso sem falar de sinais de originalidade". O espírito gerencial, no entanto, é quase sempre discreto, e os grandes grupos são abundantes. A pergunta "Quem é você, meu Deus?" surge o tempo todo. E a idéia fictícia e educada da familiaridade passa geralmente despercebida.

No mundo animal, os primeiros encontros entre indivíduos que não se conhecem são geralmente tensos. Os níveis de cortisol, o hormônio do estresse, disparam, segundo a linha de pensamento convencional, e os estranhos partem para a briga até que uma hierarquia social seja formada. Alguns biólogos, porém, consideram que é preciso fazer uma interpretação alternativa: de que os símios e os macacos, quando se conhecem, fazem concessões para minimizar os conflitos. Evitam gestos fortes e vocalizações altas. Tendem a ritualizar os atos de agressão.

"Ao que tudo indica, brigas sérias são, na verdade, incomuns nos encontros iniciais, e comportamentos agressivos são raramente respondidos na mesma moeda", afirma Sally P. Mendoza, primatóloga da Universidade da

Califórnia, em Davis. Ao estudar os macacos-de-cheiro, uma espécie altamente sociável da América do Sul, Mendoza descobriu que as fêmeas que acabaram de se conhecer, às vezes, apresentam níveis *reduzidos* de cortisol, situação que pode perdurar "durante vários meses depois que novos grupos são formados". Ela alega que espécies diferentes têm regras, convenções e talvez até mesmo adaptações biológicas distintas voltadas a estimular a formação de grupos sociais e diminuir a tensão à medida que os papéis sociais são distribuídos.

A "fase da lua-de-mel", durante a qual os participantes em grupos humanos sentam-se relaxados, conversam calmamente e se respeitam, pode ser um comportamento primata básico. Gerentes inteligentes têm de encontrar meios de facilitar o processo natural de familiarização para que as reuniões não se tornem eternamente superficiais como um primeiro encontro. Quanto mais rápido o grupo atinge um nível de confiança e conforto, mais cedo é capaz de solucionar problemas concretos.

A fim de ajudar as pessoas a encontrarem seu lugar no ambiente profissional, em que há uma seleção de rostos que mudam constantemente, crachás reutilizáveis deveriam ser um recurso-padrão em todas as salas de reunião, mesmo que digam apenas "Tom – Processamento de Dados". Podem até parecer inúteis, mas dispositivos de apresentação também ajudam, como pedir que cada pessoa na sala descreva, em uma frase, uma conquista pessoal ou profissional.

Tais técnicas podem trazer bons resultados mesmo quando se trata de grupos que se encontram apenas no âmbito virtual. Ann Majchrzak, professora de negócios da Universidade do Sul da Califórnia, fez uma pesquisa sobre esses grupos. Ela relata que membros de uma equipe latino-americana da Unilever, distribuída em cinco países, apresentavam-se em sessões de teleconferência com uma rápida referência à sua dimensão de personalidade Myers-Briggs: "Meu nome é Stefan e, como todos sabem, tenho a tendência de pensar em voz alta."

O grupo formou laços e, a fim de realizar suas tarefas, até desenvolveu uma linguagem própria, o "portunhol", uma mistura de português e espanhol.

Na Shell Chemicals, segundo Majchrzak, um grupo da área financeira implantou uma "sala de equipe" de Intranet, com fotos posicionadas no formato de um relógio. Os membros, trabalhando cada qual de sua mesa, mantinham a sala aberta na tela do computador, e quando alguém falava, apresentava-se

302 O GORILA NO ESCRITÓRIO

como "Kate, das 10 horas", ou "Ibrahim, das 3". A sala também dava aos participantes acesso a documentos de trabalho e pautas de reuniões anteriores. Podiam acrescentar observações biográficas, incluindo conquistas, áreas de especialização e interesses, o que lhes permitia expandir seus perfis. (Mas é bom ter cuidado. Não se deve cruzar a linha e adentrar a terra do excesso de informações, como quando John Rolfe, ex-associado de um banco de investimentos no Donaldson, Lufkin & Jenrette, confessou: "Sonhei que uma de minhas diretoras-gerentes, trajando uma roupa preta de couro ao estilo sadomasoquista, flagelava-me usando um chicote feito de chocolate.")

Pode parecer retrógrado no universo virtual e também levando-se em conta os 24 fusos horários existentes, mas o contato telefônico continua a ser essencial quando se trata de unir um grupo. Tons vocais transmitem nuances e emoções que não são acessíveis por nenhum outro meio. As pessoas ao telefone ouvem as palavras que são realmente ditas, é lógico, mas prestam mais atenção às lacunas entre elas. São ágeis quando se trata de perceber um tom de entusiasmo genuíno ou quando, descuidadamente, a outra pessoa tenta fingir emoções.

Reuniões sociais presenciais – o café-da-manhã, um chope após o expediente – continuam a ser uma das melhores alternativas de se criar um espírito de cooperação entre as pessoas para projetos futuros. Isso, porém, é muitas vezes inviável no mundo moderno. O estudo de Majchrzak descreveu uma equipe de trabalho em uma empresa de processamento químico composta por 40 especialistas do mundo todo. Quando o grupo alcançou sua meta, com economias para a empresa de mais de $2 milhões anuais (e sem ter nem uma vez sequer se encontrado pessoalmente), o líder da equipe realizou uma comemoração, enviando um bolo para cada local. A festa foi virtual. Mas pelo menos o bolo era real.

O GRUPO

Tenham ou não a intenção, as pessoas no ambiente profissional formam grupos naturalmente. Unimo-nos por departamentos ou especialidade profissional, pela raça ou pelo sexo, ou por algum interesse externo tal como jogar frisbee ou cantar em corais. Formamos "panelas" com as pessoas que pensam como nós, ocupam posições similares ou têm salários semelhantes. Distanciar-se de estranhos e unir-se a pessoas parecidas conosco, mesmo que superficialmente, é uma ferramenta "rápida e suja" para recriar a forte rede social do clã tribal ou do bando de chimpanzés. É um meio de prepararmos o terreno para que a confiança, a cooperação e a reciprocidade evoluam.

Uma das convenções utilizadas rotineiramente pelas pessoas para ajudar a unir um grupo é minimizar ou eliminar o que as afastam. É uma forma de transmitir o sentimento de que estamos juntos, de que estamos todos no mesmo barco. O código da camisa branca na IBM, por exemplo, começou como uma alternativa de fazer com que os clientes conservadores de camisa branca se sentissem mais à vontade. Desapareceu quando clientes que trajavam roupas mais casuais começaram a considerá-lo fora de moda e ultrapassado.

Da mesma forma, na Coca-Cola, os funcionários obedeciam a um antigo lema da empresa que dizia que eles deveriam se diferenciar dos outros: "Se o dono da empresa de engarrafamento de bebidas tem um Cadillac, você tem um Buick. Se ele tem um Buick, você tem um Ford. Se ele tem um Ford, você anda a pé." O executivo Steve Heyer não se deu bem na Coca-Cola em parte porque, ao que tudo indica, ia contra essa cultura de subestimação. Quando ingressou na empresa, não apenas se mudou para um bairro de classe alta, como também comprou uma casa na mesma rua onde o deus da Coca-Cola, Robert Woodruff, havia morado. E tinha uma Mercedes.

Vestir-se ou usar uma linguagem semelhante cria um espírito de grupo coeso. Vez ou outra, esse espírito se faz presente em um único momento ritualístico, como quando todos os membros de uma equipe esportiva raspam a cabeça e não se desgrudam, como bolas em uma mesa de bilhar. Freqüentemente, o código evolui e toma conta do grupo, do mesmo modo que marido e esposa vão ficando parecidos, ou até o cachorro deles, sem que ninguém tenha essa intenção.

Na Enron, por exemplo, a sala onde ficava a mesa de negociação era o habitat de um grupo de elite. Os *traders* eram "mal-humorados, não podiam ser interrompidos e eram intimamente ligados", segundo Brian Cruver, que trabalhou com esse grupo pouco antes de a empresa falir. "A primeira coisa que percebi foi que os *traders* da Enron pareciam todos iguais. Eram poucos os que não tinham cavanhaque; e a maioria tinha uma aparência engomada, ainda que informal; e se não vestissem, todos os dias, alguma nova versão de uma camisa azul, era como se não fizessem parte da equipe."

Ao se ver rodeado, em seu primeiro dia de trabalho, por uma dezena de *traders*, todos usando camisas azuis, Cruver não se deu conta da cul-

304   O GORILA NO ESCRITÓRIO

tura à qual os membros do grupo estavam ligados. Ainda cometeu a gafe de perguntar em voz alta: "Quando foram distribuídas?", referindo-se às camisas azuis.

Ninguém riu.

Os grupos geralmente desenvolvem o próprio dialeto ou linguagem (por exemplo, o portunhol). É uma ferramenta prática recheada de termos técnicos relevantes para o problema em questão. Mas também serve para identificar os membros e criar um círculo no qual intrusos não têm permissão de entrar. Por exemplo, quando a programadora de computadores Ellen Ullman diz a um homem com quem está fazendo amor que ele faz com que ela se sinta "como uma sub-rotina de saída de usuário", está, entre outras coisas, proferindo uma declaração profunda sobre sua identidade profissional. Aqueles que não entendem nada de tecnologia podem não ter a mínima idéia do que ela está falando, exceto no caso de um bonitão convencido que acha que se trata de um algoritmo para sexo de péssima qualidade.

Os *traders* da Enron também tinham seu dialeto próprio. Um *"buck"* era o termo que usavam para se referir a $1 milhão e *"puke"* significava vender uma posição com prejuízo. As obscenidades eram a marca dos membros do clube. Quando um associado jovem e tímido falou, em tom de reclamação, ao vice-presidente da Enron, Sherron Watkins, que "nunca antes ouvira o termo *buttfuck**** em uma reunião de negócios, Watkins sugeriu, friamente, que ele fizesse uma visita à mesa de negociação, querendo dizer 'Eu me sinto em casa aqui – e você?'".

"Tudo era piada lá dentro", escreve Cruver em seu livro de memórias sobre a Enron, *Anatomy of Greed* [A anatomia avareza]. "As piadas eram inventadas, mudavam e sobreviviam por anos a fio." Cruver acabou descobrindo que as pessoas tornam-se parte de uma cultura não por concordarem com ela, mas por se adaptarem a ela: "Mesmo quando você não entendia a piada, acabava rindo, porque era o único meio de ser 'convidado' a fazer parte de tudo aquilo."

O fato de quase todas as pessoas se mostrarem dispostas a se adaptar ao grupo e seguir em frente foi, por fim, o que levou a empresa ao fracasso. Isso pode ser um último lembrete de como a urgência de se render à identidade de um grupo pode ser poderosa e, às vezes, perigosa.

---

*Termo chulo para sexo anal. (*N. da T.*)

A TRILHA FAMILIAR

Antigamente, o modo tradicional de se criar um espírito de afinidade em um grupo era por meio do parentesco. O nepotismo vem naturalmente dos primatas. Assim como os Murdoch, Agnelli e Toyoda no mundo humano, macacos e símios fazem discriminações em favor de um parente próximo. Em muitas espécies, mães e avós de posições hierárquicas elevadas protegem os mais jovens quando membros nascidos de famílias que ocupam posições mais baixas os ameaçam. Também interferem nos momentos de diversão a fim de assegurar que o jovem Lachlan Macaque e a pequena Akia Vervet brinquem como querem. Por mais estranho que pareça, até as fêmeas de segundo grau dão apoio adicional aos jovens quando se trata de quem ocupará o poder. Parece que essas tiazonas têm algum interesse enrustido em preservar a estabilidade da ordem tradicional.

A nova geração cresce segura em um habitat em que os subordinados da família vão sendo derrotados e o *status* da dominância é passado de geração em geração. Conseqüentemente, macacos, babuínos, macacos-verde e outras espécies contam com dinastias familiares que, nas palavras de um biólogo, "funcionam como unidades corporativas". Essas dinastias parecem se basear inteiramente no poder familiar, não no mérito — nem mesmo nos méritos do mundo símio, ou seja, presas maiores ou uma personalidade cruel.

O nepotismo (que deriva do vocábulo em latim para "neto" ou "sobrinho") evoluiu como um comportamento natural, em parte, porque pode representar um atalho para a confiança e a cooperação em qualquer grupo. Tendemos a nos sentir mais confortáveis quando nos rodeamos de pessoas como nós, e ninguém é mais semelhante a nós mesmos do que nossos parentes próximos. Daí vem a afinidade quase instantânea que geralmente floresce quando primos jovens se reúnem.

Como destaca a teoria da seleção de parentesco, também temos uma participação biológica no sucesso de nossos parentes próximos. Compartilhamos metade de nossos genomas com nossos irmãos e filhos; um quarto com nossos sobrinhos e um oitavo com nossos primos. Ajudá-los é um modo de ajudar a nós mesmos, tanto no longo termo evolucionário (já que eles têm o mesmo incentivo de reciprocidade) quanto nos resultados trimestrais atuais.

Em uma empresa de ferramentas para máquinas do Meio-Oeste americano, por exemplo, a segunda esposa do fundador faz parte do conselho de diretores, dois filhos do primeiro casamento do fundador são vice-presidentes de pesquisa e produção, um sobrinho é presidente da empresa e um genro é responsável pela divisão de engrenagens. Esse nepotismo não se limita à gerência. Quando se trata de novas contratações, há uma política explícita na empresa que dá preferência a membros da família dos funcionários. E muitas das mulheres que lá trabalham, talvez até mesmo todas, são esposas ou ex-esposas de funcionários. "As pequenas empresas funcionam assim", afirma um membro da família.

Especialistas discordam sobre a família ser uma base sólida para a constituição de uma empresa. A inclusão de familiares pode gerar confiança e cooperação. Mas também pode desmoralizar quem não é da família quando a pessoa é excluída injustamente. A probabilidade de haver ressentimentos é ainda maior quando uma família usa a questão da participação acionária ou outros dispositivos para exercer controle e conseguir benefícios além dos que teria direito com base em sua participação, como quando Rupert Murdoch, que detém apenas 30% da News Corporation, coloca seu filho Lachlan, hoje com 33 anos, como o responsável pelo *Nova York Post,* e James, 31 anos, como o responsável pela British Sky Broadcasting.

Um estudo recente publicado no *Journal of Finance* descobriu que as empresas públicas controladas por membros da mesma família, por sua vez, têm um desempenho de mercado significativamente melhor do que as que não são controladas por familiares. Supõe-se que a maior confiança, a cooperação e o investimento pessoal em uma empresa familiar gerem melhor desempenho. No entanto, um trabalho mais recente realizado na Harvard Business School apura a análise anterior, separando empresas familiares em que o fundador continua a ser o CEO de empresas em que esse cargo é ocupado por um descendente. Empresas dirigidas pelo fundador apresentam um desempenho melhor do que as empresas não-familiares quanto à geração de valor de mercado. Mas a análise de Harvard mostra que os descendentes "destroem o valor", especialmente quando se trata de descendentes de segunda geração.

Além dos resultados financeiros, há algum argumento específico para se ter gerações sucessivas da família fundadora no poder? Quando o fundador decide passar a empresa a seus filhos, supõe-se implicitamente que eles também tenham herdado sua perspicácia financeira. Talvez, mas não provavelmente devido à genética.

Mesmo nos animais, o caso do nepotismo parece se basear mais na criação do que na natureza. Cães, por exemplo, herdam os equipamentos neurais e olfativos e podem se tornar especialistas nas tarefas olfativas. Criadores de cães usam rotineiramente a genética, por meio de crias seletivas, para enfatizar esse traço em algumas raças, entre as quais, o pastor alemão. Não é surpresa, então, o fato de que, quando filhotes de pastor alemão são criados por mães treinadas para detectar narcóticos, 85% deles também demonstrem aptidão para o trabalho de detecção de drogas.

O elemento surpreendente é que, quando os mesmos filhotes são criados por mães sem esse treinamento, somente 19% apresentam tal aptidão. Ou seja, embora os cães tenham uma predisposição genética para o negócio da família, aprendem o conhecimento familiar apenas estando próximo da mãe e mantendo os olhos abertos (ou as narinas). William S. Helton, psicólogo da Wilmington College, em Ohio, sugere que essa prova sobre a importância da criação "deve fornecer algum insight quanto ao fenômeno da especialização que ocorre nas famílias humanas, como as habilidades musicais dos Bach ou as matemáticas dos Bernoullis".

A comparação canina não é tão irrealista como poderiam pensar os grandes amantes de Bach. Assim como as crias de cães, a união humana entre famílias fundadoras de grandes dinastias sempre foi um esforço consciente de criação seletiva. Pais manipulam a próxima geração para se casar com parceiros que tenham traços ou famílias que eles desejam. Nas primeiras décadas de operação da firma de investimentos Goldman Sachs, por exemplo, casamentos entre os membros das famílias fundadoras Goldman e Sachs eram comuns. Com esse mesmo espírito colaborativo, o atual CEO da Ford Motor é bisneto não apenas de Henry Ford, fundador da empresa automobilística, mas também de Harvey Firestone, fundador da empresa de pneus.

Como na criação de cães, algumas famílias fundadoras já tentaram até concentrar sua preciosa essência por meio das gerações com casamentos entre primos de primeiro e segundo graus. Os Rothschilds e os du Ponts são exemplos notáveis, ambos com históricos extraordinários de sucesso financeiro a longo prazo. Casamentos entre primos e a íntima interligação de interesses empresariais e familiares continuam sendo comuns da África do Norte à Ásia Central.

Talvez não importe muito o que os especialistas pensam a esse respeito. O nepotismo é algo que as pessoas fazem quase automaticamente. Integra nossa natureza. Um estudo recente descobriu que membros de famílias fundadoras continuam a participar de um terço das empresas do S&P 500.* Outro estudo realizado em quase 3 mil corporações no leste da Ásia averiguou que dois terços são controladas por famílias ou indivíduos. E pode ser difícil argumentar considerando o histórico de estabilidade e longevidade alcançado por algumas empresas familiares. O mais antigo hotel do mundo, por exemplo, o Hoshi Ryokan, em Awazu, no Japão, continua a ser comandado pela família que o fundou em 717, quase 1.300 anos atrás!

O QUE ESTOU FAZENDO AQUI?

A sensação pujante de ambientação é mais visceral quando os grupos são pequenos e intimamente ligados. Mas também é possível atingir um espírito de identidade coletiva no nível profissional. A natureza social e emocional do animal humano é tão significativa que a cultura de uma empresa pode ser,

---

*O S&P 500 é um índice que consiste em 500 ações escolhidas por tamanho de mercado, liquidez e representação de grupo industrial. (*N. da T.*)

paradoxalmente, uma motivação para as pessoas, até mesmo no cenário de uma economia global degradada em que a cadeira do Júnior na mesa e a cadeira que substitui o Júnior vivem sendo ocupadas pelo próximo funcionário do Terceiro Mundo disposto a aceitar um salário ainda menor.

Por que, então, alguém seria fiel a tal empregador?

Apenas em prol do argumento, digamos que uma empresa decida que não tem mais como atender às necessidades básicas de sobrevivência de seus funcionários. Maslow que se dane. Hoje, quem manda são as idéias de Sam Walton,* e o único modo pelo qual a empresa é capaz de atender às demandas de preço dos consumidores no Wal-Mart é terceirizando suas atividades de fabricação para algum país paupérrimo no fim do mundo. Mesmo lá, a empresa não tem como pagar o suficiente para que seus funcionários possam se alimentar e oferecer abrigo para sua família.

Tal empresa deveria, presumivelmente, também desconsiderar as necessidades sociais de seus funcionários, correto? O relacionamento está diretamente associado ao dinheiro, sem compromisso de nenhuma das partes. Seria irracional considerar que os funcionários seriam fiéis, não seria? Eu já conheci, no entanto, funcionários do setor automobilístico que viviam em barracos de papelão em lixões da Ciudad Juarez, a 15 minutos da fronteira americana, que, mesmo assim, encontraram um espírito de identidade no ambiente profissional. Sobretudo identidade com seus colegas da linha de montagem. E também demonstravam resquícios de orgulho pela empresa.

Em vez de ignorar ou tentar reprimir esses desejos sociais, o melhor que qualquer empresa poderia fazer seria se perguntar como gratificar os funcionários. E uma maneira óbvia seria permitir que eles participassem de sua cultura. No mínimo, uma pequena apresentação às metas e aos valores da organização, algo além dos simples mecanismos do trabalho. Esses valores deveriam incluir o compromisso de atender às necessidades básicas do funcionário de alguma forma no futuro próximo, preferivelmente antes de eles morrerem de fome. Nesse meio tempo, porém, a cultura dá aos funcionários algo que faz com que eles sintam-se ambientados – não é bem uma família, mas algo mais parecido com um eco de nossas antigas culturas tribais.

E é inteiramente compreensível que até mesmo funcionários com salários baixíssimos queiram fazer parte disso. No mundo natural, um suricato,

---

*Sam Walton é o fundador da rede de supermercados Wal-Mart. Para ele, criador da maior empresa do mundo por faturamento da atualidade, a receita sempre foi muito simples: "Ser melhor do que ontem." (*N. da T.*)

um cachorro-do-mato ou um babuíno que deixa o grupo onde nasceu e tenta ingressar em outro não raro enfrenta meses de incertezas e maus-tratos, e anda à margem de todos, com a esperança de encontrar restos de comida deixados para trás. É maltratado e agredido. Mas suporta tudo isso e mantém-se no grupo. Talvez vá se tornando cada vez mais parecido com o grupo ou, então, os outros indivíduos acabam se acostumando com ele. Por fim, o grupo abre a hierarquia e o deixa entrar.

Mesmo assim, em muitas espécies, pode acontecer de o indivíduo não ter nenhum privilégio sexual e ser mantido em um estado de imaturidade reprodutiva por anos e anos. (Um pouco semelhante aos funcionários jovens que não têm condições financeiras de ter filhos.) Suportar tudo isso vale a pena porque o grupo oferece segurança contra predadores, alguns restos de comida, o consolo do contato social, a gratificação de ser parte de algo maior do que ele mesmo e a possibilidade de, algum dia, até mesmo o mais baixo dos novatos vir a desfrutar todas as regalias do poder.

Nada disso justifica maltratar funcionários em uma empresa. Mas é importante ao menos termos consciência de como as culturas empresariais assemelham-se às culturas no mundo natural. As formigas, por exemplo, conhecem o cheiro de sua colônia e reconhecem as outras formigas. Os chimpanzés vivem e morrem segundo as regras do bando. Os lobos unem-se à multidão – não a qualquer multidão, mas a seu grupo específico. Grupos de baleias e pássaros têm dialetos distintos, que aprendem enquanto crescem e que podem mudar no decorrer de sua vida. Não é muito diferente de tornar-se parte da cultura da LG, da Sanofi-Aventis ou da Toyota.

DANÇAR NO RITMO DA EMPRESA

Com animais sociais, não basta simplesmente ser membro da mesma espécie. A música adequada, o cheiro ou o dialeto correto – ou o jargão mais recente no contexto corporativo – identificam o indivíduo como parte de um grupo, e essa aceitação pode fazer uma diferença enorme quanto à sobrevivência. Entre as baleias cachalote, por exemplo, conhecer o código distinto da unidade social parece afetar sua alimentação. Entre os pássaros da espécie conhecida como maria-preta, os machos jovens cantam, primeiramente, de forma aleatória, mas quando produzem o dialeto local, as fêmeas respondem com "demonstrações de solicitação de copulação", um reforço positivo que

310   O GORILA NO ESCRITÓRIO

leva os machos a aprenderem o dialeto com muito mais rapidez. Entre os pardais de coroa-branca das montanhas, os machos que cantam o dialeto local conseguem ter mais relações sexuais e mais crias.

E nós? A Matsushita realmente tem uma música e seus funcionários no Japão a cantam diariamente. Infelizmente, não se sabe qual o efeito disso na vida sexual deles. Mas representa o comportamento humano padrão buscar sinais de associação cultural e, com base nisso, evitar discretamente esses sinais ou relaxar na banheira de água quente oferecida pela ligação que acabou de ser formada. ("Uma rodada de oxitocina, por favor.")

A antropóloga Jan English-Lueck, da Universidade do Estado de San Jose, passou mais de uma década estudando a etnografia no cenário selvagem do Vale do Silício. Segundo ela, quando dois desconhecidos do setor de tecnologia se encontram em um parque da cidade com seus filhos, é como "um guerreiro tuareg e seu grupo cruzando o deserto do Saara no Norte da África" e dando de cara com um estranho. Será que ele é alguém que acredita no companheirismo ou talvez até mesmo um parente distante? Ou será "que é ele quem corta as cabeças na calada da noite [?] (...) Os dois estranhos no Vale do Silício batem um papo sem muita importância, mas, na verdade, ambos estão atrás do mesmo empregador ou compartilham da mesma especialidade profissional".

O valor de fazer com que os funcionários adotem a cultura da empresa deveria ser óbvio: quando as pessoas compartilham crenças e valores comuns, têm a tendência de coordenar melhor seu trabalho, desfrutar um espírito maior de direção e gozar de uma sensação mais profunda de fidelidade e comprometimento. E, ainda assim, são inúmeras as empresas que não ajudam seus funcionários a encontrarem o espaço deles na cultura corporativa. Talvez isso seja muito óbvio. Ou talvez os empregadores considerem isso perda de tempo, pois, ao que tudo indica, não é algo que contribui diretamente para os resultados. Em geral, não entendem a própria cultura. "A cultura esconde-se muito mais do que se revela", declarou certa vez o antropólogo Edward T. Hall, "e não fosse isso estranho por si só, ela se esconde mais ainda de seus próprios participantes".

Qualquer que seja a razão, a maioria dos empregadores parece executar um péssimo trabalho quando se trata de transmitir sua cultura. Um administrador passou a maior parte de sua carreira em uma empresa de tecnologia que sabia da importância da cultura, onde todos os gerentes recebiam treinamento adequado e utilizavam os mesmos métodos e linguagens para tornar possível uma boa comunicação e o entendimento do significado do sucesso em seu cenário. Mudou então de emprego. Ingressou em uma das maiores universidades do mundo, onde a cultura de 300 anos é tão rica quanto a hera nas paredes e quanto a música que ressoa da torre do carrilhão todas as noites. O administrador, porém, descreveu o modo como foi apresentado à universidade da seguinte maneira: "Disseram-me onde ficava minha sala. E tive de encontrá-la." Ele levou anos para aprender a linguagem e começar a entender a cultura, anos gastos de uma forma muito menos produtiva do que teria sido possível.

ADMIRADORES DE PÁSSAROS CULTURAIS

Pergunte pelos corredores de qualquer organização e pode apostar que a maioria dos funcionários não tem idéia do objetivo primordial de sua empresa ou por que é bom para eles fazer parte dela. "Sou só a recepcionista", responderão, dando de ombros, ou "Só trabalho aqui". Melhor ainda, dê uma volta e pergunte aos funcionários de sua própria empresa. Faça isso agora mesmo. Lançarão um olhar como se perguntando se você está ficando louco. Mas também podem acabar admitindo que nunca se sentiram realmente adaptados a seu local de trabalho, pois nunca ninguém se importou em lhes explicar a razão para que eles se sentissem assim.

Esses são detalhes supostamente abordados nas declarações sobre a missão das empresas. O autor Richard Saul Wurman realizou, certa vez, uma pesquisa informal em 36 empresas, telefonando e pedindo à pessoa que atendia para identificar a missão da empresa. Somente cinco conseguiram responder e pouco mais da metade foi capaz de apresentar alguém que poderia dar a Wurman tal explicação. Entre as resposta estavam: "A declaração da missão de nossa empresa é extensa, mas não é para ser publicada externamente", "Achei que estava aqui, em alguma pasta de meu computador, mas não estou conseguindo encontrar" ou "O que é uma declaração de missão?".

A Internet faz com que seja mais fácil descobrir o que uma empresa pensa. Porém, na maioria dos sites, a declaração da missão não é colocada em evidência ou são necessários vários cliques até que se consiga encontrá-la. Quando encontrada, é, na maioria das vezes, insípida a ponto de não fazer sentido: "Com grande respeito aos valores humanos", coloca uma declaração corajosa, "assumimos o compromisso de atender nossos clientes com inte-

312   O GORILA NO ESCRITÓRIO

gridade por meio de soluções valiosas e inovadoras, *aplicando idéias* dia após dia" (o itálico é deles).

Parece que a empresa em questão, a Wipro, fornecedora líder de serviços terceirizados de tecnologia da informação na Índia, acha que aplicar idéias faz com que ela seja diferente do resto do mundo corporativo. Talvez seja. Ainda assim, seria interessante saber os tipos de questões às quais as idéias estão sendo aplicadas. (E "dia após dia"? Será inteligente chamar a atenção, em sua grande visão, para o caráter repetitivo e entorpecedor da vida profissional?)

De qualquer modo, as declarações de missão, quando redigidas, são menos persuasivas do que a experiência que as pessoas vivenciam em coletividade. Na Enron, a declaração da missão dizia publicamente que a empresa comprometia-se com "o respeito, a integridade, a comunicação e a excelência", e seus executivos realmente distribuíam camisetas com a sigla contendo a letra inicial de cada uma dessas palavras. Mas, pela conduta que apresentaram, alguns executivos mostraram prontamente a seus funcionários que a missão verdadeira deles era roubar vovós sem nenhum peso na consciência.

Algumas empresas podem parecer grandes demais para que seus funcionários tenham algum tipo de ligação emocional com a cultura corporativa maior. O Wal-Mart tem de comunicar, de algum modo, seu objetivo maior a seus 1,4 milhão de funcionários no mundo todo. E, como a metade deles não demora muito para deixar o emprego (o objetivo maior da empresa talvez não traga um nível de melhoria suficiente), a rede tem, no ano seguinte, de comunicar novamente sua missão a seus 600 mil novos funcionários. Em uma escala dessas, a cultura da empresa pode facilmente sair do controle. Os funcionários que realmente acreditam no Wal-Mart podem até achar que lá se praticam os menores preços do mundo. Podem até viver e respirar a crença dos custos mais baixos ao consumidor. Mas, como reconheceu recentemente um ex-CEO, a percepção que o público tem do Wal-Mart mudou: a rede deixou de ser a pobrezinha que cativava todos e passou a ser a manda-chuva dominadora.

Ciclos econômicos e os padrões de expansão de uma empresa também podem prejudicar sua cultura. A JetBlue Airways ainda se sente jovem e moderna. Mas, na American Airlines, que já concentrou uma elite orgulhosa, os passageiros tornaram-se, claramente, um aborrecimento. Uma comissária de vôo insatisfeita contou recentemente ao *New York Times* que o slogan não-oficial da empresa é: "Se você não tem condições de viajar de ônibus, voe com a gente." E prosseguiu: "Não reclamam da JetBlue, nem da Southwest ou de outras Wal-Marts dos céus, pois lá em cima não esperam que haja ataques histéricos. Nas companhias maiores, os passageiros continuam a achar que terão, inteiramente a seu dispor, cartas de baralho, revistas, pacotinhos de amendoim, refeições e aeromoças bonitas. E não é assim."

O que essa cultura parece dizer (se nos arrastarmos silenciosamente, como um naturalista aproximando-se do contracanto harmonioso de pequenos passarinhos imaculados) é: "Sente-se. Cale a boca. Passe seu dinheiro e não fique esperando que a gente vá pegá-lo educadamente."

A metáfora de se admirarem os pássaros pode ser mais útil do que parece. Os clientes, parceiros de negócios e funcionários em potencial sempre alcançam resultados melhores quando têm a chance de observar a cultura da empresa antes de se mesclarem a ela. As empresas, porém, geralmente fazem de tudo para mostrar que são "uma grande família feliz". Uma assistente de executivos, por exemplo, foi clara durante uma entrevista de emprego quando perguntou sobre a cultura em uma empresa de tecnologia na Califórnia e onde estava sendo recrutada para trabalhar para o CEO. O vice-presidente sênior de recursos humanos respondeu: "Não temos uma cultura empresarial. Estamos aqui para fazer nosso trabalho."

A assistente acabou sendo contratada para o cargo e logo descobriu que deveria ter percebido que tal resposta era um aviso. A cultura da empresa acabou se mostrando "muita dura, retrógrada e hipócrita". Ela poderia ter evitado ter de passar os três anos seguintes insatisfeita com seu trabalho apenas levando algum tempo para observar a cultura de antemão. Basta sentar e observar o comportamento dos animais – nesse caso, como as pessoas agem no refeitório ou que aparência elas têm quando estão chegando ao trabalho. As portas dos escritórios ficam abertas ou fechadas? Os corredores e as áreas comuns são cheias de vida ou as pessoas se olham rapidamente e estão sempre apressadas? As pessoas conversam umas com as outras de seus cubículos ou vivem afundadas na cadeira?

Richard Gallagher, consultor de serviços ao consumidor, certa vez cometeu o erro de comprar um laptop de uma empresa "cuja visão de serviços era, invariavelmente, de péssima qualidade". Em uma viagem terrestre pela Costa Oeste, Gallagher descobriu que essa empresa compartilhava o mesmo estacionamento que outra companhia, que era sua cliente. "Na manhã seguinte, decidi chegar bem cedo. Baixei o vidro do carro e fiquei observando os funcionários das duas empresas chegando para trabalhar. As pessoas da empresa

314 O GORILA NO ESCRITÓRIO

de meu cliente andavam erguidas, cumprimentavam todos no estacionamento, riam e brincavam umas com as outras à medida que seguiam para o
prédio. Enquanto isso, os funcionários da outra empresa arrastavam-se em
silêncio, muitos com os olhos voltados para o chão e os ombros curvados.
Pareciam condenados marchando para a prisão."

QUANDO OS GRUPOS SE ENCONTRAM

Logicamente, quanto mais se observa, mais a cultura das empresas vai se
tornando complexa. Em geral, não há uma única cultura corporativa. Uma
parte da empresa pode ser alegre como patos nadando em um lago na época
do acasalamento, e outra, logo ali, do outro lado do corredor, parecer um
mausoléu durante o inverno.

Culturas diferentes, às vezes, acabam batendo de frente ou então se
complementam ou se misturam, transformando-se em algo completamente novo. Entender essas correntes culturais cruzadas e descobrir como
trabalhar com elas é o desafio de sobrevivência básico de todos nós. Se
você conhece a cultura e usa as palavras certas, na hora certa, é bem provável que receba prontamente o grampeador que solicitou. Usar as palavras erradas e o orçamento de $10 milhões que solicitou da maneira erra-
da pode fazer com que você acabe no porão ou então seja despedido. Não
há nada de complicado nisso. As culturas traduzem-se diretamente em
resultados financeiros.

Por exemplo, pode parecer que o prestígio ou as relações sociais importantes dos gerentes não tenham muita relação com a empresa. Podem nunca ser
mencionados em um relatório financeiro. Mas tendem a ser de conhecimento
público dentro de uma comunidade específica de negócios. Em um estudo
realizado em 1993, descobriu-se que as marcas do *status* cultural podem servir de proteção em uma disputa no caso de uma aquisição, fazendo com que
a empresa que tem *status* mais alto prevaleça sobre aquela com *status* mais
baixo, ou tenha maiores chances de conseguir um preço alto se vier a se tornar
o alvo da aquisição. Um estudo sobre a fusão de uma empresa aérea austra-
liana mostrou que os funcionários do parceiro de menor *status* também sofreram efeitos mais negativos com a fusão.

O embate cultural quando tais empresas se fundem é geralmente o
som amplificado de sistemas de prestígio distintos lutando pela sobrevi-

vência. Algo como duas tribos que se unem, cada qual com seu cacique e seus guerreiros. Quando a General Motors adquiriu a Electronic Data Systems da Ross Perot, por $2,5 bilhões em meados da década de 1980, por exemplo, o CEO da GM, Roger Smith, descobriu que um de seus subordinados tinha um salário mais alto do que o seu, uma quebra inaceitável da etiqueta hierárquica.

Esse tipo de embate repete-se por toda a pirâmide corporativa e pode levar anos até que tudo entre nos trilhos, de maneiras às vezes desagradáveis e um pouco dementes. Na era pré-computadores, por exemplo, dois jornais de New Jersey fundiram-se. Nessa operação combinada, o editor de notícias do jornal de menor *status* foi rebaixado ao cargo de editor local e, com isso, passou a ter ressentimentos amargos pelo seu rival, que se tornou o novo gerente editorial. Na sala de imprensa, os dois sentavam-se a muitos metros de distância.

O editor local sempre sabia, de antemão, que artigos seus jornalistas planejavam enviar à tipografia. O maior prazer que tinha na vida era segurar uma grande reportagem e entregá-la cinco minutos antes do fim do prazo, quando o gerente editorial já havia cuidadosamente concluído a diagramação da primeira página. Levantava a cópia, uma fita de papel amarelo de quase um metro de comprimento, cortava-a e a levava, sem dobrar, até a mesa do gerente editorial.

"Acabei de receber do Paterson", dizia, com a cabeça inclinada em um ângulo de 45 graus, a fumaça de seu Pall Mall subindo e alcançando seu olho esquerdo, a tesoura posicionada feito uma espada. Era uma cena perfeita de agressão ritualizada, observada por todos na sala de imprensa com uma fascinação mórbida.

"Achei que você iria querer colocá-la na primeira página", dizia. Em seguida, sorria.

Infelizmente para o editor local, os jornalistas reconheceram que o futuro deles não estava com ele, mas com o gerente editorial. Em uma manobra de coalizão que qualquer chimpanzé reconheceria prontamente, logo passaram a telefonar para o gerente editorial quando achavam que uma reportagem seria classificada para aparecer na primeira página. O gerente editorial, que já havia separado um bom espaço na primeira página, sempre ignorava a tesoura apontada na direção de sua garganta e mantinha-se escrupulosamente educado.

"Muito obrigado, Al", dizia.

ELES

Se um comportamento primata comum é formar uma identidade de grupo e sentir-se fortemente ligado a ele, o outro lado é que temos a tendência de ver todos que não são "nós" como "eles". Cientes disso, líderes empresariais geralmente se concentram no inimigo, ou até inventam um se necessário, como forma de fazer com que seus funcionários parem de se morder e trabalhem unidos. Quando Lou Gerstner quis deixar todos na IBM chocados quanto à complacência da empresa, por exemplo, fez com que os funcionários ficassem irados com a forma como três grandes rivais haviam lhes "roubado" participação de mercado: "Esse enfoque competitivo tem de ser visceral, não mental. Tem de surgir de nossas entranhas, não de nossa cabeça. Eles estão entrando em nossa casa e levando o dinheiro da faculdade de nossos filhos e netos. É isso que estão fazendo."

Preocupar-se com o dinheiro da faculdade de nossos netos pode parecer um pouco leve em se tratando de uma questão desse tipo. Mas Gerstner estava tentando, claramente, trazer à tona o antigo sentimento de ameaça e hostilidade entre tribos rivais.

Mesmo dentro de uma empresa, o surgimento de grupos internos distintos é comum, assim como o estímulo voltado a gerar preconceitos contra a cultura dominante. Quando as empresas começam a se expandir e se tornar mais sólidas, geralmente tentar recuperar o zelo jovial ao criar entidades separadas chamadas *skunkworks*, nas quais colocam seus iconoclastas para trabalharem. A Apple fez isso para criar o Macintosh, por exemplo, e os membros do grupo interno eram tão elitistas que não deixavam o pessoal da Apple II, que pagava seus salários, entrar no prédio.

Um veterano de outro trabalho desse tipo, na Sun Microsystems, relembra: "A gerência disse que não era para comentarmos com ninguém nada a respeito do que estávamos fazendo, nem mesmo com outros funcionários da Sun. Havia seminários nos quais as pessoas compartilhavam o trabalho que estavam realizando. Eu comparecia, mas não podia falar. Isso criava uma mística. As pessoas que conduziam os *skunkworks* não eram realmente maduras. Diziam que estavam fazendo aquilo para evitar ataques dos anticorpos corporativos. Mas acho que havia um elemento do tipo 'Sei tal coisa e você não sabe...'" Por outro lado, parece que eles realmente sabiam fazer algo bem-feito. O grupo criou a linguagem de programação Java, que foi altamente rentável para a Sun.

Pensar em "nós e eles" é algo inteiramente natural. Não é o mesmo que dizer "inteiramente saudável", tampouco a forma mais inteligente de líderes corporativos criarem uma cultura na empresa. O primatólogo de Harvard, Richard Wrangham, caracterizou o que chama de preconceito do grupo interno/grupo externo como o lado mais negro da herança que recebemos de algum ancestral com tendências assassinas, similar aos chimpanzés ou membros de alguma gangue. Pode ser uma "burrice e uma crueldade", escreve, mas é também "perfeitamente esperado em uma espécie com uma longa história de agressão entre grupos".

Como parte de sua tese sobre as origens da violência humana, Wrangham sugere que nos unimos a nosso grupo interno essencialmente para termos mais chances de derrotar os grupos externos. Isso é o tipo de coisa que alguns líderes empresariais mais cruéis gostam de ouvir. É, porém, uma afirmação altamente contestável.

Um grupo intimamente unido pode, sem dúvida, brigar com mais ferocidade. Isso talvez explique, em parte, por que os grupos internos e externos muitas vezes brigam mais do que o esperado. Em uma fábrica, por exemplo, os gerentes concorriam em dois turnos de uma forma amigável. Mas isso foi ficando tão sério que conduziu a condições de trabalho sem segurança.

Em outra fábrica, em uma comunidade agrícola do Meio-Oeste americano, um novo gerente provocou, sem intenção, hostilidades entre o grupo interno e o externo no âmbito racial. Muitos funcionários trabalhavam lá há décadas e haviam construído uma reputação tão sólida para a empresa que acabaram encarando o problema como se fosse deles. Conforme a tradição, os técnicos locais eram responsáveis por liderar as tarefas, e o trabalho do gerente era, basicamente, protegê-los com relação à matriz. Mas o novo gerente foi especificamente designado para implantar grandes mudanças, em parte porque a inovação constante era uma especialidade da corporação e também para atender aos novos padrões de globalização.

Isso poderia ser, por si só, uma receita para o conflito. A comunidade era, em sua maioria, formada por brancos, e o novo gerente era um executivo afro-americano, de trinta e poucos anos, que havia subido na carreira rapidamente. Quando começou a encontrar resistência, cometeu o erro fatal de apelar para seu grupo interno mais óbvio, pedindo a alguns trabalhadores negros que observassem e lhe contassem o que viam e ouviam.

Quando uma consultora chegou para analisar o problema, a situação já estava fora de controle. O gerente estava totalmente envolvido no conflito, os

318 O GORILA NO ESCRITÓRIO

funcionários negros de seu lado, os brancos irritados só de falar no assunto. "Ele não teria tido problemas se não fosse essa rede de espionagem", afirmou a consultora. "Não se pode agir dessa forma, não importa qual sua cor. Uma vez que a questão racial vem à tona, é como ter de lidar com dinamite." A consultora elaborou um relatório confidencial que enviou ao seu contato no nível corporativo. A empresa tirou rapidamente o gerente do cargo e (talvez como uma recompensa pela sua habilidade em lidar com as pessoas) recolocou-o no departamento de recursos humanos, um fim eficiente para uma carreira em rápida ascensão.

DIFERENTE DE NÓS

Há uma tendência normal de os grupos internos e externos não brigarem apenas entre si, mas também de acharem que os outros não são inteiramente humanos. Na linguagem dos psicólogos, a "encapsulação" descreve o fenômeno de um grupo se isolar dos outros e adotar uma linha de pensamento comum. Os membros do grupo interno compartilham certos pontos de vista, valores, linguagem e outras marcas. As pessoas que não se vestem ou não falam da maneira "correta" podem tornar-se praticamente invisíveis. Assim fica mais fácil infligir dor nelas sem culpa. Por exemplo, no fim da década de 1980, a GM estava perdendo participação de mercado e o CEO Roger Smith despediu 30 mil funcionários da linha de montagem sem demonstrar nenhum remorso.

Um vice-presidente sugeriu então que a GM estava enfrentando tal situação por culpa do talento medíocre de sua equipe gerencial e propôs a demissão de 20% dos membros da alta gerência – cerca de 100 homens que ganhavam, pelo menos, $125 mil por ano. "O Smith não permitiria isso", escreve Doron P. Levin em *Irreconcilable Differences* [Diferenças irreconciliáveis], no qual descreve seu ponto de vista sobre o período. "Ele tinha certeza de que poderia recuperar a GM sem a necessidade de um transtorno desse tipo." Por que Smith via 100 demissões como um transtorno e 30 mil não? Porque os 100 éramos "nós", rostos familiares que habitavam o santuário do 14º andar. Os 30 mil funcionários da linha de montagem eram, claramente, "eles".

NÓS

Tudo isso sugere que a tendência natural de vermos as coisas em termos de grupo interno/grupo externo pode ser arriscada. Há, porém, várias razões para acreditarmos que formamos grupos internos por outros motivos se não o de derrotar os grupos externos. Formamos esses grupos porque precisamos sentir que fazemos parte de algo, e isso é um traço universal de animais sociais como nós. Como uma espécie, os seres humanos caracterizam-se pela "independência obrigatória", afirma a psicóloga social Marilynn B. Brewer, e viver em grupo representa "nossa estratégia fundamental de sobrevivência".

Se queremos prosperar no longo prazo, "temos de estar dispostos a confiar nos outros para obter informações, ajuda e recursos compartilhados", escreve, e também temos de estar dispostos a dar informações e oferecer ajuda e recursos. Tanto experimentos em laboratórios quanto estudos de campo mostram que o grupo interno é, essencialmente, um meio de se estabelecer essa atmosfera de confiança e troca mútua.

Odiar o grupo externo é quase irrelevante. Por exemplo: Brewer realizou um estudo com 30 grupos étnicos no leste da África, uma área onde os estereótipos podem nos levar a esperar um alto nível de tensão étnica. Ela descobriu que a maioria dos sujeitos testados classificava positivamente seu próprio grupo interno em termos de confiança, obediência, amizade e honestidade. A visão que tinha dos grupos externos, no entanto, não era o correspondente contrário. Na verdade, um terço dos grupos classificou, em algumas categorias, pelo menos um grupo externo de forma mais positiva do que seu grupo interno. Ela não encontrou provas que servissem de fundamento para a idéia tradicional de que os grupos externos sempre despertam atitudes negativas. Outros estudos mostraram que as pessoas têm a tendência de trazer recursos para o próprio grupo interno. Mas quando têm a chance de prejudicar grupos externos de modo mais direto, relutam em fazê-lo.

Colocando isso de outra maneira: o que faz com que os funcionários amem a Procter & Gamble não é a chance de derrotar a Colgate. O que faz com que as pessoas queiram se superar na Lands'End não é a raiva patológica que sentem da L.L. Bean. E mesmo que o novo diretor da J.P. Morgan nutra um antigo ressentimento pelo chefe que tinha no Citigroup, pode apostar que sua equipe não conseguirá promoções se resolver fazer bonequinhos de vodu do inimigo. O que importa são os relacionamentos que se formam dentro da própria empresa e os resultados alcançados como conseqüência desses relacionamentos.

Pode ser divertido preparar-se, vez ou outra, para lutar contra algum arqui-rival. Mas essa atitude pode tornar-se ridícula. No mundo delicado dos chás, por exemplo, a Celestial Seasoning nutria um ressentimento amargo pela rival R.C. Bigelow. Em certo momento, os vendedores da Celestial Seasoning colocaram pequenos saquinhos de chá nas privadas para se lembrarem de seu alvo. Representantes de vendas em um retiro receberam martelos de madeira e lindas latinhas de Constant Comment, o produto mais famoso da Bigelow. Quando então chegava a hora certa, usavam os martelos para bater nas latinhas até deixarem-nas planas.

Talvez isso seja um incentivo.

Mas, cedo ou tarde, pelo menos uma ou duas pessoas devem ter parado para observar a sala ao seu redor e pensado: *"Meu Deus, será que preciso mesmo trabalhar em uma empresa como esta?"*

O que faz com que as pessoas queiram fazer parte de um grupo é o que acontece dentro do grupo. *Conheço estas pessoas?* (Ou, talvez: *Quero conhecer estas pessoas?*) *Elas admiram meu trabalho? Tratam-me de forma justa? Admiro o trabalho delas e tenho algo a aprender? Tenho chances de progredir? Elas me protegem? Se eu me importar com elas, elas também irão se importar comigo?*

Essas podem parecer questões puramente humanas. Mas levam ao mesmo e único fator que faz com que qualquer grupo de animais sociais mantenha-se unido. Ou seja, acreditamos o suficiente uns nos outros?

Uma das imagens preferidas quase onipresente nos ranchos e fazendas da grande planície americana no final do século XIX era um quadro de um pintor realista polonês, Alfred von Kowalski-Wierusz, intitulado *Lone Wolf, February*. Mostrava um lobo solitário em uma crista cheia de neve, à noite, sua respiração formando uma nuvem azul no frio congelante, olhando para baixo e observando uma aconchegante cabana aquecida por uma fogueira. Na iconografia da fronteira, o lobo solitário representa o herói solitário que se distancia dos confortos da civilização e recusa-se a viver segundo suas regras insignificantes.

Infelizmente para essa mitologia da instransigência, os lobos solitários geralmente fracassam. As pessoas deviam entender isso porque passavam o tempo todo caçando, envenenando e matando lobos a ponto de quase extinguir a espécie. Mas mesmo no mundo natural, onde os animais vivem com tranqüilidade, o lobo solitário, em geral, é rejeitado. Ou os membros de sua alcatéia expulsaram-no ou ele decidiu, por si só, sair vagando por não ter encontrado um lugar satisfatório na hierarquia.

Ainda assim, podemos considerar o lobo solitário um herói, um pioneiro que sai em direção ao território desconhecido. Mas, se ele não encontrar um grupo nesse território ou não constituir uma alcatéia, é provável que não leve muito tempo para acabar virando um herói morto. Isso não acontece apenas porque os lobos solitários perdem o que um escritor chama de "os confortos loquazes da sociedade de lobos", mas porque eles não conseguem mais brigar com os alces ou com outros animais de porte, o que, em grupo, fazem rotineiramente.

Os humanos não são menos dependentes uns dos outros. Empreendedores, pessoas que trabalham em casa, artistas e chefes do tipo "esse é meu jeito. Se quiser, pode pegar suas coisas e se mandar", todos nós temos de parar em algum momento e observar as pessoas com quem trabalhamos e, então (passado o momento do desespero em silêncio), relembrar a lição: não há problemas em ser um lobo solitário por um tempo. É bom distanciar-se das discussões sem importância, do falatório, das inúmeras opiniões confusas, dos episódios desagradáveis em que presenciamos brigas violentas. Porém, o chamado para voltarmos à selva é, na verdade, um chamado para retornarmos à nossa sociedade natural. É um chamado para nos unirmos ao bando, à tribo, ao grupo. Se respondemos a ele, provavelmente descobriremos que o maior prazer que podemos ter nesta vida é acompanharmos a multidão.

EPÍLOGO
Lições de liderança de símios altamente eficazes

Cavalgamos pela vida montados na besta que existe dentro de nós.

— Luigi Pirandello

Há algum tempo, uma empresa de produção de programas de televisão na qual trabalhei algumas vezes solicitou que eu ajudasse a reunir idéias para um documentário para uma empresa em Leicester Square, Londres. Precisávamos de $750 mil para dar início ao projeto e tínhamos apenas cerca da metade desse valor. Os produtores encarregados da área são geralmente jovens, nervosos e não demonstram muita disposição de se comprometer. Vivem aterrorizados diante da possibilidade de um projeto dar errado e de terem de lidar com o desprezo crítico do produtor executivo. Mas, em uma reunião, precisávamos conseguir uma parte substancial do que faltava no orçamento ou, então, estaríamos fadados à eliminação.

O produtor encarregado levou-nos para uma pequena sala de conferências, decorada com vários badulaques divertidos que marcavam a natureza criativa da empresa. Entre esses enfeites, havia um cachorrinho movido a corda na mesa onde sentamos, que latia e balançava a cabeça de um lado para o outro como se demonstrando interesse pelo assunto. Todos sorrimos e compartilhamos esse momento de prazer infantil.

324 O GORILA NO ESCRITÓRIO

Em seguida, como forma de começar a reunião, eu disse: "Se pelo menos conseguíssemos fazer com que ele fizesse xixi nas idéias das pessoas, ele poderia se tornar um produtor executivo."

Todos respiraram fundo. Na verdade, posso dizer que suspiraram. E o projeto nunca saiu do papel.

Deixe-me então ser o primeiro a admitir que fazer analogias com animais no ambiente empresarial pode ser arriscado e que as coisas podem realmente ir longe demais. Quem ouve analogias desse tipo geralmente considera um insulto as comparações com os animais. Às vezes, mea-culpa, *são* um insulto.

Mas olhar no espelho também é. E ainda assim, às vezes, serve para que reconheçamos a verdade que está diante de nossos olhos. (Reconheço, por exemplo, que continuo lutando com essa história toda de ser bonzinho, ainda que estrategicamente.)

Vamos recorrer a uma analogia com animais que é bastante conhecida entre os tipos corporativos. No *New York Times*, os executivos "às vezes se presenteiam com bonequinhos alces com enchimento de feijão como forma de reconhecerem questões particularmente incisivas". (A citação foi feita no *Wall Street Journal* e trai certo prazer disfarçado referente aos gênios imbecis que ocupam a gerência de sua rival. O *Journal* acrescenta, com um tom forçado de solidariedade, que esse tipo de atitude faz com que o pessoal "da área de notícias" do *Times* "encolha-se".)

O alce de feijão é uma referência a um pequeno sermão que um consultor de gerenciamento faz, no qual fala sobre o "alce à mesa". Ou, em uma versão atual destinada ao mercado asiático em ascensão, "o búfalo das águas à mesa". É provável que ambas as versões venham do pensamento mais tradicional de "um elefante na sala", usado, por exemplo, pelos Alcoólicos Anônimos como parte de seu programa de 12 etapas. A idéia é que as pessoas vão a um jantar e percebem que há, à mesa, uma besta, enorme e peluda, ou algo do tipo. Mas ninguém toca no assunto. A questão é tão séria e embaraçosa que todos preferem fingir que a besta não está lá e ficam torcendo para que ela vá embora.

Do mesmo modo, o pequeno sermão sugere que as empresas geralmente evitam assuntos sérios e feios sobre os quais têm medo de falar abertamente. (A equipe da gerente de vendas vive aterrorizada por causa do mau humor dela. Ninguém quer trabalhar com o Tom da contabilidade porque ele cheira mal. A Telma, da área de licitações, nunca está sóbria depois das 14 horas. A empresa não tem um direcionamento porque o fundador, de 82 anos, não reconhece que precisa que alguém assuma seu lugar caso ele caia morto.) Em muitas empresas, a frase "Há um alce à mesa" tornou-se um código que indica que é hora de parar de falar sobre determinado assunto e passar para outro.

Mas, em todas as empresas, se me permitem tomar emprestada a invenção do consultor de gerenciamento, a natureza humana é o verdadeiro alce à mesa. Podemos ser qualquer coisa ou ter qualquer qualidade, mas não há como fugir da realidade: os seres humanos também são animais. Para ser mais preciso, somos símios.

O escritor e cientista Matt Ridley aborda isso de forma eloqüente: "Não há sequer um osso no corpo do chimpanzé que eu também não tenha. Não há nem um elemento sequer conhecido no cérebro do chimpanzé que não possa ser encontrado no cérebro humano. Não há nenhuma parte conhecida dos sistemas imunológico, digestivo, vascular, linfático ou nervoso que tenhamos e que os chimpanzés não tenham, ou vice-versa. Não há nem mesmo um lóbulo cerebral no cérebro do chimpanzé que não compartilhamos."

Explorar essa conexão e saber como nos assemelhamos a outros primatas e como nos diferenciamos deles são atitudes que poderiam trazer melhor compreensão sobre todos os aspectos de nossa vida. E, ainda assim, as pessoas resistem a essa idéia ao máximo. Certa vez, quando estava entrevistando uma mulher sobre a escolha de um companheiro entre os humanos e outras espécies, ela parou e disse: "Com certeza, você não está querendo sugerir que as pessoas unem-se umas às outras como os animais." Houve uma longa pausa no diálogo. Talvez, para ela, unir-se a alguém seja como juntar almas gêmeas ou como colunas de fumaça que se unem ao som ambiente em ritmo New Age.

"Mas não é a natureza animal do ato que traz certo charme à situação?", questionei por fim, e a conversa foi perdendo o ritmo até acabar.

Reconhecer nossa animalidade em um contexto sexual, por exemplo, não exclui a afeição ou o intelecto, nem mesmo a espiritualidade. É inteiramente possível aceitar nossa natureza animal e, ao mesmo tempo, sentir amor. Também é possível, se você preferir, aceitar nossa natureza animal e, ainda assim, acreditar em Deus: Deus criou os primatas, viu que eles eram bons e decidiu então criar uma linhagem um pouco melhor do que as outras. Muito melhor, se preferir. (Já que é para ser símio, que pelo menos sejamos símios *extraordinários*.)

É até mesmo possível encontrar um conforto espiritual inesperado ao aceitar nossa natureza animal, em grande parte graças à visão mais sutil da vida social animal que os pesquisadores começaram a ter nas últimas décadas. Hoje, sabemos que, por trás da máscara da civilização, nós, humanos, não somos necessariamente símios assassinos. Dizer que nossos genes são "egoístas" não significa que tenhamos sido geneticamente construídos para nos comportar de modo egoísta. Tampouco evoluímos para ser tão cruéis quanto os gângsteres de Chicago.

Somos simplesmente primatas sociais trabalhando eternamente uma alternativa de viver em conjunto. É um negócio difícil, pois, como os chimpanzés, somos uma espécie briguenta. Mas a noção de nos sentirmos membros de uma comunidade também pode ser algo mais natural para nós do que imaginamos exatamente como conseqüência de nossa longa história evolucionária de afiliação, cooperação, reconciliação e moralidade.

Assim, se aceitamos tudo isso, qual seria seu significado? Ao compreendermos nossa natureza animal, como poderíamos nos comportar de uma forma diferente? Ou, colocando isso em termos de gerenciamento, quais são algumas das principais estratégias de símios altamente eficientes?

- *Faço algo para amansar o nervosismo das pessoas que o cercam.* Cada nova tarefa, cada novo rosto, cada reunião é uma visita ao poço d'água, e a pergunta que todos têm em mente é: serei devorado vivo aqui? Chefes inteligentes encontram alternativas de reassegurar a seus subordinados que eles sairão intactos e talvez até matem sua sede. Os chefes, porém, nem sempre são inteligentes.

Na empresa de consultoria Booz Allen um sócio sênior certa vez deu a um associado jovem apenas quatro dias para preparar uma grande apresentação para o Citibank. "O associado ficou completamente atrapalhado em meio a tantas pesquisas", relembra um colega. "Acabou com seu fim de semana, deixou de ir ao campeonato que os filhos estavam disputando e trabalhou quatro dias sem parar nem para dormir, remoendo-se com tantos números.

"Na segunda-feira de manhã, ele e o sócio sênior seguiram para a sala da diretoria, no edifício da Fifty-third Avenue. O sócio estava com a mão na maçaneta da porta pronto para entrar e as últimas palavras que disse ao rapaz, em tom grave, foram: 'A propósito, se você estragar este negócio, corto seu saco fora.' Então, sorriu largamente e entrou na sala."

E são consultores?

Qualquer macaco sabe que a melhor maneira de fazer com que alguém brigue por ele é cuidando dessa "pessoa", oferecendo-lhe uma sensação de segurança, conforto e reciprocidade. Até mesmo os animais em manadas reconhecem que, se olharem uns pelos outros, talvez não morram no dia seguinte.

- *Cometa atos aleatórios de agressão e assuma você mesmo o risco considerável que está correndo.* E somente contra rivais com os quais nunca mais espera trabalhar. Ser imprevisível pode minimizar seus custos, mas maximizar os custos pagos pelas suas vítimas. Isso força as pessoas a ficarem sempre atentas a todas as frentes de onde um ataque pode surgir, ou não. É isso que faz com que o terrorismo seja tão eficiente. Mas quando você desestabiliza um concorrente dessa maneira, com ataques imprevisíveis, corre o risco de sofrer retaliações do mesmo tipo. De qualquer forma, com clientes, fornecedores e funcionários, uma empresa deve ser totalmente previsível a fim de estimular a confiança e a cooperação.

- *Trabalhe com a multidão.* Nunca se esqueça de que somos primatas *sociais* e de que só nos tornamos totalmente humanos em grupo. A maioria das pessoas entende o ambiente profissional moderno como um lugar onde há muito pouco tempo para se lidar com uma quantidade enorme de grupos. É fundamental oferecer três coisas às pessoas, qualquer que seja o grupo: a chance de se conhecerem, uma noção clara do que elas têm de realizar em conjunto e as ferramentas necessárias para que tenham condições de realizar seu trabalho. Com isso, cada um faz o que é preciso e descobre o restante por si só.

Lembre-se de que as pessoas em grupo imitam-se naturalmente, o que é parte do processo de formarem laços. Isso, até certo ponto, é saudável. A melhor coisa que um chefe pode fazer é mostrar algo bom que elas possam imitar, na forma de uma personalidade aberta ainda que essencialmente decisiva. (Algo tão raro entre os chefes corporativos quanto entre os chimpanzés, mas funciona.) Um gerente inteligente também consegue manter um grupo saudável mostrando diferentes pontos de vista a fim de equilibrar a tendência inata que as pessoas têm de pensar como o grupo. Ter pessoas com diferentes estilos de trabalho também pode ser uma forma sutil de mudar o comportamento do grupo por meio do contágio emocional.

- *Acredite na hierarquia.* Quando alguém diz "Aqui não temos uma hierarquia", tenha o bom senso de sorrir com deferência e dizer: "Isso é ótimo. Era isso que você pretendia?" Mas não acredite em uma palavra sequer. Competir pelo *status* e pela hierarquia é um fator obrigatório na vida primata. Apesar de enxergarmos isso com desprezo, essa com-

328 O GORILA NO ESCRITÓRIO

petição também é uma ferramenta essencial que estimula um alto desempenho e preserva a tranqüilidade interna.

Qualquer que seja a situação, descubra quem é o responsável e baseie suas atitudes nisso. Se o responsável é você, lembre-se do "experimento do monstro do biscoito" e em como o poder distorce, automaticamente, sua perspectiva. Reconheça também que, na maioria das situações, o uso desnecessário do poder é uma marca de fraqueza.

Entre os chimpanzés alfa que Frans de Waal estuda, há um de porte mediano e desconfiado chamado Bjorn (nome que ganhou por causa do tenista). "É um macho mesquinho e ansioso que chegou ao topo lutando de forma desonesta", conta de Waal. Dentro do grupo, os machos rivais geralmente brigam segundo regras do marquês de Queensbury.* Mas Bjorn não: "Ele ataca a barriga, o escroto e a garganta, todos pontos potencialmente perigosos."

Bjorn pode manter-se no topo por meio de atitudes visivelmente desonestas. Mas tem de enfrentar uma pressão constante de seu rival mais próximo, um macho grande e mais sociável chamado Socko (apelido para Sócrates). Outros subordinados relutam em seguir Bjorn e demonstram isso por meio de vocalizações específicas comumente usadas para mostrar que reconhecem o *status* superior do outro chimpanzé. "Bjorn tem de trabalhar para conseguir que os outros animais utilizem essas vocalizações", explica de Waal. "Socko consegue isso sem esforço algum."

Que tipo de chefe você preferiria ser?

- ■ *Compartilhe os frutos do sucesso.* Para chegar ao topo você precisa ser cruel e egoísta, isso segundo o pensamento convencional. É uma lei da natureza ou, pelo menos, é o que dizemos a nós mesmos. No entanto, pesquisas comportamentais e provas baseadas em experiências pessoais mostram que os alfas no mundo animal, às vezes, também chefiam sendo generosos e atenciosos com seus subordinados.

"Alguns anos atrás, quando eu e meu marido estávamos visitando amigos na Índia, um enorme macaco *rhesus* macho surgiu na varanda da sala de jantar", escreve a pesquisadora da UCLA Shelley E. Taylor. "Dado que machos *rhesus* podem ser um tanto quanto agressivos, ficamos o observando, em segurança, pela janela da cozinha. Após entrar na sala de jantar,

---

*Nobre inglês que instituiu regras para que as lutas de boxe se tornassem mais justas, equilibradas e menos violentas. (*N. da T.*)

procurou comida; assim que viu uma baguete fatiada, pegou-a e correu para a varanda, subiu nas árvores e cruzou a rua em direção a uma área onde seus colegas macacos o aguardavam. Observamos todos se sentarem, nosso ladrão desembrulhar pacientemente o pão e distribuir as fatias, uma a uma, a cada membro do grupo que havia ficado esperando. Como macho alfa, uma de suas tarefas é, sem dúvida, realizar atividades arriscadas, mas, ao agir assim, ele garantiu seu papel de líder por meio de sua bondade."

Frans de Waal descreveu comportamentos similares entre seus chimpanzés: "Em vez de manterem sua posição de dominância com base naquilo que conseguem, hoje eles afirmam isso pelo que doam." Isso é, logicamente, exatamente o oposto do comportamento dos supostamente civilizados CEOs humanos que cuidam da empresa mas embolsam seu dinheiro.

- *Confie, mas verifique os números.* Faz parte de nossa natureza querer fazer amigos e influenciar as pessoas. As conexões pessoais estimulam o espírito de confiança e reciprocidade essencial na hora de fazer negócios. Mesmo as empresas que operam pelos meios impessoais da Internet buscam, de alguma forma, instilar a fidelidade em seus consumidores.

Forme parcerias também. Mas, simultaneamente, esteja atento a essas parcerias. Isso pode ajudá-lo a lembrar que essa dinâmica contraditória tem raízes profundas na natureza: à noite, os chimpanzés mantêm-se juntos nos topos das árvores. Durante o dia, trocam cuidados mútuos. Mas também observam uns os outros continuamente e protestam contra negociações injustas com gritos rancorosos de "Waaa!". É muito parecido com o que acontece no ambiente de trabalho. Você precisa desenvolver a confiança, mas estar atento a pessoas que consideram as conexões pessoais a principal forma de se aproximarem para pegar seu dinheiro. É preciso estimular seus companheiros de trabalho a formarem relacionamentos fortes com os clientes e fornecedores e, ao mesmo tempo, prestar atenção se esses relacionamentos podem vir a custar caro para o seu bolso.

A camaradagem é um perigo natural entre os primatas sociais. Certa vez, Warren Buffett caracterizou, com bondade, a maneira como os CEOs colocam amigos no conselho da diretoria, especialmente no comitê que define seu próprio salário: "Há uma tendência de se colocar cocker spaniels nos comitês salariais, e não dobermans." Para ajudar os acionistas a descobrirem se o CEO, digamos, está fechando um negócio afetuoso com a empresa de fornecimento de alimentos de sua filha, alguns países exigem que as empresas revelem "as transações com partes relacionadas" ou "os interesses de certas partes". Para as empresas públicas nos Estados Unidos, esses registros estão disponíveis em www.sec.gov. O site www.footnoted.org oferece um guia útil para se descobrirem autonegociações e negócios familiares em registros obscuros da SEC. Também publica regularmente as próprias e picantes descobertas. A fofoca, nossa melhor forma de autodefesa, é outro meio.

- *Faça a coisa certa.* Ser moral e justo não são apenas idéias bonitas ensinadas em escolas de negócios com enfoque mais progressivo; são parte de nossa herança biológica inata. Os chimpanzés, como os humanos, vivem segundo um conjunto de regras sociais altamente elaborado. Demonstram grande apetite em punir os indivíduos que não se comportam da maneira correta, empatia pelas vítimas de injustiças, interesse em fazer as pazes após conflitos e, acima de tudo, uma preocupação eterna em manter os bons relacionamentos na comunidade. Essa é a base rudimentar para a moralidade, que remonta há mais de 5 milhões de anos, época em que os chimpanzés e humanos compartilhavam um ancestral símio comum.

Ser bom – ser cooperativo e conciliador – continua a ser a melhor maneira de vencer em qualquer grupo social, seja ele um bando de chimpanzés ou uma corretora de valores. Ser mau pode parecer uma boa idéia em dado momento. Mas a evolução fez com que as pessoas se tornassem altamente vigilantes na detecção de trapaceiros, o que significa que sempre haverá alguém que descobrirá seus atos. E isso irá se espalhar instantaneamente por meio de fofocas (e da Internet). E se o que você fez tiver sido uma infração moral ou um ato desleal, a tendência à negatividade assegurará que ninguém se esqueça disso pelo resto da vida.

- *Preste atenção ao que não é dito verbalmente.* Tenha 50 mil ou 250 mil anos, a linguagem é sempre um produto novo que chega ao mercado sem passar por testes beta apropriados. Grande parte de nosso sistema emocional e neurológico evoluiu muito antes de descobrirmos o poder das palavras, e grande parte de nossa comunicação continua a ser não-verbal. Adicionalmente, vez ou outra ocorrem problemas de compatibilidade entre o sistema novo e o antigo. Nossas palavras dizem uma coisa; nosso corpo, outra. O corpo é quase sempre o indicador mais confiável, não apenas para entender as outras pessoas, mas também a nós mesmos. Mesmo quando nosso córtex pré-frontal está compenetrado, à procura das palavras apropriadas para comunicar algo ("Acho que eu e meu chefe estamos começando a nos dar bem"), nosso corpo diz o que realmente sentimos ("Não tem jeito, ele me odeia"). Aprenda a prestar atenção.

Ao mesmo tempo, tome cuidado, pois a linguagem corporal pode ser relativamente fácil de manipular. Há muito as pessoas já aprenderam a importância de manter o contato dos olhos quando contam mentiras, por exemplo. As expressões faciais, porém, e particularmente as microexpressões, são menos suscetíveis ao controle consciente do que os movimentos dos músculos maiores. Aprenda a usá-las para entender o que as pessoas não dizem em voz alta.

■ *O conflito pode ser saudável. Só não o deixe ir longe demais.* O fundador de uma pequena empresa de telecomunicações da Flórida reclamou que seu vice-presidente de vendas e seu diretor financeiro deixavam, com freqüência, que sua animosidade mútua interferisse no trabalho: "Passo o tempo todo tentando fazer alguma coisa para evitar que os dois acabem se matando." Um deles era um homem pequeno, com jeito de jogador de hóquei da Filadélfia. O outro, um homem alto de trinta e poucos anos, do tipo conquistador, "embora com um capital *B*". Ambos tinham uma tendência explosiva.

O psicólogo Robert Sapolsky descreveu, certa vez, um mau comportamento similar a esse entre os babuínos que perseguiam uma gazela ligeira:

E eles estavam se aproximando, e eram fatais. Mas algo veio à mente de um deles (...) e fez com que ele se perguntasse: "O que estou fazendo aqui? Não tenho a menor idéia, mas estou correndo o mais rápido possível e esse cara está correndo o mais rápido possível atrás de mim, e há três meses tivemos uma briga infernal (...) Acho melhor parar e dar um soco na cara dele antes que ele me alcance." O babuíno parou repentinamente e se virou, e os dois começaram a rolar um sobre o outro. A gazela sumiu do campo de visão, pois os babuínos haviam acabado de perder as estribeiras. Agiam o tempo todo como se fossem dois loucos.

Nós, humanos, podemos fazer melhor, não?

Podemos não gostar muito do cara que está nos perseguindo de perto. Mas nos seguramos com a ajuda de nosso córtex pré-frontal, que se desenvolveu maravilhosamente bem e que é a parte do cérebro que, como diz Sapolsky, "faz com que não arrotemos no meio de uma cerimônia de casamento ou digamos o que realmente achamos do jantar que alguém nos ofereceu". É a parte do cérebro que faz com que nos concentremos nas recompensas a longo prazo. É o que nos permite deixar de lado nossas diferenças em busca de objetivos comuns. É o que faz com que aceitemos gratificações atrasadas, às vezes anos depois.

Mas nem sempre.

O CEO da Flórida tentou argumentar com seus subordinados briguentos. Em seguida, apelou para o constrangimento, escrevendo uma carta a uma coluna de aconselhamento, perguntando como poderia lidar com o problema. Deixou a carta publicada na mesa de cada uma das partes envolvidas, com instruções para chegarem a uma solução. Por um tempo, eles se tornaram mais civilizados. Um dia, porém, um sorriso falso, um olhar diferente ou alguma observação depreciativa disparou um levante de células cerebrais. Não importava quem havia falado o quê. As antigas emoções animais vieram à tona com tudo e, instantaneamente, estavam se esbofeteando e rolando no chão feito comediantes atrapalhados.

Por fim, o CEO disse: "Parem de brigar ou vou despedir os dois."

Esse aviso seriíssimo mergulhou no córtex pré-frontal de cada um deles.

Sem emprego. Sem salário. Em casa, sozinho. Ter de andar de lá para cá distribuindo currículos. E, mais uma vez, começaram a trabalhar junto pacificamente. (Pelo menos por ora.)

E é isso que significa ser humano. Organizamos os vastos poderes da mente racional e lutamos para sermos levados, com delicadeza, pela onda das emoções animais adjacentes. Nossos impulsos indisciplinados emergem continuamente. Brigamos pelo nosso território, envolvemo-nos em rivalidades de *status*, invejamos nossos colegas, exercemos nossa dominância sobre eles, somos insultados, nutrimos ressentimentos e cedemos ao medo.

Então, reunimo-nos novamente e voltamos para a corrida. Afinal, não somos um bando de babuínos.

Somos humanos e sabemos como nos manter concentrados na gazela.

NOTAS

Para atualizações e informações adicionais, visite www.apeinthecorneroffice.com

1 DE FATO, É UMA MALDITA SELVA LÁ FORA

p. 9 "Animais na selva". MARTEL, Y. *A vida de Pi*. Rio de Janeiro: Editora Rocco, 2004.

p. 10 "Os chimpanzés e nós". DE WAAL, F. *The Ape and the Sushi Master: Cultural Reflections by a Primatologist*. Nova York: Basic Books, 2001.

p. 12 "Se você não é o cão-guia..." BRYCE, R. *Pipe Dreams: Greed, Ego, and the Death of Enron*. Nova York: Public Affairs, 2002, p. 118.

p. 12 "Sapateado do elefante", *Business Week*, 8 de outubro de 1986.

p. 12 "Doninhas". ADAMS, S. *Dilbert and the Way of the Weasel*. Nova York: HarperBusiness, 2003.

p. 12 "Brigas ou troca de cuidados". DE WAAL, F. "The Chimpanzee's Service Economy: Food for Grooming", *Evol. & Human Behav*. 18:375-86, 1997.

p. 14 "Manter um porte pequeno". W. L. Gore. *Sales and Marketing Management*, abril de 2003, p. 32.

p. 15 "Cães e soldados". BERNHARD, J. G. e Glantz, K. *Staying Human in the Organization: Our Biological Heritage and the Workplace*, Westport, CT: Greenwood, p. 47, 1992.

p. 15 "Não sou passional": *Business Week*, 26 de julho de 2004.

p. 16 Analistas financeiros com MBA com salário inicial de $800 por mês, *Harvard Business Review*, fevereiro de 2004.

334 O GORILA NO ESCRITÓRIO

p. 17 "O código". ULLMAN, E. *Perto da Máquina*, São Paulo: Conrad Editora do Brasil, 2001.

p. 18 Fungando e bufando: ibid., pp. 39-40.

p. 18 Ratos criados especificamente para demonstrar altos níveis de ansiedade. FRANCIS, D. D., MEANEY, M. J. "Maternal Care and the Development of Stress Responses", *Curr. Opin. Neurobiol.* 9, pp. 128-34, 1999.

p. 19 A evolução de um sorriso: SCHMIDT, K. L. e COHN, J. F. "Human Facial Expressions as Adaptations: Evolutionary Questions in Facial Expression Research", *Yearbook of Physical Anthropology* 44, pp. 3-24, 2001.

p. 19 Os vários tipos de sorrisos humanos: EKMAN, P. *Telling Lies*. Nova York: Norton, pp. 149-61, 2001.

p. 20 A estréia de Matsui em Nova York: *Hartford Courant*, 9 de abril de 2003.

p. 20 As mulheres são melhores em sorrir: Schmidt and Cohn, 2001.

p. 20 Os homens são, em média, 15% maiores: de Waal, p. 35, 2001.

p. 20 Músculos do sorriso mais espessos nas mulheres: Schmidt e Cohn, p. 8, 2001.

p. 21 Nossa história esquecida: WALDRON, D. A, "Status in Organizations: Where Evolutionary Theory Ranks", *Managerial and Decision Economics*, 19 (7/8), pp. 505-20, 1998.

p. 21 Linha que separa o zoológico do ambiente de trabalho menos nítida: de WAAL, 1997; de WALL, F., e BERGER, M. L., "Payment for Labour in Monkeys", *Nature:* 404, p. 563, 2000.

p. 22 Tribo Arioi no Taiti: STEPHENSON, K. "How to Lead People", *Vital Speeches* LIX 5 (dezembro), pp. 138-41, 1992.

p. 22 Desejo de que o dia do pagamento chegue: KNUTSON, B., et al., "Anticipation of Increasing Monetary Reward Selectively Recruits Nucleus Accumbens", *J. of Neuroscience* 21:RC159, 2001.

p. 22 Como o cérebro responde a recompensas imprevisíveis: *Natural History*, setembro de 2003.

Notas 335

p. 22 Pesquisa sobre o cortisol: SAPOLSKY, R., *Why Zebras Don't Get Ulcers*, Nova York: Freeman, 1994.

2 O MACACO BONZINHO

p. 24 Sobrevivência dos mais aptos: SPENCER, H. (1873), *Principles of Ethics*, 2 vv., Indianápolis: Liberty Classics, 1978.

p. 25 Carta de Darwin: RACHELS, J., *Created from Animals: The Moral Implications of Darwinism*, Nova York: Oxford University Press, p. 62, 1990.

p. 26 Discurso de 1998 de John Kay: www.johnkay.com/print/133.html.

p. 26 A responsabilidade social da empresa: FRIEDMAN, M. (1970), *Nova York Times Magazine*, 13 de setembro.

p. 26 Madre Teresa: *Forbers*, 2 de fevereiro de 2004.

p. 28 *Guanxi*: ENGLISH-LUECK, J. A., *Cultures@Silicon Valley*, Stanford: Stanford University Press, p. 178.

p. 29 O bom associado: ROLFE, J. e TROOB, P., *Monkey Business*, Nova York: Warner, pp. 146-47, 2000.

p. 31 Empresas familiares: Family Business Review, meados de 1996; uma lista de 2004 com as maiores empresas familiares do mundo pode ser encontrada em http://www.familybusinessmagazine.com/topglobal.html.

p. 32 O instinto da associação: a natureza experimental da discussão é sugerida pelo título de um trabalho recente: SILK, J. B., "Using the 'F' Word in Primatology". *Behavior* 139 (2-3), pp. 421-46, 2002, "F", ou seja, "*friendship*" ("amizade"). E "*the 'L' word*" aparece em um texto de Sapolsky, pp. 97, 1994.

p. 32 Apoio social e sobrevivência: SEEMAN, T. E., "Social Ties and Health: the Benefits of Social Integration", *Annals of Epidemiology* 6 (5), pp. 442-51, 1996.

p. 32 As pessoas ao nosso redor influenciam nossa bioquímica: DeVRIES, A. C., et al., "Social Modulation of Stress Responses", *Physiology and Behavior* 79 (3) pp. 399-407, 2003.

336 O GORILA NO ESCRITÓRIO

p. 33 Cuidado e intimidade: TAYLOR, S.E., *The Tending Instinct*, Nova York: Times Books, 2000.

p. 33 SZALAI, A. *The Use of Time: Daily Activities of Urban and Suburban Populations in Twelve Countries*, The Hague: Mouton, 1972.

p. 34 Um experimento em Emory: RILLING, J.K., et al. "A Neural Basis for Social Cooperation", *Neuron* 35, pp. 395-405, 2002.

p. 34 Natalie Angier: *Nova York Times*, 23 de julho de 2002.

p. 35 Rato-calunga das pradarias: INSEL, T. R., e YOUNG, L. J. "The Neurobiology of Attachment", *Nature Reviews Neuroscience 2*, os 129-36, 2001; YOUNG, L. J., e WANG, Z. "The Neurobiology of The Pair Bond", *Nature Neuroscience 7*, pp. 1048-54, 2004.

p. 37 Neurofisiologia da confiança: McCABE, K., et al. "A Functional Imaging Study of Cooperation in Two-person Reciprocal Exchange", *Proc. Of the Nat. Acad. of Sciences* 98 (20), 2001.

p. 39 Camp David: CARTER, J., *Keeping Faith*, Fayetteville: University of Arkansas Press, p. 399.

3 SER NEGATIVO

p. 42 T. H. Huxley incluiu sua descrição da humanidade em uma carta de 10 de fevereiro de 1895 e acrescentou a esses traços negativos o fato de a natureza humana também incluir "um anjo borbulhando inesperadamente como a maçã no ponche".

p. 44 A negatividade e a palidez dos confortos: ROZIN, P. e ROYZMAN, E. B. "Negativity Bias, Negativity Dominance, and Contagion", *Personality and Social Psychology Review* 5, pp. 296-320, 2001.

p. 44 Rápida diferenciação entre o positivo e o negativo: SMITH, N.K. et al. "May I Have Your Attention Please: Electrocortical Responses to Positive and Negative Stimuli", *Neuropsychologia* 41, pp. 171-83, 2003.

p. 45 Sistemas distintos de negatividade e positividade e sua evolução na savana: CACIOPPO, J. T. et al. "The Affect System: What Lurks Below the Surface of Feelings?" em Manstead, A. S. R., et al. (eds.), *Feelings and Emotions: The Amsterdam conference*, pp. 221-40, Nova York: Cambridge University Press, 2004.

p. 46 Doadores de órgãos: The Gallup Organization, Inc., Pesquisa para a Parceria de Doação de órgãos e a Harvard School of Public Health, 25-26 de março, 1993, disponível em http://www.transweb.org/reference/articles/gallup_survey/gallup_index.html.

p. 47 Decisões econômicas irracionais: KAHNEMAN, D. et al., "Experimental Tests of the Endowment Affect and the Coase Theorem", *J. of Political Economy* 98 (6), pp. 1325-48.

p. 47 Sem tendência à negatividade para a inteligência: SKOWRONSKI, J. J. e CARLSTON, D. E., "Caught in the Act: When Behaviors Based on Highly Diagnostic Behaviors are Resistant to Contradiction", *European J. of Soc. Psychology* 22, pp. 435-52, 1992.

p. 48 Dumpster da Oracle afundando: *Wall Street Journal*, 29 de junho de 2000.

p. 48 Procter & Gamble *versus* Unilever: *Fortune*, agosto de 2001; *Wall Street Journal*, 7 de setembro de 2001.

p. 49 Citação de Larry Ellison: Symonds, M. *Softwar*, Nova York: Simon and Schuster, 2003.

p. 49 Citibank: BRANDENBURGER, A., e NALEBUFF, B. *Co-opetition*, Nova York: Doubleday, 1996.

p. 51 Citação sobre o chiuaua: ENRICO, R. e KORNBLUTH, J., *The Other Guy Blinked*, Nova York: Bantam, pp. 105, 1986.

p. 51 EDS e Losada: LOSADA, M. e HEAPHY, E., "The Role of Positivity and Connectivity in the Performance of Business Teams: A Nonlinear Dynamics Molde", *American Behavioral Scientist* 47 (6), pp. 740-65, 2004.

p. 53 O conflito, nos estágios iniciais, é bom: JEHN, K. A. e MANNIX, E.A. "The Dynamic Nature of Conflict: A Longitudinal Study of Intragroup Conflict and Group Performance", *Acad. of Management J.* 44 (2), pp. 238-51, 2001.

p. 53 Reconhecimento e produtividade: LUTHANS, F. e YOUSSEF, C. M. "Human, Social, and Now Positive Psychological Capital Management: Investing in People for Competitive Advantage", *Organizational Dynamics* 33 (2), pp. 143-60, 2004.

338 O GORILA NO ESCRITÓRIO

p. 54 Casamento e positividade: GOTTMAN, J. e LEVENSON, R. W. "The Timing of Divorce: Predicting when a Couple will Divorce over a 14-year Period", *J. of Marriage and the Family*, 62, pp. 737-45, 2000.

p. 57 DAVIDSON, R. J. et al. "Emotion, Plasticity, Context and Regulation: Perspectives from Affective Neuroscience", *Psychological Bulletin*, 126, pp. 890-906, 2000.

p. 59 Experimento Promega: DAVIDSON, R. J. et al. "Alterations in Brain and Immune Function Produced by Mindfulness Meditation", *Psychosomatic Medicine*, 65, pp. 564-70, 2003.

p. 60 Medtronics e Bill George: *The Economist*, 2 de setembro de 2002; *Business Week*, 22 de agosto de 2003.

p. 63 Pingüins-Adelie: http://scilib.ucsd.edu/sio/nsf/journals/peter97.html.

4 FERAS PRIMITIVAS

p. 65 Citação de Craig Barrett: *Business Week*, 15 de junho de 1997.

p. 65 Medo: GROVE, A. *Only the Paranoid Survive*, Nova York: Doubleday, pp. 117-19, 1996.

p. 66 Briga na Intel: JACKSON, T. *Inside Intel*, Nova York: Dutton, 1997.

p. 67 Executivo com um taco: *Business Week*, 15 de junho de 1997.

p. 69 Gerente vê, gerente faz: *Business Week*, 3 de abril de 1995.

p. 70 Yeroen na Boing: *The Hartford Courant*, 13 de março de 2005.

p. 71 Maquiavel no zoológico: de WAAL, F. *Chimpanzee Politics*, Nova York: Harper and Row, p. 19, 1982.

p. 71 Manobra: ibid., p. 113.

p. 71 Nikkie e Yeroen: ibid., pp. 47-48.

p. 71 Jogo de caras e bocas de Luit: ibid., p. 133.

Notas 339

p. 72 *Chimpanzee Politics* na lista de leituras de GOP: *Business Week*, 3 de abril de 1995.

p. 72 Memorando sobre "democratas bizarros e desorientados": Molly Ivins em *Hartford Courant*, 8 de agosto de 2003.

p. 72 Gingrich como Yeroen para Rumsfeld: *Wall Street Journal*, 23 de abril de 2003.

p. 72 Violência humana: WRANGHAM, R. e PETERSON. *O macho demoníaco: as origens da agressividade humana*. Rio de Janeiro: Objetiva, 1996.

p. 74 Mais uma reunião do tipo "Com certeza, chefe": *Harvard Business Review*, janeiro de 2003.

p. 76 Conflito é normal: de WAAL. "Primates: A Natural Heritage of Conflict Resolution", *Science* 289 (5479), pp. 586-90, 2000.

p. 77 O desmame como a primeira negociação e o modelo de solução do conflito: AURELI, F. e de WAAL, F. (eds.). *Natural Conflict Resolution*, Berkeley: University of California Press, pp. 26-28, 2000.

p. 78 Canibalismo intra-uterino de irmãos: GILMORE, R. G. et al. "Oophagy, Intrauterine Cannibalism and Reproductive Strategy in Lamnoid Sharks", em Hamlett, W. C. (ed.), *Reproductive Biology and Physiology of Chondrichthyes Sharks, Batoids, and Chimaeras*. ENFIELD, NH: Science Publishers, Inc.

5 A DOMINÂNCIA DA ROSQUINHA

p. 79 Churchill sobre os porcos: HUMES, J. C. *The Wit and Wisdom of Winston Churchill*, Nova York: Pernnial, p. 6, 1995.

p. 80 Preparando as armas: LANGLEY. M. *Tearing Down the Walls*, Nova York: Free Press, p. 297, 2003.

p. 81 Jamie Dimon no Bank One: *Fortune*, 22 de julho de 2002.

p. 81 Quem Jamie queria ver sangrando: *The New York Times*, 15 de janeiro de 2004.

p. 82 Por que alguém sempre tem de vencer: *Wired*, agosto de 1995.

340 O GORILA NO ESCRITÓRIO

p. 82 Samuel Johnson: BOSWELL, J. *Life of Samuel Johnson*, 1776; atualizado por questões de correção política em WRANGHAM, R. e PETERSON, D. *O macho demoníaco: as origens da agressividade humana*. Rio de Janeiro: Objetiva, 1996.

p. 82 Dominância em Stanford: BARCHAS, P. *Social Hierarchies*, Westport, CT: Greenwood Press, p. 25ff, 1984.

p. 82 Hierarquias sociais entre as crianças: BARKOW, J. H. "Prestige and Culture: A Biosocial Interpretation", *Current Anthropology* 16, 4, pp. 553-55, 1975.

p. 82 Supervisora da área de alimentação em vez de copeira: *Guardian* (Reino Unido), 18 de abril de 2000.

p. 83 Deutsche Bank no céu: *Independent* (Reino Unido), 8 de fevereiro de 1994.

p. 83 Hierarquias de Hollywood: *The New York Times*, 28 de abril de 2002.

p. 84 CEOS com mais de 1,80 m de altura: ETCOFF, N. *Survival of the Prettiest*, Nova York: Doubleday, p. 173, 2000.

p. 85 Obsessão do macho pela posição: Wrangham e Peterson, p. 191 (1996).

p. 86 Maslow cunha os termos "motivação da dominância" e "auto-estima": CULLEN, D. "Maslow, Monkeys, and Motivation Theory", *Organization* 4 (3), pp. 355-73, 1997; de WAAL, F., *Good Natured*, Cambridge, MA: Harvard University Press, p. 99, 1996.

p. 86 O trabalho sobre os primatas como alicerce de Maslow: HOFFMAN, E., *The Right to be Human*, Los Angeles: Tarcher, p. 49, 1988.

p. 87 O comportamento grupal dos chimpanzés na selva: de WAAL, F., *The Ape and the Sushi Master: Cultural Reflections by a Primatologist*, pp. 188-90, 2001.

p. 88 O alfa assume a liderança: CHENEY, D. L. e SEYFARTH, R. M., *How Monkeys See the World*, Chicago: University of Chicago Press, pp. 47-48, 1990.

p. 89 Kremlinologia na IBM: GERSTNER, L., "Who Says Elephants Can't Dance?" Nova York: HarperBusiness, p. 191, 2002.

p. 89 Mais brigas quando a classificação das posições é indefinida: de WAAL, F., *Chimpanzee Politics*, Nova York: Harper and Row, p. 118, 1982.

p. 89 Uma ordem estável significa mais ovos: GUHL, A. M. e ALLEE, W. C., "Some Measurable Effects of Social Organization in Flocks of Hens", *Physiol. Zool.* 27, pp. 320-47.

p. 90 Slotow, R. et al., "Older Bull Elephants Control Young Males", *Nature* 408, pp. 425-26, 2000.

p. 90 O respeito ajuda a civilizar o alfa: EMERSON, R. M., "Power Dependence Relations", *American Sociological Review* 27, pp. 31-41, 1962.

p. 90 Alfas maus no topo da árvore: de WAAL, F., p. 56, 1982.

p. 90 Lou Pai e os vôos de fim de semana de $45 mil: BRYCE, R., *Pipe Dreams: Greed, Ego, and the Death of Enron*, Nova York: Public Affairs, pp. 188, 209, 264, 2002.

p. 91 Economias de Kinder: *Wall Street Journal*, 12 de abril de 2004.

p. 91 Pilotos limpando os aviões: *Fast Company*, maio de 2004, p. 75.

p. 92 Querer um melhor espaço para estacionar o carro: LUTZ, R. A. (2003), *Guts*, Nova York: Wiley, p. 183.

p. 92 Contando as telhas: WELCH, J., *Jack: Straight from the Gut* (2001), Nova York: Warner, p. 49.

p. 92 Odiar as hierarquias: *Business Week*, 28 de maio de 1998.

p. 92 Até o "Rambo de Gravata" odeia a hierarquia: DUNLAP, A., *Mean* Business, Nova York: Fireside, pp. 76-77, 1996.

p. 93 A manobra de retorno na evolução social: KNAUFT, B., "Violence and Sociality in Human Evolution", *Current Anthropology* 32, pp. 391-428, 1991.

p. 84 Ntologi: NISHIDA, T. et al., "Meat Sharing as a Coalition Strategy by na Alpha Male Chimpanzee?", em Nishida, T. et. al. (eds.) *Topics in Primatology*, v. 1, *Human Origins*, pp. 159-74. Tóquio: Tokyo University Press, 1992.

p. 94 Filantropia de Phil Knight: *The New York Times*, 25 de abril de 2000; Associated Press, 26 de setembro de 2001.

342 O GORILA NO ESCRITÓRIO

p. 94 Hierarquia dos índios Hopi: BOONE, J. L. e KESSLER, K., "More Status or More Children: Social Status, Fertility Reduction, and Long-Term Fitness", *Evolution and Human Behavior* 20, pp. 257-77, 1999.

p. 95 Não há sociedades igualitárias: FALNAGAN, J. G., "Hierarchy in Simple 'Egalitarian' Societies", *Annual Review of Anthropology* 18, pp. 245-66, 1989.

p. 96 "Andygramas": JACKSON, T., *Inside Intel*, Nova York: Dutton, pp. 221-22, 1997, com alterações feitas diretamente pelo executivo.

p. 96 "Lassergramas": *Business Week*, 19 de abril de 2004.

p. 96 Escritório de John Chamber: *Wall Street Journal*, 14 de janeiro de 2004.

p. 97 Uma visão crítica de Chambers: YOUNG, J. S., *Cisco Unauthorized*, pp. 196-97, 2001.

p. 97 Onde está o poder: LEAVITT, H. J., "Why Hierarchies Thrive", *Harvard Business Review*, março, pp. 97-102, 2003.

p. 100 Peixe-palhaço: BUSTON, P. M., "Size and Growth Modification in Clown-fish", *Nature* 424, pp. 145-46, 2003.

6 COM UNHAS E DENTES

p. 101 Territorialidade na BBC: WYATT, W., *The Fun Factory: A life in the BBC*, Londres: Aurum Press, p. 7, 2003.

p. 102 Sandy *versus* Lou: LANGLEY, M., *Tearing Down the Walls*, Nova York: Free Press, p. 73, 2003.

p. 103 Visitantes no Salão Oval: *The New York Times*, 9 de agosto de 2004.

p. 104 Reconciliação entre Nikkie e Luit: de WAAL, F., *My Family Album*, Berkeley: University of California Press, pp. 84-85, 2003; veja também de WAAL, F., *Chimpanzee Politics*, Nova York: Harper and Row, 1982.

p. 105 Al Capone: KOBLER, J., *Capone: The Life and Times of Al Capone*, Nova York: Da Capo Press, p. 17, 1993.

Notas 343

p. 105 Palavreado sujo de Skilling: BRYCE, R., *Pipe Dreams: Greed, Ego, and the Death of Enron*, Nova York: Public Affairs, pp. 268-69; para uma reação interna diferente do ponto de vista sintomático, veja CRUVER, B., *Anatomy of Greed: The Unshredded Truth from an Enron Insider*, Nova York: Avalon, pp. 54-55, 2002.

p. 106 Reação a uma feição brava: SACKETT, G. P., "Monkeys Reared in Isolation With Pictures as Visual Input: Evidence for an Innate Releasing Mechanism", *Science*, 154, pp. 1470-3.

p. 106 Durango como um gato selvagem: BRADSHER, K., *High and Might: SUVs – The World's Most Dangerous Vehicles and How They Got That Way*, Nova York: Public Affairs, p. 99, 2002.

p. 107 Estrela da Morte: CRUVER, p. 10, 2002.

p. 107 Predadores de Fastow: BRYCE, p. 225, 2002.

p. 107 Atirando dardos na K-Mart: *Detroit Free Press*, 2 de julho de 2002.

p. 109 Brigando com as placas da mesa: *Times* (Reino Unido), 29 de março de 2003.

p. 110 Superando a tendência defensiva: SHERMAN, D. K. e COHEN, G. L., "Accepting Threatening Information: Self-Affirmation and the Reduction of Defensive Biases". *Curr. Dir. In Psych. Sci.*, 11 (4), agosto, 2002.

p. 112 Estresse e rendição: MAZUR, A., "A Biosocial Model of Status in Face-to-Face Primate Groups", *Social Forces*, dezembro, pp. 377-402, 1985.

p. 113 Velocidade da resposta da amígdala: SMITH, N. K., et al., "May I Have Your Attention, Please: Electrocortical Responses to Positive and Negative Stimuli", *Neuropsychologia* 41, pp. 171-83, 2003.

p. 114 Visão geral sobre a testosterona: MAZUR, A. e BOOTH, A., "Testosterone and Dominance in Men", *Behavioral and Brain Sciences* 21, pp. 353-63, 1998. Testosterona e escolha de carreira: DABBS, J. M. Jr. et al., "Trial Lawyers: Blue Collar Talent in a White Collar World", *J. of Applied Social Psychology*, 28, pp. 84-94, 1998.

p. 115 Testosterona dos torcedores durante a Copa do Mundo: BERNHARDT, P. C. et al., "Changes in Testosterone Levels During Vicarious Experiences of Winning and Losing Among Fans at Sporting Events", *Physiology and Behavior* 65, pp. 59-62, 1998.

344 O GORILA NO ESCRITÓRIO

p. 116 Fracassados treinados: AURELI, F. e de WAAL, F. (eds.), *Natural Conflict Resolution*, Berkeley, CA: University of California Press, p. 82, 2000.

p. 116 Cortisol em treinamentos intensivos: HELLHAMMER, D. H. et al., "Social Hierarchy and Adrenocortical Stress Reactivity in Men", *Psychoneuroendocrinology* 22 (8), pp. 643-50, 1997.

p. 117 Atrofia do hipocampo: DAVIDSON, R. J., "Affective Style, Psychopathology, and Resilience: Brain Mechanisms and Plasticity", *American Psychologist* 55, pp. 1196-214, 2000.

p. 117 Trancados: BRYCE, pp. 230-33, 2002.

p. 118 Abuso verbal nas fábricas da Gap: *Wall Street Journal*, 12 de maio de 2004.

p. 118 Submissão após situações de estresse extremo: MAZUR, p. 388, 1985.

p. 119 Concordar sempre: ROLFE, J. e TROOB, P. L., *Monkey Business*, Nova York: Warner, pp. 227-28, 2000.

p. 120 Aproximação e inibição: KELTNER, D., et al., "Power, Approach, and Inhibition", *Psychological Review* 110 (2), pp. 265-83, 2003.

p. 120 O poder como o conceito fundamental em ciência social: RUSSELL, B., *Power: A New Social Analysis*, Londres: Allen and Unwin, 1938.

p. 121 Urinar em uma pia em um canto da sala: *Wall Street Journal*, 19 de julho de 2004.

p. 124 Coalizões e decisões da Suprema Corte: Keltner et al., 2003.

p. 125 A compra onerosa de várias empresas a cabo da AT&T: *Wall Street Journal*, 26 de maio de 2004.

p. 126 Perguntar ao faxineiro da jaula: SAPOLSKY, R., *Why Zebras Don't Get Ulcers*, Nova York: W. H. Freeman, p. 281, 1994.

p. 126 Gênero, poder e consciência social: HENLEY, N. M. e LABRANCE, M., "Gender as Culture: Difference and Dominance in Nonverbal Behavior", em WOLFGANG, A. (ed.), *Nonverbal Behavior: Prespectives, Applications,Intercultural Insights*, LEWISTON, NY: C. J. Hogrefe, 1984.

p. 124 Encontros amorosos de um presidente da BBC: Wyatt, p. 142, 2003.

7 TENTANDO PARECER MENOR

p. 129 Cachorro preto: CHALMERS, R., *Who's Who in Hell*, Nova York: Grove, 2003.

p. 129 Relatório de Hollinger entregue à SEC, com data de 30 de agosto de 2004, disponível em http://www.sec.gov/Archives/edgar/data/868512/0000950123040 10413/y01437exv99w2.htm.

p. 130 Dificuldade em recuperar os jornais de Roosevelt: *The New York Times*, 16 de fevereiro de 2004.

p. 132 O arrepio da subserviência: *Vanity Fair*, 12 de maio de 2004.

p. 133 Guinchar ofegante: de WAAL, F., *Chimpanzee Politics*, Nova York: Harper and Row, p. 87, 1983.

p. 134 Comportamentos de apaziguamento: KELTNER, D., et al., "Appeasement in Human Emotion, Personality, and Social Practice", *Aggressive Behavior* 23, pp. 359-74, 1997; veja também ANDERSON, C. e BERDAHL, J. L., "The Experience of Ower: Examining the Effects of Power on Approach and Inhibition Tendencies", *J. of Personality and Social Psychology* 83, pp. 1362-77, 2002.

p. 134 As reuniões reforçam a hierarquia: *Wall Street Journal*, 19 de maio de 2004.

p. 135 Linguagem submissa: LAKOFF, R., *Language and Woman's Place*, Nova York: Harper and Row.

p. 135 Pés com cheiro de torta de morango: *Training Magazine*, julho de 1999.

p. 136 O ambiente de trabalho como uma caixa de Skinner: *Talk of the Nation*, National Public Radio, 19 de junho de 2002.

p. 136 Testículos dissecados: MACCOBY, M., *The Gamesman*, Nova York: Simon and Schuster, p. 82, 1976.

p. 137 Chefão X: LUTZ, R. A., *Guts*, Nova York: Wiley, 2003.

p. 139 O sinal do poder: GREGORY, W. W. e WEBSTER, S. W., "A Nonverbal Signal in Voices of Interview Partners Effectively Predicts Communication Accommodation and Social Status Perceptions", *J. of Personality and Social Psychology* 70, pp. 1231-40, 1996.

346 O GORILA NO ESCRITÓRIO

p. 140 Serotonina e poder: RALEIGH, M. J. et al., "Social and Environmental Influence on Blood Serotonin in Monkeys", *Archives of General Psychiatry* 41, pp. 405-10, 1984.

p. 141 Generalização para os humanos: MASTERS R. D. e McGUIRE, M. T. (eds.), *The Neurotransmitter Revolution: Serotonin, Social Behavior, and the Law*, Carbondale: Sonthern Illinois University Press, p. 130, 1994.

p. 141 A importância dos cumprimentos: de WAAL, p. 118, 1982.

p. 143 Don Tommy: *Nova York Magazine*, 3 de março de 2003.

p. 145 Um coro concordando com uma idéia anterior ridícula: LUTZ (2003), p. 181.

p. 146 Frodo mastigando os lábios: *National Geographic*, dezembro de 1995.

p. 146 Observando a orelha esquerda de Ross Perot: LEVIN, D., *Irreconcilable Differences*, Boston: Little, Brown, p. 103, 1989.

p. 147 O charuto do chefe: LANGLEY, M., *Tearing Down the Walls*, Nova York: Free Press, p. 44, 2003.

p. 147 Ser o braço direito: DUNBAR, R., *Grooming, Gossip, and the Evolution of Language*, Londres: Faber, pp. 136-37, 1996.

p. 148 Oferecer a cadeira na primeira classe ao chefe: *The New York Times*, 11 de março de 2003.

p. 150 Marcos e a quantidade desproporcional de cuidados: CHENEY, D. L. e SEYFARTH, R. M., *How Monkeys See the World*, Chicago: University of Chicago Press, pp. 42, 71, 1990.

p. 151 James Truman fazendo agrados à Newhouse: *The New York Times*, 26 de outubro de 2003.

p. 153 Eco postural: MORRIS, D., *Manwatching*, Nova York: Abrams, pp. 83-85, 1979.

p. 153 Agressão de apelação: de WAAL, F., "Darwin's Legacy and the Study of Primate Visual Communication", in Ekman, P. et al. (eds.), *Emotions Inside Out: 130 Years After Darwin's, The Expression in Man and Animals*, Nova York: New York Academy of Sciences, 2003.

8 INTRIGAS NA CASA DO MACACO

p. 155 A fofoca envenena as empresas: *Workforce*, julho de 2001.

p. 155 A fofoca para a união e o moral: EMLER, N., "Gossiping", em ROBINSON, W. P., e GILHES, H. (eds.), *The New Handbook of Language and Social Psychology*, Nova York: Wiley, p. 319, 2001.

p. 157 Proibir as conversas perto dos bebedouros: *The New York Times*, 28 de dezembro de 2003.

p. 157 Uvas, pepinos e justiça: BROSNAN, S. F. e de WAAL, F., "Monkeys Reject Unequal Pay", *Nature*, 425, pp. 297-99, 2003.

p. 159 Fofocas no refeitório: DUNBAR, R., *Grooming, Gossip, and the Evolution of Language*, Londres: Faber, p. 123, 1996.

p. 159 A linguagem evoluiu para poder fofocar: ibid., p. 79.

p. 160 Energia para o cérebro: ibid., p. 124; e DUNBAR, R., "Neocortex Size as a Constraint on Group Size in Primates", *J. of Human Evolution* 20, pp. 469-93, 1992.

p. 161 Usando palavras positivas: BOUCHER, J. e OSGOOD, C. E., "The Pollyanna Hypothesis", *J. of Verbal Learning and Verbal Behavior* 8, pp. 1-8, 1969.

p. 161 Termo positivo em primeiro lugar em pares de palavras: ROZIN, P. e ROYZMAN, E. B., "Negativity Bias, Negativity Dominance, and Contagion", *Personality and Social Psychology Review* 5, pp. 296-329, 2001.

p. 161 Somente 5% das fofocas são negativas: DUNBAR, p. 174, 1996.

p. 162 Ostracismo social: EISENBERGER, N. I. et al., "Does Rejection Hurt? An fMRI Study of Social Exclusion", *Science* 301, pp. 290-92, 2003.

p. 162 Ostracismo pelo computador: ZADRO, L., et al., "How Low Can You Go? Ostracism by a Computer Lowers Belonging, Control, Self-Esteem, and Meaningful Existence", *J. of Experimental Social Psychology* 40, pp. 560-67, 2004.

p. 163 Como funciona a fofoca: DUNBAR, R., "Gossip in Evolutionary Perspective", *Rev. of Gen. Psych.* 8 (2), pp. 100-10, 2004; KURLAND, N. e PELLED, L. H., "Passing

348 O GORILA NO ESCRITÓRIO

the Word: Toward a Model of Gossip and Power in the Workplace", *Academy of Management Review* 25 (2), pp. 428-38, 2000.

p. 166 Precisão das fofocas vindas por vias indiretas: DAVIS, K., "The Care and Cultivation of The Corporate Grapevine", *Dun's Review* 102, pp. 44-47, 1973; DAFT, R. e STEERS, R. M., *Organizations: A Micro/Macro Approach*, 1986; Glenview, IL: Scott, Foresman, Simth, B., "Care and Feeding of the Grapevine", *Management Review* 85 (2), p. 6, 1996.

p. 167 Revisando o dossiê de moral: BOEHM, C., *Hierarchy in the Forest: The Evolution of Egalitarian Behavior*, Cambridge: Harvard University Press, p. 73, 1999.

p. 167 Pacote de recompensas bizarro de Grasso: *The New York Times*, 5 de outubro de 2002.

9 FOGO CRUZADO E BANDEIRA BRANCA

p. 169 Dois porcos-espinhos: *The New York Times*, 4 de abril de 2004, p. 21.

p. 169 Dewey Ballantine: *NY Law Journal*, 28 de janeiro de 2004. p. 10; *The New York Times*, 7 de fevereiro de 2004.

p. 171 Honestidade extrema: KRAMAN, S. S. e HAMM, G., "Risk Management: Extreme Honesty May be the Best Policy", 1999. *Annals of Internal Medicine* 131 (12), pp. 963-67; veja também *Wall Street Journal*, 18 de maio de 2004.

p. 171 Morte no Johns Hopkins: *Hopkins Medicine*, primavera/verão de 2004.

p. 172 Desculpas do bispo: *Dallas Morning News*, 11 de julho de 1998.

p. 173 Ignorância sobre a reconciliação humana: de WAAL, F., *Peacemaking Among Primates*, Cambridge: Harvard University Press, p. 43, 1999.

p. 174 Como os humanos reconciliam-se: ibid., pp. 238-39.

p. 176 A freqüência da reconciliação: PREUSCHOFT, S. et al., "Reconciliation in Captive Chimpanzees: A Reevaluation with Controlled Methods", *Intl. J. of Primatology* 23 (1), pp. 29-50, 2002.

Notas 349

p. 177 As pazes da Microsoft e da Sun: *Washington Post*, 3 de abril de 2004, 5 de abril de 2004; *The New York Times*, 4 de abril de 2004.

p. 178 Espectadores impacientes: AURELI, F. e de WAAL, F. (eds.), *Natural Conflict Resolution*, Berkeley: University of California Press, pp. 206-07, 2000.

p. 178 Mama: de WAAL, F., *Chimpanzee Politics*, Nova York: Harper and Row, p. 56, 1982; de WAAL, pp. 2-22, 1999.

p. 179 Esposas pacificadoras: http://news.com.com/2008-1014-5184372.html?tag=nl.

p. 179 Incidente com o Greenville americano: *Honolulu Star-Bulletin*, 12 de março de 2001; O'HARA, E. A. e YARN, D., "On Apology and Consilience", *Washigton Law Rev*. 77, pp. 1122-92, 2002.

p. 180 Reconciliação independentemente da vontade da vítima: O'HARA e YARN (2202).

p. 180 Maior chance de reconciliação com aliados sociais: AURELI e de WAAL, p. 117, 2000.

p. 182 Os riscos legais das desculpas: WAGATSUMA, H. e ROSETT, A., "The Implications of Apology: Law and Culture in Japan and the United States", *Law and Society Rev*. 20 (4), pp. 499-507, 1986.

p. 182 Leis civis estimulam as desculpas menos terapêuticas: SHUMAN, D. W., "The Role of Apology in Tort Law", *Judicature* 180, pp. 180-89, 2000.

p. 182 Momento de compaixão: TAVUCHIS, N., *Mea Culpa: A Sociology of Apology and Reconciliation*, Stanford: Stanford University Press, pp. 88-89, 1991.

p. 183 Harvey mau: BISKIND, P., *Down and Dirty Pictures: Miramax, Sundance, and the Rise of Independent Film*, Nova York: Simon and Schuster, p. 69, 2004.

p. 183 Reconciliação voluntária *versus* reconciliação forçada: AURELI e de WAAL, p. 46, 2000.

p. 184 Macaco *rhesus* aprende técnicas de pacificação: ibid., p. 117.

p. 185 Agindo feito deuses e robôs: TAVUCHIS, p. 149, 1991.

p. 186 Agressão moralista: O'HARA e YARN, p. 1153, 2002.

p. 186 Desculpas como exploração: ibid., pp. 1186-87.

350 O GORILA NO ESCRITÓRIO

p. 187 Toro: COHEN, J. R., "Apology and Organizations: Exploring an Example from Medical Practice", *Fordham Ur. L. J.* VII, p. 1447-82, 1999. .

p. 190 Peixe-limpador: BSHARY, R. e WÜRTH, M., "Cleaner Fish Labroides Dimidiatus Manipulate Client Reef Fish by Providing Tactile Stimulation", *Proceedings of the Royal Society of London, Series B – Biological Sciences* 268, pp. 1495-501, 2001.

10 CARAS E BOCAS

p. 191 Um macaco insultado: DARWIN, C., *The Expression of the Emotions in Man and Animals*, Nova York: Oxford University Press, p. 144, (1872 [1998]).

p. 192 O cão de Darwin: ibid., p. 62.

p. 193 Cara de rato: GAUFO, G. O., et al., "Hox3 Genes Coordinate Mechanisms of Genetic Suppression and Activation in the Generation of Branchial and Somatic Motor Neurons", *Development* 130 (21), pp. 5191-201, 2002.

p. 193 Como as expressões evoluíram: PREUSCHOFT, S., "Primate Faces and Facial Expressions", *Social Research* 67, pp. 245-71, 2000.

p. 193 Polígrafos da CIA: EKMAN, P., *Telling Lies*, Nova York: Norton, p. 285, 2001.

p. 193 Profissionais médicos: KAPPESSER, J. e WILLIAMS, A. C., "Pain and Negative Emotions in the Face: Judgements by Health Care Professionals", *Pain* 99 (1-2), pp. 197-206, 2002.

p. 195 Sistema codificador da expressão facial: EKMAN, P. e FRIESEN, W. V., *Unmasking the Face*, Englewood Cliffs, NJ: Prentice Hall, 1975.

p. 198 Vários tipos de sorrisos humanos: EKMAN, pp. 149-61, 2001.

p. 199 Detecção de mentiras por vítimas de ataque cardíaco: ETCOFF, N., et al., "Lie Detection and Language Comprehension", *Nature* 405, p. 139, 2000.

p. 201 Microexpressões: EKMAN, pp. 129-33, 2001.

p. 204 Explorando as expressões faciais: HILL, D., *Body of Truth*, Nova York: Wiley, 2003.

p. 206 Samurais e a evitação das expressões: HALL, E., *Beyond Culture*, Garden City, NY: Anchor, pp. 57-58, 1976.

p. 207 As garras das inconveniências sociais: HALL, J. A. e HALBERSTADT, A. G., "Smiling and Gazing", in HYDE, J. S. e INN, M. C. (eds.), *The Psychology of Gender*, Baltimore: Johns Hopkins University Press., 1986.

p. 207 Sorrindo: LAFRANCE, M., et al., "The Contingent Smile: A Meta-Analysis of Sex Differences in Smiling", *Psychological Bulletin* 129 (2), pp. 305-34, 2003.

p. 208 Expressões faciais "atirar para matar": *Nova Yorker*, 5 de agosto de 2002.

p. 209 Poindexter: EKMAN, pp. 293-97, 2001.

p. 211 Maquiagem facial: PREUSCHOFT, 2000.

p. 211 Estalar os lábios e beijar o ar: SCHMIDT, K. L. e COHN, J. F., "Human Facial Expressions as Adaptations: Evolutionary Questions in Facial Expression Research", *Yearbook of Physical Anthropology* 44, pp. 3-24, 2001.

11 PREDESTINAÇÃO FACIAL

p. 212 Todos vêem o que você parece ser: MACHIAVELLI, N. *O Príncipe*. São Paulo: Martin Claret, (1515 [2004]).

p. 212 Aristóteles e o tamanho dos olhos: SASSI, M. M., *The Science of Man in Ancient Greece*, Chicago: University of Chicago Press, 2001.

p. 212 O nariz de Darwin: ZEBROWITZ, L. A., *Reading Faces: Window to the Soul?* Boulder, CO: Westview Press, p. 1, 1997.

p. 213 West Point: MUELLER, U. e MAZUR, A., "Facial Dominance of West Point Cadets as a Predictor of Later Military Rank", *Social Forces*, 74, pp. 823-50, 1996.

p. 214 Pessoas com cara de bebê em Boston: ZEBROWITZ, pp. 112-13, 1997.

p. 215 O bem afeiçoado na equipe executiva: ibid., pp. 101-02.

p. 216 Corte de cabelo executivo: LUTZ, R.A., *Guts*, Nova York: Wiley, p. 180, 2002.

352 O GORILA NO ESCRITÓRIO

p. 216 Estímulos-chave: ZEBROWITZ, pp. 68-69, 1997.

p. 217 Coloração em babuínos: ibid., p. 70.

p. 218 Recém-nascidos preferem o que é bonito: SLATER, A., et al., "Newborn Infants Prefer Attractive Faces", *Infant Behavior and Development* 21, pp. 345-54, 1998.

p. 218 É bom ser simétrico: GRAMMER, K. e THORNBILL, R., "Human (Homo sapiens) Facial Attractiveness and Sexual Selection: The Role of Symmetry and Averageness", *J. of Comparative Psychology* 108, pp. 233-42, 1994.

p. 221 Parecer masculino ou feminino: www.brandeis.edu/gsa/gradjournal/2004/v.rennenkampff2004.pdf.

p. 221 O rosto de Sir Isaac Newton: FARA, P., "Face Values: How Portraits Win Friends and Influence People", *Science* 229 (5608), pp. 831-32, 2003.

p. 222 Fiorina sobre o cérebro masculino minúsculo: ANDERS, G., *Perfect Enough*, Nova York: Portfolio, p. 50, 2003.

12 O MACACO OBSERVA

p. 226 Moda: THOREAU, H.D., *Walden*: Nova York: Penguin, p. 32, (1854 [1986]).

p. 226 Cor das camisas na IBM: GERSTNER, L., *Who Says Elephants Can't Dance?*, Nova York: HarperBusiness, pp. 21-22, 2002.

p. 226 Galinhas e formigas: HATFIELD et al., *Emotional Contagion*, Cambridge: Cambridge University Press, pp. 45-46, 1994.

p. 227 Mímica vocalizada do dia-a-dia: ibid. p. 28.

p. 228 Sotaque de Chuck Yeager: WOLFE, T., *The Right Stuff*, Nova York: Farrar Straus and Giroux, pp. 34-35, 1979.

p. 228 Congestionamentos fantasmas: STROGATZ, S. H., *Sync: The Emerging Science of Spontaneous Order*, Nova York: Hyperion, pp. 269-71, 2003.

p. 229 A manada egoísta: HAMILTON, W. D., "Geometry for the Selfish Herd", *J. Theor. Biol.* 31, pp. 295-311, 1971.

Notas 353

p. 230 Leitura facial dos macacos: PREUSCHOFT, S., "Primate Faces and Facial Expressions", *Social Research*, 67, pp. 245-71, 2000.

p. 232 Sincronia na conversa: HALL, E., *Beyond Culture*, Garden City, NY: Anchor, p. 68, 1976.

p. 233 Utilizar a sincronia para julgar o apreço social: GRAHE, J. E. e BERNIERI, F. J., "Self-Awareness of Judgment Policies of Rapport", *Personality and Social Psychology Bulletin* 28 (10), pp. 1407-18, 2002.

p. 233 Sorriso e felicidade: EKMAN, P., *Emotions Revealed*, Nova York: Holt, p. 36, 2003.

p. 233 Sorriso e tranqüilidade: McINTOSH, D. N., et al., "Facial Movement, Breathing, Temperature, and Affect: Implications of the Vascular Theory of Emotional Efference", *Cognition and Emotion* 11 (17), pp. 171-95, 1997.

p. 234 Contágio emocional no consultório odontológico: HATFIELD et al., pp. 193-94, 1994.

p. 235 Entusiasmo contagioso: WARD, G., *A First-Class Temperament: The Emergence of Franklin Roosevelt*, Nova York: HarperCollins, pp. 221-22, 1992.

p. 235 Emoções através do balcão: PUGH, S. D., "Service with a Smile: Emotional Contagion in the Service Encounter", *Academy of Management J.* 44 (5), pp. 1018-27, 2002.

p. 235 As pessoas como incitadoras ambulantes de humor: BARSADE, S. G., "The Ripple Effect: Emotional Contagion and its Influence on Group Behavior". *Administrative Science Quarterly* 47, pp. 644-75, 2002.

p. 238 A mímica pelo dinheiro: VAN BAAREN, R. B. et al., "Mimicry for Money: Behavioral Consequences of Imitation", *J. of Experimental Social Psychology* 39, pp. 393-98, 2003.

p. 238 Gaguejar: HATFIELD et al., pp. 22, 23, 1994.

p. 238 Imitando o seu caminho para o sucesso: ibid., p. 176.

p. 238 Perigos da mímica deliberada: MORRIS, D., *Manwatching*, Nova York: Abrams, 1979.

p. 239 O capitão: POOLE, R., *Explorers House: National Geographic and the World It Made*, Nova York: Penguin, 2004.

354 O GORILA NO ESCRITÓRIO

p. 239 Matsushita como *maneshita*: *Forbes*, 2 de fevereiro de 2004.

p. 239 Vendas da SpinBrush: *Business Week*, 12 de agosto de 2002.

p. 239 Proteção ao Premarin: *Wall Street Journal*, 9 de setembro de 2004.

p. 240 Copiando o contrato de Jack Welch: *Chicago Tribune*, 27 de outubro de 2002.

p. 241 Imitando os modismos gerenciais: STRANG, D. e MACY, M. W., "In Search of Excellence: Fads, Success Stories, and Adaptive Emulation", *Am. J. of Sociology* 107 (1), pp. 147-82.

p. 245 Boids: REYNOLDS, C. W., "Flocks, Herds, and Schools: A Distributed Behavior Model", *Computer Graphics* 21 (4), pp. 25-34, http://www.red3d.com/cwr/boids/

p. 249 Linux: http://www.li.org/linuxhistory.php.

p. 249 Linux desafia a Microsoft: *Harvard Business Review*, setembro de 2004.

p. 250 Auto-organização no Harrah's, BP: ibid.

p. 251 Chimpanzés no bebedeuro: YERKES, R. M., *Chimpanzees: A Laboratory Colony*, New Haven: Yale University Press, p. 52, 1943.

13 COELHO PARA O ALMOÇO

p. 252 Editor predatório: *New York Times Magazine*, 20 de julho de 2003.

p. 253 Gorilas de 300 quilos: *Observer* (Reino Unido), 31 de agosto de 2003.

p. 254 Piranha das aquisições: *Wall Street Journal*, 24 de janeiro de 2001.

p. 255 Raspagem de horário: *The New York Times*, 4 de abril de 2004.

p. 257 Tirar proveito de redes nacionais: *Contra Costa* (CA) *Times*, 11 de novembro de 2004.

p. 257 Aplicação da teoria econômica às escolhas dos animais: STEPHENS, D. W. e KREBS, J. R., *Foraging Theory*, Princeton: Princeton University Press, 1986.

p. 260 Enfoque na presa errada na Scott Paper: DUNLAP, A., *Mean Business*, Nova York: Fireside, pp. 139-42, 1996.

p. 261 Vendedores perseguindo as contas erradas: *McKinsey Quarterly*, 2004 (3).

p. 261 Hábitos alimentares dos ursos *grizzly*: CONNIFF, R., *Every Creeping Thing*, Nova York: Holt, 1998.

p. 263 Ensinando a IBM a sobreviver na selva: GERSTNER, L., *Who Says Elephants Can't Dance?*, Nova York: HarperBusiness, pp. 176-77, 2002.

p. 263 Polaroid: *CFO Magazine*, 1º de janeiro de 2003.

p. 263 200 mil carros sobrando: *Detroit News*, 29 de fevereiro de 2004.

p. 263 Reembolso de $5 mil: *Crain's Cleveland Business*, 24 de maio de 2004; *Business Week*, 31 de maio de 2004.

p. 264 Flexibilidade da Toyota: *Detroit News*, 29 de fevereiro de 2004.

p. 266 Estatísticas da Internet: http://www.sims.berkeley.edu/research/projects/how-much-info-2003/internet.htm. Veja também http://www.isoc.org/guest/zakon/Internet/History/HIT.html.

p. 268 Sapo neotropical: WARKENTIN, K. M., "Adaptive Plasticity in Hatching Age: A Response to Predation Risk Trade-Offs", *Proceedings of the National Academy of Sciences* 92, pp. 3507-10, 1995.

14 UM CENÁRIO DE MEDO

p. 273 As vantagens de se agir feito um carrasco imprevisível: SILK, J. B., "Practice Random Acts of Aggression and Senseless Acts of Intimidation: The Logic of Status Contests in Social Groups", *Evolutionary Anthropology* 11, pp. 221-25, 2002.

p. 274 Fazer o que o carrasco manda sem questionamentos: AURELI, F e de WAAL, F. (eds.), *Natural Conflict Resolution*, Berkeley: University of California Press, p. 205, 2000.

p. 274 Alfinete de Claparède: LeDOUX, J., *The Emotional Brain: The Mysterious Underpinnings of Emotional Life*, Nova York: Siomon and Schuster, p. 180, 1996; CLAPARÈDE, E. in Rapaport D. (ed.), *organization and Pathology of Thought*, Nova York: Columbia University Press, 1951.

p. 275 Gatos sem córtex cerebral: LeDOUX, p. 79, 1996.

p. 276 Parmalat: *Wall Street Journal*, 26 de dezembro de 2003.

p. 276 Agressão redirecionada: VIRGIN, C. E. e SAPOLSKY, R., "Styles of Male Social Behavior and Their Endocrine Correlates Among Low-Ranking Baboons", *Am. J. of Primatology* 42, pp. 25-39, 1997.

p. 278 Evitar úlceras passando-as adiante: SAPOLSKY, R. em AURELI e de WAAL, pp. 114-15, 2000.

p. 278 Esmagar o inimigo: D'AVENI, R., *Hipercompetição – Estratégias para dominar a dinâmica do mercado*. Rio de Janeiro: Editora Campus, 1995.

p. 278 "Overlord" à base de lima-limão: ENRICO, R. e KORNBLUTH, J., *The Other Guy Blinked*, Nova York: Bantam, p. 66, 1996.

p. 279 O varejo é uma guerra: *Forbes*, 5 de março de 2001; http://www.limitedbrands.com/about/ltd/index.jsp.

p. 280 Ignorando a raiva na Miramax: BISKING, P., *Down and Dirty Pictures: Miramax, Sundance, and the Rise of Independetn Film*, Nova York: Simon and Shuster, p. 74, 2004.

p. 280 Porcentagens de intimidação: http://www2.newpaltz.edu/~neumanj/neuman_and_keashly_siop2003.pdf.

p. 281 Pessoas que trabalham para chefes intimidadores: *San Francisco Chronicle*, 19 de outubro de 1998; KEASHLY, L. e JAGATIC, K., "The Nature, Extent, and Impact of Emotional Abuse in the Workplace: Results of a Statewide Survey", apresentado em um seminário da Academy of Management, realizado de 4 a 9 de agosto.

p. 282 Predadores tornam os lebistes mais atentos: O'STEEN, S., et al., "Rapid Evolution of Escape Ability in Trinidadian Guppies (Poecilia reticulata)", *Evolution* 56 (4), pp. 777-84, 2002.

Notas 357

p. 283 Alimentando o lado mais suave da HP: ANDERS, G., *Perfect Enough*, Nova York: Portfolio, pp. 36-40, 2003.

p. 283 *High Machs*: WILSON, D. S., in DUGATKIN, L. E. e REEVE, H. K. (eds.), *Game Theory and Animal Behavior*, Nova York: Oxford University Press, p. 266, 1998.

p. 285 A atração exercida pelo colega cruel: HAWLEY, P. H., "Prosocial and Coercive Configurations of Resource Control in Early Adolescence: A Case for the Well-Adapted Machiavellian", *Merrill-Palmer Quarterly* 49, pp. 279-309, 2003; HAWLEY, P. H., et al. (manuscrito sendo revisado), "The Allure of the Mean Friend: Relationship Quality and Processes of Aggressive Adolescents".

p. 286 Durk Jager na P&G: *Wall Street Journal*, 11 de dezembro de 1998, 31 de agosto de 2000.

p. 287 Mack, a Faca: *Wall Street Journal*, 23 de setembro de 2004.

p. 287 Kumar e Computer Associates: *Wall Street Journal*, 23 de setembro de 2004.

p. 288 NASA: Conselho de Investigação do Acidente com o *Columbia*, *Newsday*, 27 de agosto de 2003.

p. 288 A ira da demissão de $20 milhões: *The New York Times*, 1º de agosto de 2001.

p. 290 Uma mudança de cultura para os babuínos: SAPOLSKY, R. M, e SHARE, L. J., "A Pacific Culture Among Wild Baboons: Its Emergence and Transmission", *Public Library of Science* 2, p. 106, 2004, em http://www.plosbiology.org.

p. 292 Pássaros negros de asas vermelhas: HANSEN, A. J. e ROHWER, S., "Coverable Badges and Resource Defence in Birds", *Anim. Behav*. 34, pp. 69-76, 1986.

15 UNINDO-SE À MULTIDÃO

p. 293 Intel como uma colônia de formigas: *Sunday Oregonian* (Portland), 13 de janeiro de 2002.

p. 293 Feições das ovelhas: *The New York Times*, 14 de setembro de 2004.

p. 294 MCI: *Wall Street Journal*, 13 de julho de 2004.

358 **O GORILA NO ESCRITÓRIO**

p. 296 Sacrificando-se pelo grupo pequeno: NICHOLSON,N., *Executive Instinct: Managing the Human Animal in the Information Age*, Nova York: Crown, p. 31, 2000.

p. 296 Uma companhia de heróis: AMBROSE, S. E., *Band of Brothers*, Nova York: Simon and Schuster, p. 307, 1992.

p. 296 NYNEX: EUCHNER, J. e SACHS, P., "The Benefits of Intentional Tension", *Communication of the ACM* 36 (4), 1993.

p. 298 O dilema do bonde: GREENE, J. D. et al., "An fMRI Investigation of Emotional Engagement in Moral Judgment", *Science* 293, pp. 2105-8, 2001.

p. 299 Tamanho de grupo: HACKMAN, J. R., *Leading Teams: Setting the Stage for Great Performance*, Boston: Harvard Business School Press, p. 119, 2002.

p. 300 Relacionamentos em grupo e a distância: DUNBAR, R., *Grooming, Gossip, and the Evolution of Language*, Londres: Faber, pp. 64, 122, 1996.

p. 300 Evitando brigas sérias no primeiro encontro: MENDOZA, S. P., "Social Conflict on First Encounters", em MASON, W. A. e MENDOZA, S. P. (eds.), *Primate Social Conflict*, Nova York: Nova York University Press, p. 85, 1993.

p. 301 Grupos virtuais de trabalho: MAJCHRZAK, A. et al., "Can Absence Make a Team Grow Stronger?", *Harvard Business Review*, maio, pp. 131-37, 2004.

p. 302 Diretora-gerente ao estilo sadomasoquista: ROLFE, J., e TROOB, P., *Monkey Business*, Nova York: Warner, p. 220, 2000.

p. 303 Se o dono da empresa de bebidas tem um Cadillac: *Fortune*, 31 de maio de 2004.

p. 304 A sub-rotina de saída de usuários: ULLMAN, E., *Perto da máquina*, São Paulo: Conrad Editora do Brasil, 2001.

p. 304 *Buttfuck* como termo de negócios: SWARTZ, M. e WATKINS, S., *Power Failure: The Inside Story of the Collapse of Enron*, Nova York: Doubleday, 2003.

p. 304 Ser convidado para a piada: CRUVER, B., *Anatomy of the Greed: The Unshredded Truth from na Enron Insider*, Nova York: Avalon, p. 37, 2002.

p. 305 Herança nos macacos: CHENEY, D. L. e SEYFARTH, R. M., *How Monkeys See the World*, Chicago: University of Chicago Press, pp. 29-33, 1990; SILK, J. B., "The

Evolution of Cooperation in Primate Groups", em GINTIS, S., et al., 2005. *Moral Sentiments and Material Interests: The Foundations of Cooperation in Economic Life*, Cambridge: MIT Press.

p. 305 Sucesso das empresas familiares: ANDERSON, R. e REEB, D. M., "Founding Family Ownerships and Firm Performance: Evidence from the S&P 500", *J. of Finance* 58, pp. 1301-29, 2003.

p. 306 Mas se desmembram após o fundador: http://knowledge.wharton.upenn.edu/papers/1284.pdf.

p. 306 Cães na detecção de narcóticos: HELTON, W. S., "The Development of Expertise: Animal Models?", *J. of General Psych.* 131 (1), pp. 86-96, 2004.

p. 309 Baleias: WHITEHEAD, H. e RENDELL, L., "Movements, Habitat Use and Feeding Success of Cultural Clans of South Pacific Sperm Whales", *J. of Animal Ecology* 73, p. 190-96, 2004.

p. 309 Pássaros maria-preta: SMITH V., et al., "A Role of her Own: Female Cowbirds, Molothrus Ater, Influence the Development and Outcome of Song Learning", *Animal Behav.* 60, pp. 599-609, 2000.

p. 310 Pardais de coroa-branca: MacDOUGALL-SHACKLETON, E. A. e MacDOUGALL-SHACKLETON, S. A., "Cultural and Genetic Evolution in Mountain White-Crowned Sparrows", *Evolution* 55, pp. 2568-75, 2001.

p. 310 Selvas no Vale do Silício: ENGLISH-LUECK, J. A., *Cultures@SiliconValley*. Stanford: Standford University Press, p. 24, 2002.

p. 310 A cultura se esconde: HALL, E. T., *The Silent Language*, Garden City, Nova York: Doubleday, p. 53, 1959.

p. 311 Declarações de missão inexistentes: WURMAN, R., *Information Anxiety 2*, Indianápolis: Que, p. 132, 2001.

p. 312 A estranha cultura do Wal-Mart: *Harvard Business Review*, julho e agosto de 2004, p. 37.

p. 312 Infeliz na American: *The New York Times*, 27 de abril de 2004.

360 O GORILA NO ESCRITÓRIO

p. 314 Funcionários feito condenados marchando para a prisão: GALLAGHER, R. S., *The Soul of na Organization*, Chicago: Dearborn, pp. 8-9, 2003.

p. 314 Marcas de *status*: D'AVENI, R. A. e KESNER, I. F., "Top Managerial Prestige, Power and Tender Offer Response: A Study of Elite Social Networks and Target Firm Cooperation During Takeovers", *Organization Science* 4 (2), pp. 123-51, 1993.

p. 315 Divórcio da GM-EDS: LEVIN, D., *Irreconcilable Differences*, Boston: Little, Brown, p. 300, 1989.

p. 316 Roubando dos netos da IBM: GERSTNER, L., *Who Says Elephants Can't Dance?* Nova York: HarperBusiness, p. 204, 2002.

p. 316 Grupos internos para derrotar grupos externos: WRANGHAM, R. e PETERSON, D., *O macho demoníaco: As origens da agressividade humana*. Rio de Janeiro: Objetiva, 1996.

p. 318 Encapsulação na GM: LEVIN, p. 340, 1989.

p. 319 Grupos internos e externos do leste da África: BREWER, M. B., "The Psychology of Prejudice: In-Group Love or Out-Group Hate? *J. of Social Issues*, 55 (3), pp. 492-544, 1999.

p. 320 Comportamento do lobo: STEINHART, P., *The Company of Wolves*, Nova York: Vintage, 1995.

EPÍLOGO

p. 324 O alce à mesa: *Wall Street Journal*, 4 de fevereiro de 2003.

p. 325 Chimpanzés e nós: RIDLEY, M., *Genome*, Nova York, HarperCollins, p. 29, 1999.

p. 329 Alfas benevolentes: TAYLOR, S. E., *The Tending Instinct*, Nova York: Times Books, p. 156, 2002.

p. 330 Cocker spaniels: *Newsweek*, 30 de setembro de 2002.

AGRADECIMENTOS

Este livro não teria sido possível sem a contribuição de muitos informantes no ambiente de trabalho corporativo que permanecerão anônimos para que possam manter seu emprego remunerado resguardado. Sou grato a todos. Agradeço também a meu agente, John Thornton, que sugeriu o tema abordado neste livro, e aos editores Emily Loose e John Mahaney, da Crown. Muito obrigado aos vários amigos de editoras, em especial a Jim Doherty, Carey Winfrey, Beth Py-Lieberman, Helen Starkweather e Sally Maran, da *Smithsonian Magazine*; Bob Poole, Jennifer Reek e Kathy Maher, da *National Geographic*; e Steve Petranek e Dave Grogan, da *Discover Magazine*. Meus agradecimentos especiais ao colega de televisão Bonnie Benjamin-Phariss, da Vulcan Production, que me fez pensar (contrariamente a meus instintos) no instinto da associação. Obrigado também a Jason Williams, da JWM Productions, Chris Weber, de Tiger/Tigress, e Mick Kaczorowski, do Discovery Channel. Muitos amigos e desconhecidos me aconselharam, no decorrer do trabalho, entre eles: Al Vogl, Ben Haimowitz, da Academy of Management, Baba Marietta, da Universidade do Estado de Michigan, Melissa Gerald, Amy Solomon, Dan Merchant, Laura Betzig, Gene Murphy e Deby Cassill. Por fim, obrigado a um grupo seleto e exigente da família Conniffs, entre os quais: James C. G., Karen, Greg, Jamie, Ben e Clare, pela ajuda, paciência e gozações ocasionais.

Você pode adquirir os títulos da Editora Best*Seller*
por Reembolso Postal e se cadastrar para
receber nossos informativos de lançamentos
e promoções. Entre em contato conosco:

mdireto@record.com.br

Tel.: (21) 2585-2002
Fax.: (21) 2585-2085
De segunda a sexta-feira,
das 8h30 às 18h.

Caixa Postal 23.052
Rio de Janeiro, RJ
CEP 20922-970

Válido somente no Brasil.

Este livro foi composto na tipologia Minion,
em corpo 11/14,6, impresso em papel off-white 80g/m²,
no Sistema Cameron da Divisão Gráfica da Distribuidora Record.